O Brasil e o Direito Internacional do Mar Contemporâneo

O Brasil e o Direito Internacional do Mar Contemporâneo

NOVAS OPORTUNIDADES E DESAFIOS

2015

Alexandre Pereira da Silva

O BRASIL E O DIREITO INTERNACIONAL DO MAR CONTEMPORÂNEO
NOVAS OPORTUNIDADES E DESAFIOS
© ALMEDINA, 2015

AUTOR: Alexandre Pereira da Silva
TRADUÇÃO DO PREFÁCIO: Alexandre Pereira da Silva e Mariana Yante Barrêto Pereira
REVISÃO: Mariana Yante Barrêto Pereira
DIAGRAMAÇÃO: Almedina
DESIGN DE CAPA: FBA
ISBN: 978-858-49-3019-7

Dados Internacionais de Catalogação na Publicação (CIP)
(Câmara Brasileira do Livro, SP, Brasil)

Silva, Alexandre Pereira da
O Brasil e o direito internacional do mar contemporâneo: novas oportunidades e desafios
Alexandre Pereira da Silva. -- São Paulo: Almedina, 2015.

ISBN 978-85-8493-019-7

1. Direito do mar 2. Direito internacional
I. Título.

15-02723   CDU-341.221.2

Índices para catálogo sistemático:

1. Direito do mar : Direito internacional 341.221.2
2. Direito internacional do mar 341.221.2

Este livro segue as regras do novo Acordo Ortográfico da Língua Portuguesa (1990).

Todos os direitos reservados. Nenhuma parte deste livro, protegido por copyright, pode ser reproduzida, armazenada ou transmitida de alguma forma ou por algum meio, seja eletrônico ou mecânico, inclusive fotocópia, gravação ou qualquer sistema de armazenagem de informações, sem a permissão expressa e por escrito da editora.

Julho, 2015

EDITORA: Almedina Brasil
Rua José Maria Lisboa, 860, Conj. 131 e 132, Jardim Paulista | 01423-001 São Paulo | Brasil
editora@almedina.com.br
www.almedina.com.br

À memória do meu pai, Eng. Ruy Luiz Pereira da Silva,
professor como eu.

AGRADECIMENTOS

Este livro é o resultado de meu ano de trabalho como *Visiting Post-Doctoral Scholar* no *Marine & Environmental Law Institute* (Melaw), *Schulich School of Law*, da *Dalhousie University*, em Halifax, Nova Scotia, Canadá. Portanto, a presente obra nunca teria sido escrita se não fosse o apoio de certas pessoas e instituições que me ajudaram a escrevê-la.

Gostaria de agradecer ao Governo do Canadá, que me concedeu a bolsa de estudos no âmbito do *Post Doctoral Research Fellowship* (PDRF), um programa do *Department of Foreign Affairs and International Trade* (DFAIT). Também merece meu reconhecimento o sempre prestativo pessoal do *Canadian Bureau for International Education* (CBIE), órgão que administra o programa.

Queria também expressar meu reconhecimento à *Dalhousie University* e à *Schulich School of Law*, especialmente à biblioteca *Sir James Dunn Law Library*, pelos recursos disponíveis e pelo atendimento pessoal esmerado ao longo desse ano de trabalho.

Um primeiro estimulador e inspirador da ideia de trabalhar com o Direito Internacional do Mar e em especial com a temática da plataforma continental e da plataforma continental estendida em uma perspectiva brasileira foi o Professor Ted McDorman, da *University of Victoria*. A ele meus profundos agradecimentos.

Outro colega que merece meu mais amplo e irrestrito agradecimento é o Professor Aldo Chircop, da *Dalhousie University*. O Professor Chircop, além de colega, foi também meu *supervisor* no âmbito do PDRF, mas é acima de tudo figura ímpar na minha trajetória acadêmica. Sua generosidade pessoal e intelectual tornaram-me um grande devedor. Trabalhar junto, porta a porta, com Aldo foi o melhor e mais propício ambiente para desenvolver este trabalho.

No entanto, nada disso teria sido realizado sem o apoio desde a primeira hora e absolutamente incondicional da minha companheira, Mariana Yante. Minha colega e fiel escudeira.

Além disso, é preciso agradecer a todos aqueles que ajudaram ao longo dessa jornada na retaguarda: familiares, amigos e colegas.

A todos, portanto, meu sincero reconhecimento pelo incrível prazer em tê-los conhecido, trocado informações – não necessariamente jurídicas ou científicas –, ou, simplesmente, convivido. Pessoalmente só posso agradecer e dividir com todos um eventual êxito no resultado, obviamente excluindo-os dos prováveis erros ou equívocos encontrados ao longo desta obra.

Muito obrigado!

PREFÁCIO

A América Latina tem desempenhado um papel decisivo no desenvolvimento do moderno Direito Internacional do Mar. Os países da região lançaram iniciativas históricas importantes, tais como a doutrina do mar epicontinental, e produziram uma geração notável de diplomatas e futuros juízes internacionais dedicados aos temas oceânicos. Durante a III Conferência das Nações Unidas sobre o Direito do Mar (1973-1982), Andrés Aguilar (Venezuela), F. V. Garcia-Amador (Organização dos Estados Americanos, originariamente de Cuba), Jorge Castañeda (México), Reynaldo Galindo Pohl (El Salvador) e Francisco Orrego Vicuña (Chile), entre outros, fizeram importantes contribuições para a diplomacia oceânica multilateral e para o desenvolvimento do Direito Internacional. Embora algumas das práticas regionais iniciais relativas às zonas marítimas fossem consideradas excessivas, em particular a do mar territorial de 200 milhas marítimas, elas contribuíram para o desenvolvimento da futura Convenção das Nações Unidas sobre o Direito do Mar, de 1982, (CNUDM).

Em comparação com diversos vizinhos menores, o Brasil desempenhou um papel mais discreto na diplomacia oceânica multilateral. Para alguém de fora da região, esse fato é desconcertante, já que se trata do maior Estado latino-americano, com uma das mais extensas costas litorâneas, e de um dos maiores beneficiários da CNUDM. O quebra-cabeças mostra-se ainda mais intrigante quando se percebe que há uma escassez na doutrina de Direito Internacional do Mar referente ao Brasil. É como se o Direito do Mar não fosse de grande interesse para os acadêmicos do Direito, e possivelmente também para os professores da área, julgando-se pela ausência de ensino deste tema nas faculdades de Direito do país. Além disso, o Brasil tem uma das maiores indústrias de petróleo e gás *offshore*. O desenvolvimento de sua indústria *offshore* é amplamente considerado como um dos mais importantes, tanto no nível regional, como no global. O Brasil tem tecnologia e *know-how* de ponta em perfuração de grande profundidade. O País tem uma considerável Marinha regional e uma vibrante política oceânica. A lista de possibilidades e capacidades é ainda mais longa. A submissão brasileira à Comissão de Limites da Plataforma Continental no âmbito da CNUDM promete abranger consideráveis novas áreas de titularidade sobre o mar. Não são poucas as razões pelas quais se deve estudar o Brasil e o Direito do Mar.

Felizmente, para os pesquisadores em Direito do Mar, a necessidade de um trabalho contemporâneo sobre o Brasil e o Direito do Mar está sendo preenchida. O Dr. Alexandre Pereira da Silva, da Universidade Federal de Pernambuco, assumiu a árdua tarefa de produzi-lo. O livro traz uma importante contribuição acadêmica para o Direito do Mar em Português. Há uma literatura em Direito do Mar consideravelmente muito pequena em Português.

O Brasil e o Direito Internacional do Mar Contemporâneo: novas oportunidades e desafios é útil não somente para os acadêmicos ao redor do mundo, mas, ainda mais relevantemente, tem o potencial de servir de propulsor do interesse essencial na pesquisa e no ensino do Direito do Mar nas universidades brasileiras. Grande parte do livro concentra-se nos interesses e contribuições brasileiras, a partir de como se desenvolveram historicamente, até o momento presente. Como mencionado acima, o Brasil é um grande beneficiário da Convenção, mas fazer parte dela implica grandes responsabilidades e ônus. Esses aspectos precisam ser totalmente compreendidos pelas autoridades públicas. A zona costeira brasileira possibilita a criação de amplas zonas marítimas que, sem dúvida alguma, proporcionam direitos sobre os recursos e jurisdição, mas que também são acompanhados por um dever de proteger e preservar o meio ambiente marinho. Amplas zonas marítimas também acarretam responsabilidades adicionais frente à comunidade internacional, em termos de respeito à navegação internacional, à colocação de cabos e dutos submarinos por outras nações e à estrutura para serviços de resgate e salvamento, entre outros. As autoridades públicas no Brasil seriam beneficiadas por estudos acadêmicos que lançassem luz sobre essas oportunidades, assim como sobre suas responsabilidades.

O livro do Dr. Pereira da Silva faz exatamente isso. Um dos tópicos enfrentados é a introdução sem precedentes da aplicação de *royalty* internacional à produção *offshore* além da zona econômica exclusiva e da plataforma continental, na forma do artigo 82 da Convenção. O Dr. Pereira da Silva explica o impacto dessa obrigação, que se apresenta como um *quid pro quo* pela plataforma continental estendida que o Brasil utilizará depois de definir os limites exteriores da plataforma com base nas recomendações da Comissão. No entanto, o autor não se limita simplesmente a um exercício prescritivo, e vai além ao ressaltar que a implementação do dispositivo tem implicações no Direito Constitucional do País e, possivelmente, na maneira como os *royalties offshore* serão divididos. A obrigação jurídica de implementar esse dispositivo promete ser desafiadora para o Brasil.

Kudos ao Dr. Pereira da Silva pelo seu trabalho! Preenche um vazio na doutrina do Direito Internacional e auxilia a promover o debate sobre o que o Direito do Mar significa para o Brasil no contexto contemporâneo. O Brasil está pronto para desempenhar um papel mais relevante no Direito Internacional do Mar do que teve no passado, e trabalhos como este são fundamentais para explicar ao público doméstico e internacional como o interesse nacional é buscado por meio do Direito do Mar e da política oceânica de um grande Estado costeiro regional.

ALDO CHIRCOP
Professor of Law
Schulich School of Law
Dalhousie University

Tradução de Alexandre Pereira da Silva e Mariana Yante Barrêto Pereira

LISTA DE SIGLAS E ABREVIATURAS

ABNJ – *Areas Beyond National Jurisdiction*/Áreas Além das Jurisdições Nacionais

AGNU – Assembleia Geral das Nações Unidas

AIE – Agência Internacional de Energia

ANP – Agência Nacional do Petróleo, Gás Natural e Biocombustíveis

BBNJ – *Biological Diversity Beyond Areas of National Jurisdiction*/Diversidade Biológica Além das Jurisdições Nacionais

CDI – Comissão de Direito Internacional

CIEFMAR – Comissão Interministerial sobre a Exploração e Utilização do Fundo dos Mares e Oceanos

CIJ – Corte Internacional de Justiça

CIRM – Comissão Interministerial para os Recursos do Mar

CLCS – *Commission on the Limits of the Continental Shelf*/Comissão de Limites da Plataforma Continental

CLPC – Comissão de Limites da Plataforma Continental

CNPE – Conselho Nacional de Política Energética

CNUDM – Convenção das Nações Unidas sobre o Direito do Mar

CVDT-1969 – Convenção de Viena sobre o Direito dos Tratados (1969)

CVDT-1986 – Convenção de Viena sobre o Direito dos Tratados entre Estados e Organizações Internacionais ou entre Organizações Internacionais (1986)

DOALOS – *Division of Ocean Affairs and the Law of the Sea*/Divisão das Nações Unidas sobre Assuntos Oceânicos e Direito do Mar

EIA – *Environmental Impact Assessment*/Avaliação de Impacto Ambiental

FAO – *Food and Agriculture Organization*/Organização das Nações Unidas para Agricultura e Alimentação

FMI – Fundo Monetário Internacional

FPE – Fundo de Participação dos Estados

FPM – Fundo de Participação dos Municípios

FS – Fundo Social

G-20 – Grupo dos 20

G-77 – Grupo dos 77

GATT – *General Agreement on Tariffs and Trade*/Acordo Geral sobre Tarifas e Comércio

GNL – Gás Natural Liquefeito

ICNT – *Informal Composite Negotiating Text*/ Texto Integrado de Negociação Informal

ISA – *International Seabed Authority*/Autoridade Internacional dos Fundos Marinhos

ISNT – *Informal Single Negotiating Text*/ Texto Único de Negociação Informal

LEPLAC – Plano de Levantamento da Plataforma Continental Brasileira

LL/GDS – *Land Locked and Geographically Disadvantaged States Group*/Grupo dos Estados sem litoral e geograficamente desfavorecidos

MRE – Ministério das Relações Exteriores

NG6 – Grupo de Negociação 6

NG7 – Grupo de Negociação 7

NOEI – Nova Ordem Econômica Internacional

OCS – *Outer Continental Shelf*/Plataforma Continental Estendida

OEA – Organização dos Estados Americanos

OMC – Organização Mundial do Comércio

OMI – Organização Marítima Internacional

ONU – Organização das Nações Unidas

PCE – Plataforma Continental Estendida

PPSA – Empresa Brasileira de Administração de Petróleo e Gás Natural S.A. – Pré-Sal Petróleo S.A.

PROARQUIPELAGO – Programa Arquipélago de São Pedro e São Paulo

RSNT – *Revised Single Negotiating Text*/ Texto Único Revisado para a Negociação

SGP – Sistema Geral de Preferências

SPLOS – *States Parties to the Law of the Sea Convention*/Reunião dos Estados-partes da CNUDM

STN – Secretaria do Tesouro Nacional

TIDM – Tribunal Internacional do Direito do Mar

UNCTAD – *United Nations Conference on Trade and Development*/Conferência das Nações Unidas sobre Comércio e Desenvolvimento

UNESCO – *United Nations Educational, Scientific and Cultural Organization*/Organização das Nações Unidas para a educação, a ciência e a cultura.

ZEE – Zona Econômica Exclusiva

INTRODUÇÃO

Este livro é um estudo sobre o Direito Internacional do Mar, e também sobre a participação do Brasil em conferências internacionais que procuraram, no século passado, delimitar os espaços marinhos, o que não foi tarefa fácil. Todavia, este trabalho é especialmente voltado para a análise de uma das regiões geográficas debaixo da água: a plataforma continental; na verdade, a margem continental. Como também será discutido em momento apropriado, em termos jurídicos, as expressões se confundem.

Entre os objetivos deste livro, portanto, estão o de estudar o desenvolvimento conceitual da plataforma continental e, mais do isso, apresentar uma nova fronteira marítima pouco explorada – a plataforma continental estendida, notadamente a partir dos impactos jurídicos e econômicos que ambos os espaços oceânicos têm para o Brasil.

O livro está dividido em duas partes, com três capítulos em cada.

A primeira parte trata de maneira geral do Direito Internacional do Mar, da plataforma continental (artigo 76 da Convenção das Nações Unidas sobre o Direito do Mar – CNUDM) e dos pagamentos e contribuições relativos ao aproveitamento da plataforma continental além das 200 milhas marítimas (artigo 82 da CNUDM).

Dessa forma, o capítulo primeiro é voltado inteiramente para a evolução do Direito Internacional do Mar[1], especialmente para a análise das

---

[1] Ao longo do livro as expressões "Direito Internacional do Mar" e "Direito do Mar" serão utilizadas como sinônimas. A obra é, indiscutivelmente, ligada ao Direito Internacional, por isso a utilização do adjetivo "internacional" em vários trechos, mas em nada se diferencia de sua versão abreviada "Direito do Mar". Em outros continentes o uso idêntico dos termos é o mesmo. A clássica obra de R. R. Churchill e A. Vaughan Lowe, ambos professores de Direito

conferências internacionais que, a partir de 1930, buscaram codificar essa parte do Direito Internacional. À continuação, são examinadas as três conferências sobre o Direito do Mar realizadas no âmbito das Nações Unidas: I Conferência (1958), II Conferência (1960) e III Conferência (1973-1982). Por uma série de razões que serão analisadas ao longo da obra, a mais importante – além de mais longa e com maior número de temas envolvidos – foi a III Conferência, a qual teve sessões de trabalho em Nova Iorque, Caracas, Genebra e foi concluída em Montego Bay, em 10 de dezembro de 1982.

O resultado desses nove longos anos de trabalho da III Conferência foi a aprovação do texto final da Convenção das Nações Unidas sobre o Direito do Mar (CNUDM), com seus 320 artigos e nove anexos, que somam mais 125 artigos.

No entanto, o que esses números impressionantes – anos de trabalho, temas abrangidos e dispositivos legais – não mostram foi a dificuldade de erigir essa grande convenção, com suas negociações oficiais e não oficiais ocorrendo em paralelo às reuniões plenárias e às comissões temáticas. Tampouco se pode esquecer que, depois do esforço por parte dos Estados em negociarem uma "Constituição dos Oceanos", a oposição do governo estadunidense colocou todo o trabalho de anos em xeque, apenas resolvido doze anos depois, em 1994 quando foi negociado e assinado o Acordo Relativo à Implementação da Parte XI da Convenção das Nações Unidas sobre o Direito do Mar.

Esse Acordo possibilitou, pelo menos em termos políticos, a aceitação do texto convencional pelos Estados desenvolvidos e a entrada em vigor da CNUDM em 16 de novembro daquele ano, afastando também o temor que havia na época de que a CNUDM não obtivesse um número expressivo de Estados-partes. Felizmente, o cenário tempestuoso de entrada em vigor internacional da CNUDM ficou para trás, e decorridos pouco mais de vinte anos de vigência, o documento é amplamente aceito pelo conjunto de Estados que compõem a comunidade internacional, com 167 signatários.[2]

Internacional, é *The Law of the Sea*. Por outro lado, os professores australianos Donald Rothwell e Tim Stephens, também internacionalistas, batizaram seu curso de *The International Law of the Sea*.

[2] Vide dados atualizados em: <https://treaties.un.org/pages/ViewDetailsIII.aspx?&src=TREATY&mtdsg_no=XXI~6&chapter=21&Temp=mtdsg3&lang=en#1>. Acesso: 8 de fevereiro de 2015.

INTRODUÇÃO

Portanto, entre os objetivos do capítulo 1 estão o de delinear uma evolução histórica do Direito do Mar, analisar os esforços por uma codificação internacional, destacando as principais controvérsias, e finalizar com um exame mais detido da III Conferência, os anos que a antecederam, o período de trabalho, as discussões posteriores e os novos desdobramentos possíveis.

Dentro de um leque enorme de espaços oceânicos regulamentados pela CNUDM, o capítulo 2 cuida de apenas um deles, a plataforma continental. Em realidade, de dois, pois abrangerá a análise da plataforma continental estendida.

O leito marinho pode ser dividido em duas regiões geográficas distintas: a margem continental e os fundos oceânicos. A margem continental desmembra-se em três sub-regiões: a *plataforma continental* – parte do leito do mar que se inclina suavemente a partir da costa; o *talude continental* – a parte com um declive mais acentuado em direção aos fundos marinhos; e a *elevação continental* – uma acumulação de sedimentos que se inclina ainda mais a partir do talude continental. Por sua vez, os fundos oceânicos, que compreendem aproximadamente 85% da área total sob as águas, possuem diferentes características geográficas, a exemplo de cadeias mesoceânicas, montanhas submarinas, fossas abissais e planos abissais[3]. Conforme se assinalou anteriormente, este trabalho é voltado para a análise da plataforma continental, notadamente a margem continental, expressões que também podem se confundir, como será discutido no capítulo 2.

Tentar esmiuçar, portanto, o conceito jurídico de plataforma continental é um dos objetivos no capítulo 2. A análise começa com a primeira importante manifestação sobre essa área marítima, a Proclamação Truman de 1945, e passa pela Convenção sobre a Plataforma Continental de 1958, pelas discussões em torno de uma nova conceituação no âmbito do Comitê dos Fundos Marinhos (1968-1973), pelos trabalhos ao longo da III Conferência das Nações Unidas sobre o Direito do Mar (1973-1982) e, por fim, por uma análise mais detalhada do artigo 76 da CNUDM e dos demais artigos que compõem a Parte VI desta convenção.

Outros importantes aspectos são também discutidos no capítulo 2, como o papel da Comissão de Limites da Plataforma Continental (CLPC)

---

[3] MORELL, James B. *The law of the sea: the 1982 Treaty and its rejection by the United States.* Jefferson: McFarland, 1992, p. xiii.

– órgão criado pela CNUDM para examinar os dados e outros elementos de informação apresentados pelos Estados costeiros sobre os limites exteriores da plataforma continental, ou seja, sobre a plataforma continental além das 200 milhas marítimas. Mais do que simplesmente apresentar o órgão especializado em comento, destacando aspectos como sua composição e funcionamento, o capítulo examina a controversa redação e a interpretação das recomendações da CLPC, que, nos termos do artigo 76.8 da CNUDM, são "definitivas e obrigatórias".

Estabelecer os limites da plataforma continental estendida (PCE) é peça-chave nas relações entre os Estados, especialmente a relação entre Estados desenvolvidos e em desenvolvimento. Isso ocorre porque o artigo 76 da CNUDM, que possibilita a expansão da plataforma continental além das 200 milhas marítimas (PCE), trouxe consigo uma contrapartida financeira a ser realizada por um determinado grupo de Estados.

Essa contrapartida está prevista no artigo 82 da CNUDM e é examinada atentamente no capítulo 3, que encerra a primeira parte do livro. Mais do analisar a redação final do dispositivo legal em questão, é importante observar o processo de negociação que deu origem ao artigo 82, especialmente considerando que, como há uma série de dúvidas interpretativas, os trabalhos preparatórios da III Conferência poderão ser utilizados como método de interpretação suplementar.

O maior desafio do artigo 82 é a maneira como será implementado, ou seja, como serão realizados os pagamentos e as contribuições em espécie. Para tentar responder a essa questão, é preciso compreender a interligação essencial que os artigos 76 e 82 possuem, mormente no tocante à possibilidade de extensão da plataforma continental além das 200 milhas marítimas. Por fim, o capítulo 3 encerra-se com o exame acurado da Autoridade Internacional dos Fundos Marinhos, órgão que terá papel fundamental na repartição dos pagamentos e contribuições em espécie que serão efetuados pelos Estados-partes da Convenção.

A Parte II, com outros três capítulos, é como um "espelho" da primeira parte, ou seja, um estudo voltado para o caso brasileiro. Dessa forma, os capítulos 4, 5 e 6 tratam dos aspectos estudados nos capítulos 1, 2 e 3 dentro de uma perspectiva brasileira.

O capítulo 4 aborda, por exemplo, as principais controvérsias ligadas ao Direito do Mar no Brasil. Nesse sentido, dois fatos históricos ganham realce: a "guerra da lagosta" e a polêmica em torno do mar territorial de

INTRODUÇÃO

200 milhas marítimas, nos anos setenta. O capítulo também examina as participações brasileiras nas conferências regionais e internacionais sobre o Direito do Mar, com especial ênfase nas conferências temáticas das Nações Unidas.

O capítulo 5 aborda os assuntos analisados no capítulo 2 com ênfase na posição brasileira, ou seja, o tema da plataforma continental e da possiblidade de sua extensão. Dessa maneira, será apresentada a trajetória legislativa doméstica da plataforma continental – da profundidade de 200 metros à distância de 200 milhas marítimas – até chegar-se a uma nova etapa no estudo jurídico do solo e do subsolo adjacente ao território brasileiro: a plataforma continental estendida. Com o objetivo de concretizar essa plataforma continental além das 200 milhas marítimas, o País teve que preparar uma série de estudos, criando um Plano de Levantamento da Plataforma Continental (LEPLAC) e, no âmbito internacional, apresentar um pleito formal à Comissão de Limites da Plataforma Continental (CLPC). Mais do que examinar o LEPLAC e a submissão à CLPC, outro ponto importante estudado nesse capítulo é o das recomendações "definitivas e obrigatórias" da CLPC e seu possível impacto sobre a "Amazônia Azul".

Por fim, o capítulo 6 aborda, dentro da perspectiva brasileira, como lidar com a aplicação da contrapartida financeira a uma plataforma continental estendida, ou seja, a aplicação e implementação do artigo 82 da CNUDM, tema inicialmente abordado no capítulo 3.

Será o artigo 82 aplicável ao Brasil? Terá o País que efetuar pagamentos ou contribuições em espécie, por intermédio da Autoridade Internacional dos Fundos Marinhos? Para tentar responder a essas e a outras interrogações, o capítulo 6 inicia com a apresentação, em linhas gerais, do modelo de exploração de recursos naturais na plataforma continental e as questões integradas a esta, como o marco regulatório do setor de petróleo e gás natural e o modelo de distribuição dos *royalties* adotado pelo Brasil. Ao final do capítulo, enfrentará os difíceis questionamentos relacionados ao artigo 82 da CNUDM, especialmente considerando a peculiar posição brasileira – importador/exportador de petróleo e Estado desenvolvido/em desenvolvimento – no cenário internacional.

Apresentar, analisar e discutir as questões envolvidas nesse instigante objeto é o que motivou a presente obra. Trata-se de um estudo essencialmente jurídico, mas com a ampla utilização de uma abordagem histórica, política e econômica. Versa, sobretudo, sobre os interesses brasileiros e da humanidade como um todo sobre uma região oceânica cujas riquezas em recursos minerais anunciam a relevância de uma normatização efetiva e de uma apreensão conceitual imperativa.

Parte I

O Direito Internacional do Mar e os artigos 76 e 82 da Convenção das Nações Unidas sobre o Direito do Mar (CNUDM)

A primeira parte do livro aborda três tópicos do Direito Internacional do Mar: o primeiro é a evolução histórica da disciplina, seguida da análise dos artigos 76 – plataforma continental e plataforma continental estendida – e artigo 82 da CNUDM – pagamentos e contribuições relativos ao aproveitamento da plataforma continental além das 200 milhas marítimas.

O objetivo nessa primeira parte é esboçar uma evolução histórica desse ramo do Direito Internacional, destacando os principais marcos do Direito Internacional do Mar, tais como as origens, as conferências temáticas realizadas ao longo do século XX e aspectos controversos – como a largura do mar territorial –, ao longo desse período histórico. Na sequência, esse estudo volta suas atenções para um espaço específico do mar, a plataforma continental e a possibilidade de sua extensão. Essa primeira parte do livro finaliza com a hipótese de expansão da plataforma continental além dos limites das 200 milhas marítimas e dos pagamentos e contribuições pela utilização dessa área estendida, a serem feitos por determinados Estados.

Capítulo 1

O Direito Internacional do Mar: das origens à Convenção das Nações Unidas sobre o Direito do Mar (CNUDM)

Neste primeiro capítulo, a ideia central é identificar os principais marcos da disciplina e seus reflexos sobre o Direito Internacional do Mar contemporâneo. Para alcançar tal objetivo, o capítulo inicia por meio de sua evolução histórico-doutrinária, passa pela análise das conferências sobre o Direito do Mar e destaca os principais debates desses períodos.

1.1 As origens do Direito Internacional do Mar

O estudo do Direito do Mar é um dos mais antigos do Direito Internacional, e boa parte desta história do Direito Internacional do Mar tem sido marcada por um tema constante: o antagonismo entre o exercício da autoridade estatal e a liberdade dos mares.

Um dos marcos desse debate é a Bula *Inter Coetera*, de 4 de maio de 1493, do Papa Alexandre VI, que dividiu as conquistas territoriais entre Portugal e Espanha, com a fixação de um meridiano situado a 100 léguas a oeste do arquipélago de Cabo Verde. O ato papal foi ratificado pelos dois países no ano seguinte com a assinatura do Tratado de Tordesilhas, em 7 de julho de 1494, mas com uma importante alteração – que teria efeitos diretos sobre a futura formação territorial do Brasil – a fixação do meridiano a 370 léguas a oeste de Cabo Verde. Dessa forma, os dois países dividiram entre si todas as terras descobertas ou a serem descobertas. As terras a leste do meridiano pertenceriam a Portugal e, consequentemente, a oeste da linha, à Espanha. Destaque-se o seguinte trecho do Tratado:

> [...] Suas Altezas, e os seus ditos procuradores em seu nome, e em virtude dos ditos seus poderes, outorgaram e consentiram que se trace e assinale pelo dito mar Oceano uma raia ou linha direta de polo a polo; convém a saber, do polo Ártico ao polo Antártico, que é de norte a sul, a qual raia ou linha e sinal se tenha de dar e dê direta, como dito é, a trezentas e setenta léguas das ilhas de Cabo Verde em direção à parte do poente, por graus ou por outra maneira, que melhor e mais rapidamente se possa efetuar contanto que não seja dado mais. E que tudo o que até aqui tenha achado e descoberto, e daqui em diante se achar e descobrir pelo dito Senhor Rei de Portugal e por seus navios, tanto ilhas como terra firme, desde a dita raia e linha dada na forma supracitada indo pela dita parte do levante dentro da dita raia para a parte do levante ou do norte ou do sul dele, contanto que não seja atravessando a dita raia, que tudo seja, e fique e pertença ao dito Senhor Rei de Portugal e aos seus sucessores, para sempre.[4]

Não era intenção da bula papal criar uma área marítima reservada para Portugal e Espanha, mas posteriormente a consequência foi esta, quando os dois países proibiram o comércio com suas respectivas áreas. Foi dessa proibição que surgiu um dos primeiros trabalhos daquele que seria posteriormente considerado o "pai" do Direito Internacional: Hugo Grotius (Huig de Groot) e seu opúsculo *Mare Liberum*.

O título do livro – inicialmente publicado de forma anônima em novembro de 1608 – já dá ideia do que trata: "A Liberdade dos Mares ou O direito que têm os holandeses de participar do comércio nas Índias Orientais". Tecnicamente, na época em que foi escrito, os Países Baixos (Províncias Unidas) não se encontravam em guerra contra Portugal, mas somente contra a Espanha.

No entanto, era época da União Ibérica (1580-1640), período da união real entre Portugal e Espanha, e Grotius dedicou boa parte do livro a rebater os argumentos levantados pelos portugueses baseados na bula papal. Dos treze capítulos do *Mare Liberum*, dez trazem no título a palavra

---

[4] GARCIA, Eugênio Vargas (org.). *Diplomacia brasileira e política externa: documentos históricos (1493-2008)*. Rio de Janeiro: Contraponto, 2008, p. 36.

"portugueses" (*lusitanos*); como exemplo, o capítulo III, intitulado de "Os portugueses não têm direito à soberania sobre as Índias Orientais em razão de título baseado em doação papal" (*Lusitanos in Indos non habere ius dominii titulo donationis Pontificiae*).

O incidente que deu causa ao estudo de Grotius ocorreu em 1603, quando o almirante Van Heemskerck, a serviço da Companhia Holandesa das Índias Orientais, capturou no estreito de Cingapura a nau portuguesa *Catarina*, que trazia rico carregamento de especiarias e outras mercadorias. O julgamento sobre a legalidade da apreensão e confisco da carga deu-se em 1604 pelo Colégio do Almirantado de Amsterdã.[5]

Não era propriamente segredo que o opúsculo tinha sido escrito pelo jovem acadêmico e jurista holandês a pedido da Companhia Holandesa das Índias Orientais. Contudo, era desconhecido, e permaneceria como tal até 1868, o fato de que *Mare Liberum* era o capítulo XII de uma obra mais extensa de Grotius, intitulada *De Jure Pradae*, escrita no inverno de 1604-1605, mas editada somente no século XIX.[6]

Para Grotius, sob o direito das nações, o mar foi em diversas oportunidades considerado como propriedade de ninguém (*res nullius*), ou como um bem comum (*res communis*), ou ainda como uma propriedade pública (*res publica*). Entretanto, considerava Grotius, obviamente que o mar não poderia ser apropriado por ninguém, porque era insuscetível de ocupação. Assim afirmava: "Pelas mesmas razões que o mar é comum a todos, porque é sem limite, que não se pode tornar propriedade de ninguém, e porque está apto a utilização de todos, seja sob o ponto de vista da navegação ou da pesca".[7]

Dentro de uma visão pragmática, Grotius reconhecia que seu conceito sobre a liberdade dos mares aplicava-se à imensidão dos oceanos, e não às baías, estreitos e águas próximas à costa dos Estados. Em outras palavras, tanto a liberdade como a soberania, longe de serem princípios

---

[5] SCOVAZZI, Tullio. The evolution of International Law of the Sea: new issues, new challenges. *Recueil de Cours*, vol. 286, Dordrecht: Martinus Nijhoff, 2000, p. 64-65.

[6] SCOTT, James Brown. Introductory note. In: GROTIUS, Hugo. *The freedom of the seas or The right which belongs to the Dutch to take part in the East Indian Trade*. New York: Oxford University Press, 1916, p. v.

[7] GROTIUS, *op. cit.*, p. 22-28. Tradução do original: *"For the same reasons the sea is common to all, because it is so limitless that it cannot become a possession of any one, and because it is adapted for the use of all, whether we consider it from the point of view of navigation or of fisheries".*

irreconciliáveis, eram dois componentes do mesmo regime. Dessa forma, as ideias concebidas por Grotius de distinguir o *imperium* do *dominium* eram do mar como um todo, e não das águas costeiras, as quais ele expressamente excluiu da discussão.[8]

Essa liberdade dos mares preconizada por Grotius não foi, contudo, aceita por todos. Assim, criou-se uma viva polêmica em torno da liberdade dos mares (*mare liberum*) em oposição à tese do mar fechado (*mare clausum*), que vinha desde a Idade Média, sobre a pretensão de alguns Estados costeiros de dominar o mar próximo ao seu território. Essa querela atingiu seu ponto alto quando Grotius defendeu a tese romanista de que o mar é uma coisa comum insuscetível de ser ocupada e de que seu uso é livre para todos os fins lícitos, especialmente a pesca. Para o jurista holandês, existiria um direito natural de comunicação, que consistiria em uma exigência da sociabilidade humana.[9]

A tese da liberdade dos mares, defendida por Grotius desde sua obra *Mare Liberum*, encontrou forte resistência, especialmente quando, em 1618, o inglês John Selden apresentou a sua réplica *Mare Clausum* – publicada somente em 1635 – e, nessa mesma linha, também pelo português Frei Serafim de Freitas[10]. Mesmo esses dois publicistas, seguidos de escritos análogos por parte de venezianos e genoveses, não defendiam a tese de que o mar era suscetível de constituir objeto do direito de propriedade, apenas que era possível juridicamente e em alguns casos conveniente uma apropriação parcial (*dominium*) ou o exercício de faculdades de proteção (*imperium, jurisdictio*) sobre o alto-mar.[11]

Nessa linha, os teóricos da soberania sobre o mar não aceitavam o pressuposto de que a ocupação das águas marinhas estava limitada apenas as águas costeiras. Alguns deles eram favoráveis ao princípio de que a soberania estatal sobre o mar era simplesmente dependente da capacidade

---

[8] GOSH, Sekhar. *Law of the Territorial Sea: evolution and development.* Calcuta: Naya Prokash, 1988, p. 36.

[9] HOMEM, António Pedro Barbas. *História das relações internacionais: o direito e as concepções políticas na Idade moderna.* Coimbra: Almedina, 2003, p. 114-115. Agrega Grotius, *"every nation is free to travel to every other nation, and to trade with it"*. GROTIUS, *op. cit.*, p. 7.

[10] STADTMÜLLER, Georg. *Historia del derecho internacional público.* Madrid: Aguilar, 1961, p. 154.

[11] HOMEM, *op. cit.*, p. 115.

O DIREITO INTERNACIONAL DO MAR

efetiva de controle das águas ou mesmo de sua necessidade de uso do mar com fins políticos ou econômicos.[12]

O debate seguiu adiante, até que o holandês Cornelius van Bynkershoek, partidário da liberdade dos mares, propôs no seu *De dominio maris* (1703) a tese de que os mares próximos podem ser apropriados pelos Estados costeiros, expondo as célebres fórmulas: *"potestatem terrae finiri, ubi finitur armorum vis"* e *"imperium terrae finiri, ubi finitur armorum potestas"*, ou seja, a ocupação do mar e a possibilidade de fruir dos seus frutos dependem da condição militar.

A novidade da tese exposta por Bynkershoek era que o controle do mar deveria espelhar o controle do mar desde a terra, ou seja, o limite da soberania do Estado costeiro se daria em razão do controle que poderia ser exercido a partir do território terrestre. Nesse caso, em função da técnica militar da época, o alcance seria o do tiro do canhão, aproximadamente 3 milhas marítimas da costa. A ideia subjacente, e que de certa forma continua até hoje no Direito Internacional do Mar, é que os títulos jurídicos sobre as águas costeiras têm como característica acessória os títulos estabelecidos na terra.

Lembra Kinji Akashi que Bynkershoek não inventou o critério, já que o próprio jurista holandês afirmou ter recorrido a precedentes, mas, mesmo assim, a ideia de aplicação desse critério sobre o domínio das águas costeiras era tão surpreendente que os juristas da época relutaram na aplicação imediata[13]. A regra do tiro do canhão acabou, por fim, tendo aceitação, principalmente em matéria de jurisdição sobre presas marítimas, mas seu reconhecimento era menor quanto a outros aspectos do mar.

Ainda que as décadas posteriores tenham consagrado a regra do tiro do canhão, ela apresentava desafios práticos evidentes. Por exemplo, poderia esse limite ser alterado em razão do progresso no material bélico? E um questionamento ainda mais difícil: esse limite deveria ser considerado em termos concretos, ou seja, no sentido de impedir o exercício dos direitos do Estado costeiro onde não houvesse artilharia? Ou esse limite deveria ser considerado em termos abstratos, isto é, concedendo o exercício dos

---

[12] SCOVAZZI, *op. cit.*, p. 67.
[13] AKASHI, Kinji. *Cornelius van Bynkershoek: his role in the history of international law.* The Hague: Kluwer Law International, 1998, p. 126-127.

direitos do Estado costeiro sobre a extensão resultante da regra do tiro do canhão, mesmo onde não houvesse artilharia?

Não havia respostas claras. Para preencher esse vácuo, o napolitano Ferdinando Galiani propôs, em 1782, um critério inovador e ao mesmo tempo bastante útil: a fixação do limite de 3 milhas marítimas para as águas territoriais, ou seja, a maior distância que poderia ser alcançada pelo tiro do canhão à época.[14]

A equivalência da distância entre as 3 milhas e o tiro do canhão, que existiu até 1860, deixou de corresponder à realidade com os avanços da artilharia. Ao longo do século XIX, a prática internacional difundida foi de buscar uma medida geométrica estável para o estabelecimento da largura das águas costeiras, variando entre 3 e 12 milhas marítimas[15]. Como será examinado mais à frente, ainda que convenções internacionais e decisões arbitrais posteriores a essa data tenham continuado a aplicar a regra das 3 milhas, essa nunca obteve um reconhecimento geral por parte da sociedade internacional.[16]

1.2 Os primeiros esforços de codificação: a Liga das Nações e a Conferência de Haia (1930)

Originalmente, o Direito do Mar consistia em um conjunto de normas de Direito Internacional Consuetudinário. Essas regras não escritas com frequência necessitam de clarificações. Além disso, esses costumes são fortemente marcados pelas condições históricas em que foram criados e, portanto, vez por outra surge a necessidade de alterações para torná-los mais aptos às novas realidades. Para alcançar tal fim, ou seja, a codificação do Direito Internacional, em especial do Direito Internacional do Mar, diversos órgãos não governamentais se debruçaram sobre o tema, como a *International Law Association*, o *Institut de Droit International* e a *Harvard Law School*.[17]

Com a criação da Liga das Nações em 1919, dentro do processo de encerramento da Primeira Grande Guerra, também essa organização

---

[14] SCOVAZZI, *op. cit.*, p. 71-72.

[15] Uma milha marítima mede 1.852 metros.

[16] BARBERIS, Julio. *El territorio del Estado y la soberanía territorial*. Buenos Aires: Depalma, 1998, p. 64-65.

[17] TANAKA, Yoshifumi. *The international law of the sea*. Cambridge: Cambridge University Press, 2012, p. 20.

internacional tomou iniciativas para a codificação do Direito Internacional, o que levou a Assembleia da Liga, em Resolução adotada em 22 de setembro de 1924, à criação de um Comitê de Peritos para a Codificação Progressiva do Direito Internacional, o qual realizou quatro sessões de trabalhos entre 1925 e 1928.

O trabalho inicial do Comitê de Peritos deveria ser o de identificar as questões de Direito Internacional que estariam prontas para codificação e os procedimentos que poderiam ser seguidos, visando à preparação de conferências para suas soluções.

A lista de temas ficou pronta durante a segunda sessão de trabalhos, de 12 a 29 de janeiro de 1926. Como conclusão dessa primeira fase, seriam enviados questionários aos Estados membros da Liga e também a alguns Estados convidados, entre eles o Brasil[18]. Esses questionários tratavam dos seguintes pontos: (i) nacionalidade; (ii) águas territoriais; (iii) imunidades e privilégios diplomáticos; (iv) responsabilidade dos Estados com relação a danos causados em seus territórios a pessoas ou bens de estrangeiros; (v) procedimentos das conferências internacionais e procedimentos para a conclusão e elaboração de tratados; (vi) pirataria; e (vii) aproveitamento dos recursos do mar. Os Estados deveriam, preferencialmente, responder aos questionários até o dia 15 de outubro de 1926, ou seja, pouco mais de sete meses depois do encaminhamento oficial pelo Secretariado da Liga.

A parte sobre aquilo que hoje se conhece por Direito do Mar era o Questionário n. 2, e foi preparado por um Subcomitê, que teve como relator o alemão Walther Schücking, assistido pelo português Barbosa de Magalhães e pelo norte-americano George Wickersham.

O Relatório tratava dos problemas relacionados às águas territoriais, consideradas em seus vários aspectos. Era acompanhado de um longo memorando preparado por Schücking sobre as águas territoriais: noção, regime jurídico, extensão, baías, ilhas, estreitos, passagem inocente, entre outros tópicos. Além disso, havia um Projeto de Artigos assinado por Schücking, com catorze artigos. Sobre esse projeto inicial, os adjuntos desse subcomitê Barbosa de Magalhães e Wickersham fizeram, de maneira

---

[18] O Brasil, membro originário da Liga das Nações em 1919, desligou-se de maneira voluntária da organização internacional em março de 1926, em represália por não ter sido atendido seu pleito de tornar-se membro permanente do Conselho da Liga.

separada, longos comentários. O projeto de convenção inicial teve emendas colocadas por Schücking, resultantes da discussão no Comitê de Peritos, bem como três artigos suprimidos, e sua versão final ficou conhecida como "Projeto Schücking".[19]

Depois de recebidas as respostas aos questionários, o Comitê de Peritos, em sua terceira sessão (1927), submeteu seu primeiro relatório ao Conselho da Liga sobre "aqueles temas que pareciam prontos para serem regulados". Em Resolução de 27 de setembro de 1927, a Assembleia da organização decidiu que, com base nos trabalhos já realizados pelo Comitê, deveriam ser iniciados os trabalhos preparatórios para a 1ª Conferência de Codificação, a ser realizada em 1929, em Haia, nos Países Baixos.[20]

Dos sete temas inicialmente examinados pelo Comitê de Peritos, somente três destes seriam abordados na Conferência de Codificação: i) nacionalidade; ii) águas territoriais e iii) responsabilidade do Estado por danos ocorridos em seu território a pessoas e bens de estrangeiros. A Resolução adotada pela Assembleia estabeleceu, ainda, um Comitê Preparatório, composto por cinco internacionalistas.[21]

O Comitê Preparatório reuniu-se em três sessões, entre 1928 e 1929. Em junho de 1929, o Conselho da Liga considerou encerrado o trabalho do Comitê Preparatório e anuiu à proposta de realizar a conferência em março de 1930. Para o evento, foram convidados todos os Estados membros da Liga, além de Brasil, Costa Rica, Cidade Livre de Danzig, Egito, Equador, Estados Unidos, Islândia, México, Mônaco, San Marino, Turquia e União Soviética.[22]

Em 13 de março de 1930, no Palácio da Paz, em Haia, teve início a Conferência de Codificação, que se dividiu em três comitês para examinar os pontos que seriam discutidos: Primeiro Comitê (Nacionalidade), Segundo Comitê (Águas Territoriais) e Terceiro Comitê (Responsabilidade dos

---

[19] ROSENNE, Shabtai (ed.). *League of Nations Committee of Experts for the Progressive Codification of International Law (1925-1928)*. Dobbs Ferry: Oceana Publications, 1972, vol. 2, p. 54-101.

[20] ROSENNE, Shabtai (ed.). *League of Nations Conference for the Codification of International Law*. Dobbs Ferry: Oceana Publications, 1975, vol. 1, p. xii.

[21] *Ibidem*, p. xiii. Os cinco membros do Comitê Preparatório: Jules Basdevant (França – presidente), Carlos Castro-Ruiz (Chile), J. P. A. François (Países Baixos), Cecil Hurst (Reino Unido) e Massimo Pilotti (Itália).

[22] *Ibidem*, p. xvii-xviii.

O DIREITO INTERNACIONAL DO MAR

Estados). A Conferência de Haia contou com a participação de mais de 47 governos, a maior parte de europeus, e um observador (União Soviética).[23]

Desde o início dos trabalhos do Segundo Comitê – dezessete encontros entre 17 de março e 10 de abril –, ficou claro que não haveria consenso sobre as propostas encaminhadas pelo Comitê Preparatório, especialmente com relação à largura do mar territorial. Uma parte dos Estados, especialmente as principais potências marítimas, apoiava um mar territorial de 3 milhas. No entanto, mesmo esse grupo não formava uma posição uniforme, visto que alguns países apoiavam também a criação de uma zona contígua de pesca, o que desvirtuava o rígido sistema de 3 milhas esboçado pelos demais. Por outro lado, em posição contrária à do primeiro grupo, um conjunto de Estados propunha largura superior para o mar territorial, entre 4 e 6 milhas marítimas.

Esse dissenso acabou afetando o resultado dos demais pontos discutidos pelo Comitê e a conferência encerrou sem a aprovação de uma convenção sobre o mar territorial. Do pequeno saldo positivo, ficou a adoção do termo mar territorial (*territorial sea*), ao invés de águas territoriais (*territorial waters*), utilizado inicialmente.[24]

O período antes da II Guerra Mundial

A despeito do fracasso da Conferência de Haia de 1930, a prática estatal continuou a se desenvolver nos anos seguintes, especialmente com a adoção da Convenção que regula o regime de estreitos, assinada em Montreux, em 20 de julho de 1936, a qual permitiu a liberdade de trânsito e navegação pelos estreitos do Mar Negro, e pelos estreitos turcos de Bósforo e Dardanelos. A eclosão da Segunda Guerra Mundial acabou com qualquer possibilidade de codificação e, dessa maneira, continuou ativa a prática estatal de formular declarações unilaterais sobre diferentes zonas do mar por parte dos Estados.[25]

Em 1939, realizou-se no Panamá a Primeira Reunião de Consulta dos Ministros de Relações Exteriores, que congregou mais de vinte países do continente americano. Entre os diversos instrumentos aprovados,

---

[23] ROSENNE, Shabtai (ed.). *League of Nations Conference for the Codification of International Law.* Dobbs Ferry: Oceana Publications, 1975, vol. 4, p. 1411.

[24] *Ibidem*, p. xxxiii.

[25] ROTHWELL, Donald; STEPHENS, Tim. *The International Law of the Sea*. Oxford: Hart, 2010, p. 4-5.

está a Declaração do Panamá, por meio da qual os participantes estabeleceram, de maneira temporária, uma zona de segurança com largura de 300 milhas[26], afirmando um direito inerente à proteção dos navios dentro das águas costeiras contra ataque beligerante.[27]

A partir de 1944, alguns poucos Estados começaram a alargar seu mar territorial, alguns para 6 milhas, outros para 9 e mesmo para 12 milhas. Essas declarações unilaterais por parte de Estados costeiros eram voltadas basicamente à defesa da pesca em seus litorais, em alguns casos seriamente ameaçada pela presença de embarcações estrangeiras. No entanto, tais declarações eram desafiadas pelas potências marítimas. Além disso, alguns Estados costeiros alteraram seus limites com a introdução de medições por linhas de base retas e a criação de zonas contíguas, que estendiam a jurisdição sobre os recursos e determinadas atividades.[28]

1.3 O pós-Segunda Guerra Mundial: as conferências de Genebra (1958 e 1960) e a polêmica sobre a largura do mar territorial

O período pós-Segunda Guerra Mundial foi de grandes mudanças na ordem jurídica internacional e o Direito Internacional do Mar acompanhou essa evolução. Os problemas e as soluções do período pós-guerra eram essencialmente diferentes daqueles que comportavam a realidade do entre-guerras. De certa forma, contudo, o Direito Internacional Mar retornou a sua questão elementar: a quem pertencia o mar?[29]

1.3.1 Os primeiros desdobramentos no período pós-Guerra

O primeiro marco do Direito do Mar pós-Segunda Guerra Mundial não foi um tratado internacional, mas uma declaração estatal unilateral. Tratou-se da Proclamação Truman sobre a plataforma continental, de 28 de setembro de 1945, feita pelo presidente norte-americano Harry Truman, em que se

---

[26] A Declaração do Panamá, aprovada em 3 de outubro de 1939, não menciona expressamente 300 milhas marítimas, mas essa distância pode ser auferida como resultado da fixação dos pontos mencionados na Declaração: *"Todas las aguas dentro de los límites que a continuación se especifican [...]"*. URUGUAY. *América Latina y la extensión del mar territorial: régimen jurídico.* Montevideo: Oficina de Publicaciones, 1971, p. 193-194.

[27] GARAICOA, Teodoro Alvarado. *El dominio del mar.* Guayaquil: Universidad de Guayaquil, 1968, p. 55-56.

[28] MORELL, *op. cit.*, p. 4.

[29] GREWE, Wilhelm Georg. *The epochs of international law.* New York: Walter de Gruyter, 2000, p. 689.

declarava que "a plataforma continental deve ser compreendida como uma extensão da massa terrestre do Estado costeiro e, por isso, naturalmente a ele pertencendo"[30]. Foi a primeira manifestação clara feita por um Estado costeiro sobre os recursos de uma zona marítima – completamente distinta do mar territorial – do que até então tinha se desenvolvido sobre esse assunto, propiciando que outras nações com posição geográfica semelhante fizessem declarações desse tipo.

Na oportunidade, também se emitiu uma segunda proclamação, em que se instituía uma "zona de conservação em que a pesca ficaria sujeita à regulamentação e ao controle dos Estados Unidos". Essa proclamação relativa à pesca costeira em certas áreas do alto-mar destacava a importância que tinham tais recursos para as populações ribeirinhas e para o país como um todo, em termos de fonte de alimentos e como indústria pesqueira.

Dos dois documentos em referência, o de maior importância foi certamente a proclamação sobre a plataforma continental, que será examinada no capítulo seguinte.

Em paralelo a esses desdobramentos, surgiu o desenvolvimento jurisprudencial, no âmbito dos tribunais internacionais, sobre assuntos atinentes ao Direito do Mar. Ainda que não fosse totalmente novo esse tipo de decisão judicial antes do período, as decisões da Corte Internacional de Justiça (CIJ) – principal órgão judiciário das Nações Unidas – exerceram inegável influência no Direito Internacional do Mar.

A primeira dessas decisões da CIJ data de 1949, o célebre caso do *Canal de Corfu* (Reino Unido *vs.* Albânia), que permitiu à Corte discutir o desenvolvimento do regime do mar territorial e, de maneira especial, os direitos de navegação e liberdade pelos estreitos marítimos em tempo de paz.

Outra decisão importante foi prolatada em 1951, no caso *Pescarias* (Reino Unido *vs.* Noruega), que trouxe relevante contribuição em torno do regime do mar territorial, em particular para o reconhecimento da capacidade do Estado costeiro de estabelecer as chamadas "linhas de base retas". Esse método une os pontos a partir dos quais se mede a largura do mar territorial, e é muito utilizado nos locais em que a costa apresenta

---

[30] UNITED STATES OF AMERICA. *Presidential Proclamation n. 2667: Policy of the United States with the Respect to the Natural Resources of the Subsoil and Sea Bed on the Continental Shelf.* Tradução do original: *"the continental shelf may be regarded as an extension of the land-mass of the coastal nation and thus naturally appurtenant to it".*

recortes profundos e reentrâncias, como no caso da Noruega, ou nos quais exista uma franja de ilhas ao longo da costa.[31]

Em 1949, a ONU criou a Comissão de Direito Internacional (CDI) – órgão encarregado do desenvolvimento e codificação do Direito Internacional – e, de maneira quase imediata, foi colocada entre seus objetivos a elaboração de uma convenção sobre o Direito do Mar.

Por meio da Resolução 798 (VIII) de dezembro de 1953, a Assembleia Geral das Nações Unidas (AGNU), levando em consideração que os problemas referentes ao alto-mar, águas territoriais, zonas contíguas, plataforma continental e as águas que as cobrem estão intimamente unidos, tanto jurídica como fisicamente, decidiu não debater nenhum aspecto dessas matérias até que a CDI tivesse estudado todos esses problemas e lhe fornecido informações.

Posteriormente, a AGNU, em sua Resolução 899 (IX), de 14 de dezembro de 1954, solicitou à CDI que apresentasse um relatório final sobre tais questões em tempo oportuno para que pudessem ser consideradas conjuntamente em seu décimo primeiro período de sessões (1956). Dessa maneira, nos anos cinquenta, a CDI deu grande atenção ao tema do Direito Internacional do Mar, considerando diversos aspectos teóricos e científicos, e levando também em consideração as posições governamentais.

Todo esse trabalho culminou em 1956 com a apresentação de um Projeto de Artigos, acompanhado de comentários, pela CDI. O esforço exerceu uma forte influência sobre os desenvolvimentos seguintes do Direito Internacional do Mar, não somente porque se tratava de um Projeto de Artigos, mas também porque os comentários propiciaram uma base para futuras interpretações dos seus pontos-chave. Com o trabalho da CDI concluído, a próxima etapa seria a realização de uma conferência diplomática sobre o tema.

1.3.2 A I Conferência das Nações Unidas sobre o Direito do Mar (1958)

A I Conferência realizou-se entre os dias 24 de fevereiro e 27 de abril de 1958, em Genebra. Um total de oitenta e seis Estados-partes participaram do encontro, o maior evento em número de participantes no período pós-Segunda Guerra dentro das reuniões desse gênero.

---

[31] ROTHWELL; STEPHENS, *op. cit.*, p. 5-6.

Em termos de negociação, a I Conferência funcionou basicamente com três eixos de interesses. O primeiro, o diálogo Leste-Oeste típico do período da Guerra Fria, em que a rivalidade tinha um impacto considerável nos aspectos ligados à segurança do Direito do Mar, especialmente no tocante à navegação e utilização militar dos oceanos. Outro fator importante durante a I Conferência foi o surgimento dos países em desenvolvimento como um grupo de pressão significativo nas negociações internacionais. O terceiro aspecto representativo era o grupo dos países sem litoral que, ainda que em pequeno número, estavam dispostos a garantir direitos de acesso ao mar.[32]

Do texto único apresentado pela CDI[33], resultaram – em alguns aspectos, com importantes modificações – quatro convenções que versaram sobre os seguintes pontos: mar territorial e zona contígua, alto-mar, pesca e conservação dos recursos vivos do alto-mar e plataforma continental. Havia, ainda, um Protocolo Anexo cuja assinatura era facultativa, que estabelecia o recurso obrigatório à Corte Internacional de Justiça para a solução de quaisquer divergências relativas à interpretação ou à aplicação do disposto nas convenções, a menos que outra forma de regulá-las estivesse prevista no seu articulado, ou outra solução pacífica de controvérsia tivesse sido, ou viesse a ser, acordada pelas partes[34].

As quatro convenções, todas assinadas em 29 de abril de 1958, são analisadas, de maneira breve na sequência.

Convenção sobre o Mar Territorial e a Zona Contígua

A Convenção sobre o Mar Territorial e a Zona Contígua foi silente sobre o assunto mais espinhoso da I Conferência: o da largura do mar territorial. Havia, basicamente, duas posições sobre o tema: a dos Estados desenvolvidos, que apregoavam que o Direito Internacional Costumeiro de 3 milhas marítimas para o mar territorial não deveria ser alterado, e, de outro lado,

---

[32] *Ibidem*, p. 7.
[33] INTERNATIONAL LAW COMMISSION. *Report of the International Law Commission on the Work of its Eighth Session, 23, 4 July 1956, Official Records of the General Assembly, Eleventh Session, Supplement N. 9 (A/3159)*. Disponível em: <http://legal.un.org/ilc/documentation/english/a_cn4_104.pdf>. Acesso em: 8 de fevereiro de 2015.
[34] GUEDES, Armando Marques. *Direito do Mar*. 2. ed. Coimbra: Coimbra Editora, 1998, p. 42-43.

a opinião dos Estados que reivindicavam uma maior extensão para o mar territorial.

Sem afirmar qual a largura máxima do mar territorial, a Convenção colocou no artigo 1º somente que "a soberania do Estado estende-se, além de seu território e de suas águas internas, a uma zona de mar adjacente a suas costas, designada pelo nome de mar territorial". No artigo 2º, limitou-se a prelecionar que tal soberania "se estende ao espaço aéreo, acima do mar territorial, bem como ao leito e subsolo deste mar". Além disso, o artigo 6º acrescenta que "o limite externo do mar territorial se define por uma linha, cada um de cujos pontos se situa a uma distância, igual à extensão do mar territorial, do ponto mais próximo da linha de base".

Entre as principais contribuições dessa convenção, destacam-se:

a) a consagração do direito de passagem inocente (artigos 14-23), entendido como a passagem de um navio com pavilhão estrangeiro pelo mar territorial do Estado costeiro, considerando diversos aspectos que haviam sido levantados na decisão da CIJ sobre o caso do *Canal de Corfu*;

b) a consolidação da ideia de zona contígua, definida no artigo 24 como uma zona adjacente ao mar territorial em que o Estado costeiro pode "prevenir as contravenções a suas leis de polícia aduaneira, fiscal, sanitária ou de imigração, cometidas em seu território ou no mar territorial", a qual, no entanto, não poderia estender-se além das 12 milhas marítimas da linha de base que serve de ponto de partida para medir a largura do mar territorial.

Consequentemente, o limite máximo do mar territorial e da zona contígua conjuntamente não poderiam ultrapassar essas 12 milhas marítimas, muito aquém do desejado por muitos Estados em desenvolvimento, como será visto mais adiante.

A Convenção sobre o Alto-Mar

A Convenção sobre o Alto-Mar é, das quatro, a que mais se apoiou no direito costumeiro, reconhecendo tal herança no preâmbulo, quando afirma que desejava "codificar as regras do Direito Internacional relativas ao alto-mar".

Em seu artigo 1º, define alto-mar por exclusão, visto que entende que "são todas as partes do mar que não pertençam ao mar territorial ou às águas interiores de um Estado", sugerindo, ainda, que o alto-mar era, em parte, coincidente com a zona contígua e a plataforma continental. No artigo 2º, ressalta que o alto-mar está "aberto a todas as nações, nenhum

Estado pode legitimamente pretender submeter qualquer parte dele à sua soberania". As principais liberdades do mar (navegação, pesca, colocação de cabos e dutos submarinos e de sobrevoo) foram apenas identificadas no artigo 3º, sem no entanto serem definidas.[35]

A Convenção sobre Pesca e Conservação dos Recursos Vivos do Alto-Mar

A Convenção sobre Pesca e Conservação dos Recursos Vivos do Alto-Mar procurou colocar algumas restrições sobre a liberdade de pesca em alto--mar, visando a alcançar a conservação dos recursos vivos nele existentes, a partir da compreensão de que os Estados-partes deveriam observar que os "programas de conservação devem ser estabelecidos com vistas a assegurar, primeiramente, o abastecimento de produtos alimentícios para consumo humano" (artigo 2º). Os demais dispositivos da Convenção procuraram operacionalizar esses objetivos.

A Convenção sobre a Plataforma Continental

A quarta e última convenção assinada no encerramento da conferência internacional foi a Convenção sobre a Plataforma Continental. Logo no seu artigo 1º, a Convenção definiu a plataforma continental, utilizando dois critérios: "o leito do mar e o subsolo das regiões submarinas adjacentes às costas, mas situadas até uma profundidade de 200 metros ou, para além desse limite, até o ponto onde a profundidade das águas superjacentes permita a exploração dos recursos naturais de ditas regiões".

Em outras palavras o artigo 1º balizou-se nos seguintes parâmetros: a) o batimétrico, isto é, a profundidade de 200 metros; e, b) o de exploração, visto que esse limite inicial, isto é, a profundidade de 200 metros, poderia ser estendido "até o ponto onde [...] permita a exploração dos recursos naturais de ditas regiões", dando, portanto, aos Estados mais desenvolvidos um grande potencial de exploração em decorrência de sua superioridade tecnológica.

Outro ponto importante era o artigo 2º, o qual dispunha que "o Estado ribeirinho exerce direitos soberanos sobre a plataforma continental com o fim da sua exploração e da extração dos seus recursos naturais". Note-se que, nesse ponto, a Convenção fala em "direitos soberanos", em contraste

---

[35] ROTHWELL; STEPHENS, *op. cit.*, p. 8.

com a simples ideia de "soberania", utilizada tão-somente para o mar territorial (artigo 2º da Convenção sobre o Mar Territorial e a Zona Contígua).

Além disso, a Convenção acrescenta que esses direitos "são exclusivos no sentido de que, se o Estado ribeirinho não explora a plataforma continental, ou não procede à extração dos seus recursos naturais, ninguém pode empreender tais direitos sobre a plataforma continental sem o consentimento expresso do Estado ribeirinho". No entanto, ficou garantido no parágrafo final do artigo 2º da Convenção que os recursos naturais compreendem os "recursos minerais e outros recursos não vivos no leito do mar e do subsolo, bem como os organismos vivos que pertencem às espécies sedentárias".

Todavia, apesar de a I Conferência haver produzido quatro convenções, não conseguiu, por outro lado, obter êxito em dois dos pontos mais difíceis: a largura máxima do mar territorial e a extensão da jurisdição do Estado costeiro para pesca.

O fato de o Projeto de Artigos da CDI, que previa uma abrangente convenção sobre o Direito do Mar, ter sido cindido em quatro convenções possibilitou que os Estados assinassem somente aquelas que satisfaziam seus interesses, o que inevitavelmente trouxe distorções ao sistema criado. Pode-se exemplificar que era intenção da CDI que o rigor da regra da liberdade de pesca, que se tornou o artigo 2º da Convenção do Alto-Mar, fosse mitigado pelos dispositivos da Convenção sobre Pesca e Conservação dos Recursos Vivos do Alto-Mar, que no final provou-se letra morta, visto que teve um número de assinaturas consideravelmente inferior ao das demais convenções.[36]

Para o professor italiano Tullio Treves, em que pese o grande valor jurídico das quatro convenções de Genebra, estas foram rapidamente consideradas obsoletas pela maioria dos Estados, especialmente depois do famoso discurso do Embaixador de Malta Arvid Pardo ante a Assembleia Geral da ONU em 1967, que colocou em marcha o processo para a renovação total do Direito do Mar. Atualmente, as Convenções de Genebra têm fundamentalmente importância histórica, já que representam o "Direito do Mar tradicional", isto é, o direito que existia antes das transformações

---

[36] O'CONNELL, Daniel P. *The International Law of the Sea*. Oxford: Oxford University Press, 1982, p. 22.

na comunidade internacional e da valoração dos usos do mar, advindos da III Conferência das Nações Unidas sobre o Direito do Mar.[37]

1.3.3 A II Conferência das Nações Unidas sobre o Direito do Mar (1960)

A Assembleia Geral das Nações Unidas julgou que era necessário um novo esforço para alcançar um acordo sobre a largura do mar territorial e os limites de pesca, e incorporou as duas questões como temas principais do programa da II Conferência das Nações Unidas sobre o Direito do Mar, realizada entre os dias 17 de março e 26 de abril de 1960, novamente em Genebra.[38]

Ao contrário do primeiro encontro, para a II Conferência a AGNU não solicitou qualquer tipo de proposta à Comissão de Direito Internacional e, portanto, não havia um texto básico preparado por juristas, sendo consideradas somente propostas e emendas submetidas pelos governos.

No entanto, também esse novo esforço não conseguiu alcançar o seu objetivo. Das diversas sugestões, que fixavam limites máximos compreendidos entre 3 e 200 milhas, a que chegou mais próxima de atingir um consenso foi a proposta conjunta do Canadá e Estados Unidos, estabelecendo um mar territorial de no máximo 6 milhas, e outras 6 milhas adicionais para uma zona imediatamente contígua. Todavia, essa proposta não conseguiu a maioria de dois terços necessária para ser aprovada no plenário da conferência[39]. Faltou apenas um voto.

O resultado final da II Conferência foi extremamente modesto, aprovando apenas duas resoluções na sua Ata Final. Os tópicos mais importantes, a razão principal para a sua convocação – largura do mar territorial e os limites da pesca –, novamente não obtiveram consenso.

---

[37] TREVES, Tullio. Convenciones de Ginebra sobre el Derecho del Mar, de 1958. Disponível em: <http://legal.un.org/avl/pdf/ha/uncls/uncls_s.pdf>. Acesso em 8 de fevereiro de 2015. O professor Treves ainda lembra que como a Convenção das Nações Unidas sobre o Direito do Mar (1982) hoje conta com 167 Partes, a maioria destes também membros nas convenções de Genebra, estas seguem sendo vinculantes unicamente entre os poucos Estados que são parte na Convenção de Genebra pertinente e não são Partes na Convenção de 1982. No caso concreto: Colômbia, Estados Unidos, Israel e Venezuela.

[38] Resolução 1307 (XIII), de 10 de dezembro de 1958, da Assembleia Geral das Nações Unidas, com o seguinte título: *Convening of a second United Nations conference on the law of the sea*.

[39] Documento A/CONF.19/C.1/L.10. Second United Nations Conference on the Law of the Sea, *Official Records, Summary Records of Plenary Meetings and of Meetings of the Committee of the Whole (Geneva, 17 March-26 April 1960)*. New York: United Nations, 1960, p. 169.

1.3.4 A controvérsia em torno do mar de 200 milhas marítimas

Como visto acima, o tema da largura do mar adjacente – onde o Estado costeiro pudesse exercer sua soberania e/ou direitos exclusivos – sempre foi uma questão controversa no Direito Internacional do Mar. Esse assunto, muito em razão dos progressos tecnológicos, tornar-se-ia crescentemente polêmico, até uma polarização entre duas posições. Em termos genéricos, havia um conjunto de Estados, mormente desenvolvidos e potências marítimas, que desejavam manter o *status quo*, com base no princípio tradicional da liberdade de navegação. No outro extremo, um conjunto de Estados – latino-americanos e novos Estados independentes – que desejavam aumentar sua área de influência marítima, voltados especialmente aos interesses econômicos do mar, e contrários a um direito consuetudinário que não representava mais a realidade.

É interessante observar que foi na esteira da Proclamação Truman sobre a plataforma continental, que um conjunto de países passou a reivindicar não somente um mar territorial de 6 ou 12 milhas, mas uma zona marítima muito mais ampla, de 200 milhas marítimas.

A primeira declaração unilateral neste sentido, ou seja, a de reivindicação de uma área marítima adjacente de 200 milhas marítimas, foi feita pelo presidente chileno Gabriel González Videla, em 23 de junho de 1947[40]. Na sequência, outros Estados latino-americanos seguiram o exemplo: Peru (1º de agosto de 1947), Costa Rica (27 de julho de 1948), El Salvador (7 de setembro de 1950) e Honduras (17 de janeiro de 1951).

No entanto, o manifesto mais importante em torno de um direito do Estado costeiro a um mar de 200 milhas foi a Declaração de Santiago – "Declaração de Zona Marítima" – de 18 de agosto de 1952, em que o Chile, o Equador e o Peru proclamavam como norma de sua política internacional marítima "a soberania e jurisdição exclusiva [...] sobre o mar que banha as costas de seus respectivos países, até uma distância mínima de 200 milhas marítimas", com fundamento nos "fatores geológicos e biológicos que condicionam a existência, conservação e desenvolvimento da fauna e flora marítimas nas águas que banham as costas dos países declarantes fazem com que a antiga extensão do mar territorial e da zona contígua sejam insuficientes para a conservação, desenvolvimento e aproveitamento dessas

---

[40] ERAZO, Jaime Lagos. *Los límites marítimos con el Perú*. Santiago: Editorial Andrés Bello, 2010, p. 41.

riquezas a que têm direito os países costeiros"[41]. Dessa maneira, o mar de 200 milhas tinha um inegável caráter econômico – como uma importante fonte de alimentos –, rompendo com a tradicional visão do mar territorial apenas como zona de defesa e meio de navegação.

O novo limite declarado pelos três países de 200 milhas marítimas a partir de suas costas não era arbitrário, mas correspondia às peculiaridades do litoral daquela região, especialmente em virtude da corrente fria de Humboldt, com enorme potencial para a pesca[42]. Além disso, os Estados latino-americanos frisavam que praticamente não havia uma plataforma continental geológica no Pacífico Sul, de forma que reivindicavam uma área de 200 milhas marítimas de água como compensação pelos direitos que teriam sobre os recursos minerais, caso tivessem uma plataforma continental com essa dimensão.[43]

Ainda em termos de antecedentes, não pode ser desconsiderado também o fato de que, em setembro de 1939, os Estados Unidos fixaram um limite de 200 milhas a partir do seu litoral para vigiar as atividades dos navios beligerantes. Esse posicionamento precisou ser posteriormente esclarecido, a partir da distinção entre a zona de vigilância e as águas territoriais. Poucos dias depois, durante a Conferência do Panamá, os Estados Unidos propuseram uma linha de neutralidade de 300 milhas, a partir da costa do continente americano.[44]

Ao contrário da Proclamação Truman, a posição de liderança encabeçada pelos Estados latino-americanos encontraria nos Estados desenvolvidos grande oposição. No entendimento desses países, tratava-se de uma

---

[41] Tradução do original: "*la soberanía y jurisdicción exclusivas [que a cada uno de ellos corresponde] sobre el mar que baña las costas de sus respectivos países, hasta una distancia mínima de 200 millas marinas [desde las referidas costas]*". E mais adiante também no original: "*los factores geológicos y biológicos que condicionan la existencia, conservación y desarrollo de la fauna y flora marítimas en las aguas que bañan las costas de los países declarantes, hacen que la antigua extensión del mar territorial y de la zona contigua sean insuficientes para la conservación, desarrollo y aprovechamiento de esas riquezas a que tienen derecho los países costeros*".

[42] GUEDES, *op. cit.*, p. 47.

[43] O caso do Peru é bastante ilustrativo. A plataforma continental em alguns pontos não chega sequer a três milhas marítimas contadas da costa. No outro lado do continente, por exemplo, a plataforma continental da Argentina pode alcançar até mil quilômetros. SILVA, Ricardo Mendez. *El mar patrimonial en América Latina*. México, D.F.: UNAM, 1974, p. 17.

[44] GARCÍA, Andelfo J. *La delimitación de espacios oceánicos: el caso colombo-venezolano*. Bogotá: Universidad Externado de Colombia, 1987, p. 28.

reivindicação despropositada, sem precedentes e com evidentes violações ao Direito Internacional Consuetudinário.[45]

Essa posição de revisionismo do tradicional Direito Internacional do Mar, em torno de um mar de 200 milhas marítimas, liderada pelos Estados latino-americanos, não era uniforme entre eles. Alguns países da região conceituavam essa zona marítima como mar territorial; outros ordenamentos jurídicos, no entanto, a concebiam como uma nova instituição, qualificando-a algumas vezes como "mar patrimonial" ou "mar epicontinental".

Em razão de determinadas circunstâncias históricas e de interesses políticos, alguns países aderiram ao revisionismo já nos primeiros estágios, enquanto outros Estados da região só o fariam posteriormente. Esses debates foram fundamentais para a consolidação de uma futura zona econômica exclusiva (ZEE), como se verá adiante.

Por seu turno, o Conselho Interamericano de Juristas, em seu terceiro encontro, realizado no México em 1956, pronunciou sua famosa declaração, conhecida como "Princípios do México sobre o regime jurídico do mar". O regime adotado nessa oportunidade era de total apoio à bandeira levantada pelos países do Pacífico Sul, como se conclui do enunciado sobre mar territorial da declaração:

> 1. La extensión de tres millas para delimitar el mar territorial es insuficiente y no constituye una normal general de Derecho Internacional. Por lo tanto, se justifica la ampliación de la zona de mar tradicionalmente llamada "mar territorial".
> 2. Cada Estado tiene competencia para fijar su mar territorial hasta límites razonables, atendiendo a factores geográficos, geológicos y biológicos, así como a las necesidades económicas de su población y a su seguridad y defensa.[46]

Em 1965, foi a vez do Comitê Jurídico Interamericano – órgão da Organização dos Estados Americanos (OEA) – seguir as mesmas diretrizes dos "Princípios do México", ainda que nessa ocasião tenha fixado um limite para o mar territorial de apenas 12 milhas marítimas. O importante, no

---

[45] SCOVAZZI, *op. cit.*, p. 99.
[46] URUGUAY, *op. cit.*, p. 231.

entanto, é destacar que foi reconhecido pelo Comitê o direito de o Estado costeiro exercer uma jurisdição especial sobre os mares adjacentes, para o aproveitamento dos recursos marítimos.

Outro documento de destaque sobre as reivindicações sul-americanas para a expansão do mar territorial foi a Declaração de Montevidéu, fruto da Reunião Latino-americana sobre Aspectos do Direito do Mar, realizada na capital uruguaia, em maio de 1970 – mesmo ano em que se aprovou a Declaração de Lima.

Ambas as declarações sustentavam a existência de um nexo geográfico, econômico e social entre o mar, a terra e o homem que a habita, da qual resulta uma legítima prioridade em favor das populações ribeirinhas para o aproveitamento dos recursos naturais provenientes do meio ambiente marinho vizinho. Vale destacar que, tanto a Declaração de Montevidéu, como a de Lima, não estipularam a distância de 200 milhas marítimas de zona jurisdicional para os Estado.[47]

Nos termos da Declaração de Montevidéu ficaram reconhecidos como princípios do Direito do Mar, entre outros:

1. El derecho de los Estados ribereños de disponer de los recursos naturales del mar adyacente a sus costas, y del suelo y subsuelo del mismo mar, para promover el máximo desarrollo de sus economías y elevar los niveles de vida de sus pueblos.
2. El derecho a establecer los límites de su soberanía y jurisdicción marítimas, de conformidad con sus características geográficas y geológicas y con los factores que condicionan la existencia de los recursos marinos y la necesidad de su racional aprovechamiento.[48]

A Declaração de Santo Domingo, de junho de 1972, subscrita pelos países caribenhos, consignou princípios distintivos entre o mar territorial e o mar patrimonial. Foram, então, elaboradas algumas diretrizes para a definição e a limitação do mar territorial:

1. La soberanía del Estado se extiende, fuera de su territorio y de sus aguas interiores, a una zona de mar adyacente a sus costas, designada con el nombre

---

[47] SILVA, *op. cit.*, p. 29.
[48] URUGUAY, *op. cit.*, p. 148.

de mar territorial, así como al espacio aéreo sobre el mar territorial, al lecho y al subsuelo de ese mar.

2. La anchura de esta zona y la manera de su delimitación deben ser objeto de un acuerdo internacional, preferentemente de ámbito mundial. Todo Estado tiene, entretanto, el derecho de fijar la anchura de su mar territorial hasta un límite de 12 millas marítimas medidas a partir de la línea de base aplicable.

3. Los buques de cualquier Estado, con litoral marítimo o sin él, gozan del derecho de paso inocente a través de esta zona, de conformidad con el Derecho Internacional.

Acerca do mar patrimonial, a Declaração de Santo Domingo preceitua que:

1. El Estado ribereño ejerce derechos de soberanía sobre los reclusos naturales, tanto renovables como no renovables, que se encuentran en las aguas, en el lecho y en el subsuelo de una zona adyacente al mar territorial, denominada mar patrimonial.

2. El Estado ribereño tiene el deber de promover y el derecho de reglamentar las investigaciones científicas que se adelanten en el mar patrimonial, así como el de adoptar las medidas necesarias para evitar la contaminación del medio marino y asegurar su soberanía sobre los recursos.

3. La anchura del mar patrimonial debe ser objeto de acuerdo internacional, preferentemente de ámbito mundial. La suma de esta zona y la del mar territorial, teniendo en cuenta las circunstancias geográficas, no deberá exceder en total de 200 millas marítimas.

4. La delimitación de esta zona entre dos o más Estados se hará con arreglo a los procedimientos pacíficos previstos en la Carta de las Naciones Unidas.

5. En el mar patrimonial las naves y aeronaves de todos los Estados, con litoral marítimo o sin él, tienen derecho de libre navegación y sobrevuelo, sin otras restricciones que las que puedan resultar del ejercicio, por parte del Estado ribereño, de sus derechos en el mismo mar. Con estas únicas limitaciones, habrá también libertad para tender cables y tuberías submarinos.

Como assinalava o mestre cubano Garcia-Amador, a contribuição dos Estados latino-americanos para o Direito Internacional do Mar não tem paralelo com qualquer outro grupo de países ou região. Além disso, essa contribuição não foi somente muito produtiva, mas também extremamente variada.

Entretanto, continuava Garcia-Amador, seria incorreto referir-se a uma "posição latino-americana" no tocante ao direito de exploração, aproveitamento e conservação dos recursos naturais do mar. Certamente havia similaridades entre as posições esposadas, mas quando examinadas em conjunto como um grupo, as reivindicações latino-americanas mostravam diferenças consideráveis na natureza e escopo da reivindicação, como por exemplo, entre a concepção de um mar territorial ou de um mar patrimonial.[49]

Com o processo de descolonização afro-asiático da década de 1960, diversos países, especialmente africanos, também passaram a formular reivindicações em torno de um mar territorial mais amplo. A maioria dos novos países costeiros adotou, por atos unilaterais, um mar com largura entre 30 e 200 milhas marítimas.[50]

Como se observou, tanto a I como a II Conferência do Direito do Mar não conseguiram superar o principal ponto de discórdia entre os Estados negociadores, atinente à largura do mar territorial. Conforme dados coligidos pelas Convenções de Genebra de 1958 e 1960, complementados posteriormente com informações do Departamento de Estado dos Estados Unidos, de abril de 1967, o cenário sobre a largura do mar territorial na época pode ser esboçado da seguinte maneira: até 3 milhas (30 países); entre 3-12 milhas (49 países) e acima das 12 milhas (7 países, sendo 1 africano – Guiné, 130 milhas; 6 latino-americanos, incluindo o Brasil em 1970, com 200 milhas marítimas de mar territorial). Diversos países não informaram ou não disponibilizaram tal informação.

1.4 A III Conferência das Nações Unidas sobre o Direito do Mar (1973-1982)

Ainda que os temas da largura do mar territorial e do aproveitamento dos recursos vivos do mar fossem questões não resolvidas no final dos anos 1960 e início da década seguinte, não foram esses tópicos que desencadearam a III Conferência das Nações Unidas sobre o Direito do Mar (doravante III Conferência), mas o potencial de exploração de riquezas do mar muito maiores – os recursos não vivos dos fundos marinhos.

---

[49] GARCIA-AMADOR, F. V. The Latin-American contribution to the development of the law of the sea. *The American Journal of International Law*, vol. 68, n. 1, 1974, p. 33-46.

[50] SCOVAZZI, *op. cit.*, p. 107.

Como será examinado abaixo, o que acabou por fim tornando a Convenção das Nações Unidas sobre o Direito do Mar (CNUDM) tão abrangente – o mais longo tratado em número de artigos já celebrado no âmbito da ONU – foi a percepção de que os assuntos relacionados ao mar não poderiam ser regulados pontualmente, mas ao contrário, estão intrinsicamente inter-relacionados.

1.4.1 Antecedentes: o período entre a II e a III Conferência: 1960-1973

Como previamente analisado, a II Conferência não conseguiu alcançar nenhum resultado digno de nota. Ainda que a I Conferência tenha se encerrado com a aprovação de quatro convenções, a moldura jurídica criada em Genebra em 1958, passados pouquíssimos anos, já enfrentava consideráveis desafios. De modo particular, quatro grandes questões tornavam o cenário dos anos 1960 bastante conflituoso em termos de Direito do Mar.[51]

O primeiro fator envolvia o controle dos recursos naturais encontrados no mar. As crescentes demandas por maiores suprimentos de recursos naturais marinhos levaram os Estados costeiros a estender de maneira unilateral suas jurisdições nacionais sobre o alto-mar. Isso se deu de maneira mais rápida e concreta com as reivindicações em torno da criação de zonas de pesca – ou "zonas de pesca exclusiva" –, em sua maioria de 12 milhas marítimas, mas alguns Estados fizeram proclamações mais extensas.

Entre os Estados europeus, a maioria optou por zonas de pesca de 12 milhas, caso da Islândia (1958) e Noruega (1961). Já os Estados em desenvolvimento – africanos, latino-americanos e asiáticos – optaram por zonas de pesca exclusiva muito maiores, a maioria de 200 milhas marítimas, como o Equador (1966) e a Argentina (1966). Algumas dessas proclamações foram feitas, inclusive, por meio de tratados bilaterais e regionais.[52]

O segundo fator conflituoso do período referia-se às preocupações com o desenvolvimento da mineração marinha. Os avanços tecnológicos tornaram possível o aproveitamento de imensos recursos do leito do mar. Esse novo interesse nos fundos marinhos estava diretamente associado ao interesse econômico em uma possível mineração dessa área e em preocupações estratégicas, que se coadunavam com o período da Guerra Fria.

---

[51] TANAKA, *op. cit.*, p. 24.
[52] ROTHWELL; STEPHENS, *op. cit.*, p. 10.

O interesse econômico ganhou vigoroso impulso com a publicação, em 1965, do livro de J. L. Mero, *Mineral Resources at Sea*, que descreveu a existência de trilhões de toneladas de minerais nos nódulos polimetálicos, com um potencial de aproveitamento virtualmente inexaurível.

Os nódulos polimetálicos já eram conhecidos antes dessa data, mas, no contexto dos anos sessenta (de grande alta nos preços internacionais dos minerais encontrados nos nódulos – níquel, cobre e o cobalto –, muitos dos quais de natureza estratégica), a perspectiva de mineração nos mares impulsionou pesquisas e atividades preparatórias para uma futura mineração de tais recursos em bases comerciais, com a formação dos primeiros consórcios voltados para tais atividades já na década de 1960. Aumentaram, também, as preocupações pela definição de um regime jurídico que as abrangesse.[53]

Além das questões econômicas relacionadas ao aproveitamento dos nódulos polimetálicos, havia também aspectos de segurança em jogo. Nessa época, existia um grande risco de militarização dos fundos marinhos. A sofisticação tecnológica dos submarinos e de outros veículos submersos e as primeiras pesquisas que as Forças Armadas soviéticas e estadunidenses realizavam nos fundos do alto-mar acarretavam na comunidade internacional a preocupação de que os fundos marinhos internacionais pudessem se converter em mais um teatro de operações da Guerra Fria.

Temia-se que fossem utilizados como palco de testes nucleares, ou como depósito de mísseis nucleares ou antibalísticos, para dificultar a localização por radares inimigos, ou ainda que pudessem ser minados ou servir de mecanismos para espionagem.[54]

O terceiro fator na agenda dos anos 1960 do Direito do Mar estava associado à proteção do meio ambiente marinho. O tema tinha recebido pouquíssima atenção durante as duas primeiras conferências sobre o Direito do Mar. Todavia, o comportamento da comunidade internacional começava a mudar, especialmente depois de uma série de acidentes com grandes navios petroleiros, particularmente do *Torrey Canion*, em 1967, que teve grande impacto no desenvolvimento de tratados regulando a poluição decorrente de navios.[55]

---

[53] TRINDADE, Antonio Augusto Cançado (org.). *A nova dimensão do direito internacional público*. Brasília: Instituto Rio Branco, 2003, p. 38-39.

[54] *Ibidem*, p. 39.

[55] TANAKA, *op. cit.*, p. 25.

O BRASIL E O DIREITO INTERNACIONAL DO MAR CONTEMPORÂNEO

Por fim, um quarto fator que desafiava as estruturas do Direito Internacional como um todo eram as mudanças na comunidade internacional decorrentes da independência de antigas colônias, durante os anos 1960. Como muitas delas não eram independentes durante as duas primeiras conferências sobre o Direito do Mar, os novos Estados, ex-colônias, entendiam que as regras criadas para o Direito do Mar serviam apenas aos interesses dos países desenvolvidos. Grande parte dos países em desenvolvimento formou o Grupo dos 77 (G-77), que exerceria importante papel durante os anos de trabalho da III Conferência.

Aos poucos, o conjunto desses fatores foi criando as condições políticas propícias a uma nova conferência sobre o Direito do Mar. Para Stevenson e Oxman, a razão mais importante pela qual os Estados pressionavam pela realização da III Conferência era

[a] insatisfação com o regime jurídico existente ou a falta deste nos oceanos. Alguns acreditam que o respeito por certos aspectos do Direito do Mar tradicional está desmoronando, e que os interesses protegidos por esse Direito do Mar tradicional estão em perigo. Esta tem sido a reação, por exemplo, às extensões unilaterais do mar territorial e a outras formas de jurisdição por parte do Estado costeiro. Alguns acreditam que o Direito do Mar tradicional não protege adequadamente os interesses atuais e futuros. [...] Alguns acreditam que a ausência de regras jurídicas suficientemente claras para lidar com esses novos ou recentes problemas e usos, por exemplo, poluição do ambiente marinho e desenvolvimento de novas tecnologias para explorar os fundos do mar, poderá prejudicar seus interesses.[56]

Nesse cenário turbulento, o pontapé inicial para a III Conferência foi dado em 1967 com o histórico discurso do Embaixador de Malta Arvid

---

[56] STEVENSON, John; OXMAN, Bernard (1974). The preparations for the Law of the Sea Conference. *The American Journal of International Law*, vol. 68, 1974, p. 2. Tradução do original: *"The most important reason why states are pressing forward with the Conference is widespread dissatisfaction with the existing legal regime or lack of it in the oceans. Some believe that respect for certain aspects of the traditional law of the sea is breaking down, and that interests protected by that traditional law are being jeopardized. This has been the reaction, for example, to unilateral extensions of the territorial sea and other forms of coastal state jurisdiction. Some believe that the traditional law does not adequately protect current or anticipated interests. [...] Some believe that the absence of sufficiently precise legal rules to deal with new or newly perceived problems and uses, such as pollution of the marine environment and the development of technology to exploit the deep seabeds, could prejudice their interests"*.

O DIREITO INTERNACIONAL DO MAR

Pardo, durante a XXII Assembleia Geral das Nações Unidas, em que sugeriu a transformação dos fundos marinhos e oceânicos internacionais em "patrimônio comum da humanidade".

Em resposta à ideia lançada por Pardo, ainda nesse mesmo ano, a AGNU aprovou a Resolução 2340 (XXII), de 18 de dezembro, criando um "Comitê *Ad Hoc* para Estudar os Usos dos Fundos Marinhos e Oceânicos além dos Limites das Jurisdições Nacionais" (Ad hoc *Committee to Study the Peaceful Uses of the Sea-Bed and the Ocean Floor beyond the Limits of National Jurisdiction*), ou, simplesmente, Comitê *Ad Hoc*, que pôs em marcha o processo para o desenvolvimento do regime dos fundos marinhos. O Comitê *Ad Hoc* teve três sessões, as duas primeiras ocorridas no prédio das Nações Unidas, em Nova Iorque, em março e em junho-julho de 1968, e a terceira, a convite do governo brasileiro, no Rio de Janeiro, entre os dias 19 e 30 de agosto de 1968.[57]

Inicialmente, o Comitê *Ad Hoc* era formado por trinta e cinco países, divididos em bases geográficas equitativas. Com a Resolução da Assembleia Geral 2467A (XXIII), de 21 de dezembro de 1968, o Comitê tornou-se permanente, passando a ser formado por quarenta e duas nações. Além disso, ficou claro que as discussões não ficariam adstritas aos recursos minerais do mar além das jurisdições nacionais, e, gradualmente, passou a ser aceita a necessidade de revisar as regras de Direito do Mar como um todo, porque os assuntos são em sua enorme maioria inter-relacionados.[58]

O Comitê dos Fundos Marinhos também tinha originalmente, além das suas reuniões plenárias, duas subcomissões, anteriormente conhecidas como grupos de trabalho (*working groups*): o Subcomitê Jurídico (*Legal Sub-Committee*) e o Subcomitê Econômico-Técnico (*Economic and Technical Sub-Committee*). Posteriormente, em março de 1971, o Comitê dos Fundos Marinhos adotou um acordo sobre a organização de seus trabalhos, criando três subcomitês: o Subcomitê I, encarregado de preparar os projetos de artigos que incorporasse o futuro regime internacional; o Subcomitê II, designado para preparar uma lista abrangente de temas relativos ao Direito do Mar; e o Subcomitê III, criado para negociar questões no âmbito da

[57] UNITED NATIONS. *Report of the ad hoc Committee to Study the Peaceful Uses of the Sea-bed and the Ocean Floor Beyond the Limits of National Jurisdiction*. New York: United Nations, 1968, p. 1.
[58] Formalmente denominado *Committee on the Peaceful Uses of the Sea-bed and the Ocean Floor Beyond the Limits of National Jurisdiction*. Informalmente conhecido como *Sea-bed Committee*, ou Comitê dos Fundos Marinhos, daqui para frente.

O BRASIL E O DIREITO INTERNACIONAL DO MAR CONTEMPORÂNEO

preservação do meio ambiente marinho e da pesquisa científica. Essa divisão em três subcomitês estaria refletida também na futura III Conferência.

Com a finalidade de manter o *status quo* inalterado, enquanto não se definia o regime jurídico dos fundos marinhos, a Assembleia Geral da ONU adotou a título preventivo a Resolução 2574D (XXIV)[59], que estipulava uma moratória nos recursos depositados nos fundos marinhos além dos limites da jurisdição nacional, incluindo qualquer proclamação sobre os recursos dessa área. No ano seguinte, a AGNU adotou nova resolução sobre o tema – a Resolução 2749 (XXV)[60] –, que dispunha sobre dois pontos fundamentais: i) proclamava os fundos marinhos como patrimônio comum da humanidade; e ii) convocava o Comitê dos Fundos Marinhos a agir como um comitê preparatório para a III Conferência das Nações Unidas sobre o Direito do Mar.

Finalmente, em 17 de dezembro de 1970, a Assembleia Geral da ONU adotou a Resolução 2750C (XXV) em que decidiu convocar a Conferência sobre o Direito do Mar para 1973, a fim de adotar uma convenção abrangente sobre o assunto. A aprovação dessas duas resoluções correspondeu às duas principais realizações em termos de Direito Internacional do Mar durante o período de 1967 a 1970[61]. Os trabalhos do Comitê dos Fundos Marinhos continuariam até 1973, quando ainda se reuniu em outras duas oportunidades, em Nova Iorque e Genebra.

O mandato para a realização da III Conferência foi conferido pela Assembleia Geral das Nações Unidas, por meio da Resolução 3067 (XXVIII), de 1973. Nesse documento, a AGNU, além de reconhecer o bom trabalho desenvolvido pelo Comitê dos Fundos Marinhos, convocava para a sessão de inauguração da III Conferência, ainda naquele ano, e para uma sessão dedicada a tratar questões de fundo em 1974, a fim de levar a cabo as negociações de uma ampla convenção sobre o Direito do

---

[59] Resolução 2574 D (XXIV), de 15 de dezembro de 1969, da Assembleia Geral das Nações Unidas, com o seguinte título: *"Question of the Reservation Exclusively for Peaceful Purposes of the Sea-Bed and the Ocean Floor, and the Subsoil Thereof, Underlying the High Seas Beyond the Limits of Present National Jurisdiction, and the Use of Their Resources in the Interests of Mankind"*.

[60] Resolução 2749 (XXV), de 12 de dezembro de 1970, da Assembleia Geral das Nações Unidas, com o seguinte título: *"Declaration of Principles Governing the Sea-Bed and the Ocean Floor, and the Subsoil Thereof, Beyond the Limits of National Jurisdiction"*.

[61] HJERTONSSON, Karin. *The New Law of the Sea: Influence of the Latin American States on Recent Development of the Law of the Sea.* Stockholm: Norstedt & Söners Förlag, 1973, p. 41.

O DIREITO INTERNACIONAL DO MAR

Mar. Nos termos do parágrafo 3º da parte dispositiva da Resolução 3067 (XXVIII), a AGNU:

3. Decide que o mandato da Conferência seja o de aprovar uma convenção em que se tratem todas as questões relacionadas com o Direito do Mar, levando em consideração os temas enumerados no parágrafo 2º da resolução 2750C (XXV) da Assembleia Geral e a lista de temas e questões relacionadas com o Direito do Mar que o Comitê sobre a Utilização com Fins Pacíficos dos Fundos Marinhos e Oceânicos além dos Limites da Jurisdição Nacional, aprovou oficialmente em 18 de agosto de 1972, *e tendo presente que os problemas do espaço oceânico estão estreitamente inter-relacionados e devem ser considerados como um todo*;[62]

Essa passagem da resolução merece destaque, no sentido de que a Assembleia Geral apoiava a ideia de que fosse aprovada uma única convenção abrangente sobre o Direito do Mar, rejeitando dessa maneira a sugestão dos Estados Unidos de que os temas sobre o Direito do Mar poderiam ser considerados de maneira sequencial, em uma espécie de *manageable packages* de assuntos relacionados.[63]

1.4.2 Os preparativos para a III Conferência

Os trabalhos preparatórios para a III Conferência foram muito diferentes das negociações das duas conferências anteriores, essencialmente em três pontos.

Primeiramente, de modo distinto do que ocorreu na I Conferência, não havia um Projeto de Artigos da Comissão de Direito Internacional (CDI)

---

[62] Resolução 3067 (XXVIII), de 16 de novembro de 1973, da Assembleia Geral das Nações Unidas, com o seguinte título: *Reservation exclusively for peaceful purposes of the sea-bed and the ocean floor, and the subsoil thereof, underlying the high seas beyond the limits of present national jurisdiction and use of their resources in the interests of mankind, and convening of the Third United Nations Conference on the Law of the Sea*. Tradução do original: *"3. Decides that the mandate of the Conference shall be to adopt a convention dealing with all matters relating to the law of the sea, taking into account the subject-matter listed in paragraph 2 of General Assembly resolution 2750 C (XXV) and the list of subjects and issues relating to the law of the sea formally approved on 18 August 1972 by the Committee on the Peaceful Uses of the Sea-Bed and the Ocean Floor beyond the Limits of National Jurisdiction* and bearing in mind that the problems of ocean space are closely interrelated and need to be considered as a whole" (grifos nossos).
[63] DUPUY, René-Jean; VIGNES, Daniel. *A handbook on the new law of the sea*. Dordrecht: Martinus Nijhoff, 1991, p. 164-165.

com que se basear e iniciar os trabalhos. Em 17 de dezembro de 1970, por meio da Resolução 2750C (XXV) da Assembleia Geral, o Comitê dos Fundos Marinhos, que já tinha sido alargado diversas vezes – dos iniciais 42 membros para alcançar 91 no final dos trabalhos cinco anos depois –, foi encarregado de preparar, definir e elaborar os temas de debates e o Projeto de Artigos para uma nova conferência a ser realizada em 1973, convertendo, de certa forma, esse Comitê em órgão preparatório da III Conferência.[64]

Elaborar a lista dos temas a serem discutidos na III Conferência consistiu em uma tarefa difícil. Originalmente, o foco das Nações Unidas seria limitado aos fundos marinhos e àquela parte dos oceanos além da jurisdição nacional, bem como ao conceito de patrimônio comum da humanidade. Todavia, esse escopo foi amplamente alargado, e, em 16 de agosto de 1972, o Comitê dos Fundos Marinhos listou 25 grandes temas, muitos deles com inúmeras subdivisões, a serem discutidos na III Conferência.

Além disso, os registros oficiais da Assembleia Geral deixaram aberta a possibilidade de que novos temas pudessem ser incorporados ao debate. Essa agenda ampliada representou uma vitória importante dos países litorâneos da América Latina em aliança com Estados costeiros de outras regiões, que já vinham há alguns anos clamando pelo reconhecimento de jurisdições ampliadas para si.[65]

O Projeto de Artigos, no entanto, não foi realizado.

Em termos hipotéticos, muitos se perguntam se, caso tivesse havido um projeto prévio da CDI (órgão técnico), ao invés dos trabalhos do Comitê dos Fundos Marinhos (órgão político), a III Conferência teria abreviado seu tempo de duração. Alonso Verduzco entende que, em razão dos fatores técnicos e científicos envolvidos, bem como da estrutura da comunidade internacional naquele período, a resposta ao questionamento seria negativa. Agrega o professor mexicano que "a maioria dos países tinha o

---

[64] Resolução 2750 (XXV), de 17 de dezembro de 1970, da Assembleia Geral das Nações Unidas, com o seguinte título: *Reservation exclusively for peaceful purposes of the sea-bed and the ocean floor, and the subsoil thereof, underlying the high seas beyond the limits of present national jurisdiction and use of their resources in the interests of mankind, and convening of a conference on the Law of the Sea.*

[65] KOH, Tommy T. B.; JAYAKUMAR, Shanmugam. The negotiating process of the Third United Nations Conference on the Law of the Sea. In: NORDQUIST, Myron (ed.). *United Nations Convention on the Law of the Sea 1982: a commentary, vol. 1.* Dordrecht: Martinus Nijhoff, 1985, p. 31-36.

O DIREITO INTERNACIONAL DO MAR

sentimento de que as considerações políticas que desejavam ver aparecer na reforma do Direito do Mar estariam melhor traduzidas dentro de uma reunião composta por representantes de todos os governos interessados, e não pelos juristas especializados que compunham a Comissão".[66]

O segundo ponto distintivo em relação às anteriores era o grande número de participantes na III Conferência. Na última sessão de negociações, em 1982, estiveram presentes 151 Estados – praticamente o dobro do número de participantes da I Conferência. Outra presença importante, que tampouco foi representativa nas duas conferências de Genebra, foi o número de observadores presentes – países ainda não totalmente independentes, movimentos de libertação nacional, agências especializadas da ONU, outras organizações intergovernamentais e organizações não-governamentais.

Esse fator trouxe consequências diretas sobre a própria dinâmica das tratativas políticas, muito diferentes das conferências anteriores. Na primeira sessão, em 1973, os assentos dos diversos comitês da conferência foram distribuídos em cinco grupos regionais (África, Ásia, América Latina, Europa Ocidental e Europa Oriental). No entanto, à medida que os trabalhos progrediam, o G-77 surgiu com força significativa ao unir os países em desenvolvimento, promovendo iniciativas que refletiam seus interesses.

Ao longo dos anos de negociação da III Conferência, o papel exercido pelo G-77 foi muito influente e contribuiu de maneira decisiva no resultado final da conferência. Desde a I UNCTAD (1964), os países em desenvolvimento vinham se organizando em torno do G-77 como um grupo de pressão, nas Nações Unidas e em conferências internacionais, buscando consistência política e visando a seus interesses. Nesse sentido, a III Conferência era uma grande oportunidade para que esses países alcançassem um significativo impacto na formação de um regime jurídico pós-colonial e pudessem colher grandes benefícios econômicos.[67]

---

[66] Tradução do original: *"[...] la mayoría de los países tenía el sentimiento que las consideraciones políticas que deseaban ver aparecer en la reforma del derecho del mar, estarían mejor traducidas en el seno de una reunión compuesta por representantes de todos los gobiernos interesados y no por los expertos juristas integrantes de la Comisión".* VERDUZCO, Alonso Gómez-Robledo. *El nuevo derecho del mar: guía introductiva a la Convención de Montego Bay.* México, D.F: Porrúa, 1986, p. 20.

[67] ROTHWELL; STEPHENS, *op. cit.*, p. 12.

Apregoava-se uma Nova Ordem Econômica Internacional (NOEI), que associava a soberania ao direito ao desenvolvimento. Para Marcelo Varella, a dominação econômica dos países desenvolvidos (Norte) sobre os recursos naturais dos países em desenvolvimento (Sul) e a consolidação do processo de independência em uma parte importante desses países ajuda a compreender essa relação. A ideia principal da NOEI era que se criassem mecanismos de desenvolvimento que procurassem corrigir as desigualdades entre os países do Norte e do Sul, por intermédio de diferentes instrumentos e variadas áreas de atuação. Cada Estado teria o direito soberano de escolher seus meios de desenvolvimento, inclusive o direito inalienável de nacionalizar e explorar os seus recursos naturais, de transferir a propriedade dos estrangeiros aos seus nacionais e de regulamentar as atividades das empresas transnacionais instaladas em seus territórios.[68]

A ideia da NOEI reverberava nas discussões em torno do novo Direito do Mar a ser consolidado pela III Conferência, por exemplo, quando os Estados em desenvolvimento exigiam o direito dos Estados costeiros de aproveitar eles mesmos os recursos naturais das costas adjacentes aos seus litorais. Exemplos dessa pressão diplomática no âmbito da III Conferência estão consolidados no acesso garantido aos recursos do mar pelos Estados costeiros, com a criação da zona econômica exclusiva, e a reversão dos recursos da "Área", considerada patrimônio comum da humanidade, em benefício da humanidade em geral e tendo particularmente em conta os interesses e as necessidades dos Estados em desenvolvimento.

Por fim, o terceiro fator distintivo da III Conferência em relação aos dois encontros de Genebra refere-se ao procedimento de tomada de decisão. Como a III Conferência elaborou seu próprio Regulamento (*Rules of Procedure*), a ideia central consistia em permitir a participação de todos os Estados. Para tanto, acordou-se um *Gentleman's Agreement*[69],

---

[68] VARELLA, Marcelo Dias. *Direito Internacional Econômico Ambiental*. Belo Horizonte: Del Rey, 2004, p. 15.

[69] O Regulamento (*Rules of Procedure*) foi adotado na Segunda Sessão (1974) juntamente com o *Gentleman's Agreement*. Os documentos foram aprovados pela Assembleia Geral da ONU. O *Gentleman's Agreement* dispunha que: *"Bearing in mind that the problems of ocean space are closely interrelated and need to be considered as a whole and the desirability of adopting a Convention on the Law of the Sea which will secure the widest possible acceptance. The Conference should make every effort to reach agreement on substantive matters by way of consensus and there should be no voting on such matters until all efforts at consensus have been exhausted"*.

no qual se optou por trabalhar em termos de um "pacote negocial" (*package deal*).[70]

Nesse *package deal* estava implicitamente inserido o conceito de que o texto convencional deveria acomodar os interesses mínimos da maioria mais ampla possível, além de contemplar os interesses essenciais das principais potências e os interesses dos grupos dominantes.

Outro pressuposto tácito nesse *package deal* era que deveriam acontecer "trocas compensatórias" (*trade-offs*) e apoio recíproco em diversos assuntos, por exemplo, o apoio à liberdade de navegação nos estreitos e na zona econômica exclusiva, como compensação ao suporte aos direitos de soberania sobre os recursos desta zona.[71]

Por fim, o fato de as negociações serem entendidas com um *package deal* pelos Estados levava-os a aceitarem ou rejeitarem a CNUDM como um documento único, com a proibição expressa de oposição de reservas, conforme preceituado no artigo 309 da CNUDM, ainda que sejam permitidas, no momento da assinatura e da ratificação, determinadas declarações interpretativas.[72]

Mesmo que tais declarações não tenham efeitos legais, são importantes evidências das posições dos Estados que participaram de maneira ativa nas negociações da III Conferência. Além disso, observam Hugo Caminos e Michael Molitor, é interessante notar que a maioria dos Estados, desenvolvidos ou em desenvolvimento, considerou importante citar o *package deal* em suas declarações finais.[73]

---

[70] BUZAN, Barry. Negotiating by consensus: developments in technique at the United Nations Conference on the Law of the Sea. *The American Journal of International Law*, vol. 75, 1981, p. 324-328.

[71] KOH; JAYAKUMAR, *op. cit.*, p. 40.

[72] Artigo 309 da CNUDM: "A presente Convenção não admite quaisquer reservas ou exceções além das por ela expressamente autorizadas noutros artigos". E o artigo 310 complementa: "O artigo 309 não impede um Estado Parte, quando assina ou ratifica a presente Convenção ou a ela adere, de fazer declarações, qualquer que seja a sua redação ou denominação, com o fim de, *inter alia*, harmonizar as suas leis e regulamentos com as disposições da presente Convenção, desde que tais declarações não tenham por finalidade excluir ou modificar o efeito jurídico das disposições da presente Convenção na sua aplicação a esse Estado".

[73] CAMINOS, Hugo; MOLITOR, Michael. Progressive development of International Law and the package deal. *The American Journal of International Law*, vol. 79, 1985, p. 877-878. Veja-se, por exemplo, a declaração do Embaixador de Bahamas: *"[t]he objective of the Conference was a 'package deal'. It was in this context that serious minded delegations accepted that it would be impossible to satisfy each other's individual concerns. In this spirit, compromise agreements have been*

1.4.3 O funcionamento da III Conferência

A III Conferência reuniu-se pela primeira vez na sede das Nações Unidas, em Nova Iorque, em 1973. Foram onze sessões de trabalho, ao longo de nove anos, a maioria delas em Nova Iorque (1ª, 4ª, 5ª, 6ª, continuação da 7ª, continuação da 8ª, 9ª, 10ª e 11ª) e em Genebra (3ª, 7ª, 8ª e continuação da 9ª).

A primeira sessão, realizada entre os dias 3 a 15 de dezembro de 1973, foi dedicada a tratar de questões de organização relativas à conferência, tais como: eleição da mesa diretiva, aprovação do programa e regulamento, criação de órgãos subsidiários e designação de tarefas a esses órgãos. A segunda sessão, uma das mais produtivas, ocorreu em Caracas, entre 20 de junho e 29 de agosto de 1974. A última sessão oficial de trabalhos ocorreu em três partes: abertura (março-abril de 1982) e continuação dos trabalhos (22 a 24 de setembro de 1982) em Nova Iorque, e a parte final da 11ª sessão e conclusão da III Conferência em Montego Bay, Jamaica, entre os dias 6 a 10 de dezembro de 1982, com a aprovação do texto final da convenção e abertura para assinatura.

Em razão da grande complexidade das negociações e dos diversos interesses envolvidos durante a III Conferência, três pontos merecem atenção pormenorizada: o sistema de grupos, as negociações oficiais e as negociações não oficiais.

1.4.3.1 O sistema de grupos

Ao longo das sessões de trabalho, o processo negocial foi marcado pela criação de diversos grupos de interesses, que exerceram papel de grande destaque ao longo da III Conferência. A existência de grupos de interesses formados por países não era nenhuma novidade em termos de diplomacia onusiana; ao contrário, a existência de grupos regionais de interesses era já bastante comum.

No entanto, a peculiaridade desse processo na III Conferência deu-se em razão de que os grupos regionais tradicionalmente muito ativos sucumbiram à presença de grupos criados unicamente para atuarem durante este evento. Além disso, os novos grupos de interesses tinham uma

---

reached". No mesmo sentido, o pronunciamento do Embaixador da Dinamarca: *"[...] The result embodied in the 320 articles and related annexes and resolutions reflects a willingness to co-operate and to accept compromise solutions, expressed in two basic concepts: the consensus principle and the 'package deal' principle".*

O DIREITO INTERNACIONAL DO MAR

característica peculiar – não seguiam nenhuma divisão então conhecida: geográfica, desenvolvidos/subdesenvolvidos, capitalistas/comunistas.

Alguns desses grupos tinham subgrupos e promoviam encontros regulares, estabelecendo procedimentos próprios; já outros eram menos formais e reuniam-se eventualmente. Parte desses grupos permaneceu ativa durante toda a III Conferência, enquanto outra atuou apenas em algumas das sessões de trabalho. Havia também grupos considerados homogêneos e outros considerados heterogêneos. Tampouco era incomum que os Estados pertencessem a mais de um grupo de interesses, em vista de diferentes circunstâncias. Tais grupos poderiam ser divididos em dois blocos: i) os novos grupos de interesses especiais; e ii) os grupos tradicionais.[74]

Entre os novos grupos de interesses especiais, podemos destacar o Grupo dos Estados Costeiros; o Grupo dos Estados sem litoral e geograficamente desfavorecidos (LL/GDS)[75]; o Grupo Territorialista; o Grupo de Estados com plataformas amplas; o Grupo de Estados com Estreitos; o Grupo dos Estados arquipélagos; o Grupo de Estado que apoiava a delimitação pela linha mediana ou pelo princípio da equidistância; o Grupo que apoiava a delimitação pelo princípio equitativo; o Grupo da Oceania; o Grupo dos Estados marítimos; o Grupo das Potências marítimas e o Grupo dos 12.

Já entre os grupos tradicionais, pode-se exemplificar o Grupo dos 77 (G-77) e os Grupos Regionais (o Grupo Africano, o Grupo Asiático, o Grupo Árabe, o Grupo Latino-Americano, o Grupo da Europa Oriental e o Grupo da Europa Ocidental).

Vejam-se alguns desses grupos mais atuantes:[76]

1) O Grupo dos Estados Costeiros – contou com 76 Estados, entre eles o Brasil. Aparentemente teve formação espontânea durante o ano de 1972, em reação aos esforços empreendidos pelo Grupo dos Estados sem litoral e geograficamente desfavorecidos (LL/GDS), que começavam a ganhar força. Além de ter sido criado como grupo antagônico ao LL/GDS, um fator que unia este grupo era o interesse dos seus membros em promover sua jurisdição sobre os espaços costeiros adjacentes, em especial a

---

[74] KOH; JAYAKUMAR, *op. cit.*, p. 68-70.
[75] O Grupo é frequentemente citado na sua sigla em inglês: LL/GDS – *The Land Locked and Geographically Disadvantaged States Group.*
[76] KOH; JAYAMKUMAR, *op. cit.*, p. 70-85.

consolidação de uma zona econômica exclusiva (ZEE). O Grupo reunia-se periodicamente durante as sessões de trabalho, sob a presidência do Embaixador mexicano Jorge Castañeda.

2) O Grupo LL/GDS – composto por 55 Estados: 29 Estados sem litoral e 26 Estados considerados geograficamente desfavorecidos. Surgiu em 1971, durante os trabalhos do Comitê dos Fundos Marinhos. O principal interesse partilhado pelos membros do grupo era a oposição à proposta de uma ZEE, que diminuiria consideravelmente a área de pesca em alto-mar e também a extensão dos recursos do leito marinho disposto sob o conceito de patrimônio comum da humanidade. O Grupo teve atuação permanente nos três comitês principais da III Conferência, especialmente no Segundo Comitê, trabalhando de maneira bem organizada sob a presidência da Áustria. Em 1974, criou-se um subgrupo dentro do LL/GDS, conhecido por Grupo dos LL/GDS em desenvolvimento, composto de Estados parcialmente descontentes com a atuação dos países LL/GDS desenvolvidos, mas que não levou à dissolução do grupo maior.

3) O Grupo Territorialista – de certa forma pode ser considerado como um subgrupo dos Estados costeiros, ainda que tenha trabalhado de maneira separada, formado por apenas 23 países. Os membros desse grupo eram unidos por legislações nacionais que lhes conferia mar territorial superior a 12 milhas e pelo desejo de manter seus direitos adquiridos na nova convenção sobre o Direito do Mar. Alguns deles, como o Brasil e a maioria dos latino-americanos, tinham proclamado extensões de até 200 milhas marítimas para o mar territorial. Um dos objetivos comuns entre os membros era, portanto, assegurar que a proposta de uma ZEE de 200 milhas marítimas estivesse o mais próximo possível do seu conceito territorialista.

4) O Grupo dos Estados com plataformas amplas (*Broad Shelf States*) – composto por 13 Estados, entre eles o Brasil, tinha por interesse precípuo assegurar que a nova convenção permitisse o exercício de direitos na plataforma continental além das 200 milhas marítimas. De maneira específica, o grupo apoiava a fórmula irlandesa (*Irish formula*), analisada no capítulo seguinte, que definia os limites exteriores da plataforma continental além das 200 milhas marítimas. Além disso, o grupo tentava impedir a instituição do sistema de divisão de rendimentos (*revenue sharing system*) sobre aquelas áreas além das 200 milhas, ou no mínimo resistir a porcentagens sobre essa área consideradas inaceitáveis pelo grupo, como será estudado no capítulo terceiro. Ainda que sob a liderança do Embaixador australiano

O DIREITO INTERNACIONAL DO MAR

Keith Brennan, todos os membros do grupo tiveram atuação ativa, especialmente a partir da continuação da 7ª sessão (1978) e da 8ª sessão (1979), no contexto das negociações sobre a plataforma continental.

5) O Grupo dos 77 – contava na verdade com cerca de 120 membros, em torno do conceito de países em desenvolvimento. Criado durante a I Conferência das Nações Unidas sobre Comércio e Desenvolvimento (UNCTAD), 1964, atuava em diversos fóruns internacionais. Quando a III Conferência iniciou seus trabalhos em 1973, o G-77 emergiu com uma força particularmente atuante, negociando em bloco, com grande capacidade de promover iniciativas que refletissem interesses dos países em desenvolvimento. O G-77 pode ser considerado um dos grupos mais heterogêneos, já que, em diversos assuntos, especialmente dentro do Segundo Comitê, os membros praticamente não tinham interesses comuns, enquanto, no Terceiro Comitê, conseguiram algum êxito em formar posição comum. No entanto, foi no Primeiro Comitê que o G-77 funcionou de maneira conjunta eficiente, no tocante aos assuntos ligados à mineração dos fundos marinhos.

Os grupos de Estados, especialmente os de interesses especiais criados na III Conferência, exerceram um impacto profundo nas negociações. Do lado positivo, pode ser dito que esses grupos contribuíram na identificação dos temas a serem discutidos, consolidando os pontos básicos. Além disso, alguns desses grupos adotaram propostas comuns, ou mesmo textos em comum, o que colaborou para reduzir consideravelmente o número de propostas em separado. Do lado negativo, deve ser notado que o processo de criação e funcionamento desses grupos – formação, construção de posições comuns, resolução de disputas internas – consumiu um tempo grande das negociações, especialmente durante a 2ª sessão até a 5ª sessão, em que a grande frequência de encontros entre os grupos passava a ideia de que os grupos conversavam mais internamente do que entre si.[77]

1.4.3.2 As negociações oficiais

Durante a III Conferência conviveram de certa forma dois processos de negociações paralelos: as negociações oficiais e as negociações não oficiais, examinadas no próximo subitem. Apesar de paralelos, os dois sistemas eram, de fato, inter-relacionados. As negociações oficiais tornaram-se

---

[77] *Ibidem*, p. 85-86.

mais produtivas a partir da 7ª sessão, quando os grupos de interesses se concentraram em alguns temas fundamentais. Antes disso, a maior parte das negociações oficiais dava-se com a presença de todas as delegações. Enquanto isso, as negociações mais produtivas ocorriam dentro de grupos privados, que funcionavam de maneira informal.[78]

Como mencionado anteriormente, o Comitê dos Fundos Marinhos listou 25 grandes temas para serem analisados: 1) regime jurídico internacional para os fundos marinhos e oceânicos além dos limites da jurisdição nacional; 2) mar territorial; 3) zona contígua; 4) estreitos usados para a navegação internacional; 5) plataforma continental; 6) zona econômica exclusiva além do mar territorial; 7) direitos preferenciais dos Estados costeiros ou jurisdição não exclusiva sobre os recursos além do mar territorial; 8) alto-mar; 9) países sem litoral; 10) direitos e interesses dos Estados com plataformas fechadas e Estados com plataformas ou litorais estreitos; 11) direitos e interesses dos Estados com plataformas continentais amplas; 12) preservação do meio ambiente marinho; 13) pesquisa científica; 14) desenvolvimento e transferência de tecnologia; 15) acordos regionais; 16) arquipélagos; 17) mares fechados e semifechados; 18) ilhas artificiais e instalações; 19) regime das ilhas; 20) obrigações e responsabilidades relativas aos danos por uso do meio marinho; 21) solução de controvérsias; 22) utilização com fins pacíficos dos espaços oceânicos, zonas de segurança; 23) tesouros arqueológicos e históricos encontrados nos fundos marinhos e oceânicos além dos limites da jurisdição nacional; 24) transmissões a partir do alto-mar e 25) participação dos Estados nas convenções multilaterais relativas ao Direito do Mar.

Utilizando-se dessa lista de temas, as negociações formais na III Conferência ocorreram por meio de um processo que se descreve a seguir.

Primeiramente, havia o Plenário, em que todas as delegações estavam representadas, cuja pauta incluía dois itens essenciais – utilização com fins pacíficos dos espaços oceânicos (item 22) e participação dos Estados nas convenções multilaterais relativas ao Direito do Mar (item 25). Embora o item sobre a solução de controvérsias (item 21) não estivesse disposto entre suas atribuições iniciais, a questão foi também debatida e ajustada no Plenário. Além disso, o preâmbulo da convenção e as cláusulas finais também foram discutidos e negociados nas sessões plenárias da III Conferência.

---

[78] *Ibidem*, p. 86-87.

O DIREITO INTERNACIONAL DO MAR

A presidência da conferência ficou inicialmente com o Embaixador cingalês Hamilton S. Amerasinghe, sucedido, em razão de sua morte, pelo Embaixador de Cingapura Tommy T. B. Koh, a partir de março de 1981.

Em segundo lugar, havia três comitês principais, abertos à participação de todos os Estados participantes.[79]

O Primeiro Comitê ficou encarregado das discussões em torno do regime jurídico internacional para os fundos marinhos e oceânicos além dos limites da jurisdição nacional (item 1), bem como do tema dos tesouros arqueológicos e históricos encontrados nos fundos marinhos e oceânicos além dos limites da jurisdição nacional (item 23). No texto final da CNUDM, o trabalho do Primeiro Comitê encontra-se especialmente na Parte XI, nos Anexos III e IV e no artigo 1º, parágrafos 1º a 3º. A presidência do Primeiro Comitê ficou com o camaronês Paul B. Engo.

O Segundo Comitê tinha uma lista de itens bem mais abrangente: mar territorial (item 2), zona contígua (item 3), estreitos usados para a navegação internacional (item 4), plataforma continental (item 5), zona econômica exclusiva além do mar territorial (item 6), direitos preferenciais dos Estados costeiros ou jurisdição não exclusiva sobre os recursos além do mar territorial (item 7), alto-mar (item 8), países sem litoral (item 9), direitos e interesses dos Estados com plataformas fechadas e Estados com plataformas ou litorais estreitos (item 10), transmissões a partir do alto-mar (item 24). No texto final, os trabalhos do Segundo Comitê estão espelhados nas Partes II a X e Anexos I e II. A presidência desse comitê ficou com os Embaixadores Andrés Aguilar, da Venezuela, (1974, 1976-1982) e Reynaldo Galindo-Pohl, de El Salvador (1975).

O Terceiro Comitê trabalhou com os seguintes tópicos: preservação do meio ambiente marinho (item 12), pesquisa científica (item 13) e desenvolvimento e transferência de tecnologia (item 14). Esses itens estão presentes nas Partes XII a XIV e no artigo 1º, parágrafos 4º e 5º do texto final da convenção. A presidência do Terceiro Comitê ficou com o Embaixador da Bulgária Alexander Yankov.

Além desses três comitês principais havia também o Comitê Geral, que atuou como secretaria, o Comitê de Redação (*Drafting Committee*) e o Comitê de Credencias (*Credentials Committee*).[80]

---

[79] DUPUY; VIGNES, *op. cit.*, p. 166-167.
[80] KOH; JAYAMKUMAR, *op. cit.*, p. 87-90.

O BRASIL E O DIREITO INTERNACIONAL DO MAR CONTEMPORÂNEO

1.4.3.3 As negociações não oficiais

Como assinalado anteriormente, em paralelo ao processo negociador oficial, a III Conferência contou com um processo negociador não oficial, o qual consistia em encontros entre os grupos de interesses – eventos que ocorriam concomitantemente à agenda oficial de trabalhos e às negociações informais entre grupos privados.

Esses grupos privados, chamados também de informais, foram concebidos de maneira não oficial, à parte dos mecanismos oficiais da III Conferência e dos três comitês principais, normalmente a partir de iniciativas pessoais. Eram considerados privados porque somente os convidados participavam de suas reuniões, sendo distintos dos chamados grupos de interesses especiais porque superavam as desavenças existentes.

Na verdade, o objetivo principal dos grupos privados era reunir informalmente os principais líderes e delegações mais atuantes dos diversos grupos de interesses especiais para debates sobre determinados tópicos, em encontros com um número reduzido de participantes. Sendo, portanto, menores, informais, privados e sem status oficial, esses grupos seriam mais produtivos para as negociações. Entre os principais grupos privados destacam-se o Grupo Evensen, o Grupo Castañeda e o Grupo Nandan.[81]

O Grupo Evensen foi organizado e presidido pelo chefe da delegação norueguesa Jens Evensen, depois da 2ª sessão de Caracas (1974). Os trabalhos do grupo ocorriam tanto durante as sessões, como entre os períodos de trabalho. Sua composição variou muito ao longo dos anos da III Conferência, em razão dos temas sob análise do grupo, entre os quais estavam a zona econômica exclusiva, a proteção e preservação do meio ambiente marinho, a investigação científica marinha e a plataforma continental. Os participantes eram convidados pelo presidente para falar em termos pessoais e não como representantes de Estado, ainda que nem sempre ficasse tão clara essa distinção. A tendência era que se falasse diretamente sobre o tópico, ao contrário do que, por exemplo, ocorria durante as sessões formais de trabalho. Com o encerramento dos debates iniciais sobre o assunto, o grupo produzia um texto, que seria resultado do compromisso obtido entre os membros. Diversas propostas encaminhadas pelo Grupo Evensen foram posteriormente incorporadas à versão final da CNUDM.[82]

---

[81] *Ibidem*, p. 104-105.
[82] DUPUY; VIGNES, *op. cit.*, p. 169-170.

O Grupo Castañeda, organizado pelo Embaixador mexicano Jorge Castañeda, durante a 6ª sessão de trabalho (1977), foi criado para romper o impasse em torno do conceito de zona econômica exclusiva. Composto por 17 delegações, entre elas a do Brasil, possuía entre suas dificuldades, não de todo superada no texto final da CNUDM, o regime das águas da ZEE.[83]

O Grupo Nandan, por seu turno, foi criado durante a 5ª sessão de trabalho (1976), e dirigido pelo Embaixador de Fiji e Relator do Segundo Comitê, Satya Nandan. O grupo congregava as delegações dos Estados considerados como moderados dentro do Grupo dos Estados Costeiros e do Grupo LL/GDS. No entendimento de membros desse grupo, era preciso buscar um caminho alternativo aos longos e enfadonhos debates parlamentares e estabelecer um grupo menor em que ambos os lados pudessem conduzir uma negociação a sério.

Para Tommy Koh e Shanmugam Jayakumar, o mérito dos grupos privados não foi somente proporcionar um fórum sério de negociações. Esses grupos e seus presidentes também produziram textos de compromisso, os quais foram extremamente úteis para os presidentes dos três comitês principais, notadamente durante o momento de redação das versões preparatórias do texto final da CNUDM.[84]

1.4.3.4 O processo de redação da CNUDM

O Comitê de Redação (*Drafting Committee*) era composto por vinte e três membros, sob a presidência do Embaixador canadense Alan Beesley. Esse comitê criou grupos linguísticos para cada uma das seis línguas oficiais das Nações Unidas (árabe, chinês, espanhol, francês, inglês e russo).

O processo de redação dava-se da seguinte maneira: as propostas eram inicialmente examinadas em um dos grupos linguísticos e, no caso de aprovação, eram encaminhadas aos demais grupos. Sendo aprovada em conjunto pelo presidente do Comitê e pelos seis coordenadores dos grupos

---

[83] A "fórmula de compromisso" encontrada por Castañeda para contentar dois grupos opostos (potências marítimas e Estados LL/GDS *vs.* Estados costeiros) foi o artigo 55 da CNUDM. Para Dupuy e Vignes (p. 289), o segredo da aprovação deste artigo está em que: *"It will be noted that a balance is established between the 'rights and jurisdiction' of one hand and the 'rights and freedoms' of the others. The express introduction of the notion of freedoms undoubtedly constitutes a guarantee to navigating States and geographically disadvantaged States".*

[84] KOH; JAYAMKUMAR, *op. cit.*, p. 111-112.

O BRASIL E O DIREITO INTERNACIONAL DO MAR CONTEMPORÂNEO

linguísticos, a proposta era submetida ao conjunto do Comitê de Redação e, posteriormente, encaminhada aos três comitês principais e ao Plenário.[85]

Como visto anteriormente, uma das características distintivas da III Conferência em relação à I Conferência era que aquela não tinha um texto preparatório prévio. Isso levou a que a própria III Conferência tivesse que preparar tal texto. A maneira como foram montadas essas versões preparatórias por certo também foi particular.

Com a conclusão da 3ª sessão (1975), foi apresentada pelo presidente da III Conferência a primeira versão do texto, que serviria de base para futuras negociações: o *Informal Single Negotiating Text* (ISNT)[86]. O ISNT era composto de três partes, cada uma delas preparada pelos presidentes dos comitês principais. O texto do Segundo Comitê trazia importantes resultados alcançados dentro do Grupo Evensen, particularmente sobre zona econômica exclusiva, do Grupo Nandan, sobre estreitos, além de outras recomendações de grupos informais.[87]

Ao término da 4ª sessão (1976) e seguindo o mesmo procedimento anteriormente adotado, foi composta a primeira versão revista: *Revised Single Negotiating Text* (RSNT)[88]. Com a conclusão da 6ª sessão (1977), surgiu uma nova versão: o *Informal Composite Negotiating Text* (ICNT)[89], fruto do trabalho do Plenário e dos três comitês principais. Posteriormente, apareceu a primeira versão revista do ICNT (*Revised Informal Composite Negotiating Text* – ICNT/Rev. 1)[90] e a segunda versão revista do ICNT (*Revised Informal Composite Negotiating Text* – ICNT/Rev. 2)[91]. Já com os trabalhos bastante avançados, surgiu a versão não oficial do texto (*Informal Text*)[92],

---

[85] DUPUY; VIGNES, *op. cit.*, p. 168.

[86] Documento A/CONF. 62/WP.8, de 7 de maio de 1975. Em uma tradução não-oficial: Texto Único de Negociação Informal (ISNT)

[87] DUPUY; VIGNES, *op. cit.*, p. 174.

[88] Documento A/CONF.62/WP.8/Rev.1, de 6 de maio de 1976. Tradução não-oficial: Texto Único Revisado para a Negociação (RSNT).

[89] Documento A/CONF.62/WP.10, de 15 de julho de 1977. Tradução não-oficial: Texto Integrado de Negociação Informal (ICNT).

[90] Documento A/CONF.62/WP.10/Rev.1, de 28 de abril de 1979. Tradução não-oficial: Texto Integrado de Negociação/Revisado 1 (ICNT/Rev. 1)

[91] Documento A/CONF.62/WP.10/Rev.2, de 11 de abril de 1980. Tradução não-oficial: Texto Integrado de Negociação Informal/Revisado 2 (ICNT/Rev. 2).

[92] Documento A/CONF.62/WP.10/Rev.3, de 22 de setembro de 1980. Tradução não-oficial: Texto Informal.

O DIREITO INTERNACIONAL DO MAR

a versão esboçada da convenção (*Draft Convention*)[93] e, finalmente, o texto final da convenção (CNUDM), aprovado em 10 de dezembro de 1982.[94]

O resultado de todo esse empenho dos negociadores – sistema de grupos, negociações formais e informais – está concretizado na versão final da CNUDM. O professor Tullio Treves, membro da delegação italiana e do comitê de redação em francês, comentava à época dos trabalhos que:

> Elaborar a Convenção do Direito do Mar é uma tarefa formidável. O objetivo a alcançar é a Convenção com seus seis textos autênticos, cada um dos quais utilizará sua linguagem correta e elegante, cada um dos quais empregará os mesmos termos que transmitam o mesmo sentido, e cada um dos quais deverá corresponder aos outros cinco textos. O escopo da Convenção e sua história singular, duração e procedimento de negociação torna esse objetivo muito difícil de ser alcançado, qualquer que seja o esforço empregado pelo Comitê de Redação e pela Conferência para superar essas dificuldades.[95]

Mais de trinta anos depois desse comentário do professor Treves – que se tornaria membro do Tribunal Internacional do Direito do Mar (TIDM) entre 1996 e 2011 – pode-se julgar que essa "tarefa formidável" foi muito bem sucedida, como demonstra a aceitação praticamente universal do tratado.

Nessa mesma linha e atualizando o comentário de Treves, Vaughan Lowe conclui que:

> A elaboração da Convenção não é a ideal. É desigual na sua redação e descaracterizada por dispositivos redundantes e abandonados. Foram vastíssimos o tempo e esforços empregados em sua produção, como na maioria das

---

[93] Documento A/CONF.62/L.78, de 28 de agosto de 1981. Tradução não-oficial: Projeto da Convenção.

[94] KOH; JAYAMKUMAR, *op. cit.*, p. 113.

[95] Tradução do original: *"Drafting the Law of the Sea Convention is formidable task. The objective to attain is a Convention with six authentic texts, each of which would utilize its language correctly and elegantly, each of which would employ the same terms to convey the same meaning, and each of which would fully correspond to other five. The scope of the Convention and the unique history, duration and procedure of the negotiation make this objective very difficult to achieve whatever the effort deployed by the Drafting Committee and by the Conference to overcome the difficulties".* TREVES, Tullio. Drafting the LOS Convention. *Marine Policy*, vol. 5, n. 3, 1981, p. 273.

atividades humanas. Contudo, a III Conferência teve sucesso em construir uma moldura jurídica abrangente e notavelmente resistente para o regime do Direito do Mar. Valeu a pena? Se os ensinamentos adequados são aprendidos daquilo que a III Conferência fez de correto e daquilo que fez de errado, a resposta é, definitivamente, sim.[96]

1.5 A Convenção das Nações Unidas sobre o Direito do Mar (CNUDM) e sua entrada em vigor

Antes do término dos trabalhos da III Conferência, o processo negocial que buscava o consenso amplo entre os Estados participantes foi seriamente colocado em xeque em 1981 pelos Estados Unidos, na sequência da eleição do novo presidente norte-americano Ronald Reagan.

A delegação dos Estados Unidos começou a manifestar sérias reservas sobre o regime de mineração dos fundos marinhos, como proposto na convenção, especialmente em relação àqueles aspectos que procuravam tornar efetivo o princípio do patrimônio comum da humanidade, como a questão da transferência de tecnologia, propondo consideráveis alterações nos artigos, especialmente naqueles da Parte XI da CNUDM.

No entanto, àquela altura das negociações seria impossível realizar modificações substanciais no texto. Dessa forma, os Estados Unidos forçaram uma votação nominal da versão final da CNUDM, durante a primeira parte da 11ª sessão em abril de 1982, em Nova Iorque. O resultado foi: 130 votos favoráveis ao texto da convenção, 4 votos contrários (Estados Unidos, Israel, Turquia e Venezuela) e 17 abstenções.

Com o encerramento da continuação da 11ª sessão, em setembro daquele ano, foi adotado o texto do tratado na Ata Final da III Conferência. Todavia, a abertura para assinatura somente se daria em 10 de dezembro de 1982, em Montego Bay, Jamaica, como se exporá no tópico a seguir. Em razão desse fato histórico, o tratado resultante de nove anos de negociações ficou também conhecido como Convenção de Montego Bay.

---

[96] LOWE, A. Vaughan. Was it Worth the Effort? *The International Journal of Marine and Coastal Law*, vol. 27, 2012, p. 881. Tradução do original: *"The drafting of the Convention is not optimal. It is uneven in texture, and marred by redundant and abandoned provisions. Time and effort were wasted in its production, as they are in most human activities. But UNCLOS III did succeed in building a comprehensive and remarkably resilient framework regime for the Law of the Sea. Worth the effort? If the appropriate lessons are learned from what UNCLOS III did well and from what it did badly, the answer is, certainly, yes".*

1.5.1 A CNUDM e sua contribuição para o Direito Internacional

Com a versão final da CNUDM pronta, as delegações reunidas em Nova Iorque escolheram a cidade de Montego Bay, na Jamaica, como local da parte final da 11ª sessão de trabalhos, na qual ocorreria o encerramento formal do processo de negociações. O dia 10 de dezembro de 1982 marcou o fim de nove anos de trabalho e a abertura para assinaturas da convenção.

A CNUDM permanece como um dos tratados mais abrangentes do Direito Internacional, contando com 320 artigos e nove anexos, que acrescentam 125 artigos ao texto principal. Logrou, com grande esforço, estabelecer um amplo regime para o Direito do Mar, mesclando um expressivo desenvolvimento de áreas do Direito Internacional do Mar já existentes com a criação de novas instituições. De certa forma, a versão final da CNUDM representa tanto uma codificação do Direito Internacional Costumeiro, quanto o desenvolvimento de novas regras de Direito do Mar.

Ao término do encontro em Montego Bay, o Embaixador Tommy Koh – presidente da última sessão da III Conferência – declarou que a CNUDM seria a nova "Constituição dos Oceanos". O entusiasmo com o final dos trabalhos foi grande, e o texto foi assinado por representantes de 113 Estados-partes. Fiji chegou inclusive a ratificar e depositar o instrumento de ratificação da CNUDM no mesmo dia.[97]

A CNUDM trouxe importantes inovações para o Direito Internacional do Mar, pois, ao contrário das quatro convenções assinadas em Genebra em 1958, não se limitou a codificar o direito consuetudinário do mar. Essas principais contribuições podem ser divididas em dois aspectos: os novos espaços marítimos criados – ou com nova conceituação – e os três órgãos instituídos.

1.5.1.1 Os novos espaços marítimos

Entre os novos espaços criados pela CNUDM, podem-se destacar dois que ficaram sob jurisdição nacional – as águas arquipelágicas e a zona econômica exclusiva – e uma zona, de caráter residual, que abrange tudo o que não está sob jurisdição nacional – a Área, considerada patrimônio comum da humanidade. Além disso, a CNUDM também trouxe novas

---

[97] Vide United Nations Treaty Collection (Chapter XVI – Law of the Sea). Disponível em: <http://treaties.un.org/Pages/ViewDetailsIII.aspx?&src=TREATY&mtdsg_no=XXI~6&chapter=21&Temp=mtdsg3&lang=en>. Acesso em: 8 de fevereiro de 2015.

definições para conceitos já existentes, como as de, trânsito por estreitos, mar territorial e plataforma continental.

a) Águas arquipelágicas: Parte IV – artigos 46 a 54

É o espaço marinho incluído no interior de um perímetro estabelecido por um Estado arquipélago. As águas arquipelágicas são uma criação da CNUDM, surgida por pressão desses Estados, especialmente Filipinas e Indonésia.

O estabelecimento de águas arquipelágicas somente é permitido àqueles Estados cujo território, em sua totalidade, seja formado por arquipélagos e outras ilhas, como ocorre com as Filipinas, Cabo Verde, Kiribati. Se o território do Estado é formado parcialmente por um território continental e por um conjunto de ilhas, este não poderá reclamar a constituição de águas arquipelágicas.[98]

A soberania do Estado sobre essas águas se estende ao espaço aéreo, ao leito do mar e ao subsolo marinho. O regime jurídico é essencialmente o mesmo do mar territorial, ou seja, as águas arquipelágicas não podem ser assimiladas às águas interiores. Dessa maneira, os navios estrangeiros contam com o direito de passagem inofensiva, mas o Estado arquipélago pode designar rotas marítimas e rotas aéreas para a passagem contínua e rápida de navios e aeronaves estrangeiros.

b) Zona econômica exclusiva (ZEE): Parte V – artigos 55 a 75

Nos termos do artigo 57 da CNUDM, "a zona econômica exclusiva não se estenderá além de 200 milhas marítimas das linhas de base a partir das quais se mede a largura do mar territorial". A ideia de se criar um espaço marítimo como a zona econômica exclusiva nasceu como solução de compromisso entre os negociadores com um mar territorial reduzido, de apenas 12 milhas marítimas.

Um grupo de Estados de diferentes regiões geográficas uniu a posição esposada pelos latino-americanos acerca de um mar patrimonial, exposta na Conferência de Santo Domingo de 1972, com a postura favorável dos africanos sobre uma zona econômica exclusiva, consignada nas reuniões de Yaundé (1972) e Adis-Abeba (1973). Optou-se por esta última expressão

---

[98] BARBERIS, op. cit., p. 71.

O DIREITO INTERNACIONAL DO MAR

– zona econômica exclusiva –, considerada mais apropriada para descrever o tipo de zona sob jurisdição nacional que se pretendia criar.

Mais do que sua denominação, a chave do processo negocial consistia em alcançar um acordo em torno da natureza jurídica dessa zona, isto é, uma proposta de compromisso que oferecia aos Estados em desenvolvimento direitos exclusivos sobre todos os recursos até uma distância de 200 milhas marítimas, e, aos Estados desenvolvidos, a garantia da liberdade de navegação, sobrevoo e a colocação de cabos e dutos submarinos.[99]

Diferentemente do mar territorial, sobre a ZEE o Estado costeiro não exerce soberania, mas direitos de soberania, essencialmente para fins de exploração e aproveitamento, conservação e gestão dos recursos naturais. Além disso, exerce jurisdição sobre a ZEE em matéria de preservação do meio marinho, investigação científica e instalação de ilhas artificiais, instalações e estruturas.

Os demais Estados, costeiros ou sem litoral, exercem o direito de liberdade de navegação e sobrevoo e de colocação de cabos e dutos submarinos, bem como de outros usos do mar internacionalmente lícitos, relacionados a essas liberdades, a exemplo dos ligados à operação de navios, aeronaves, cabos e dutos submarinos, desde que compatíveis com as demais disposições da CNUDM.

c) A Área: Parte XI – artigos 133 a 191

O artigo 1º da Convenção define a Área como "o leito do mar, os fundos marinhos e o seu subsolo além dos limites da jurisdição nacional", ou seja, em certo sentido, trata-se de um conceito jurídico residual, já que abrange os espaços marinhos que não estejam sob o domínio de nenhum Estado. Além disso, o artigo 136 determina que a Área e seus recursos são patrimônio comum da humanidade.

Como visto, o regime jurídico da Área foi o tema que serviu como elemento catalisador da III Conferência, mas foi também o que mais despertou controvérsia, especialmente pela oposição frontal dos Estados Unidos, que ainda não ratificaram a CNUDM.

É importante, também, destacar que a Área não inclui as águas superjacentes ao leito do mar e fundos marinhos, ou seja, não modifica o conceito tradicional de navegação no alto-mar (artigo 135 da CNUDM).

---

[99] SZÉKELY, Alberto. *Derecho del mar.* México, D.F: UNAM, 1991, p. 26-27.

O regime jurídico da Área está definido no artigo 137, reconhecendo que nenhum Estado pode apropriar-se da Área ou de seus recursos, ou ainda reivindicar ou exercer soberania ou direitos de soberania sobre ambos.

Para cuidar da Área e dos recursos que, repita-se, constituem patrimônio comum da humanidade, a CNUDM criou uma instituição voltada exclusivamente para essa finalidade – a Autoridade Internacional dos Fundos Marinhos, mais adiante examinada.

d) Passagem em trânsito (trânsito por estreitos): Parte III – Seção 2 – artigos 37 a 44

O regime jurídico das águas que formam os estreitos utilizados para a navegação internacional mereceu uma atenção especial por parte dos Estados durante a III Conferência, já que, com a consolidação do mar territorial em 12 milhas marítimas, havia o receio sobre a liberdade de navegação em alguns dos mais importantes estreitos internacionais, pois, em alguns casos, as águas dos estreitos ficariam sob o regime de mar territorial.

O receio era que como mar territorial, o regime a ser aplicado nos estreitos passaria a ser o de passagem inocente, o que era inaceitável para as principais potências navais, visto que as embarcações de guerra ficariam sujeitas a determinadas condições.[100]

Por conseguinte, foi criado um regime especial para o trânsito por estreitos. O artigo 38 da CNUDM estipulou que, nos estreitos, todos os navios e aeronaves gozam do direito de passagem em trânsito, isto é, "a liberdade de navegação e sobrevoo exclusivamente para fins de trânsito contínuo e rápido pelo estreito entre uma parte do alto-mar ou de uma zona econômica exclusiva e uma outra parte do alto-mar ou uma zona econômica exclusiva".

No entanto, a parte final do artigo 38 acrescenta que "a exigência de trânsito contínuo e rápido não impede a passagem pelo estreito para entrar no território do Estado ribeirinho ou dele sair ou a ele regressar sujeito às condições que regem a entrada no território desse Estado". Além disso, a passagem em trânsito por estreito não pode nem mesmo ser temporariamente suspensa (artigo 44 da CNUDM).

---

[100] DUPUY; VIGNES, *op. cit.*, p. 157.

O DIREITO INTERNACIONAL DO MAR

e) Mar territorial: Parte II – artigos 2º a 32

Depois das tentativas infrutíferas das conferências de Genebra de delimitar a largura máxima para o mar territorial, a III Conferência conseguiu com relativa facilidade, e já nos primeiros trabalhos, definir de maneira expressa a largura máxima em 12 milhas marítimas, contadas a partir das linhas de base.

Sobre o mar territorial, o Estado costeiro exerce a soberania, que se estende ao espaço aéreo sobrejacente, bem como ao leito e ao subsolo deste mar. No entanto, sobre o mar territorial é reconhecido o direito de passagem inofensiva a todos os navios, desde que essa passagem seja "contínua e rápida".

O questionamento sobre a eventual extensão do direito de gozo de passagem inofensiva no mar territorial aos navios de guerra tem sido um dos aspectos mais controvertidos no Direito do Mar. O conflito de interesses envolvidos impediu a adoção de uma regra clara sobre o assunto.

O texto da Conferência de Haia de 1930 dispunha que: "Como regra geral, um Estado costeiro não impedirá a passagem de navios de guerra estrangeiros em seu mar territorial e não exigirá prévia autorização ou notificação".[101]

Em razão da controvérsia existente entre os diferentes grupos de Estados, a Convenção sobre o Mar Territorial e Zona Contígua (1958) não fixou uma regra clara, já que o artigo 14.1 dispõe que "sob reserva das disposições dos presentes artigos, os navios de todos os Estados, ribeirinhos ou não, gozam de direito de passagem inofensiva pelo mar territorial". O trecho

---

[101] ROSENNE, *League of Nations Conference for the Codification of International Law*, p. 1418--1419. No documento *The Legal Status of the Territorial Sea*, artigo 12 (*Warships*): *"As a general rule, a coastal State will not forbid the passage of foreign warships in its territorial sea and will not require a previous authorization or notification. The coastal State has the right to regulate the conditions of such passage. Submarines shall navigate on the surface"*. O artigo 12 ainda trazia as seguintes observações: *"To state that a coastal State will not forbid the innocent passage of foreign warships through its territorial sea is but to recognise existing practice. That practice also, without laying down any strict and absolute rule, leaves to the State the power, in exceptional cases, to prohibit the passage of foreign warships in its territorial sea. The coastal State may regulate the conditions of passage, particularly as regards the number of foreign units passing simultaneously through its territorial sea – or through any particular portion of that sea – through, as a general rule, no previous authorisation or even notification, will be require. Under no pretext, however, may there any interference with the passage of warships through straits constituting a route for international maritime traffic between two parts of the high sea"*.

"os navios de todos os Estados" dá a entender que se trata tanto dos navios comerciais, como de guerra.

Além disso, a imposição de restrições na Convenção é formulada de maneira clara, como no artigo 14.6: "os submarinos são obrigados a navegar à superfície e a arvorar o respectivo pavilhão". A mesma solução foi adotada também pela CNUDM nos artigos 17 e 20[102]. Outra restrição, além das impostas aos submarinos no mar territorial, é quanto aos navios de propulsão nuclear. O assunto foi tratado de maneira menos ambígua pela CNUDM em seu artigo 23:

> Ao exercer o direito de passagem inofensiva pelo mar territorial, os navios estrangeiros de propulsão nuclear e os navios transportando substâncias radioativas ou outras substâncias intrinsecamente perigosas ou nocivas devem ter a bordo os documentos e observar as medidas especiais de precaução estabelecidas para esses navios nos acordos internacionais.[103]

Finalmente, o Estado costeiro pode adotar leis e regulamentos relativos à passagem inocente pelo mar territorial. Pode, também, designar rotas marítimas e mesmo suspender a passagem inofensiva dos navios estrangeiros por determinadas áreas do seu mar territorial, de maneira temporária, publicitada e não discriminatória entre navios estrangeiros, se esta medida for indispensável à sua segurança.

f) Plataforma continental

A Convenção sobre a Plataforma Continental (1958) definia esse espaço marítimo como: "o leito do mar e o subsolo das regiões submarinas adjacentes às costas mas situadas fora do mar territorial até uma profundidade de 200 metros ou, para além deste limite, até ao ponto onde a

---

[102] Artigo 17 da CNUDM: "Salvo disposição em contrário da presente Convenção, os navios de qualquer Estado, costeiro ou sem litoral, gozarão do direito de passagem inofensiva pelo mar territorial". Artigo 20 da CNUDM: "No mar territorial, os submarinos e quaisquer outros veículos submersíveis devem navegar à superfície e arvorar a sua bandeira".

[103] Vale mencionar, nesse sentido, também o artigo 22.2 da CNUDM: "Em particular, pode ser exigido que os navios-tanques, os navios de propulsão nuclear e outros navios que transportem substâncias ou materiais radioativos ou outros produtos intrinsecamente perigosos ou nocivos utilizem unicamente essas rotas marítimas".

profundidade das águas superjacentes permita a exploração dos recursos naturais das ditas regiões."

Já a CNUDM, no artigo 76.1, alterou consideravelmente o conceito jurídico de plataforma continental:

> A plataforma continental de um Estado costeiro compreende o leito e o subsolo das áreas submarinas que se estendem além do seu mar territorial, em toda a extensão do prolongamento natural do seu território terrestre, até ao bordo exterior da margem continental ou até uma distância de 200 milhas marítimas das linhas de base a partir das quais se mede a largura do mar territorial, nos casos em que o bordo exterior da margem continental não atinja essa distância.

Em outras palavras, anteriormente, a plataforma continental tinha como referência a profundidade de 200 metros e o critério da exploração. Com a CNUDM, deixaram-se de lado tais aspectos e passou-se a considerar a plataforma continental como base na distância, de 200 milhas marítimas, ou "até o bordo exterior da margem continental". Foi uma mudança considerável, visto que em algumas partes do planeta essa profundidade de 200 metros é alcançada depois de poucas milhas a partir do continente.

Se o artigo 76 trouxe uma nova definição de plataforma continental, diferente daquela da Convenção de 1958, o artigo 77 da atual CNUDM manteve os direitos soberanos do Estado costeiro sobre a plataforma continental que já haviam sido consagrados anteriormente. Em ambas as convenções, os direitos do Estado costeiro sobre a plataforma continental não afetam a condição legal das águas superjacentes ou do espaço aéreo sobre elas.

Os aspectos relativos à plataforma continental serão aprofundados no capítulo seguinte.

1.5.1.2 As instituições criadas pela CNUDM

Outra contribuição da CNUDM para o Direito Internacional do Mar foi a criação de instituições para exercerem importantes papeis na implementação do tratado: a Autoridade Internacional dos Fundos Marinhos, o Tribunal Internacional do Direito do Mar e a Comissão de Limites da Plataforma Continental.

a) A Autoridade Internacional dos Fundos Marinhos (Autoridade)

A Autoridade é a organização por intermédio da qual os Estados-partes gerem os recursos da Área, considerada patrimônio comum da humanidade, como se expôs. Tem sede em Kingston, Jamaica. A Autoridade foi estabelecida em 16 de novembro de 1994, mas entrou de fato em operação em 1996, depois que elegeu os membros para os principais órgãos de funcionamento. A Autoridade será analisada com maior atenção no capítulo 3.

b) O Tribunal Internacional do Direito do Mar (TIDM)

O Tribunal Internacional do Direito do Mar, com sede na cidade hanseática de Hamburgo, em funcionamento desde 1996, é uma instituição judicial internacional autônoma com jurisdição geograficamente universal, ainda que materialmente especializada em Direito do Mar, criada para solucionar disputas referentes à interpretação e aplicação da CNUDM, além de emitir pareceres consultivos. O Tribunal Internacional do Direito do Mar é composto por 21 membros independentes, de reconhecida competência em matéria de Direito do Mar, representando os principais sistemas jurídicos do mundo e obedecendo a uma distribuição geográfica equitativa.[104]

Examinando as origens do TIDM, o professor espanhol Miguel García-Revillo explica que:

> El surgimiento de la idea del Tribunal tiene mucho que ver con el ambiente que existía, a mediados de los años sesenta, en torno a las posibilidades económicas de la Zona. En este caso, al conocimiento de sus enormes riquezas naturales, que ya se intuían en épocas precedentes, se unía ahora la convicción de que los avances tecnológicos del momento iban a permitir una explotación económica rentable en un plazo relativamente corto; lo cual suscitaba, a su vez, un problema jurídico, el de la regulación de dicho espacio y sus recursos, que abandonaba el plano exclusivamente teórico de finales de los cincuenta para vislumbrarse también, a partir de entonces, desde una perspectiva eminentemente práctica.[105]

---

[104] Em 2009, a 19ª Reunião dos Estados-partes da CNUDM estabeleceu a divisão geográfica dos assentos no TIDM e na CLPC: 5 para África, 5 para Ásia, 4 para a América Latina e Caribe, 3 para a Europa oriental, 3 para a Europa ocidental e outros Estados, o membro restante será eleito entre representantes da África, Ásia e Europa ocidental e outros Estados (SPLOS/201).

[105] GARCÍA-REVILLO, Miguel. *El Tribunal Internacional del Derecho del Mar: origen, organización y competencia.* Córdoba: Universidad de Córdoba, 2005, p. 41.

O DIREITO INTERNACIONAL DO MAR

Em princípio, a jurisdição do tribunal pode incluir qualquer controvérsia relativa ao Direito do Mar. No entanto, está sujeita a certos limites e a exceções optativas, dispostas nos artigos 297 e 298 da CNUDM.

Em dois casos, o TIDM tem jurisdição compulsória: na solicitação de medidas provisórias previstas no artigo 290 e na hipótese de pedido de pronta libertação das embarcações e das suas tripulações, conforme o artigo 292.[106]

A Parte XV da CNUDM dedica-se à solução pacífica das controvérsias, dividindo-se em três seções, que criaram a moldura jurídica para a solução das disputas sob a CNUDM. A primeira delas traz as disposições gerais, a segunda versa sobre os procedimentos compulsórios conducentes a decisões obrigatórias e a terceira trata dos limites e exceções à jurisdição dos órgãos específicos de resolução de disputas.

O fator mais interessante em termos de solução de controvérsias foi que a CNUDM trouxe um sistema compulsório que foi além de simplesmente prescrever os métodos de solução de controvérsias, a exemplo do que fez o artigo 33 da Carta das Nações Unidas. Terminou por estabelecer um sistema complexo, que conta com a participação da Corte Internacional de Justiça, mas foi além ao desenvolver novas instituições como o próprio TIDM, além de um tribunal arbitral nos termos do Anexo VII e de um tribunal arbitral especial em conformidade com o Anexo VIII[107]. Dessa forma, os Estados podem submeter a controvérsia relativa à interpretação ou à aplicação da Convenção a qualquer um desses meios de solução de controvérsias, de acordo com o disposto no artigo 287 da CNUDM.[108]

---

[106] TUERK, Helmut. The contribution of the International Tribunal for the Law of the Sea to International Law. In: HONG, Seoung-Yong; VAN DYKE, Jon M. *Maritime boundary disputes, settlement processes, and the law of the sea*. Leiden: Martinus Nijhoff, 2009, p. 255.

[107] ROTHWELL, Donald. The International Tribunal for the Law of the Sea and Marine Environmental Protection: Expanding the Horizons of International Oceans Governance. *Ocean Yearbook*, vol. 17, 2003, p. 26.

[108] Artigo 287 da CNUDM: "1. Um Estado ao assinar ou ratificar a presente Convenção ou a ela aderir, ou em qualquer momento ulterior, pode escolher livremente, por meio de declaração escrita, um ou mais dos seguintes meios para a solução das controvérsias relativas à interpretação ou aplicação da presente Convenção: a) O Tribunal internacional do Direito do Mar, estabelecido de conformidade com o anexo VI; b) O Tribunal Internacional de Justiça; c) Um tribunal arbitral constituído de conformidade com o anexo VII; d) Um tribunal arbitral especial constituído de conformidade com o anexo VIII, para uma ou mais das categorias de controvérsias especificadas no referido anexo. 2. Uma declaração feita nos termos do nº 1 não

A grande maioria dos Estados-partes na CNUDM, no entanto, ainda não fez a mencionada declaração. A Assembleia-Geral das Nações Unidas, em suas resoluções anuais relativas ao Direito do Mar e aos Oceanos, faz sucessivos apelos para que os Estados-partes "que ainda não a fizeram, considerem a possiblidade de fazer uma declaração escrita, escolhendo um dos meios dispostos no artigo 287 da Convenção".[109]

c) A Comissão de Limites da Plataforma Continental (CLPC)
Foi confiada à Comissão de Limites da Plataforma Continental a missão de fazer recomendações aos Estados costeiros sobre os limites exteriores da plataforma continental além das 200 milhas marítimas. Os objetivos e funcionamento da CLPC serão examinados com maior atenção no capítulo 2.

1.5.1.3 Outros mecanismos de monitoramento
Além desses órgãos criados pela CNUDM, em outros dois níveis foi acertada a possibilidade de exercer algum tipo de monitoramento do Direito Internacional do Mar, nomeadamente, nas Reuniões dos Estados-partes da CNUDM e na Assembleia Geral das Nações Unidas.

a) Reunião dos Estados-partes da CNUDM (SPLOS)[110]
A primeira reunião dos Estados-partes da CNUDM aconteceu em 21 de novembro de 1994, poucos dias depois da entrada em vigor internacional da Convenção para aqueles Estados que já a haviam ratificado.

O órgão possui poucas funções, entre elas: a eleição dos membros do TIDM, a estipulação dos vencimentos, subsídios e compensações, bem como as pensões de aposentadoria dos membros e do escrivão do TIDM e a eleição dos membros da CLPC[111].

---

deve afetar a obrigação de um Estado Parte de aceitar, na medida e na forma estabelecidas na seção 5 da parte XI, a competência da Câmara de Controvérsias dos Fundos Marinhos do Tribunal Internacional do Direito do Mar nem deve ser afetada por essa obrigação. [...]".
[109] Resolução da Assembleia Geral 69/245, de 29 de dezembro de 2014. Tradução do original: *"Encourages States Parties to the Convention that have not yet done so to consider making a written declaration, choosing from the means set out in article 287 of the Convention"* (parágrafo 45).
[110] Usualmente citada como SPLOS – *States Parties to the Law of the Sea Convention*.
[111] Vide os seguintes artigos da CNUDM: artigo 4.4 do Anexo VI, artigo 18.5-7 do Anexo VI e artigo 2.3 do Anexo II.

Para Treves, na prática, o órgão tornou-se um fórum no qual as Partes da Convenção, agindo por consenso, fizeram certos ajustes à CNUDM, a exemplo do que ocorreu na decisão que alterou o prazo do estabelecido no artigo 4º do Anexo II da CNUDM[112].

Esses ajustes, no entanto, não devem ser entendidos como emendas ao texto da Convenção. No entendimento de Alex Oude Elferink, quando o órgão tomou essa decisão de alterar o prazo inicial havia razões para isso, de forma que uma nova modificação no prazo certamente teria sido considerada uma emenda[113].

Como regra geral, os Estados-membros da CNUDM reúnem-se uma ou duas vezes por ano para monitorar a implementação da Convenção com base em um relatório enviado pelo Secretário-Geral da ONU, relativo "a questões de caráter geral que surjam em relação à presente Convenção" (artigo 319).[114]

b) Assembleia Geral das Nações Unidas (AGNU)

Em 1982, com a aprovação da CNUDM, foi solicitado que o Secretário-Geral da ONU submetesse relatórios anuais à AGNU sobre a Convenção. Posteriormente, esse compromisso foi alargado para contemplar também outros temas ligados aos oceanos e ao Direito do Mar.

A Divisão sobre Assuntos Oceânicos e Direito do Mar (*Division for Ocean Affairs and the Law of the Sea – DOALOS*) – órgão ligado ao Secretariado da ONU – ficou encarregada de elaborar relatórios mais abrangentes sobre o assunto, os quais fornecem aos Estados-partes diversos tipos de informações que podem ser-lhe úteis, possibilitando o acompanhamento do que

---

[112] TREVES, Tullio. The General Assembly and the Meeting of States Parties in the Implementation of the LOS Convention. In: ELFERINK, Alex G. Oude. *Stability and Change in the Law of the Sea: the Role of the LOS Convention*. Leiden: Koninklije Brill NV, 2005, p. 57-58. Segundo o Documento SPLOS/72, de 29 de maio de 2001, ficou decidido que *"In the case of a State Party for which the Convention entered into force before 13 May 1999, it is understood that the tem-year period referred to in Article 4 of Annex II to the Convention shall be taken to have commenced on 13 May 1999"*.

[113] ELFERINK, Alex G. Oude. Meeting of States Parties to the UN Law of the Sea Convention. *The International Journal of Marine and Coastal Law*, vol. 23, 2008, p. 777.

[114] LEVY, Jonh-Pierre. The United Nations Convention on the Law of the Sea. In: COOK, Peter J.; CARLETON, Chris M. *Continental Shelf Limits: the scientific and legal interface*. Oxford: Oxford University Press, 2000, p. 15-16.

tem sido realizado pelos demais. No entanto, a AGNU não tem dedicado grande espaço às discussões sobre o Direito do Mar.

1.5.2 A Comissão Preparatória e os acordos firmados posteriormente à III Conferência

A criação da Comissão Preparatória da Autoridade Internacional dos Fundos Marinhos e do Tribunal Internacional do Direito do Mar foi aprovada na Resolução I da Ata Final da III Conferência. A Comissão Preparatória reuniu-se duas vezes por ano entre 1983 e 1994. Teve seu trabalho formalmente encerrado com a Primeira Sessão da Assembleia da Autoridade, em 18 de agosto de 1995.

O papel da Comissão Preparatória pode ser considerado como fundamental nos estágios subsequentes ao término da III Conferência. Alguns acreditavam que, através do estabelecimento de regras, regulamentos e procedimentos a serem aplicados provisoriamente – conforme o previsto no artigo 308.4 da CNUDM[115] –, e pendente sua adoção formal pela Autoridade (a ser adotada por consenso dentro do Conselho), a Comissão Preparatória poderia dar importantes garantias aos Estados industrializados, mesmo após a rejeição desses países ao regime jurídico instituído pela Parte XI.[116]

Isso se deve ao fato de que, mesmo com o término da III Conferência e abertura para assinatura em dezembro de 1982, o processo de entrada em vigor da Convenção no plano internacional ainda foi longo. Grande parte da dificuldade enfrentada pela CNUDM era decorrente do regime de mineração marinha previsto na Parte XI Convenção, que enfrentava forte resistência por parte dos países desenvolvidos, em especial pelos Estados Unidos.

Para universalizar a CNUDM e superar as resistências de um conjunto pequeno, mas muito importante de países, foram assinados dois acordos de implementação da CNUDM.

---

[115] Artigo 308.4 da CNUDM: "As normas, regulamentos e procedimentos elaborados pela Comissão Preparatória devem aplicar-se provisoriamente até à sua aprovação formal pela Autoridade, de conformidade com a parte XI".

[116] WOOD, Michael C. The International Seabed Authority: the First Four Years. *The Max Planck UNYB*, vol. 3, 1999, p. 177. O mandato da Comissão Preparatória está inscrito no parágrafo 2º do Preâmbulo da Resolução I: *"[...] to take all possible measures to ensure the entry into effective operation without undue delay of the Authority and the Tribunal and to make the necessary arrangements for the commencement of their functions"*.

1.5.2.1 O Acordo de Implementação da Parte XI (1994)

A Parte XI da CNUDM (artigo 133 a 191) versa sobre a Área e seus recursos minerais, ou seja, todos os recursos minerais sólidos, líquidos ou gasosos, situados além da jurisdição nacional dos Estados, que se encontram no leito do mar ou no seu subsolo, incluindo os nódulos polimetálicos. Não é demais lembrar que esses recursos também são considerados patrimônio comum da humanidade.

No dia 9 de julho de 1982, ou seja, antes do término oficial da III Conferência, o Presidente norte-americano Ronald Reagan anunciou que os Estados Unidos não iriam assinar a CNUDM. Não era uma surpresa, já que, em seu discurso do dia 29 de janeiro de 1982, Reagan especificou seis objetivos de negociação para a delegação dos Estados Unidos e nenhum destes foi alcançado durante a última sessão da III Conferência. A rejeição dos Estados Unidos era centrada essencialmente nos dispositivos sobre a mineração oceânica, estabelecidos na Parte XI.[117]

No entendimento dos Estados Unidos, a mineração nos fundos marinhos é uma liberdade do alto-mar, consagrada como Direito Internacional Consuetudinário. Dessa forma, os nacionais norte-americanos gozariam de um direito de acesso aos minerais oceânicos sob o regime existente de *res communis*, o qual somente poderia ser alterado com a anuência dos Estados Unidos a um regime jurídico diferente, por meio de tratado ou nova norma de Direito Internacional Consuetudinário.[118]

Essa oposição norte-americana encontrou eco em outros países desenvolvidos, os quais criaram leis que permitiam a emissão de licenças para a mineração nos fundos marinhos por instituições nacionais.

Ao longo dos anos oitenta, o *status quo* da CNUDM e o regime dos fundos marinhos permaneciam indefinidos, ainda que o número de ratificações fosse lentamente avançando.[119]

No início dos anos noventa, a CNUDM estava bem próxima de entrar em vigor internacional, mas havia o temor de que, com a ausência das principais potências marítimas, sua eficácia ficasse comprometida. O então Secretário-Geral da ONU, Javier Pérez de Cuellar, iniciou em 1990 um

---

[117] MORELL, *op. cit.*, p. 96.

[118] *Ibidem*, p. 155. A origem desse posicionamento dos Estados Unidos pode ser encontrada no *Seabed Act* (1980), o qual preceitua que *"it is the legal opinion of the United States that exploration for and commercial recovery of hard mineral resources of the deep seabed are freedoms of the high seas"*.

[119] ROTHWELL; STEPHENS, *op. cit.*, p. 18.

O BRASIL E O DIREITO INTERNACIONAL DO MAR CONTEMPORÂNEO

processo de consultas oficiosas (batizado de "Diálogo"), com vistas a atrair os países desenvolvidos para a CNUDM, de forma a garantir a participação universal.[120]

Após uma série de reuniões de consulta, chegou-se a um consenso sobre a adoção de um Acordo Relativo à Implementação da Parte XI da Convenção das Nações Unidas sobre o Direito do Mar (doravante Acordo de Implementação da Parte XI), adotado pela Resolução 48/263 da Assembleia Geral, em 28 de julho de 1994 – alguns meses antes da entrada em vigor da CNUDM. Como foi ponderado, na oportunidade, "uma área sem qualquer previsão de uso econômico manteve toda a Convenção refém por mais de uma década".[121]

O Acordo de Implementação da Parte XI procurou resolver algumas ideias centrais levantadas pelos Estados Unidos e outras potências, decorrentes da III Conferência, a exemplo dos custos institucionais para os Estados-partes ao implementar a Parte XI, das operações da Empresa, do processo de decisão dentro da Assembleia pela Autoridade, da transferência de tecnologia e das políticas de produção e assistência econômica da Autoridade.[122]

Em termos de processualística internacional, o Acordo de Implementação da Parte XI também precisava definir sua relação com a CNUDM. Nesse sentido, o artigo 2º, parágrafo 1º, do Acordo deixa claro que "as disposições deste Acordo e da Parte XI serão interpretadas e aplicadas conjuntamente como um único instrumento. Em caso de qualquer inconsistência entre este Acordo e a Parte XI, as disposições deste Acordo prevalecerão". Há, como se vê, uma relação de supremacia, de fato e de direito, do Acordo em relação à Convenção.

Além disso, nos termos do artigo 7º do Acordo de Implementação da Parte XI, caso este não tivesse entrado em vigor até 16 de novembro de 1994 – data da entrada em vigor da CNUDM – o Acordo da Parte XI seria aplicado provisoriamente. A aplicação provisória do Acordo da Parte XI persistiu até o dia 28 de julho de 1996, quando atingiu o número mínimo de ratificações necessárias para sua entrada em vigor plena.

---

[120] TRINDADE, *A nova dimensão do direito internacional público*, p. 114.
[121] MARFFY-MANTUANO, Annick de. The Procedural Framework of the Agreement Implementing the 1982 United Nations Convention on the Law of the Sea. *The American Journal of International Law*, vol. 89, 1995, p. 814.
[122] ROTHWELL; STEPHENS, *op. cit.*, p. 18.

O objetivo do Acordo da Parte XI era garantir a universalidade da CNUDM e adaptá-la às mudanças políticas e econômicas no cenário internacional do início dos anos 1990. No entanto, como bem assinala Trindade, "ocorre que o Acordo de Implementação da Parte XI, não simplesmente implementou a Parte XI, mas lhe impôs alterações substanciais que, em última análise, contradizem o princípio do patrimônio comum da humanidade que o Acordo alega promover".[123]

Mesmo depois da aprovação e entrada em vigor do Acordo de Implementação da Parte XI, os Estados Unidos ainda não são Estado-parte da CNUDM, apesar da expectativa, já de alguns anos, de que assinem o tratado – os presidentes Bill Clinton, George W. Bush e Barack Obama manifestaram o desejo de que o Senado autorizasse a acessão à Convenção[124]. Israel, Turquia e Venezuela também mantêm sua oposição ao regime jurídico criado pela CNUDM.

Por outro lado, a adoção do Acordo da Parte XI contribuiu para a ratificação da CNUDM por Estados desenvolvidos, como Alemanha, Japão, França, Itália, Países Baixos e Reino Unido. Em novembro de 2014, o Acordo de Implementação da Parte XI contava com cento e quarenta e seis Partes.

1.5.2.2 O Acordo sobre Populações de Peixes Transzonais e Altamente Migratórios (1995)

De acordo com R. R. Churchill e A. V. Lowe, as preocupações em torno do aproveitamento e ordenamento de certas populações de peixes levaram a que a Conferência das Nações Unidas sobre Meio Ambiente Desenvolvimento, realizada no Rio de Janeiro (1992), conclamasse por uma con-

---

[123] TRINDADE, *A nova dimensão do direito internacional público*, p. 117-118.

[124] Recentemente, em maio de 2012, todos os últimos Secretários de Estado dos governos republicanos (Henry Kissinger, George Schultz, James Baker III, Colin Powell e Condoleeza Rice) assinaram um artigo intitulado *Time to Join the Law of the Sea Treaty*, publicado no jornal *The Wall Street Journal*, encorajando o Senado norte-americano a aderir à Convenção. Segundo os autores: *"The U.S. has more to gain by participating in convention deliberations than by staying out"*. Disponível em: <http://www.wsj.com/articles/SB100014240527023036740045774347708 51478912>. Acesso em: 8 de fevereiro de 2015.

O BRASIL E O DIREITO INTERNACIONAL DO MAR CONTEMPORÂNEO

ferência intergovernamental sobre o tema – pedido que foi aprovado pela Assembleia Geral da ONU.[125]

A conferência ocorreu entre os anos de 1993 e 1995, e seu resultado foi a aprovação do Acordo sobre a Conservação e Ordenamento de Populações de Peixes Transzonais e de Populações de Peixes Altamente Migratórios, em 4 de agosto de 1995.[126]

Segundo o artigo 2º do Acordo, o objetivo é "garantir a conservação de longo prazo e o uso sustentável dessas populações de peixes mediante a implementação efetiva das disposições pertinentes da Convenção". Todavia, ao contrário da relação de supremacia existente entre o Acordo de Implementação da Parte XI em detrimento da CNUDM (nos termos do artigo 2º, parágrafo 1º), o Acordo de 1995 "será interpretado e aplicado no contexto da Convenção e de maneira compatível com a mesma" (artigo 4º).

O Acordo de Implementação de 1995 entrou em vigor internacional em 11 de dezembro de 2001 e possuía, em fevereiro de 2015, oitenta e duas Partes, entre elas o Brasil.[127]

1.5.2.3 Áreas além das jurisdições nacionais (ABNJ): novo acordo de implementação?

Toda porção de mar que não pertença a nenhum Estado é considerada como alto-mar. Essas áreas além das jurisdições nacionais – muito conhecidas pela sigla em inglês ABNJ (*Areas Beyond National Jurisdiction*) – cobrem cercam de 50% da superfície do planeta e são habitat de uma biodiversidade extremamente frágil e pouco conhecida.

Mais recentemente, passaram a ser alvo de diversos interesses que ameaçam sua preservação, tais como: superexploração dos estoques de peixes, pesca ilegal, práticas pesqueiras destrutivas e outras atividades ligadas à mineração marinha. Para enfrentar essa situação de crescente

---

[125] CHURCHILL, R. R.; LOWE, A. V. *The Law of the Sea*. 3. ed. Manchester: Manchester University Press, 1999, p. 308-309.

[126] O nome oficial do tratado no Brasil, promulgado pelo Decreto n. 4.361, de 5 de setembro de 2002 é: Acordo para Implementação das Disposições da Convenção das Nações Unidas sobre o Direito do Mar de 10 de dezembro de 1982 sobre a Conservação e Ordenamento de Populações de Peixes Transzonais e de Populações de Peixes Altamente Migratórios.

[127] Vide United Nations Treaty Collection (Chapter XXI – Law of the Sea). Disponível em: <https://treaties.un.org/pages/ViewDetails.aspx?src=TREATY&mtdsg_no=XXI-7&chapter=21&lang=en>. Data de acesso: 8 de fevereiro de 2015.

preocupação, a comunidade internacional vem progressivamente formulando negociações sobre a conservação e a sustentabilidade das atividades sobre a biodiversidade marinha nessas áreas.

Essas negociações vêm acontecendo sob os auspícios da Assembleia Geral das Nações Unidas, em especial dentro do "Ad-hoc *Open-Ended Informal Working Group to Study Issues Relating to the Conservation and Sustainable Use of Marine Biological Diversity Beyond Areas of National Jurisdiction* (BBNJ Working Group)", um grupo de trabalho especial de composição aberta.[128]

Nos termos da Resolução da AGNU 68/70, parágrafo 200, a Assembleia Geral solicitou que o Secretário-Geral convocasse três reuniões de quatro dias cada do *"Ad-hoc Open-Ended Informal Working Group"*. As duas primeiras sessões ocorreram em 2014 (1 a 4 de abril e 16 a 19 de junho). A terceira, realizada entre os dias 20 a 23 de janeiro de 2015, adotou determinadas recomendações dirigidas à Assembleia Geral, entre elas:

[...] 4. Enfatizar a necessidade de um regime global abrangente para melhor enfrentar a conservação e o uso sustentável da biodiversidade marinha nas áreas além das jurisdições nacionais e tendo considerado a possibilidade de desenvolver um instrumento internacional no âmbito da Convenção; 5. Decidir pelo desenvolvimento de um instrumento internacional juridicamente vinculante no âmbito da Convenção e pelo uso sustentável da biodiversidade marinha nas áreas além das jurisdições nacionais e para esse fim: a) antes da realização de uma conferência internacional, decidir estabelecer um Comitê Preparatório, aberto a todos os Estados-membros das Nações Unidas, Membros das agências especializadas e Partes da Convenção, com outros convidados como observadores, de acordo com a prática anterior das Nações Unidas, a fazer recomendações substantivas à Assembleia Geral sobre elementos do projeto de texto de um instrumento internacional juridicamente vinculante no âmbito da Convenção, levando em consideração os diversos relatórios dos co-presidentes do trabalho do *Ad Hoc Open-ended Informal Working Group*, estabelecido nos termos do parágrafo 73 da Resolução 59/24 da Assembleia Geral. O Comitê Preparatório iniciará seus trabalhos em 2016 e até o final de 2017 apresentará um relatório à Assembleia Geral com seus progressos; b) antes do final da 72ª sessão da Assembleia Geral e levando

---

[128] DRUEL, Elizabeth. Towards a Global Agreement on Environmental Impact Assessments in Areas Beyond National Jurisdiction. *IDDRI Policy Brief*, n. 1/13, p. 1.

em consideração o mencionado relatório do Comitê Preparatório, decidirá sobre a convocação e sobre a data de início da conferência internacional, sob os auspícios das Nações Unidas, considerando as recomendações do Comitê Preparatório sobre os elementos e elaborando o texto de um instrumento internacional juridicamente vinculante no âmbito da Convenção.[129]

Dessa maneira, o *BBNJ Working Group* decidiu ao término da terceira reunião do final de janeiro de 2015, recomendar que se iniciem negociações visando a um novo acordo de implementação da CNUDM, no tocante às áreas além das jurisdições nacionais.

Alguns dos temas a serem debatidos nesse contexto muito possivelmente serão: recursos genéticos marinhos, áreas marinhas protegidas, estudos de impacto ambiental, *capacity-building* e transferência de tecnologia. O G-77 e outras nações em desenvolvimento que já vinham pressionando pela inclusão, em um futuro acordo multilateral, de regras relativas ao acesso e à divisão dos benefícios resultantes do aproveitamento dos recursos genéticos marinhos (*marine genetic resources*) certamente tentarão inserir esse item na agenda de trabalho.[130]

---

[129] Resolução da Assembleia Geral 68/70, de 9 dezembro de 2013. Tradução do original: *"[...] 4. Stress the need for the comprehensive global regime to better address the conservation and sustainable use of marine biodiversity beyond areas of national jurisdiction and having considered the feasibility of developing an international instrument under the Convention; 5. Decide to develop an international legally-binding instrument under the Convention on the conservation and sustainable use of marine biological diversity of areas beyond national jurisdiction and to that end: a) prior to holding an intergovernmental conference, decide to establish a preparatory committee, open to all Member States of the United Nations, members of specialized agencies, and Parties to the Convention, with others invited as observers in accordance with past practice of the United Nations, to make substantive recommendations to the General Assembly on the elements of a draft text of an international legally-binding instrument under the Convention, taking into account the various reports of the Co-Chairs on the work of the Ad Hoc Open-ended Informal Working Group established pursuant to paragraph 73 of General Assembly resolution 59/24. The preparatory committee will start its work in 2016 and by the end of 2017 will report to the General Assembly on its progress. b) before the end of the seventy-second session of the General Assembly, and taking into account the aforementioned report of the preparatory committee, will decide on the convening and on the starting date of an intergovernmental conference, under the auspices of the United Nations, to consider the recommendations of the preparatory committee on the elements and to elaborate the text of an international legally-binding instrument under the Convention".* Disponível em: <http://www.un.org/depts/los/biodiversityworkinggroup/documents/AHWG_9_recommendations.pdf>. Acesso em: 8 de fevereiro de 2015.

[130] DRUEL, *op. cit.*, p. 1.

O DIREITO INTERNACIONAL DO MAR

Outro tema que interessa muito aos Estados é o Estudo de Impacto Ambiental (*Environmental Impact Assessment – EIA*), que se tornou amplamente aceito como um instrumento indispensável ao gerenciamento e ao controle dos impactos negativos das atividades humanas sobre o meio ambiente, sobretudo nas áreas além das jurisdições nacionais. Note-se que a CNUDM, em seu artigo 206,[131] já trazia a previsão de EIAs nos ambientes marinhos sob jurisdições nacionais. Além do *BBNJ Working Group*, o tema dos EIAs também vem sendo tratado pela Autoridade Internacional dos Fundos Marinhos e pela Convenção sobre Diversidade Biológica (1992).[132]

Conclusão do capítulo

Como visto ao longo desse capítulo, o Direito Internacional do Mar tem uma longa história. Mais do que isso, diversos pontos, em especial o tema sobre a soberania do Estado costeiro sobre as águas adjacentes, foram alvo de controvérsias desde seus primeiros desenvolvimentos até, finalmente, serem aceitos pela quase universalidade dos Estados na III Conferência das Nações Unidas sobre o Direito do Mar.

Outro fator que merece destaque nessa longa evolução do Direito Internacional do Mar foram os constantes esforços empreendidos ao longo do século XX pela sua codificação, começando em 1930, ainda no âmbito da Liga das Nações, passando pelas duas primeiras conferências organizadas pelas Nações Unidas em Genebra (1958 e 1960) até à III Conferência (1973-1982).

O longo processo de gestação da Convenção das Nações Unidas sobre o Direito do Mar (CNUDM) revela a importância e a complexidade do processo negocial da III Conferência. Todos os Estados, com ou sem litoral, tinham interesses estratégicos envolvidos e, em muitas situações, posições divergentes de seus tradicionais aliados e interlocutores, o que dificultava muito o consenso em torno dos temas.

---

[131] Artigo 206 da CNUDM: "Os Estados que tenham motivos razoáveis para acreditar que as atividades projetadas sob sua jurisdição ou controlo podem causar uma poluição considerável do meio marinho ou nele provocar modificações significativas e prejudiciais devem avaliar, na medida do possível, os efeitos potenciais dessas atividades para o meio marinho e publicar relatórios sobre os resultados dessas avaliações, nos termos previstos no artigo 205".

[132] ELFERINK, Alex Oude G. Environmental Impact Assessment in Areas beyond National Jurisdiction. *The International Journal of Marine and Coastal Law*, n. 27, 2012, p. 449-450.

Três fases distintas podem ser identificadas nesse acidentado percurso: os debates no Comitê dos Fundos Marinhos (1968-1973), as negociações dentro da III Conferência (1973-1982) e os anos de incerteza entre a aprovação do texto da CNUDM e sua entrada em vigor internacional (1982-1994).

Atualmente, com mais de trinta anos percorridos desde o encerramento formal da III Conferência em 10 de dezembro de 1982, em Montego Bay – sendo vinte de vigência internacional do tratado –, ninguém discute o notável trabalho realizado pelos negociadores ao longo daqueles anos. Em fevereiro de 2015, 167 Partes haviam ratificado a Convenção das Nações Unidas sobre o Direito do Mar, e 147 desses Estados também ratificaram o Acordo de Implementação da Parte XI, demonstrando que os dois instrumentos jurídicos têm ampla aceitação internacional.

Todavia, a entrada em vigor da CNUDM e dos acordos de implementação subsequentes não representam o fim da história para o Direito Internacional do Mar. Ao contrário, os órgãos criados pela CNUDM, além de outras organizações internacionais, como a Organização Marítima Internacional (OMI) e a Organização das Nações Unidas para Agricultura e Alimentação (FAO), continuam trabalhando e fazendo importantes contribuições para o Direito do Mar.

Visto o contexto histórico, jurídico e político, desde o início das tratativas, até a entrada em vigor internacional da CNUDM, o capítulo seguinte analisará de maneira mais detida um dos espaços oceânicos contemplados na Convenção, que desperta grande interesse econômico na atualidade: a plataforma continental e a possibilidade de extensão desta.

Capítulo 2

A plataforma continental e os desafios da sua extensão

A partir do momento em que se tornou possível fazer o aproveitamento dos recursos naturais, vivos e não vivos, a plataforma continental ganhou crescente importância para o Direito do Mar. Esses recursos, especialmente de hidrocarbonetos, despertaram o interesse dos Estados em estenderem suas jurisdições sobre essa zona marítima.

No entanto, como tais reivindicações por parte dos Estados costeiros estavam além do mar territorial, surgiram algumas importantes questões para o Direito Internacional do Mar, como compreender o que embasava tais reivindicações por recursos situados sob o alto-mar e entender como conciliar tais pretensões com o princípio clássico do Direito Internacional da liberdade dos mares.[133]

2.1 A Proclamação Truman (1945) e os primeiros trabalhos

Em termos geológicos, os continentes estão dispostos de maneira a inclinar-se mar adentro, até se alcançarem as grandes profundidades oceânicas. A plataforma continental é apenas uma dessas áreas submersas, relativamente rasa do fundo do mar adjacente à costa. Como será visto

---

[133] KATIN, Ernest. *The legal status of the continental shelf as determined by the Conventions adopted at the 1958 United Nations Conference on the Law of the Sea: an analytical study of an instance of international law making.* University of Minnesota, 1962, p. 5.

O BRASIL E O DIREITO INTERNACIONAL DO MAR CONTEMPORÂNEO

adiante, a definição geológica da plataforma continental, no entanto, não corresponde ao conceito jurídico disposto na CNUDM.

Daniel P. O'Connell indica que a expressão "plataforma continental" (*continental shelf*) foi cunhada por geógrafos e apareceu pela primeira vez no livro *Realm of Nature*, de H. R. Mill, publicado em 1887. Um dos primeiros formuladores da doutrina no Direito Internacional foi o Almirante argentino Segundo R. Storni, que, por meio de um artigo publicado em 1916, defendeu a ideia de uma plataforma continental e mostrou-se favorável ao conceito de mar epicontinental para o propósito de pesca.[134]

O tema foi apropriado e desenvolvido por outro argentino, José León Suarez, professor da Universidade de Buenos Aires, que enfatizava a importância da plataforma continental – chamada por ele de "meseta continental" – considerada como um novo elemento para o Direito Internacional, embora já de conhecimento da Geografia. As ideias expostas por Suarez reafirmavam uma tendência cada vez mais clara a favor da autonomia da plataforma continental no quadro das questões referentes aos espaços marinhos.[135]

Ainda que reconhecendo a existência de diversas outras menções prévias à plataforma continental antes do término da Segunda Guerra Mundial, o ponto de partida para seu conceito contemporâneo é a Proclamação do Presidente norte-americano Harry Truman.

É o que também pensa o professor português Armando Marques Guedes, afirmando que, embora precedida pela Declaração do Governo Imperial Russo de 1916 e pelo tratado concluído entre Grã-Bretanha e Venezuela, de fevereiro de 1942, que dividiam entre si as áreas submarinas do golfo de Paria,

> [...] é da proclamação Truman e da regulamentação norte-americana subsequente que verdadeiramente data a admissão da *plataforma continental* como figura jurídica autônoma, dotada de estatuto próprio – núcleo de um instituto novo, logo acolhido pela prática internacional.[136]

---

[134] O'CONNELL, *op. cit.*, p. 469.

[135] RANGEL, Vicente Marotta. Le plateau continental dans la Convention de 1982 sur le droit de la mer. *Recueil de Cours*, vol. 194. Dordrecht: Martinus Nijhoff, 1985, p. 278-279.

[136] GUEDES, *op. cit.*, p. 38 (grifos do original).

A Proclamação 2667, de 28 de setembro de 1945, conhecida como Proclamação Truman, declarava o direito que tem o Estado sobre os recursos naturais da plataforma continental. Merece menção o seguinte trecho:

Considerando que o entendimento do governo dos Estados Unidos de que o exercício da jurisdição sobre os recursos naturais do subsolo e do leito marinho da plataforma continental pela nação contígua é razoável e justo, uma vez que a efetividade das medidas para utilizar e conservar esses recursos depende da proteção e cooperação desde o litoral, visto que a plataforma continental pode ser considerada como uma extensão da massa terrestre do Estado costeiro e, por isso, naturalmente lhe pertencendo [...][137].

Em comunicado de imprensa que se seguiu à Proclamação Truman, ficou registrado que a plataforma continental se estendia até uma profundidade 100 braças (cerca de 200 metros)[138].

Para Raimundo Castro, a Proclamação Truman anunciava claramente a sua disposição de defender, como se fossem recursos situados em terra firme, todas as riquezas existentes na plataforma continental estadunidense, que passava, assim, a ter importância estratégica para o país. Dessa maneira, a motivação principal da proclamação norte-americana era de natureza econômica. Além disso, "a *proclamação em apreço traz uma nova política de segurança* para os Estados Unidos, qual seja, a de 'exercer um poder de jurisdição e controle' sobre os recursos naturais da plataforma continental".[139]

A partir da Proclamação Truman, diversos outros Estados latino-americanos fizeram declarações semelhantes, casos do México (1945),

---

[137] UNITED STATES OF AMERICA. *Presidential Proclamation n. 2667*. Tradução do original: *"Whereas it is the view of the Government of the United States that the exercise of jurisdiction over the natural resources of the subsoil and sea bed of the continental shelf by the contiguous nation is reasonable and just, since the effectiveness of measures to utilize or conserve these resources would be contingent upon cooperation and protection from the shore, since the continental shelf may be regarded as an extension of the land-mass of the coastal nation and thus naturally appurtenant to it [...]".*

[138] UNITED STATES OF AMERICA. *Department of State Bulletin*, vol. 13, n. 314-340, jul./dez. 1945, p 485: *"Generally, submerged land which is contiguous to the continent and which is covered by no more than 100 fathoms (600 feet) of water is considered as the continental shelf".*

[139] CASTRO, Raymundo Nonnato Loyola de. Aspectos fundamentais da doutrina brasileira sobre plataforma continental. *Revista Brasileira de Política Internacional*, n. 47/48, set./dez. 1969, p. 22-23 (grifos do original).

Argentina (1946), Chile (1947), Peru (1947), Guatemala (1949), Costa Rica (1949), Honduras (1950), Nicarágua (1950), entre outros. O Brasil também fará declaração semelhante em 1950, analisada no capítulo 5.

Como pondera Ted McDorman, é importante ressaltar que a história do regime internacional da plataforma continental está diretamente associada aos recursos de hidrocarbonetos desde o princípio, visto que o Tratado do Golfo de Paria versava sobre a divisão de campos de petróleo entre Venezuela e Trinidad, e que a Proclamação Truman estava explicitamente ligada à ideia de assegurar de maneira exclusiva aos Estados Unidos a autoridade sobre as atividades de hidrocarbonetos na plataforma continental adjacente a esse país.[140]

Como lembra o Embaixador H. Amerasinghe: "a necessidade não conhece lei, mas pode também servir de impulso à criação de nova lei", e foi exatamente isso o que ocorreu com a plataforma continental[141]. A partir desse momento, o assunto despertou grande debate jurídico, especialmente após a segunda metade dos anos 1940 e o início da década seguinte. Destacam-se os trabalhos dos juristas latino-americanos – J. L. de Azcarrega (*La plataforma submarina y el derecho internacional*, 1952) e T. A. Garaicoa (*La plataforma submarina y la nueva extensión del mar territorial*, 1955) –, do jurista holandês M. W. Mouton (*Continental Shelf,* 1952) e dos franceses Gilbert Gidel (*Le plateau continental*, 1952) e Georges Scelle (*Plateau Continental el Droit International*, 1955). Também associações de internacionalistas, como a *International Bar Association* e a *International Law Association*, convocaram conferências sobre o tema.[142]

Em 1949, a Organização das Nações Unidas (ONU) criou a Comissão de Direito Internacional (CDI) – órgão encarregado do desenvolvimento e da codificação do Direito Internacional – e de maneira quase imediata foi inserida entre seus objetivos a elaboração de uma convenção sobre o Direito do Mar. Dessa maneira, nos anos 1950, a CDI deu grande atenção

---

[140] MCDORMAN, Ted L. The continental shelf beyond 200 nm: law and politics in the Artic Ocean. *Journal of transnational Law & Policy*, vol. 18, n. 2, 2009, p. 162-163.

[141] AMERASINGHE, H. Shirley. The Third United Nations Conference on the Law of the Sea. In: NORDQUIST, Myron (ed.) *United Nations Convention on the Law of the Sea 1982: A Commentary, vol. 1*, p. 1. Tradução do original: *"necessity knows no law but could also provide an impulse to the creation of new law"*

[142] KATIN, *op. cit.*, p. 6.

ao tema do Direito do Mar, considerando diversos aspectos teóricos e científicos, e levando também em consideração a posição dos governos.

Já em 1951, a CDI concluiu primeira versão de um projeto de artigos sobre a plataforma continental. Este trabalho definia a plataforma continental por meio do critério do aproveitamento (*exploitability*), ou seja, considerando que os limites exteriores da plataforma continental deveriam ser determinados pela capacidade de o Estado costeiro aproveitar seus recursos.

Em 1953, a CDI revisou sua definição de plataforma continental, colocando de lado o critério do aproveitamento e privilegiando o critério batimétrico; em outras palavras, a plataforma continental seria definida com base na profundidade das águas[143]. Em 1956, a CDI novamente reconsiderou sua posição, como será analisado no item 2.4 abaixo.

Em maio de 1956, ocorreu a Conferência Especializada Interamericana sobre a Preservação dos Recursos Naturais: Plataforma Submarina e Águas do Mar, sediada em Ciudad Truijilo[144], República Dominicana. Na oportunidade, foi proposta uma nova definição de plataforma continental que, pela primeira vez, combinava os dois critérios utilizados pela CDI – aproveitamento e profundidade das águas:

> 1. El lecho y el subsuelo de la plataforma submarina, zócalo continental e insular u otras áreas submarinas adyacentes al Estado ribereño fuera de la zona del mar territorial y hasta una profundidad de 200 metros o hasta donde la profundidad de las aguas suprayacentes, más allá de este límite, permita la explotación de los recursos naturales del lecho y del subsuelo, pertenecen exclusivamente a dicho Estado y están sujetos a su jurisdicción y control.[145]

Os estudos desenvolvidos pela CDI durante os anos 1950, juntamente com os esforços empreendidos pelos países latino-americanos, exerceram grande influência sobre o debate em torno da definição de plataforma continental. Posteriormente, a CDI foi encarregada pela Assembleia

---

[143] NANDAN, Satya N.; ROSENNE, Shabtai (vol. eds.). *United Nations Convention on the Law of the Sea 1982: A Commentary, vol. II.* Dordrecht: Martinus Nijhoff, 1993, p. 828.

[144] Santo Domingo, capital da República Dominicana, foi chamada de Ciudad Trujillo entre os anos 1930-1961, adotando o nome do ditador da época Rafael Trujillo, durante seus anos de poder.

[145] URUGUAY, *op. cit.*, p. 240.

Geral das Nações Unidas de preparar um projeto de artigos para a futura conferência sobre Direito do Mar. Não apenas o projeto resultante do trabalho, mas também os comentários realizados acerca dele, propiciaram uma base para futuras interpretações de pontos cruciais em discussão. Com o trabalho da CDI concluído, a próxima etapa seria a realização da I Conferência das Nações Unidas sobre o Direito do Mar, a ser realizada em Genebra, em 1958.

2.2 A plataforma continental nas Conferências de Genebra (1958 e 1960)

No capítulo 1, fez-se um breve apanhado das quatro convenções aprovadas ao término da I Conferência de Genebra (1958). Um dos tratados firmados na ocasião versava sobre a plataforma continental, razão pela qual algumas ideias complementares ao exposto sobre o tema serão apresentadas.

Logo no seu artigo 1º, a Convenção sobre a Plataforma Continental (1958) já definiu seu escopo:

> a) O leito do mar e o subsolo das regiões submarinas adjacentes às costas mas situadas fora do mar territorial até uma profundidade de 200 metros ou, para além deste limite, até ao ponto onde a profundidade das águas superjacentes permita a exploração dos recursos naturais das ditas regiões;
> b) O leito do mar e o subsolo das regiões submarinas análogas que são adjacentes às costas das ilhas.[146]

Portanto, a definição de plataforma continental consagrada nesta Convenção não foi baseada exclusivamente em características geológicas ou geomorfológicas. Em vez disso, utilizou-se dos trabalhos da CDI e descreveu-se a plataforma continental em relação à profundidade das águas (200 metros) e à capacidade de aproveitamento dos recursos naturais do leito do mar e do subsolo.[147]

---

[146] Utiliza-se aqui a versão portuguesa da Convenção sobre a Plataforma Continental (1958). É importante destacar uma tradução peculiar de um termo: *exploitability*. De acordo com a versão oficial em inglês deste artigo 1º (a): *"[...] to where the depth of the superjacent waters admits of the exploitation of the natural [...]"*. A versão portuguesa deveria utilizar o substantivo "aproveitamento" ou mesmo "extração" (como no artigo 5º) ao invés de exploração (*exploration*).
[147] Para um aprofundamento desse debate veja-se o item 2.4 abaixo.

Tratava-se de um sistema claramente impreciso, complicado e virtualmente impraticável, já que envolvia, de um lado, uma profundidade específica das águas (200 metros) e, de outro, um critério indefinido de aproveitamento. Dessa forma, os limites exteriores da plataforma continental poderiam ser estendidos à medida que a tecnologia sobre exploração em águas profundas fosse avançando.[148]

Os acontecimentos que se seguiram à I Conferência provaram que o artigo 1º da Convenção de 1958 não era satisfatório por uma série de razões, especialmente em decorrência dos rápidos avanços na tecnologia utilizada para o aproveitamento desses recursos do leito do mar. Tanto o critério da profundidade, como o do aproveitamento, eram considerados imprecisos e inadequados a diversas circunstâncias geográficas.

Posteriormente ao histórico discurso de Arvid Pardo e à receptividade à ideia de que os fundos marinhos, bem como seu subsolo, além dos limites da jurisdição nacional, constituiriam patrimônio comum da humanidade, tornou-se fundamental a definição mais precisa dos limites da jurisdição nacional sobre a plataforma continental.[149]

No tocante aos direitos do Estado costeiro sobre a plataforma continental, o IV Comitê da I Conferência dividiu-se em dois grupos: o dos que eram favoráveis ao conceito de "direitos soberanos" e o dos que sustentavam a tese de que não havia propriamente soberania do Estado costeiro sobre a plataforma, mas sim "direito de jurisdição e controle", como constava da Proclamação Truman. O primeiro grupo saiu vitorioso, e a Convenção sobre a Plataforma Continental (1958), no seu artigo 2º, consagrou a expressão "direitos soberanos", ou seja, atribuiu ao Estado costeiro direitos exclusivos de exploração e de utilização dos recursos naturais da plataforma continental.[150]

Como a II Conferência – realizada pouco mais de dois anos depois, novamente, em Genebra – teve uma agenda de trabalho muito menor do que a I Conferência, e a Convenção sobre a Plataforma Continental

---

[148] HODGSON, Robert D.; SMITH, Robert W. The Informal Single Negotiating Text (Committee II): A Geographical Perspective, *Ocean Development & International Law*, vol. 3, n. 3, 1976, p. 253.

[149] NANDAN; ROSENNE, *op. cit.*, p. 829.

[150] CASTRO, *op. cit.*, p. 25.

$(1958)^{151}$ já tinha alguns Estados signatários, o assunto da plataforma continental não foi tratado durante a cúpula de 1960.

2.3 A plataforma continental na jurisprudência da Corte Internacional de Justiça (CIJ) e nas resoluções da Assembleia Geral da ONU

A jurisprudência da Corte Internacional de Justiça exerce importante papel no Direito Internacional. Em diversas oportunidades, a CIJ foi procurada para solucionar difíceis questões de limites sobre vastas áreas dos oceanos.

A primeira oportunidade em que CIJ teve que considerar o conceito de plataforma continental disposto na Convenção de 1958 foi nos casos da "Plataforma Continental do Mar do Norte" (República Federal da Alemanha *vs.* Dinamarca e República Federal da Alemanha *vs.* Países Baixos), julgados conjuntamente a partir de 1967, com decisão prolatada em 20 de fevereiro de 1969.

Nos casos mencionados, a CIJ foi compelida a estabelecer os limites da plataforma continental no Mar do Norte entre os três países. Havia, no entanto, uma importante questão prévia a ser examinada pela Corte: apenas a Dinamarca e os Países Baixos já tinham ratificado a Convenção de 1958, enquanto a Alemanha, por não ser parte desta convenção, rejeitava a aplicação do artigo 6º– princípio da equidistância –, mesmo como Direito Internacional Consuetudinário[152]. Assim, a Alemanha sustentava que a

---

[151] A Convenção sobre a Plataforma Continental (1958) entraria em vigor internacional em 10 de junho de 1964. Tecnicamente, ainda em vigor para aqueles Estados-partes membros desta e não signatários da CNUDM.

[152] Artigo 6.1 da Convenção sobre a Plataforma Continental (1958): "No caso de uma mesma plataforma continental ser adjacente aos territórios de dois ou vários Estados cujas costas são opostas, o limite da plataforma continental entre estes Estados será determinado por acordo entre eles. Na falta de acordo e a menos que circunstâncias especiais justifiquem outra delimitação, esta será constituída pela linha mediana em que todos os pontos são equidistantes dos pontos mais aproximados das linhas de base a partir das quais é medida a largura do mar territorial de cada um dos Estados. 2. No caso em que a mesma plataforma continental é adjacente aos territórios de dois Estados limítrofes, a delimitação da plataforma continental é determinada por acordo entre eles. Na falta de acordo e a menos que circunstâncias especiais justifiquem outra delimitação, esta far-se-á pelo princípio da equidistância dos pontos mais próximos das linhas de base a partir das quais é medida a largura do mar territorial de cada Estado. 3. Ao delimitar a plataforma continental, toda a linha de demarcação estabelecida de acordo com os princípios mencionados nos parágrafos 1º e 2º do presente artigo deveria ser definida por referência às cartas e às características geográficas existentes numa dada data e deveria ser feita menção de pontos de referência permanentes e fixos à terra".

delimitação da plataforma deveria utilizar-se do princípio de que cada Estado costeiro ficaria com uma "porção justa e equitativa" da plataforma.

Por onze votos contra seis, a CIJ rejeitou a alegação da Dinamarca e dos Países Baixos de que as delimitações deveriam ser realizadas com a utilização do princípio da equidistância, definido no artigo 6º da Convenção de 1958, já que: i) a Alemanha ainda não havia ratificado a Convenção sobre a Plataforma Continental e, portanto, não se encontrava legalmente obrigada pelas disposições do artigo 6º; e, ii) o princípio da equidistância não era uma consequência do conceito geral dos direitos sobre a plataforma continental, tampouco constituía uma norma de Direito Internacional Consuetudinário.

Por outro lado, a CIJ também rechaçou as alegações da Alemanha, que pretendia que fosse reconhecido o princípio da distribuição da plataforma continental em partes justas e equitativas. A Corte entendeu que cada uma das Partes tinha um direito inerente àquelas zonas da plataforma continental que constituíam o prolongamento natural dentro do mar e abaixo dele. Para a CIJ, não se tratava de distribuir ou repartir essas zonas, mas de delimitá-las.

Por fim, a Corte resolveu que as linhas de delimitação deveriam ser traçadas por acordo entre as Partes com base no princípio da equidade, e indicou determinados fatores que deveriam ser levados em consideração para se alcançar tal fim. Caberia, portanto, às Partes conduzir suas negociações com fulcro nesse princípio, como já haviam concordado em fazer.[153]

A decisão da CIJ procurou definir a área em termos legais e rejeitar a visão de que a plataforma continental deveria ser considerada como uma projeção lateral da linha costeira até uma determinada profundidade, ou mesmo até um ponto indeterminado de exploração e extração, como definido pelo artigo 1º da Convenção de 1958. A CIJ referiu-se à plataforma continental como "prolongamento natural" do domínio terrestre do Estado costeiro e considerou-o como uma continuação do domínio terrestre sob o mar, de forma que a plataforma continental é atualmente parte do território sobre o qual o Estado costeiro já detém domínio.[154]

---

[153] *North Sea Continental Shelf Cases (Federal Republic of Germany v. Denmark; Federal Republic of Germany v. The Netherlands)* ICJ Report 1969. Judgment of 20 February 1969.
[154] *Ibidem*, §39.

Como visto, a CIJ rejeitou a aplicação do artigo 6º da Convenção de 1958 no caso concreto e adicionou que "a validade dessa delimitação deve ser procurada em outras fontes de direito"[155]. A Corte, então, aplicou o princípio da equidade, como reflete o seguinte excerto:

> (1) a delimitação deve ser realizada por acordo, em conformidade com princípios equitativos, e levando em consideração todas as circunstâncias relevantes, de maneira a deixar tanto quanto possível para cada Estado todas as partes da plataforma continental que constituam um prolongamento natural de seu território terrestre sob o mar, sem prejuízo para o prolongamento natural do território terrestre do outro;
> (2) se, na aplicação do subparágrafo anterior, a delimitação deixar aos Estados áreas que se sobrepõem, estas serão divididas entre eles em proporções acordadas ou, na ausência de acordo, em partes iguais, a menos que estes escolham um regime de jurisdição conjunta, de uso ou de aproveitamento das zonas sobrepostas ou de qualquer parte destas.[156]

A noção de prolongamento natural utilizada pela CIJ no caso também serviu para aproximar as definições jurídica e geológica da plataforma continental. Ainda que a importância da noção de prolongamento natural da maneira como foi elaborada nos casos da "Plataforma Continental do Mar do Norte" tenha perdido importância nos anos subsequentes, o pronunciamento da Corte continua tendo grande influência quanto a alguns aspectos mencionados na decisão: configuração da costa, recursos presentes na plataforma e, de maneira especial, em relação ao princípio da proporcionalidade, que foi considerado fundamental para alcançar a delimitação de acordo com princípios equitativos.[157]

---

[155] *Ibidem.* Tradução do original: *"the validity of this delimitation must be therefore be sought in some other sources of law"* (§ 36).

[156] *Ibidem.* Tradução do original: *"(1) delimitation is to be effected by agreement in accordance with equitable principles, and taking account of all the relevant circumstances, in such a way as to leave as much as possible to each Party all those parts of the continental shelf that constitute a natural prolongation of its land territory into and under the sea, without encroachment on the natural prolongation of the land territory of the other; (2) if, in the application of the preceding sub-paragraph, the delimitation leaves to the Parties areas that overlap, these are to be divided between them in agreed proportions or, failing agreement, equally, unless they decide on a regime of joint jurisdiction, user, or exploitation for the zones of overlap or any part of them"* (§ 101).

[157] WALLACE, Michael (org.). *International boundary cases: the continental shelf,* vol. 1. Cambridge: Grotius Publications, 1992, p. 12-15.

Outros casos julgados pela CIJ versando sobre a plataforma continental: Reino Unido *vs.* França (1977), Tunísia *vs.* Líbia (1982), Canadá *vs.* Estados Unidos: o caso do Golfo do Maine (1984), Guiné *vs.* Guiné-Bissau (1985) e Líbia *vs.* Malta (1985).

O caso Líbia *vs.* Malta também é um marco importante nos estudos sobre a plataforma continental, na medida em que foi julgado pela CIJ em um cenário diferente, depois da aprovação da CNUDM (1982) – que trazia um novo conceito de plataforma continental, baseado nos critérios da distância e em critérios geomorfológicos –, mas antes da entrada em vigor do tratado no plano internacional.

Nesta decisão, a CIJ adicionou um novo elemento à regra baseada no prolongamento natural. Uma espécie de conceito "latente" de distância alcançou a condição de elemento complementar à configuração do direito à plataforma continental de 200 milhas marítimas, que havia sido fixado pela CNUDM[158]. Na oportunidade, a CIJ não hesitou em afirmar que "os conceitos de prolongamento natural e distância não são, portanto, opostos, mas complementares; e ambos continuam sendo elementos essenciais no conceito jurídico de plataforma continental".[159]

No entanto, tal concepção de prolongamento natural foi gradualmente perdendo sua importância, ainda que esteja consagrada no artigo 76 da CNUDM como um princípio central para a plataforma continental dentro do limite das 200 milhas marítimas. Isso porque a distância de 200 milhas marítimas não tem nenhuma relação direta ou indireta com aspectos geológicos e geomorfológicos do leito marinho e subsolo da plataforma continental, isto é, não existe nenhuma característica geofísica da plataforma continental ligada à distância de 200 milhas marítimas.[160]

O impacto da decisão da CIJ foi tamanho que a tendência pós-1985 passou a ser de desconsiderar todos os outros elementos dentro do limite das 200 milhas, o que levou David Colson a afirmar que a decisão do "caso

---

[158] LILJE-JENSEN, Jorgen; THAMSBORG, Milan. The role of natural prolongation in relation to shelf delimitation beyond 200 nautical miles. *Nordic Journal of International Law*, vol. 64, 1995, p. 621-622.

[159] *Case Concerning the Continental Shelf (Libyan Arab Jamahiriya/Malta)*. ICJ Report 1985. Judgment of 3 June 1985. Tradução do original: *"The concepts of natural prolongation and distance are therefore not opposed but complementary; and both remain essential elements in the juridical concept of the continental shelf"* (§35).

[160] LILJE-JENSEN; THAMSBORG, *op. cit.*, p. 622.

O BRASIL E O DIREITO INTERNACIONAL DO MAR CONTEMPORÂNEO

Líbia *vs.* Malta marcou um significativo ponto de virada. O prolongamento natural em seu aspecto físico, para todos os propósitos práticos, estava morto. Equidistância passou a ser entendido como um método útil em um sentido procedimental".[161]

A Assembleia Geral das Nações Unidas, por meio de resoluções, também se posicionou sobre temas ligados ao Direito do Mar. A atividade da AGNU nesta área pode ser dividida em quatro marcos temporais:

(i) da fundação da ONU (1945) até a II Conferência (1960) – foram oito resoluções: 374 (IV), 798 (VIII), 899 (IX), 900 (IX), 1105 (XI), 1306 (XIII), 1307 (XIII) e 1453 (XIV). Somente a 899, de 14 de dezembro de 1954, aprovando o texto preparado pela Comissão de Direito Internacional sobre a plataforma continental, para a I Conferência, menciona este espaço do mar.

(ii) o período entre 1967 e 1973 é um dos mais produtivos, já que inclui diversas resoluções aprovadas pelo Comitê dos Fundos Marinhos. Neste período foram aprovadas as seguintes: 2340 (XXII), 2467 (XXIII), 2574 (XXIV), 2749 (XXV), 2750 (XXV), 2881 (XXVI), 3029 (XXVII) e 3067 (XXVIII).

(iii) já o terceiro período (1974-1982) engloba aquelas resoluções adotadas pela AGNU durante os anos de trabalho da III Conferência: 3334 (XXIX), 3483 (XXX), 31/63, 32/194, 33/17, 34/20, 35/116, 36/79 e 37/66.

(iv) o quarto período abrange as resoluções aprovadas pela AGNU após o encerramento da III Conferência (1983-2012): 38/59, 46/215, 47/192, 47/443, 48/28, 48/194, 48/445, 48/263, 49/28, 49/121, 49/116, 49/118, 49/436, 50/23, 50/24, 50/25, 51/34, 51/35, 51/36, 52/26, 52/27, 52/28, 52/29, 53/32, 53/33, 54/31, 54/32, 54/33, 55/7, 55/8, 56/12, 56/13, 57/33, 57/141, 57/142, 57/143, 58/14, 58/240, 59/24, 59/25, 60/30, 60/31, 61/105, 61/222, 62/177, 62/215, 63/111, 63/112, 64/71, 64/72, 65/38, 65/37A, 65/37B, 66/68, 66/321, 67/5, 67/78 e 67/79.

Essas resoluções e decisões adotadas pela AGNU ao longo de mais de sessenta anos abrangem uma série de temas sobre o Direito do Mar, em diversas fases evolutivas. Obviamente, nem todas têm valor histórico e jurídico igual.

---

[161] COLSON, David A. The delimitation of the outer continental shelf between neighboring States. *The American Journal of International Law*, vol. 97, 2003, p. 101. Tradução do original: *"The Libya-Malta case marked a significant turning point. Natural prolongation in a physical sense, for all practical purposes, was dead. Equidistance was understood to be a useful method in a procedural sense".*

2.4 A plataforma continental: entre o geológico e o jurídico

Como visto no princípio do presente capítulo, uma ideia mais concreta de plataforma continental começava a tomar forma em meados da década de 1940, especialmente com a Proclamação Truman. Nesse ato unilateral dos Estados Unidos, complementado por uma declaração posterior, ficou consignado que tal espaço marítimo abrangia uma área com profundidade de 200 metros.

Também foi analisado previamente que a definição de plataforma continental fixada no artigo 1º da Convenção sobre a Plataforma Continental (1958) trazia um duplo critério para a delimitação da plataforma continental: 200 de profundidade (critério batimétrico) *ou* até o ponto onde a profundidade das águas permita a exploração dos recursos naturais (critério do aproveitamento). A definição de plataforma continental trazida pela Convenção de 1958 – e, seguindo essa mesma lógica, também o artigo 76 da CNUDM – não traz, portanto, um conceito geológico ou geomorfológico "puro", mas jurídico, ainda que partindo de um paradigma científico.

O desafio imposto em conciliar um conceito geológico e uma definição jurídica foi reconhecido pela Comissão de Direito Internacional em 1956, quando dos trabalhos preparatórios para a I Conferência das Nações Unidas sobre o Direito do Mar. Nos termos da proposta apresenta pela CDI em 1956, o artigo 67, acerca da plataforma continental, tinha a seguinte redação:

> Artigo 67
>
> Para os fins dos presentes artigos a expressão "plataforma continental" é utilizada para designar o leito do mar e o subsolo das regiões submarinas adjacentes às costas, mas situadas fora do mar territorial até uma profundidade de 200 metros (aproximadamente 100 braças), ou, além desse limite, até o ponto onde a profundidade das águas superjacentes permita o aproveitamento dos recursos naturais das ditas regiões.[162]

---

[162] INTERNATIONAL LAW COMMISSION. Report of the International Law Commission covering the work of its eighth session (A/3159). *Yearbook of the International Law Commission*, vol. II, 1956, p. 296. Tradução do original: *"Article 67. For the purposes of these articles, the term "continental shelf" is used as referring to the seabed and subsoil of the submarine areas adjacent to the coast but outside the area of the territorial sea, to a depth of 200 metres (approximately 100 fathoms), or, beyond that limit, to where the depth of the superjacent waters admits of the exploitation of the natural resources of the said area".*

Além da proposta do artigo, os membros da CDI fizeram diversos comentários sobre essa redação. Inicialmente, foi lembrado que na primeira definição de plataforma continental, formulada pela CDI em 1951, não constava o critério da profundidade de duzentos metros[163]. No entanto, essa posição – utilizando somente o critério do aproveitamento – foi reconsiderada em 1953, quando a CDI adotou o critério da profundidade de duzentos metros em seu detrimento.

Em 1956, a CDI novamente reconsiderou sua posição. Citando a Declaração aprovada em Ciudad Trujillo daquele mesmo ano, os membros da CDI optaram por combinar os dois critérios, e a redação final ficou consagrada no artigo 67 supracitado. No entanto, nos mesmos comentários ao artigo 67, os membros da CDI reconheceram:

> [...] (5) o sentido em que o termo "plataforma continental" é utilizado parte, em certa medida, do conceito geológico do termo. O uso variável do termo pelos cientistas é em si mesmo um obstáculo para a adoção de um conceito geológico como base jurídica para a regulamentação do problema.
>
> (6) Há ainda outro motivo para que a Comissão decida não aderir ao conceito estritamente geológico da plataforma continental. O simples fato de que a existência de uma plataforma continental no sentido geológico possa ser questionado em relação às áreas submarinas onde a profundidade das águas, entretanto, possibilite o aproveitamento do subsolo da mesma maneira como se fosse plataforma continental, não pode justificar a aplicação de um regime jurídico discriminatório para essas regiões.
>
> (7) Ao mesmo tempo em que em certa medida utiliza-se do teste geográfico para "plataforma continental" como base para uma definição legal do termo, a Comissão, portanto, de forma alguma sustenta que a existência da plataforma continental, no sentido geográfico em que é que geralmente entendida, é fundamental para o exercício de direitos do Estado costeiro.[164]

---

[163] Na oportunidade a plataforma continental foi definida como: *"the seabed and subsoil of the submarine areas contiguous to the coast, but outside the area of territorial waters, where the depth of the superjacent waters admits of the exploitation of the natural resources of the seabed and subsoil"*.

[164] INTERNATIONAL LAW COMMISSION. *Report of the International Law Commission covering the work of its eighth session (A/3159)*, p. 297. Tradução do original: *"[...] (5) The sense in which the term 'continental shelf' is used departs to some extent from the geological concept of the term. The varied use of the term by scientists is in itself an obstacle to the adoption of the geological concept as a basis for legal regulation of this problem. (6) There was yet another reason why the Commission decided not to adhere strictly to the geological concept of the continental shelf. The mere fact that the*

A PLATAFORMA CONTINENTAL E OS DESAFIOS DA SUA EXTENSÃO

Em razão da discrepância apontada pela CDI entre o conceito geológico de plataforma continental e o conceito utilizado no artigo 67, eminentemente jurídico, foi considerada também a possibilidade de adoção de um novo termo, o que, no entanto, não foi aprovado, pois a maioria dos membros entendia que o termo "plataforma continental" já era de uso corrente. Todavia, a CDI "considerou que algum distanciamento do significado geológico do termo 'plataforma continental' era justificado".[165]

Além dos trabalhos da CDI – ou mesmo em razão das dificuldades encontradas pela Comissão em torno do conceito de plataforma continental –, a ONU solicitou, em abril de 1957, que também a UNESCO preparasse um documento de trabalho para a I Conferência. O trabalho, intitulado *Scientific Considerations Relating to the Continental Shelf*, é o documento preparatório n. 2 da I Conferência, constando entre os registros oficiais do encontro de Genebra de 1958.[166]

Por meio dele[167], reconhece-se, entre outros aspectos, que

> [...] é incontestável que o conceito de plataforma continental corresponde a uma característica corrente. Como regra geral, existe de fato uma zona rasa submersa ao longo do limite dos continentes, da qual o declive é acentuadamente menos íngreme do que mais adiante, em direção aos fundos marinhos [...] a linha de profundidade de 200 metros será entendida como margem. Parece, portanto, de acordo com esses dados, que o limite tradicional de 200 metros é muito profundo, pelo menos, na média[168].

---

existence of a continental shelf in the geological sense might be questioned in regard to submarine areas where the depth of the sea would nevertheless permit of exploitation of the subsoil in the same way as if there were a continental shelf, could not justify the application of a discriminatory legal régime to these regions. (7) While adopting, to a certain extent, the geographical test for the 'continental shelf' as the basis of the juridical definition of the term, the Commission therefore in no way holds that the existence of a continental shelf, in the geographical sense as generally understood, is essential for the exercise of the rights of the coastal State".

[165] *Idem.* Tradução do original: *"[...] considered that some departure from the geological meaning of the term 'continental shelf' was justified".*

[166] UNITED NATIONS. *United Nations Conference on the Law of the Sea – Official Records, vol. I: preparatory documents.* New York: United Nations, [s.d.].

[167] Documento A/CONF.13/2 and Add. 1. *Scientific considerations relating to the continental shelf – memorandum by the Secretariat of the United Nations Educational, Scientific and Cultural Organization* (preparatory document n. 2). *Ibidem*, p. 39-45.

[168] *Ibidem*, p. 40. Tradução do original: *"[...] it is incontestable that the concept of continental shelf corresponds to a real feature. As a general rule, there exists in fact a shallowly submerged zone along the*

No entanto, os cientistas concordaram, em razão dos diferentes perfis geológicos dos continentes, que os juristas têm a difícil tarefa de conceituar plataforma continental:

> Concluindo, os problemas que os juristas enfrentarão serão frequentemente complicados e muito difíceis de resolver, devido à grande variedade de casos particulares que se apresentam. A natureza não se presta – de fato, está longe mesmo de se prestar – a uma classificação e definição de linhas de fronteiras estritas como deseja o homem, e é por isso que algumas das questões levantadas neste documento foram deixadas em aberto.[169]

Em outras palavras, com a impossibilidade técnico-científica de fixar os limites estritos para as zonas submersas – plataforma continental, talude e elevação continentais –, os negociadores da I Conferência optaram por uma redação do artigo 1º, item 1 da Convenção sobre a Plataforma Continental que se utilizou de um duplo critério para que pudesse satisfazer diferentes grupos de interesses. Assim, a redação final dispôs que "[o] leito do mar e o subsolo das regiões submarinas adjacentes às costas, mas situadas fora do mar territorial até uma profundidade de 200 metros ou, para além deste limite, até ao ponto onde a profundidade das águas superjacentes permita a exploração dos recursos naturais das ditas regiões".

O duplo critério utilizado nessa definição, passados poucos anos, já era alvo de duras críticas por parte de diversos Estados-membros das Nações Unidas. A oposição ficou explicitada na Resolução 2574A (XXIV) da Assembleia Geral da ONU, de 15 de dezembro de 1969, dispondo que:

> [...] a definição de plataforma continental contida na Convenção sobre a Plataforma Continental de 29 de abril de 1958 não define com precisão suficiente os limites da área sobre a qual o Estado costeiro exercita direitos soberanos

---

edge of continents, of which the mean slope is markedly less steep than beyond, leading to the deep-sea floor. [...] the depthline of 200 metres will be retained as the margin. It appears therefore, according to these data, that the traditional limit of 200 metres is too deep, at least for an average".

[169] *Ibidem*, p. 45. Tradução do original: *"In conclusion, the problems which the jurists will be facing will often be very complicated and very difficult to solve because a great variety of particular cases will be encountered. Nature does not lend itself — in fact, it is very far from lending itself—to classification and to definition of strict borderlines as desired by man, and that is why some of the questions raised in this paper have been left open".*

para os fins de exploração e aproveitamento dos recursos naturais, e o Direito Internacional Consuetudinário sobre o assunto é impreciso.[170]

A necessidade de se estabelecerem contornos claros para os limites da plataforma continental tornou-se ainda mais relevante depois que a Assembleia Geral das Nações Unidas adotou em 1970 a histórica "Declaração de Princípios que Regulam os Fundos Marinhos e Oceânicos e seu Subsolo Além dos Limites da Jurisdição Nacional", por meio da Resolução 2749 (XXV) da AGNU, de 17 de dezembro de 1970.

Por meio dela, ficou consagrado, *inter alia*, que "os fundos marinhos e oceânicos e seu subsolo além dos limites da jurisdição nacional (mais adiante denominados Área), assim como os recursos da Área, são patrimônio comum da humanidade". Como o conceito de patrimônio comum da humanidade é residual, ou seja, toda parte dos fundos marinhos e oceânicos e seu subsolo além dos limites da jurisdição nacional, a III Conferência teria que definir o que estaria sob a jurisdição dos Estados costeiros.

Portanto, à medida que uma série de avanços tecnológicos era alcançada, a disposição sobre o limite externo baseado na isóbara de 200 metros e na capacidade de aproveitamento foi considerada obsoleta. Como visto, tal entendimento foi inclusive reconhecido pela CIJ e também pela AGNU. Todavia, estabelecer uma nova definição para a plataforma continental não seria tarefa fácil.

2.5 Os trabalhos preparatórios no Comitê dos Fundos Marinhos: debates em torno do novo conceito de plataforma continental

A insatisfação em torno do conceito de plataforma continental que vinha sendo manifestada pelos Estados com a aprovação das citadas resoluções da AGNU, e fruto também de decisões judiciais da Corte Internacional de Justiça, encontraria eco nos trabalhos preparatórios do Comitê dos Fundos Marinhos.

---

[170] Tradução do original: *"[...] the definition of the continental shelf contained in the Convention on the Continental Shelf of 29 April 1958 does not define with sufficient precision the limits of the area over which a coastal State exercises sovereign rights for the purpose of exploration and exploitation of natural resources, and that customary international law on the subject is inconclusive".*

Novamente, foram os países latino-americanos que propuseram e deram um passo adiante rumo a um novo conceito de plataforma continental. Nos termos da proposta apresentada pela Colômbia, México e Venezuela:

O termo "plataforma continental" significa:
(a) o leito e o subsolo das áreas submarinas adjacentes à costa, mas fora da área do mar territorial, até os limites exteriores da elevação continental na borda da bacia oceânica ou fundos abissais;
(b) O leito e o subsolo das regiões submarinas análogas adjacentes às costas das ilhas.[171]

A União Soviética também fez uma proposta sobre os dispositivos básicos para uma nova definição de plataforma continental, com uma importante novidade em relação à Convenção de 1958, já que se utilizava de um duplo critério distinto: batimétrico (500 metros) e distância (100 milhas marítimas):

1. O limite exterior da plataforma continental pode ser estabelecido pelo Estado costeiro dentro da isóbara de 500 metros.
2. Nas áreas em que a isóbara de 500 metros mencionada no parágrafo 1º esteja situada a uma distância inferior a 100 milhas marítimas medidas das linhas de base a partir das quais se mede a largura do mar territorial, o limite exterior da plataforma continental pode ser estabelecido pelo Estado costeiro por uma linha em que cada um dos pontos fica a uma distância do ponto mais próximo das linhas de base não ultrapassando 100 milhas marítimas.
3. Nas áreas em que não há plataforma continental, o Estado costeiro pode ter o mesmo direito em relação ao leito do mar como em relação à plataforma continental, dentro dos limites previstos no parágrafo 2º. O limite exterior não deve ultrapassar a isóbara de 500 metros. Nos locais em que o Estado costeiro tenha uma plataforma continental estreita ou não tenha plataforma

---

[171] UNITED NATIONS. *Report of the Committee on the Peaceful Uses of the Sea-bed and the Ocean Floor Beyond the Limits of National Jurisdiction, vol. III*. New York: United Nations, 1973, p. 19-21, originalmente documento: A/AC.138/SC.II/L.21. Tradução do original: *"The term "continental shelf" means: (a) The sea-bed and subsoil of the submarine areas adjacent to the coast, but outside the area of the territorial sea, to the outer limits of the continental rise bordering on the ocean basin or abyssal floor; (b) The sea-bed and subsoil of analogous submarine regions adjacent to the coasts of islands"*.

continental, os mesmos direitos seriam aplicados ao leito marinho, até uma distância máxima de 100 milhas marítimas.[172]

É interessante destacar, ainda, a proposta conjunta da Austrália e Noruega, a qual definia plataforma continental com base em um critério de zona econômica e se referia ao "prolongamento natural" do território terrestre, propiciando que o Estado costeiro pudesse ampliá-la até o "bordo exterior da margem continental":[173]

O Estado costeiro tem o direito de reter, nos locais em que o prolongamento natural de sua massa territorial estende-se além da (zona econômica-mar patrimonial) os direitos soberanos em relação ao leito e seu subsolo marinho que tinha sob o direito internacional antes da entrada em vigor dessa convenção; tais direitos não se estendem além do bordo exterior da margem continental.[174]

Ainda dentro dos trabalhos do Comitê dos Fundos Marinhos merece destaque a proposta da Argentina, referindo a um duplo critério – geomorfológico e distância – ao dispor que:

A plataforma continental compreende o leito e o subsolo das áreas submarinas adjacentes ao território do Estado mas fora da área do mar territorial, até o limite do bordo inferior exterior da margem continental junto às planícies

---

[172] *Ibidem*, p. 29, originalmente documento: A/AC.138/SC.II/L.26. Tradução original: *"1. The outer limit of the continental shelf may be established by the coastal State within the 500-metre isobath. 2. In areas where the 500-metre isobath referred to in paragraph 1 hereof is situated at a distance less than 100 nautical miles measured from the baselines from which the territorial sea is measured, the outer limit of the continental shelf may be established by the coastal State by a line every point of which is at a distance from the nearest point of the said baselines not exceeding 100 nautical miles. 3. In areas where there is no continental shelf, the coastal State may have the same rights in respect of the sea-bed as in respect of the continental shelf, within the limits provided for in paragraph 2 hereof. The maximum outer limit was to be the 500-meter isobaths. Where a coastal State had a narrow continental shelf or no continental shelf, the same rights would apply to the seabed, to a maximum distance of 100 nautical miles".*

[173] NANDAN; ROSENNE, *op. cit.*, p. 843.

[174] UNITED NATIONS, *Report of the Committee...*, originalmente documento: A/AC.138/SC.II/L.36. Tradução do original: *"The coastal State has the right to retain, where the natural prolongation of its land mass extends beyond the (economic zone-patrimonial sea), the sovereign rights with respect to that area of the sea-bed and the subsoil thereof which it had under international law before the entry into force of this convention: such rights do not extend beyond the outer edge of the continental margin".*

O BRASIL E O DIREITO INTERNACIONAL DO MAR CONTEMPORÂNEO

abissais ou, quando o bordo estiver a uma distância inferior a 200 milhas da costa, até essa distância.[175]

Estas foram apenas algumas das propostas desenvolvidas no âmbito do Comitê dos Fundos Marinhos, mas, como visto no capítulo anterior, o Comitê falhou na sua missão de preparar um texto preparatório para a III Conferência. No entanto, os debates em torno de uma nova definição de plataforma continental seriam retomados pela III Conferência, aproveitando as discussões efetuadas no Comitê dos Fundos Marinhos.

2.6 A plataforma continental na III Conferência: debates e trabalhos preparatórios

Praticamente todos concordavam que a definição de plataforma continental da Convenção de 1958 fora suplantada pelo tempo e pelos avanços tecnológicos empreendidos, e que uma nova definição jurídica para a plataforma continental era necessária.[176]

Já na segunda sessão da III Conferência (1974), os debates sobre a plataforma continental no âmbito das sessões plenárias e do Segundo Comitê se concentraram na definição de plataforma continental dentro de um contexto de uma convenção unificada sobre o Direito do Mar. Tornou-se claro que a nova definição da plataforma continental teria que equilibrar as visões de diversos grupos de interesses: Estados com plataformas estreitas, ou mesmo sem plataforma continental, e Estados com plataformas amplas, que apregoavam direitos adquiridos em razão da Convenção de 1958. Além destes, alguns Estados eram favoráveis a que os limites exteriores da plataforma continental fossem fixados em uma distância pré-fixada. Por outro lado, outros eram partidários de que os limites fossem baseados no prolongamento natural do território do Estado costeiro.[177]

---

[175] *Ibidem*, p. 78-81, originalmente documento: A/AC.138/SC.II/L.37 and Corr. 1. Tradução do original: *"The continental shelf comprises the bed and subsoil of the submarine areas adjacent to the territory of the State but outside the area of the territorial sea, up to the outer lower edge of the continental margin which adjoins the abyssal plains or, when that edge is at a distance of less than 200 miles from the coast, up to that distance".*

[176] SMITH, Robert W.; TAFT, George. Legal Aspects of the Continental Shelf. In: COOK, Peter J.; CARLETON, Chris M. *Continental Shelf Limits: the scientific and legal interface*. Oxford: Oxford University Press, 2000, p. 18.

[177] NANDAN; ROSENNE, *op. cit.*, p. 831.

Havia, também, o grupo de países que davam suporte à ideia de que o leito do mar e subsolo, além dos limites da jurisdição nacional, bem como os recursos ali presentes, eram patrimônio comum da humanidade – em conformidade com a Declaração de Princípios da Resolução 2749 (XXV), de 17 de dezembro de 1970 – e que resistiam às tentativas de expansão da jurisdição nacional por parte dos Estados costeiros, já que implicaria a redução da área a ser considerada patrimônio comum da humanidade.[178]

Não fosse isso suficiente, as negociações ficariam mais complicadas com a introdução do conceito de zona de jurisdição exclusiva além dos limites do mar territorial – que se tornaria a zona econômica exclusiva (ZEE). Algumas incertezas surgiram sobre a relação entre este conceito nascente e o regime da plataforma continental. As questões originaram-se da necessidade de manterem-se os dispositivos pertinentes à plataforma continental em separado, uma vez aceito o conceito de zona econômica exclusiva, ou se direitos relativos à plataforma continental deveriam ser absorvidos dentro do conceito de ZEE[179]. De um lado, um grupo de Estados desejava manter suas reivindicações por uma plataforma continental além das 200 milhas marítimas da zona econômica exclusiva[180]. Do outro, distinto conjunto de Estados sustentava que a extensão da jurisdição do Estado costeiro deveria ser limitada a no máximo 200 milhas marítimas das linhas de base.[181]

---

[178] *Idem.*

[179] *Idem.*

[180] Por exemplo, a posição do delegado da Venezuela Carpio Castillo: *"[...] his delegation agreed with the basic idea set forth in that text to the effect that the establishment of an exclusive economic zone did not preclude the concept of a continental shelf, which was embodied in conventional and customary international law. [...] As a natural prolongation of the continental and island territory of the coastal State, the continental shelf was a geographical and geological reality that should be reflected in the new definition of the concept".* 18th meeting Second Session – Second Committee (29 July 1974). UNITED NATIONS. *Third United Nations Conference on the Law of the Sea: Official Records, vol. II (Caracas, 20 June to 29 August 1974).* New York: United Nations, 1975, p. 152.

[181] Refletindo essa segunda posição, por exemplo, a manifestação do delegado do Japão, Ogiso: *"[...] his delegation therefore believed that the limits of the continental shelf or the coastal sea-bed area in which the coastal State exercised sovereign rights for the purpose of exploration and exploitation of non-living resources should be clearly defined in accordance with the criterion of distance. The coastal State should be able to choose that distance freely within a limit not exceeding 200 nautical miles".* 17th meeting Second Session – Second Committee (26 July 1974), UNITED NATIONS, *Third United Nations Conference... vol. II,* p. 147-148.

O primeiro texto negocial da III Conferência, o ISNT, surgido em 1975, já trazia uma nova definição de plataforma continental:

Artigo 62

A plataforma continental de um Estado costeiro compreende o leito e o subsolo das áreas submarinas que se estendem além do seu mar territorial, em toda a extensão do prolongamento natural do seu território terrestre, até ao bordo exterior da margem continental ou até uma distância de 200 milhas marítimas das linhas de base a partir das quais se mede a largura do mar territorial, nos casos em que o bordo exterior da margem continental não atinja essa distância.[182]

A fórmula incorporava tanto o critério geomorfológico, quanto o critério da distância. Adotava o conceito de plataforma continental como o prolongamento natural do território terrestre até o bordo exterior da margem continental. Nos lugares em que esta não se estendesse até as 200 milhas, a plataforma continental do Estado costeiro seria considerada até essa distância, independentemente das considerações geomorfológicas. Todavia, o "bordo exterior da margem continental" não estava definido, tampouco havia qualquer indicação em como seria delimitado, sendo deixado o assunto para as futuras sessões da Conferência.[183]

Na quarta sessão (1976), na discussão artigo-por-artigo do ISNT dentro do Segundo Comitê, a Áustria apresentou a seguinte proposta para a plataforma continental: "O leito e o subsolo das áreas submarinas adjacentes à costa, mas situadas fora do mar territorial até uma profundidade de 500 metros ou até uma distância de 200 milhas marítimas das linhas de base a partir das quais se mede o mar territorial, o que for mais distante

---

[182] PLATZÖDER, Renate (ed.). *Third United Nations Conference on the Law of the Sea: documents, vol. I*. Dobbs Ferry: Oceana Publications, 1982, p. 30-31. Tradução do original: *"Article 62. The continental shelf of a coastal State comprises the seabed and subsoil of the submarine areas that extend beyond its territorial sea throughout the natural prolongation of its land territory to the outer edge of the continental margin, or to a distance of 200 nautical miles from the baselines from which the breadth of the territorial sea is measured where the outer edge of the continental margin does not extend up to that distance"*. A proposta repetia praticamente *ipsis literis* o parágrafo 1º do texto do Grupo Evensen.
[183] NANDAN; ROSENNE, *op. cit.*, p. 851.

da costa"[184]. Assim, a proposição austríaca combinava também dois critérios: o batimétrico (500 metros) e o da distância a partir das linhas de base (200 milhas marítimas).[185]

O Chile também submeteu uma proposta a este artigo 62, que definia margem continental nos seguintes termos:

> El margen continental comprende la prolongación sumergida de la masa terrestre e incluye todas las rocas que pertenezcan a esa masa, así como los sedimentos suprayacentes a la misma en la plataforma, el talud y la emersión, pero no incluye las rocas que pertenezcan al fondo oceánico profundo ni los sedimentos no consolidados que yacen sobre estas últimas.[186]

Significativo avanço no processo negocial deu-se com a apresentação da proposta formulada pela delegação da Irlanda, em 10 de agosto de 1976 – mais tarde conhecida por "fórmula irlandesa" –, que complementaria a definição de plataforma continental do artigo 62, dessa forma:

Artigo 62 (RSNT II)

1. ... [omissis]

2. A margem continental compreende o prolongamento submerso da massa terrestre do Estado costeiro e é constituída pelo leito e subsolo da plataforma continental, pelo talude e pela elevação continentais. Não compreende nem os grandes fundos oceânicos nem o seu subsolo.

---

[184] PLATZÖDER, Renate. *Third United Nations Conference on the Law of the Sea: documents, vol. IV.* Dobbs Ferry: Oceana Publications, 1983, p. 320. Tradução do original: *"[For the purpose of these articles, the term "continental shelf" refers to] the sea-bed and subsoil of the submarine areas adjacent to the coast but outside the territorial sea, to a depth of 500 metres or to a distance of 200 nautical miles from the baselines from which the breadth of the territorial sea is measured, whichever is the further from the coast".*

[185] As manifestações da Áustria, um Estado sem litoral, sobre a plataforma continental refletem a liderança do país dentro do Grupo LL/GDS. Na primeira reunião do Segundo Comitê para discutir o item 5 da agenda (plataforma continental), o representante do país, H. Tuerk afirmou que: *"The item before the Committee was of particular concern to his country. [...] The right to explore and exploit the natural resources of the continental shelf should not therefore be reserved for coastal States but should be accorded on an equitable basis to land-locked States in their respective geographical regions. Greater account should also be taken of the legitimate interests of other geographically disadvantaged States".* 16th meeting (26 July 1974). UNITED NATIONS, *Third United Nations Conference... vol. II,* p. 142-143.

[186] PLATZÖDER, *Third United Nations Conference... vol. IV,* p. 322 (em espanhol no original).

O BRASIL E O DIREITO INTERNACIONAL DO MAR CONTEMPORÂNEO

3. Para os fins da presente Convenção, o Estado costeiro deve estabelecer o bordo exterior da margem continental, quando essa margem se estender além das 200 milhas marítimas das linhas de base, a partir das quais se mede a largura do mar territorial, por meio de:

(a) Uma linha traçada de conformidade com o parágrafo 4º, com referência aos pontos fixos mais exteriores em cada um dos quais a espessura das rochas sedimentares seja pelo menos 1% da distância mais curta entre esse ponto e o pé do talude continental; ou

(b) Uma linha traçada de conformidade com o parágrafo 4º, com referência a pontos fixos situados a não mais de 60 milhas marítimas do pé do talude continental.

4. O Estado costeiro deve traçar a fronteira marítima da sua plataforma continental, quando esta se estender além de 200 milhas marítimas das linhas de base a partir das quais se mede a largura do mar territorial, unindo, mediante linhas retas que não excedam 60 milhas marítimas, pontos fixos definidos por coordenadas de latitude e longitude.[187]

No entanto, durante os debates, nas sessões seguintes, houve resistências de algumas delegações à ideia de empregar a espessura das rochas sedimentares para determinar o bordo exterior da margem continental, em conformidade com o parágrafo 3º "a" da "fórmula irlandesa". Os Estados oponentes apoiavam somente o uso da "fórmula Hedberg", presente

---

[187] Documento A/CONF.62/C.2/L.98. PLATZÖDER, *Third United Nations Conference... vol. IV*, p. 465. Tradução do original: *"Article 62 (RSNT II). 1. [...]. 2. The continental margin comprises the submerged prolongation of the land mass of the coastal State, and consists of the seabed and subsoil of the shelf, the slope and the rise. It does not include the deep ocean floor nor the subsoil thereof. 3. For the purpose of this Convention, the coastal State shall establish the outer edge of the continental margin wherever the margin extends beyond 200 nautical from the baselines from which the breadth of the territorial sea is measured, by either: (a) A line delineated in accordance with paragraph 4 by reference to the outermost fixed points at each of which the thickness of sedimentary rocks is at least 1 per cent of the shortest distance from such point to the foot of the continental slope; or, (b) A line delineated in accordance with paragraph 4 by reference to fixed points not more than 60 nautical miles from the foot of the continental slope. In the absence of evidence to the contrary, the foot of the continental slops shall be determined as the point of maximum change in the gradient at its base. 4. The coastal State shall delineate the seaward boundary of its Continental Shelf where that Shelf extends beyond 200 nautical miles from baselines from which the breadth of the territorial sea is measured by straight lines not exceeding 60 nautical miles in length, connecting fixed points, such points to be defined by co-ordinates of latitude and longitude".*

no parágrafo 3º "b" da "fórmula irlandesa"[188]. Vencidas as resistências, a "fórmula irlandesa" serviria de base para os futuros parágrafos 3º, 4º, 7º, 8º e 9º do artigo 76 da CNUDM, a serem examinados abaixo.

Outra contribuição importante foi dada na sétima sessão (1978), quando a Conferência decidiu criar sete grupos de negociações. Os três primeiros ficaram responsáveis pelas tratativas em torno do regime de mineração dos fundos marinhos. Já os outros quatro grupos foram designados para temas no âmbito do Segundo Comitê, também direcionado ao estabelecimento de um sistema de solução de controvérsias[189]. Sobre a plataforma continental, dois grupos de negociação lidaram com diferentes aspectos. O Grupo de Negociação 6 (NG6) debatia a "fórmula irlandesa", enquanto o Grupo de Negociação 7 (NG7) lidava com a delimitação entre a ZEE e a plataforma continental entre Estados vizinhos. O NG6, no entanto, ao contrário do esperado, fez mais por ampliar o debate sobre o assunto do que propriamente por resolvê-lo.

---

[188] Caso, por exemplo, da manifestação do delegado japonês Kume: *"His own delegation had made every effort to do so, using all available means, but without success. The thickness of the sedimentary outer edge of the continental margin was difficult to measure. He therefore stressed his delegation's opposition to using thickness of sediment as a criterion for delimiting the outer edge of the continental margin and urged that a compromise formula should be evolved on the basis of the objective criterion stated in paragraph 3 (b) of the Irish formula"*. E, de outro lado, a declaração do delegado irlandês Gardiner: *"He disagreed with the view expressed by the representative of Japan that calculations based on the thickness of sedimentary rocks would be imprecise and could lead to major discrepancies. The very fact that the Irish proposal was supported by a number of delegations, after careful consideration, indicated that such a method was technically accurate and entirely feasible"*. 50th meeting Sixth Session – Second Committee (23 June 1977). UNITED NATIONS, *Third United Nations Conference: Official Records, vol. VII (New York, 23 May to 15 July 1977)*, New York: United Nations, 1978, p. 37.

[189] Para o presidente da III Conferência, Embaixador Amerasinghe: *"Negotiating groups of limited size – but open-ended – should be established to deal with the following hard-core issues, on the understanding that the wording of the issues does not prejudice the position of any delegation concerning their substance: (1) System of exploration and exploitation and resources policy; (2) Financial arrangements; (3) Organs of the Authority; (4) Right of access of land-locked States and certain developing coastal States in subregion or region to the living resources of the exclusive economic zone; (5)The question of the settlement of disputes relating to the exercise of the sovereign rights of coastal State in the exclusive economic zone; (6) Definition of the outer limits of the Continental Shelf and the question of Payments and Contributions with respect to the exploitation of the continental shelf beyond 200 miles; (7) Delimitation of maritime boundaries between adjacent and opposite States and settlement of disputes thereon"*. UNITED NATIONS. *Third United Nations Conference on the Law of the Sea – Official Records, vol. IX: Seventh Session (Geneva, 28 March to 19 May 1978)*. New York: United Nations, 1980, p. 7-8 [A/CONF.62/62].

A "fórmula irlandesa", que definia os limites exteriores da margem continental, era tema de acirradas discussões desde a apresentação da proposta, na medida em que dava aos Estados costeiros o poder de escolher entre "uma distância de 60 milhas marítimas a partir do pé do talude continental" ou um determinado ponto em que a "espessura das rochas sedimentares seja pelo menos 1% da distância mais curta entre esse ponto e o pé do talude continental". Agregando, ainda, o limite de 350 milhas marítimas, a fórmula foi desenhada para abranger virtualmente todas as potenciais reservas de recursos de hidrocarbonetos dentro da jurisdição do Estado costeiro.

Nessa mesma linha de pensamento, e fazendo uma espécie de comparativo entre a "fórmula irlandesa" e a "fórmula Hedberg", Frederic Eustis III mencionava à época dos debates que:

> [...] a "proposta irlandesa" é baseada em um sistema complicado por relacionar o limite com a base do talude e a profundidade dos sedimentos no fundo do mar. Para muitos Estados, grande parte do apelo desta proposta decorre do fato de que o Estado costeiro estenderia o controle sobre os sedimentos que contêm a maioria das areias petrolíferas do fundo do mar. Por outro lado, nos termos da proposta de Hedberg há grande probabilidade de que os depósitos de petróleo debaixo da crosta continental fiquem fora dos limites controláveis pelo Estado costeiro. À parte essa consideração, no entanto, há pouquíssima justificativa para utilizar a profundidade dos sedimentos como indicativo da localização da ruptura da crosta. Além disso, a proposta irlandesa emprega duas variáveis independentes, nenhuma delas reflete de maneira precisa os limites geológicos do continente, o erro combinado poderia criar uma grande discrepância entre os limites geológicos e geomorfológicos, ainda mais acentuado do que o proposto por Hedberg.[190]

---

[190] EUSTIS III, Frederic A. Method and Basis of Seaward Delimitation of Continental Shelf Jurisdiction. *Virginia Journal of International Law*, vol. 17, 1976, p. 125-126. Tradução do original: *"[...] the "Irish proposal," is based upon a complicated system for relating the boundary to the base of the slope and the depth of the sediments on the ocean floor. Much of the appeal of this approach for many States stems from the fact that it would extend coastal State control to those sediments which contain most of the oil bearing sands of the seabed. Under the Hedberg proposal, on the other hand, there is a substantial possibility that oil deposits underlying the continental crust will fall beyond the boundaries of coastal State control. Other than this consideration, however, there is little justification for using sediment depth as an indicator of the location of the crustal break. Furthermore, because the Irish proposal employs*

Dentro do NG6, a União Soviética propôs que o limite da margem continental, definido com base em sua existência geológica, fosse estendido até 300 milhas marítimas. O acordo obtido no âmbito do NG6 incorporava a "fórmula irlandesa" para a definição do bordo exterior da margem continental e possibilitava também que o Estado costeiro exercesse jurisdição sobre a margem continental até 350 milhas marítimas das linhas de base *ou* 100 milhas marítimas da isóbara de 2.500 metros – a que fosse maior. A contrapartida neste ponto foi um pequeno acréscimo na contribuição do sistema de divisão de rendimentos além do limite das 200 milhas marítimas, a ser examinado no capítulo seguinte.[191]

Na continuação da sétima sessão (1978), o presidente do Segundo Comitê – que também presidia o NG6 – o Embaixador venezuelano Andrés Aguillar resumiu o trabalho do grupo:

> Este Grupo realizou sete encontros informais durante a continuação da sétima sessão. O trabalho foi muito semelhante ao realizado em Genebra; ou seja, embora o debate tenha sido positivo, não foi possível alcançar um amplo acordo. Como em Genebra, as intervenções ficaram centralizadas na questão do limite exterior e, algumas delegações, definiram pela primeira vez sua posição neste assunto. As sugestões que debatemos no Grupo foram: a fórmula irlandesa, documento NG6/1; a proposta soviética, documento C.2/Informal Meeting/14; e, a proposta do Grupo Árabe, documento NG6/2, que propõem um limite máximo de 200 milhas. Na última etapa do trabalho, uma delegação fez uma sugestão informal, que consistia em aceitar a chamada fórmula irlandesa e emendar o artigo 82 do ICNT no tocante aos pagamentos e contribuições relativos ao aproveitamento da plataforma além das 200 milhas.[192]

---

two independent variables, neither of which accurately reflects the geologic limits of the continent, the combined error could create a greater discrepancy between the geomorphic and geologic boundaries than would the Hedberg approach".

[191] DUPUY; VIGNES, *op. cit.*, p. 224-227.

[192] UNITED NATIONS. *Third United Nations Conference on the Law of the Sea – Official Records*, vol. IX: A/CONF.62/RCNG/2 (1978), *Report to the Plenary by the Chairman of the Second Committee*, para. 6, X Off. Rec., p. 164. Tradução do original: *"This Group held seven informal meetings during the resumed seventh session. The work was very similar in character to that carried out in Geneva; that is to say, although the discussion was positive, it was not possible to reach a general agreement. As in Geneva, statements focused on the question of the outer limit, and some delegations defined their position for the first time on this matter. The suggestions which we discussed in this Group were: the Irish formula, document NG6/1; the Soviet proposal, document C.2/Informal Meeting/14; and*

Ao longo das sessões seguintes da III Conferência, os debates sobre a plataforma continental ficaram centrados na "fórmula irlandesa". Em 1979, o presidente do Segundo Comitê propôs a inclusão de uma solução de compromisso que contemplasse as modificações e acréscimos sugeridos por outras delegações, bem como incluísse a "fórmula irlandesa" no artigo 76 do ICNT – o que foi aceito pelos membros. Todavia, havia ainda dois pontos pendentes: i) a questão das cristas submarinas (*submarine ridges*) e ii) a proposta de Sri Lanka, em razão das características únicas da Baía de Bengala.

A preocupação em torno das cristas submarinas era que estas pudessem ser utilizadas por alguns Estados costeiros para estenderem suas plataformas continentais até o meio do oceano. O compromisso obtido entre as delegações foi o de diferenciar as expressões "cristas oceânicas", "cristas submarinas" e "elevações submarinas", excluindo as "cristas oceânicas" da definição de margem continental, mas concordando que as "cristas submarinas" pudessem compor os limites exteriores da plataforma continental, desde que não excedesse 350 milhas marítimas das linhas de base e de que tal limitação não fosse aplicável às "elevações submarinas, que sejam componentes naturais da margem continental, tais como os seus planaltos, elevações continentais, topes, bancos e esporões". Neste caso, o critério a ser utilizado seria o das 100 milhas marítimas a partir da isóbara de 2.500 metros. Este item ficou consignado na segunda revisão do ICNT (ICNT/Rev. 2), texto preparado em abril de 1980 e que futuramente seria o parágrafo 6º do artigo 76.[193]

Já a delegação de Sri Lanka sustentou a excepcionalidade da aplicação da "fórmula irlandesa" na parte sul da Baía de Bengala, onde a aplicação da fórmula levaria a resultados distorcidos. A III Conferência, em agosto de 1980, aprovou uma declaração de entendimentos pela utilização de um método excepcional de delimitação da plataforma continental em certas

---

the proposal of the Arab Group, document NG6/2, which advocates a maximum limit of 200 miles. In the last stage of the work, one delegation made an informal suggestion, which consisted of accepting the so-called Irish formula and amending article 82 of the ICNT concerning payments and contributions with respect to the exploitation of the shelf beyond 200 miles".

[193] UNITED NATIONS. Division for Ocean Affairs and the Law of the Sea. *Definition of the Continental Shelf: an examination of the relevant provisions of the United Nations Convention on the Law of the Sea.* New York: United Nations, 1993, p. 4.

regiões geológicas e geomorfológicas, incluída posteriormente no Anexo II da Ata Final da CNUDM.[194]

George Taft comenta com estranhamento o papel exercido por esse documento:

> Esse tipo de dispositivo é bastante incomum de ser colocado como referência na Ata Final, que geralmente não dá origem a direitos, e deve ser dirigido à CLPC. Uma Ata Final normalmente descreve a conferência internacional que adotou a convenção, as datas e locais de reunião e seus participantes, embora possa incluir assuntos adicionais. No entanto, parece que de uma perspectiva científica a margem em questão não é um prolongamento natural de Sri Lanka e portanto a Declaração de Entendimento não se aplica na área ao leste e adjacente a este Estado na parte sul da Baía de Bengala.[195]

2.7 O regime jurídico da plataforma continental consolidado na Parte VI da CNUDM: artigos 76 a 85

O regime jurídico da plataforma continental consolidado na III Conferência está disposto em duas partes. A primeira, e mais importante, na parte dispositiva da CNUDM, entre os artigos 76 a 85, a serem examinados nos subitens na sequência. A segunda parte é o Anexo II da CNUDM, que trata da Comissão de Limites da Plataforma Continental (CLPC), a ser analisada no item 2.9.

A Parte VI da CNUDM traz a nova definição jurídica da plataforma continental, estabelecendo os métodos de determinação dos seus limites exteriores, e cria a CLPC. Além disso, traz as regras sobre as contribuições

---

[194] UNITED NATIONS. *Final Act of the Third United Nations Conference on the Law of the Sea. Annex II – Statement of Understanding concerning a specific method to be used in establishing the outer edge of the continental margin.* Disponível em: <http://www.un.org/depts/los/clcs_new/documents/final_act_annex_two.htm>. Acesso em: 8 de fevereiro de 2015.

[195] TAFT, George. The United Nations Convention on the Law of the Sea: The Commission on the Limits of the Continental Shelf – a Force for Enhancing Stability in the Oceans (or Not). *Ocean Yearbook*, vol. 24, 2010, p. 153. Tradução do original: *"This is rather unusual incorporation by reference of a provision of the Final Act, which usually does not give rise to rights, must be addressed by the CLCS. A Final Act usually describes the international conference that adopted a convention, the dates and venues of its meeting and its participants, although it may include additional matters. However, it appears from a scientific perspective that the margin in question is not the natural prolongation of Sri Lanka and thus the Statement of Understanding does not apply in the area to the east and adjacent to that state in the southern part of the Bay of Bengal".*

a serem feitas pelos Estados costeiros no tocante ao aproveitamento dos recursos não vivos da plataforma continental além das 200 milhas, disposto no artigo 82, a ser estudado no capítulo 3.

2.7.1 Artigo 76: definição da plataforma continental

Artigo 76 – definição da plataforma continental

1. A plataforma continental de um Estado costeiro compreende o leito e o subsolo das áreas submarinas que se estendem além do seu mar territorial, em toda a extensão do prolongamento natural do seu território terrestre, até ao bordo exterior da margem continental ou até uma distância de 200 milhas marítimas das linhas de base a partir das quais se mede a largura do mar territorial, nos casos em que o bordo exterior da margem continental não atinja essa distância.

2. A plataforma continental de um Estado costeiro não se deve estender além dos limites previstos nos parágrafos 4º a 6º.

3. A margem continental compreende o prolongamento submerso da massa terrestre do Estado costeiro e é constituída pelo leito e subsolo da plataforma continental, pelo talude e pela elevação continentais. Não compreende nem os grandes fundos oceânicos, com as suas cristas oceânicas, nem o seu subsolo.

4. *a)* Para os fins da presente Convenção, o Estado costeiro deve estabelecer o bordo exterior da margem continental, quando essa margem se estender além das 200 milhas marítimas das linhas de base, a partir das quais se mede a largura do mar territorial, por meio de:

i) Uma linha traçada de conformidade com o parágrafo 7º, com referência aos pontos fixos mais exteriores em cada um dos quais a espessura das rochas sedimentares seja pelo menos 1% da distância mais curta entre esse ponto e o pé do talude continental; ou

ii) Uma linha traçada de conformidade com o parágrafo 7º, com referência a pontos fixos situados a não mais de 60 milhas marítimas do pé do talude continental.

b) Salvo prova em contrário, o pé do talude continental deve ser determinado como o ponto de variação máxima do gradiente na sua base.

5. Os pontos fixos que constituem a linha dos limites exteriores da plataforma continental no leito do mar, traçada de conformidade com as subalíneas i) e ii) da alínea *a)* do parágrafo 4º, devem estar situados a uma distância que não exceda 350 milhas marítimas da linha de base a partir da qual se mede a largura

do mar territorial ou uma distância que não exceda 100 milhas marítimas de isóbara de 2500 m, que é uma linha que une profundidades de 2500 m.

6. Não obstante as disposições do parágrafo 5º, no caso das cristas submarinas, o limite exterior da plataforma continental não deve exceder 350 milhas marítimas das linhas de base a partir das quais se mede a largura do mar territorial. O presente número não se aplica a elevações submarinas que sejam componentes naturais da margem continental, tais como os seus planaltos, elevações continentais, topes, bancos e esporões.

7. O Estado costeiro deve traçar o limite exterior da sua plataforma continental, quando esta se estender além de 200 milhas marítimas das linhas de base a partir das quais se mede a largura do mar territorial, unindo, mediante linhas retas que não excedam 60 milhas marítimas, pontos fixos definidos por coordenadas de latitude e longitude.

8. Informações sobre os limites da plataforma continental, além das 200 milhas marítimas das linhas de base a partir das quais se mede a largura do mar territorial, devem ser submetidas pelo Estado costeiro à Comissão de Limites da Plataforma Continental, estabelecida de conformidade com o anexo II, com base numa representação geográfica equitativa. A Comissão fará recomendações aos Estados costeiros sobre questões relacionadas com o estabelecimento dos limites exteriores da sua plataforma continental. Os limites da plataforma continental estabelecidos pelo Estado costeiro com base nessas recomendações serão definitivos e obrigatórios.

9. O Estado costeiro deve depositar junto do Secretário-Geral das Nações Unidas mapas e informações pertinentes, incluindo dados geodésicos, que descrevam permanentemente os limites exteriores da sua plataforma continental. O Secretário-Geral deve dar a esses documentos a devida publicidade.

10. As disposições do presente artigo não prejudicam a questão da delimitação da plataforma continental entre Estados com costas adjacentes ou situadas frente a frente.

A peça chave no mosaico da Parte VI é certamente o artigo 76, visto que além de definir juridicamente plataforma continental, interligará todos os demais artigos desta parte da CNUDM. O artigo é composto por dez parágrafos, alguns de interpretação mais simples, outros mais complexos, mas todos interligados. Para fins meramente didáticos, a análise do artigo será dividida em três partes.

2.7.1.1 Definição de plataforma continental: parágrafos 1º a 3º

Resultado do longo debate no Segundo Comitê, como analisado supra, é um artigo 76 que traz nova definição de plataforma continental, distinta da existente na Convenção sobre a Plataforma Continental (1958). É, no entanto, novamente uma definição jurídica e não uma definição científica – seguindo uma lógica que já vinha sendo discutida pela Comissão de Direito Internacional desde o princípio dos anos 1950, conforme analisado no item 2.4.

O parágrafo 1º do artigo 76 contém três importantes características. Primeiro, ratifica a utilização de um conceito jurídico para a plataforma continental, ainda que com base em condição geológica, ou seja, a ideia do prolongamento natural, exposta pela primeira vez na sentença dos casos da "Plataforma continental do Mar do Norte", de 1969. Segundo, estabelece também um vínculo entre a plataforma continental – um conceito jurídico – e margem continental – um conceito geomorfológico. Terceiro, introduz o critério da distância, permitindo que o Estado costeiro – independentemente da existência do prolongamento natural em sua concepção física – reivindique uma plataforma continental de até 200 milhas marítimas das linhas de base a partir das quais se mede a largura do mar territorial. Na sentença do caso "Líbia *vs.* Malta", de 1985, a CIJ considerou que "os conceitos de prolongamento natural e distância não são, portanto, oposto, mas complementares".[196]

No sentido jurídico, o termo "plataforma continental" é utilizado em relação a qualquer parte do leito do mar e do subsolo, além do mar territorial, que fica sob jurisdição nacional. A definição geológica descreve a plataforma continental como se estendendo até o pé do talude continental. Isto é, o artigo 76 alarga essa definição para incluir também o prolongamento natural do território terrestre até o limite exterior da margem continental. Nos termos do parágrafo 3º, a "margem continental", inclui a plataforma continental, o talude e a elevação continental, todos esses são separados, com características geomorfológicas próprias. Portanto, do

---

[196] *Case Concerning the Continental Shelf (Libyan Arab Jamahiriya/Malta).* ICJ Report 1985. Judgment of 3 June 1985. Tradução do original: *"The concepts of natural prolongation and distance are therefore not opposed but complementary."* (§35).

ponto de vista cientifico, o critério da distância de 200 milhas marítimas para a plataforma continental é uma abstração jurídica.[197]

Nessa mesma linha, O'Connell considera que "a definição de plataforma continental no sentido jurídico difere da definição em um sentido geofísico"[198]. Ou, como resumem exemplarmente Robert Smith e George Taft, o parágrafo 1º do artigo 76 "define a plataforma continental de uma maneira em que é cientificamente embasada, legalmente defensável e politicamente aceitável".[199]

Além disso, o artigo 76.1 traz duas propostas distintas para definir os limites da plataforma continental: "em toda a extensão do prolongamento natural do seu território terrestre, até ao bordo exterior da margem continental" *ou* "até uma distância de 200 milhas marítimas". Ou seja, neste artigo 76.1 a CNUDM utilizou-se de dois critérios para fixar os limites da plataforma continental, o critério geomorfológico (margem continental) e o critério da distância (200 milhas marítimas).

Repita-se, o critério da distância quer dizer simplesmente que, tenha ou não tenha em termos geológicos uma plataforma continental de 200 milhas marítimas, todo Estado costeiro poderá estipular esse limite como a distância máxima para a mesma. Por isso, se um Estado costeiro reivindica uma plataforma continental de 200 milhas marítimas não há nada mais a acrescentar – todo leito marinho até o limite das 200 milhas fica sob jurisdição estatal.[200]

Este, como visto, não é o único critério. O artigo 76.1 prevê também que a plataforma continental, entendida como prolongamento natural do território terrestre poderá se estender até o bordo exterior da margem continental, e o parágrafo 2º complementa essa ideia ao estipular que, todavia, tal prolongamento natural, "não se deve estender além dos limites previstos nos parágrafos 4º a 6º".

---

[197] NANDAN; ROSENNE, *op. cit.*, p. 873.

[198] O'CONNELL, *op. cit.*, p. 492. Tradução do original: *"the definition of the continental shelf in a legal sense differs from its definition in a geophysical sense".*

[199] SMITH; TAFT, *op. cit.*, p.17. Tradução do original: *"[...] defines the continental shelf in a manner which is scientifically based, legally defensible, and politically acceptable".*

[200] SILVA, Alexandre Pereira da. O artigo 76 da Convenção das Nações Unidas sobre o Direito do Mar (CNUDM) e o papel da Comissão de Limites da Plataforma Continental (CLPC). In: Wagner Menezes (org.). *Direito Internacional em expansão: anais do 10º Congresso Brasileiro de Direito Internacional*, vol. 1. Belo Horizonte: Arraes, 2012, p. 17.

Para o jurista chinês Bing Bing Jia, a menção ao prolongamento natural como conceito geológico não foi incluída no artigo 76, parágrafos 1º e 3º, simplesmente para descrever as bases de uma plataforma jurídica. Mais do que isso, há na ideia de prolongamento natural um certo grau de independência. Por essa razão, o conceito tem uma vida em separado do regime atual da plataforma continental, com uma proeminência renovada – especialmente depois do caso "Bangladesh *vs.* Mianmar".[201]

Assim, para Bing Jia, o conceito jurídico de plataforma continental, nos termos do artigo 76.1, repousa em uma margem continental, que, por seu turno, depende da existência de um prolongamento natural. Isso ocorre a despeito da ênfase que há no critério da distância de 200 milhas marítimas[202]. Também nesse sentido George Taft – e contrário ao exposto acima por David Colson – afirma que o prolongamento natural continua sendo um elemento chave quando a plataforma continental se estende além das 200 milhas, "um conceito enraizado no Direito Internacional Consuetudinário e amplamente difundido, inclusive pela Corte Internacional de Justiça".[203]

De acordo com o parágrafo 3º, a margem continental é "o prolongamento submerso da massa terrestre do Estado costeiro e é constituída pelo leito e subsolo da plataforma continental, pelo talude e pela elevação continental. Não compreende nem os grandes fundos oceânicos, com as suas cristas oceânicas, nem o seu subsolo". Ou seja, margem continental abrange o leito e o subsolo (termos geológicos) da plataforma continental, o talude e a elevação continental (termos

---

[201] Julgamento pelo Tribunal Internacional do Direito do Mar (TIDM). Caso *"Dispute Concerning Delimitation of the Maritime Boundary between Bangladesh and Myanmar in the Bay of Bengal (Bangladesh/Myanmar)"*. Disponível em: <http://www.itlos.org/index.php?id= 108&L=0>. Acesso em: 8 de fevereiro de 2015.

[202] JIA, Bing Bing. The notion of natural prolongation in the current regime of the continental shelf: an afterlife?, *Chinese Journal of International Law*, vol. 12, 2013, p. 100-101. Para Bing Jia, portanto, a noção de prolongamento natural não está morta, como afirmado por David Colson acima; ao contrário, a partir do julgado pelo TIDM no caso "Bangladesh *vs.* Mianmar", a ideia de prolongamento natural teve sua importância renovada.

[203] TAFT, *op. cit.*, p. 152. Tradução do original: *"The key element is natural prolongation (that extends beyond 200 NM), a concept rooted in customary international law, and written about extensively, including by the International Court of Justice"*.

geomorfológicos)[204]. São, portanto, três áreas submarinas distintas: plataforma continental, talude e elevação continental.

A definição e a estipulação de distintos critérios para a plataforma continental deixou claro que a perspectiva jurídica não é idêntica à perspectiva geológica. Sob este último ponto de vista, plataforma continental é apenas uma parte do território terrestre submerso: a parte mais próxima de três áreas geomorfológicas, sendo as outras duas o talude e a elevação continental. Assim, a plataforma, o talude e a elevação continental, consideradas conjuntamente, são geograficamente conhecidas como *margem continental*. Mundo a fora, existe uma grande variedade de perfis e tamanhos de plataforma continental, talude e elevação continentais[205]. Por isso, é pertinente a observação de D. P. O'Connell: "em sentido estrito, a doutrina jurídica sobre o assunto seria melhor qualificada de 'doutrina da margem continental'".[206]

De acordo com a publicação oficial da Divisão de Assuntos Oceânicos e Direito do Mar, órgão das Nações Unidas (*UN Division of Ocean Affairs and the Law of the Sea – DOALOS*):

> Tal como empregado pelo artigo 76, "massa terrestre" e "margem continental" são conceitos científicos geomorfológicos, enquanto "território terrestre" e "plataforma continental" são conceitos jurídicos. [...] O território terrestre é parte emersa enquanto a plataforma continental é a parte submersa ou, como a definição coloca, o prolongamento natural do território terrestre. Entretanto, o conceito jurídico de território e de plataforma continental é definido tomando como referência os conceitos científicos de massa terrestre e margem continental. Em outras palavras, a combinação das duas definições dispõe que (i) o território do Estado costeiro se estende sob as águas; (ii) a plataforma continental constitui-se na extensão submersa do território terrestre do Estado; e (iii) o limite exterior dessa extensão é medida tomando *como referência* o prolongamento submerso da massa terrestre, isto é, a "margem continental". A margem continental é tão-somente um parâmetro,

---

[204] CARLETON, Chris. Article 76 of the UN Convention on the Law of the Sea – implementation problems from the technical perspective. *The International Journal of Marine and Coastal Law*, vol. 21, n. 3, 2006, p. 290.

[205] SMITH; TAFT, *op. cit.*, p. 18.

[206] O'CONNELL, *op. cit.*, p. 491. Tradução do original: *"The legal doctrine, strictly speaking, should be called the 'continental margin doctrine'".*

O BRASIL E O DIREITO INTERNACIONAL DO MAR CONTEMPORÂNEO

uma referência, da plataforma continental "jurídica". Dependendo de inúmeras circunstâncias geomorfológicas a plataforma continental "jurídica" pode ser maior ou menor que a margem continental.[207]

2.7.1.2 Os limites da plataforma continental: entre a fórmula de Gardiner e a fórmula de Hedberg: parágrafos 4º a 7º

Estabelecidos a definição, os critérios para estipulação do limite da plataforma continental e o conceito de margem continental, os parágrafos 4º a 7º do artigo 76 fornecem "fórmulas" específicas e "restrições" para os fins de delimitação da plataforma continental (ou margem continental) além das 200 milhas marítimas.

Como visto acima, desde a primeira versão preparatória – o artigo 62 do ISNT (1975) – já existia certo consenso em torno da definição jurídica de plataforma continental. No entanto, havia uma ausência, naquele momento, de uma definição de margem continental. Inúmeras foram as propostas apresentadas, com destaque para as do professor norte-americano Hollis D. Hedberg e do geólogo irlandês P. R. R. Gardiner.

Para Hedberg, o mais lógico em termos científicos para definir os limites entre as jurisdições nacionais e internacionais seria a base do talude continental, marcando, dessa forma, a linha divisória entre as áreas pertencentes aos fundos marinhos como extensão do território terrestre e a parte dos fundos marinhos que propriamente pertenceria ao domínio oceânico. Em razão das incertezas inerentes a determinar o ponto exato do pé do talude

---

[207] UNITED NATIONS. Division for Ocean Affairs and the Law of the Sea, Office of Legal Affairs. *Training Manual for Delineation of the Outer Limits of the Continental Shelf beyond 200 nautical miles and for Preparation of Submissions to the Commission on the Limits of the Continental Shelf.* New York: United Nations, 2006, p. I-18. Tradução do original: *"As used in article 76, "land mass" and "continental margin" are scientific (geomorphological) concepts, whereas "land territory" and "continental shelf" are legal concepts. [...]The land territory is the emerged part whereas the continental shelf is the submerged or, as the definition puts it, the natural prolongation of the land territory. The legal concepts of territory and continental shelf, however, are defined with reference to the scientific concepts of land mass and continental margin. In other words, the two definitions combined declare that (i) the territory of a coastal State extends under water; (ii) the continental shelf constitutes the submerged prolongation of its land territory; and (iii) the outer limit of such prolongation is measured with reference to the submerged prolongation of the land mass, i.e., the "continental margin". The continental margin is just a yardstick, a reference, for the determination of the "legal" continental shelf. Depending on the various geomorphological circumstances the "legal" continental shelf can be wider or narrower that the continental margin. Article 76, paragraph 1, distinguishes between two different scenarios"* (grifos do original).

continental, ou seja, a própria base do continente, Hedberg propôs que fosse criada uma zona limítrofe uniforme e acordada internacionalmente, que medisse a distância marítima a partir de um limite terrestre razoável. Esse limite deveria ser estabelecido por uma comissão internacional de limites marítimos, que ficaria encarregada de aprovar sua delimitação, com base em uma proposta apresentada pelo próprio Estado costeiro.[208]

Ainda que reconhecesse os méritos da "fórmula de Hedberg", Gardiner acreditava que isso excluiria da margem continental a parte exterior da elevação continental (*continental rise*), o que seria incoerente tanto com o conceito científico aceito, como com o conceito de prolongamento natural do território terrestre. Com base no reconhecimento de que as elevações continentais são normalmente compostas de uma capa de sedimentos que vão progressivamente diminuindo a partir do pé do talude, Gardiner propôs que o limite exterior da elevação pudesse ser definido em relação à proporção da espessura dos sedimentos da elevação continental, sugerindo que a III Conferência adotasse como critério para definição do limite exterior da elevação o ponto a ser localizado onde a espessura dos sedimentos fosse de pelo menos 1% da distância mais curta entre esse ponto e o pé do talude continental[209]. Em outras palavras, na proposta de Gardiner – mais tarde conhecida como "fórmula irlandesa" – a delimitação da margem continental poderia utilizar-se dos dois critérios.

Portanto, de acordo com esses parágrafos, a extensão da margem continental atinge o seu limite exterior em um determinado ponto onde a espessura das rochas sedimentares seja pelo menos 1% da distância mais curta entre esse ponto e o pé do talude continental (concepção conhecida como "regra da espessura das rochas sedimentares", "fórmula irlandesa" ou "fórmula de Gardiner") *ou* em um determinado ponto situado a não mais de 60 milhas marítimas desse ponto, ou seja, o pé do talude continental, é esse "ponto de variação máxima do gradiente na sua base" (essa ideia é conhecida como "regra do gradiente" ou "fórmula de Hedberg").[210]

---

[208] HEDBERG, Hollis D. Relation of Political Boundaries on the Ocean Floor to the Continental Margin. *Virginia Journal of International Law*, vol. 17, n. 1, 1976, p. 62-66.

[209] UNITED NATIONS, *Definition of the continental shelf*, p. 3.

[210] REICHERT, Christian. Determination of the outer continental shelf limits and the role of the Commission of the limits of the continental shelf. *The International Journal of Marine and Coastal Law*, vol. 24, 2009, p. 389.

Para traçar esse limite exterior da plataforma continental, os Estados usam uma das duas fórmulas, com duas máximas diferentes: por um lado, unir, mediante linhas retas, os pontos que não excedam 60 milhas marítimas do pé do talude continental. Nessa hipótese, o resultado da união desses pontos, é uma linha que não poderá ultrapassar o limite de 350 milhas marítimas contadas das linhas de base. Por outro lado, utilizando-se da segunda fórmula, o Estado pode traçar uma linha de "100 milhas marítimas da isóbara de 2500 metros, que é uma linha que une as profundidades de 2500 metros". Nesse caso, essa linha poderá estender-se além das 350 milhas marítimas. Os Estados podem utilizar-se de quaisquer das duas medidas de opção para fazer a sua proposta de expansão. A intenção é a de permitir que os Estados costeiros maximizem seus pedidos dentro dos parâmetros estabelecidos para o limite exterior da plataforma continental.[211]

Isso representou uma vitória diplomática do Grupo dos Estados com plataformas amplas, que, no entanto, teve uma contrapartida financeira estipulada no artigo 82 da CNUDM, a ser examinado no capítulo seguinte.

A escolha do Estado costeiro entre os dois métodos de estabelecimento dos limites exteriores da plataforma continental – "fórmula de Gardiner" ou "fórmula de Hedberg" – depende da obtenção de dados para amparar a escolha por determinado ponto. Os dados da espessura das rochas sedimentares são difíceis e altamente custosos de serem obtidos. Por sua vez, os dados do gradiente podem ser mais facilmente obtidos por uma construção geométrica a partir do pé do talude, que está definido no artigo 76.4, letra "b"[212]. Os Estados costeiros podem, ainda, combinar os dois métodos. Não há obrigação em se aplicar somente uma das fórmulas – distância ou espessura dos sedimentos – na área pleiteada. O Estado pode utilizar-se da fórmula que for mais vantajosa aos seus interesses a fim de maximizar a plataforma continental estendida.[213]

---

[211] CAVNAR, Anna. Accountability and the Commission on the Limits of the Continental Shelf: deciding who owns the ocean floor. *Cornell International Law Journal*, vol. 42, 2009, p. 397-398.

[212] SERDY, Andrew. The Commission on the Limits of the Continental Shelf and its disturbing propensity to legislate. *The International Journal of Marine and Coastal Law*, vol. 26, 2011, p. 358.

[213] MACNAB, Ron. The Case for Transparency in the Delimitation of the Outer Continental Shelf in Accordance with UNCLOS Article 76. *Ocean Development & International Law*, vol. 35, 2004, p. 7.

Como resultado do seu longo processo negocial, a III Conferência criou uma fórmula incrivelmente complicada para o reconhecimento dos pedidos de extensão, muito mais difícil de empregar e de verificar que qualquer outro procedimento previsto pela própria CNUDM para o estabelecimento de limites marítimos. Esse procedimento é incrivelmente complicado, especialmente porque os Estados podem conjugar diferentes elementos das fórmulas, criando, dessa maneira, uma combinação difícil de decifrar, que desmentem simples delineamentos.[214]

2.7.1.3 Os parágrafos 8º a 10

Em razão do exposto, os negociadores procuraram encontrar um caminho para verificar o comportamento dos Estados que se utilizam dos parágrafos 4º a 7º do artigo 76. A solução encontrada foi criar uma Comissão de Limites da Plataforma Continental (CLPC), com a missão principal de examinar os dados e outros elementos de informação apresentados pelos Estados costeiros sobre os limites exteriores da plataforma continental nas zonas em que tais limites se estenderem além das 200 milhas marítimas, bem como formular recomendações "definitivas e obrigatórias", nos termos do parágrafo 8º do artigo 76, a ser discutido no item 2.9.3 adiante.

Conforme prevê o artigo 76.9, uma vez que o Estado costeiro tenha estabelecido os limites exteriores da plataforma continental além das 200 milhas marítimas (com base nas recomendações da CLPC), ou mesmo na hipótese de a plataforma continental não exceder as 200 milhas (isto é, sem recurso à CLPC), o Estado costeiro deve depositar junto ao Secretário-Geral da ONU mapas e informações pertinentes, incluindo dados geodésicos, que "descrevam permanentemente os limites exteriores da sua plataforma continental".

De acordo com o último relatório anual do Secretário-Geral da Autoridade Internacional dos Fundos Marinhos, até o momento apenas cinco de seus Membros – Irlanda (2010), México (2012), Filipinas (2012), Austrália (2012) e Niue (2014) – depositaram junto ao Secretário-Geral das Nações Unidas, com base nesse artigo 76.9 da CNUDM, as cartas ou informações

---

[214] CAVNAR, *op. cit.*, p. 398.

O BRASIL E O DIREITO INTERNACIONAL DO MAR CONTEMPORÂNEO

pertinentes que descrevem os limites exteriores de suas plataformas continentais estabelecidos com base das recomendações da CLPC.[215]

O parágrafo 10 confirma que o artigo 76 trata do direito ao estabelecimento dos limites exteriores da plataforma continental, e não da delimitação de plataformas continentais sobrepostas entre Estados vizinhos. O que o artigo 76.10 garante é que a implementação do artigo 76 por um Estado não afete os direitos de outro Estado, no eventual caso em que a delimitação da plataforma continental entre dois ou mais Estados esteja em discussão. Em outras palavras, o parágrafo 10 assegura que o disposto nos parágrafos 8º e 9º do artigo 76 – as recomendações "definitivas e obrigatórias" e que "descrevam permanentemente os limites exteriores da sua plataforma continental" – não possa ser invocado contra outro Estado em que a plataforma continental esteja em discussão. Portanto, o processo do artigo 76 que envolve a definição dos limites exteriores da plataforma continental não foi criado para solucionar disputas envolvendo pleitos sobrepostos de plataformas continentais.[216]

Corroborando essa ideia, o artigo 9º do Anexo II da CNUDM dispõe que "as decisões da Comissão não devem prejudicar os assuntos relacionados à delimitação entre Estados com costas adjacentes ou situadas frente a frente", e o artigo 46.2 do Regulamento da CLPC (*Rules of Procedure*) complementa que "as decisões da Comissão não prejudicam questões relativas a delimitação entre Estados".[217]

Nesse sentido, vale também considerar que alguns Estados costeiros apresentaram propostas conjuntas de limites exteriores, o que traz uma série de vantagens para os envolvidos, como cooperação internacional, diminuição de custos e, mais importante, a possibilidade de que a Comissão faça as recomendações "definitivas e obrigatórias" sobre toda a área envolvida, evitando, dessa maneira, a disputa sobre áreas sobrepostas, que

---

[215] ISA. Documento ISBA/20/A/2, de 4 de junho de 2014. *Report of the Secretary-General of the International Seabed Authority under article 166, paragraph 4, of the United Nations Convention on the Law of the Sea.*

[216] ELFERINK, Alex G. Oude. Outer Limits of the Continental Shelf and "Disputed Areas": State Practice concerning Article 76 (10) of the LOS Convention. *The International Journal of Marine and Coastal Law*, vol. 21, n. 4, 2006, p. 464.

[217] CLCS/40/Rev. 1. 17 April 2008. *Rules of Procedure of the Commission on the Limits of the Continental.* Tradução do original: *"Rule 46.2. The actions of the Commission shall not prejudice matters relating to the delimitation between States".*

poderia ocorrer caso a submissão de propostas tivesse sido apresentada em separado.[218]

2.7.2 Artigo 77: direitos do Estado costeiro sobre a plataforma continental

Artigo 77

Direitos do Estado costeiro sobre a plataforma continental

1. O Estado costeiro exerce direitos de soberania sobre a plataforma continental para efeitos de exploração e aproveitamento dos seus recursos naturais.

2. Os direitos a que se refere o parágrafo 1º são exclusivos, no sentido de que, se o Estado costeiro não explora a plataforma continental ou não aproveita os recursos naturais da mesma, ninguém pode empreender estas atividades sem o expresso consentimento desse Estado.

3. Os direitos do Estado costeiro sobre a plataforma continental são independentes da sua ocupação, real ou fictícia, de qualquer declaração expressa.

4. Os recursos naturais a que se referem as disposições da presente parte são os recursos minerais e outros recursos não vivos do leito do mar e subsolo, bem como os organismos vivos pertencentes a espécies sedentárias, isto é, aquelas que no período de captura estão imóveis no leito do mar ou no seu subsolo ou só podem mover-se em constante contato físico com esse leito ou subsolo.

Se o artigo 76 trouxe uma nova definição de plataforma continental, diferente daquela da Convenção sobre a Plataforma Continental de 1958, o artigo 77 manteve os direitos soberanos do Estado costeiro sobre a plataforma continental que já haviam sido consagrados na Convenção de 1958. Na verdade, não somente este artigo, mas diversos outros da Parte VI da CNUDM foram aproveitados do tratado anterior e adaptados à nova moldura jurídica do Direito do Mar criada pela III Conferência.

Como destacado anteriormente, o artigo 77.1 preceitua que o Estado costeiro exerce "direitos de soberania" sobre a plataforma continental – e também sobre a ZEE – e não soberania, como no mar territorial. Isto

---

[218] Vejam-se, por exemplo, as propostas conjuntas apresentadas por França, Irlanda, Espanha e Reino Unido na área do Mar Celta e da Baía de Biscaia (CLCS/52, 19 May 2006), Ilhas Maurício e Seicheles na região do "Mascarene Plateau" (CLCS/62, 1 December 2008), Micronésia, Papua Nova Guiné e Ilhas Salomão relativa ao "Ontongo Java Plateau" (CLCS/66, 5 May 2009), entre diversas outras.

também não é uma novidade da CNUDM, já que o artigo 2.1 da Convenção de 1958 tem redação praticamente idêntica. Em termos práticos, isso quer dizer que os direitos do Estado costeiro não afetam a condição legal das águas superjacentes ou do espaço aéreo sobre elas.

Outro fator peculiar que merece ser observado nesse artigo é o parágrafo 3º pois tal previsão não existe na Parte V, que trata da ZEE. Isto é especialmente digno de nota, visto que os limites da ZEE e da plataforma continental até 200 milhas marítimas são idênticos.

O artigo 77.4, juntamente com o artigo 68, repete a regra da Convenção de 1958 de que as espécies sedentárias estão incluídas entre os recursos naturais da plataforma continental. Porém, o artigo 68 da Parte V deixa claro que "a presente parte não se aplica às espécies sedentárias, definidas no parágrafo 4º do artigo 77".

2.7.3 Artigo 78: regime jurídico das águas

Artigo 78

Regime jurídico das águas e do espaço aéreo sobrejacentes
e direitos e liberdades de outros Estados

1. Os direitos do Estado costeiro sobre a plataforma continental não afetam o regime jurídico das águas sobrejacentes do espaço aéreo acima dessas águas.
2. O exercício dos direitos do Estado costeiro sobre a plataforma continental não deve afetar a navegação ou outros direitos e liberdades dos demais Estados, previstos na presente Convenção, nem ter como resultado uma ingerência injustificada neles.

O artigo 78 traz o regime jurídico das águas e do espaço aéreo sobrejacente à plataforma continental, consagrando o princípio de que o regime jurídico destas áreas não se altera pelos direitos exercidos pelo Estado costeiro sobre a plataforma continental. Há aqui um equilíbrio entre, de um lado, os direitos exercidos pelo Estado costeiro, e de outro, a navegação e outros direitos e liberdades do mar consagrados aos demais Estados.

O parágrafo 1º corresponde ao artigo 3º da Convenção sobre a Plataforma Continental de 1958.

Não há um dispositivo absolutamente claro, além desse artigo 78, que diga que as águas superjacentes da plataforma continental, bem como da zona econômica exclusiva do Estado costeiro, sejam parte do alto-mar. Tanto sob a CNUDM como sob a Convenção de 1958, a liberdade de navegação em alto-mar aplica-se além do mar territorial.

Já o parágrafo 2º enfatiza que, no exercício de direitos sobre a plataforma continental, o Estado costeiro não deve infringir ou causar qualquer interferência injustificável, particularmente sobre navegação, e outros direitos e liberdades dos demais Estados consagrados pela CNUDM, por exemplo, no artigo 24.1 (mar territorial); nos artigos 42.2, 44 e 45.2 (estreitos internacionais usados para navegação); nos artigos 52 e 53.2 (águas arquipelágicas); nos artigos 56.2, 58 e 60.7 (zona econômica exclusiva); e no artigo 87.2 (alto-mar).[219]

Essa referência presente no parágrafo 2º a "outros direitos e liberdades dos demais Estados" reflete a natureza ampla da CNUDM, incluindo a incorporação do conceito de zona econômica exclusiva. Esse trecho inclui, *inter alia*, direitos referentes a cabos submarinos e oleodutos, a liberdade de pesquisa científica e o direito de conduzir pesquisa científica marinha (artigo 246).

A inclusão do parágrafo 2º deste artigo – que só veio ocorrer no ICNT/Rev. 1 (1979) – atendeu o desejo dos Estados sem litoral e geograficamente desfavorecidos, preocupados com que a extensão da plataforma continental pudesse atingir tais direitos e liberdades reconhecidos em outros dispositivos da CNUDM.[220]

2.7.4 O artigo 79: cabos e dutos submarinos na plataforma continental

Artigo 79

Cabos e dutos submarinos na plataforma continental

1. Todos os Estados têm o direito de colocar cabos e dutos submarinos na plataforma continental de conformidade com as disposições do presente artigo.

2. Sob reserva do seu direito de tomar medidas razoáveis para a exploração da plataforma continental, o aproveitamento dos seus recursos naturais e a prevenção, redução e controlo da poluição causada por dutos, o Estado

---

[219] NANDAN; ROSENNE, *op. cit.*, p. 906-907.
[220] *Ibidem*, p. 907.

O BRASIL E O DIREITO INTERNACIONAL DO MAR CONTEMPORÂNEO

costeiro não pode impedir a colocação ou a manutenção dos referidos cabos ou dutos.

3. O traçado da linha para a colocação de tais dutos na plataforma continental fica sujeito ao consentimento do Estado costeiro.

4. Nenhuma das disposições da presente parte afeta o direito do Estado costeiro de estabelecer condições para os cabos e dutos que penetrem no seu território ou no seu mar territorial, nem a sua jurisdição sobre os cabos e dutos construídos ou utilizados em relação com a exploração da sua plataforma continental ou com o aproveitamento dos seus recursos, ou com o funcionamento de ilhas artificiais, instalações e estruturas sob sua jurisdição.

5. Quando colocarem cabos ou dutos submarinos, os Estados devem ter em devida conta os cabos ou dutos já instalados. Em particular, não devem dificultar a possibilidade de reparar os cabos ou dutos existentes.

Existe um tratado que antecede, parcialmente, em muitos anos essa previsão do artigo 79. É a Convenção de Paris para a Proteção dos Cabos Submarinos, de 1884, que se aplica ao leito do mar além do mar territorial, e, portanto, à plataforma continental, mas se preocupa somente com a interferência entre os cabos, e não com o direito de colocá-los no leito do mar. Caso se considere que colocar cabos e dutos submarinos é um aspecto da liberdade dos mares, então não haveria necessidade de tal artigo. No entanto, a história legislativa, desde as Convenções de Genebra sobre Alto-Mar e Plataforma Continental e os esboços da Convenção de Caracas, tornou a situação ambígua. Ambas as convenções contêm referências ao assunto, que deu causa a uma certa independência dos dois, uma espécie de referência cruzada incômoda.[221]

Veja-se, neste sentido, que o artigo 87 da CNUDM, que trata da liberdade do alto-mar, destaca a "liberdade de colocar cabos e dutos submarinos nos termos da Parte VI", ou seja, as limitações que constam no artigo 79.

Merece destaque, também, o parágrafo 3º, que versa sobre o traçado para a colocação de dutos – mas não dos cabos – na plataforma continental, que fica sujeita ao consentimento do Estado costeiro. A regra é perfeitamente compatível com o parágrafo anterior da convenção, que permite que o Estado costeiro tome medidas para a prevenção, redução e controle da poluição causada por dutos.

---

[221] O'CONNELL, *op. cit.*, p. 508.

Já o parágrafo 4º lida com dois assuntos em separado: i) o direito de o Estado costeiro estabelecer condições para os cabos e dutos submarinos que penetrem no seu território ou no seu mar territorial; ii) a jurisdição do Estado costeiro sobre os cabos e dutos submarinos construídos ou utilizados em relação com a exploração da sua plataforma continental ou com o aproveitamento dos seus recursos, ou ainda com o funcionamento de ilhas artificiais e estruturas sob sua jurisdição.

O primeiro aspecto refere-se à soberania do Estado costeiro sobre seu território e mar territorial. Já o segundo remete aos direitos soberanos do Estado costeiro sobre a plataforma continental com relação aos recursos naturais. Nesse aspecto, o artigo 77.2 afirma que qualquer atividade que envolva a exploração ou aproveitamento dos recursos naturais da plataforma continental só pode se empreendida com o expresso consentimento do Estado costeiro. E, como será visto abaixo, a construção, a operação e o uso de ilhas artificiais, instalações e estruturas na plataforma continental são regidos pelo artigo 80.[222]

No tocante ao parágrafo 5º, há uma referência cruzada a esta previsão no artigo 112, que estipula que "todos os Estados têm o direito de colocar cabos e dutos submarinos no leito do alto-mar além da plataforma continental". Além desse artigo, os seguintes também tocam no assunto dos cabos e dutos submarinos: artigo 21.1, letra "c" – permite que o Estado costeiro adote leis e regulamentos para proteção de cabos e dutos; artigo 51.2 – solicita que os Estados-arquipélagos respeitem os cabos submarinos existentes que tenham sido colocados por outros Estados e que passem pelas suas águas, bem como que permitam a conservação e a substituição de tais cabos.

Por seu turno, os artigos 58.1 e 58.2 aplicam-se aos cabos e dutos submarinos na zona econômica exclusiva, dispondo acerca de questões técnicas sobre a liberdade e a colocação; o artigo 297.1, letra "a", finalmente, prevê que as controvérsias relativas à liberdade e ao direito de colocação de cabos e dutos submarinos estão sujeitas aos procedimentos de solução de controvérsias submetidos na Parte XV da CNUDM.

---

[222] NANDAN; ROSENNE, *op. cit.*, p. 916.

2.7.5 Artigo 80: ilhas artificias na plataforma continental

Artigo 80

Ilhas artificiais, instalações e estruturas na plataforma continental

O artigo 60 aplica-se, *mutatis mutandis*, às ilhas artificiais, instalações e estruturas sobre a plataforma continental.

Esse artigo trata do assunto das ilhas artificiais, das instalações e das estruturas na plataforma continental, fazendo referência expressa àquilo que também acontece na zona econômica exclusiva sobre o mesmo assunto (objeto do artigo 60).

Nos termos do artigo 80, combinado com o artigo 60, o Estado costeiro tem jurisdição exclusiva sobre as ilhas artificiais, instalações e estruturas, incluindo jurisdição em matéria de leis e regulamentos aduaneiros, fiscais, imigratórios, sanitários e de segurança. Além disso, o Estado costeiro pode, em caso de necessidade, criar ao redor das ilhas artificiais, das instalações e das estruturas, zonas de segurança que não excederão 500 metros. Há restrições ao estabelecimento de quaisquer desses elementos quando interfiram na utilização de rotas marítimas reconhecidas essenciais para a navegação internacional.

É importante destacar que o artigo 80 aplica-se sobre toda a plataforma continental do Estado costeiro, ou seja, dentro e além do limite das 200 milhas marítimas, com especial atenção onde a plataforma continental estende-se além da zona econômica exclusiva.

2.7.6 Artigo 81: perfurações na plataforma continental

Artigo 81

Perfurações na plataforma continental

O Estado costeiro terá o direito exclusivo de autorizar e regulamentar as perfurações na plataforma continental, quaisquer que sejam os fins.

O tema das perfurações na plataforma continental não aparecia no projeto de artigo da Comissão de Direito Internacional de 1956. Segundo Nandan e Rosenne, durante os trabalhos da I Conferência foram feitas inúmeras referências às perfurações na plataforma continental; no entanto, nenhuma delas apareceu de maneira específica na Convenção sobre a Plataforma Continental (1958). Mesmo assim, o propósito primário da Convenção de 1958 era o de reconhecer os direitos soberanos do Estado costeiro à exploração e ao aproveitamento dos recursos minerais da plataforma continental, sobretudo o petróleo.[223]

A expressão "quaisquer que sejam os fins" (*for all purposes*) reflete o direito do Estado costeiro para autorizar e regular as perfurações na sua plataforma continental para outros fins que não sejam a exploração e o aproveitamento dos seus recursos naturais, consagrados no artigo 77.1.

As regras que regem a construção, a operação e o uso dessas estruturas de perfuração são as estipuladas no artigo 80, que, como se mencionou, retomam o estabelecido no artigo 60. Além disso, vale mencionar os seguintes artigos que fazem menção às perfurações na plataforma continental: artigo 208 – os Estados costeiros devem adotar leis e regulamentos para prevenir, reduzir e controlar a poluição do meio marinho proveniente de atividades relativas aos fundos marinhos sob jurisdição nacional, provenientes de ilhas artificiais, instalações e estruturas sob a sua jurisdição; artigo 214 – versa sobre a execução referente à poluição proveniente de atividades relativas aos fundos marinhos; artigo 246.5 – os Estados costeiros, no exercício de sua jurisdição, têm o direito de regulamentar, autorizar e realizar investigação científica marinha que implique perfurações na plataforma continental. Esse dispositivo refere-se tanto a projetos de investigação liderados por outro Estado, como por organização internacional competente e, por certo, envolve também a plataforma continental estendida além das 200 milhas marítimas.

2.7.7 Artigo 82: pagamentos e contribuições relativos ao aproveitamento além das 200 milhas

A análise do artigo 82 – diretamente associado ao artigo 76 da CNUDM – será feita no capítulo seguinte, juntamente com o papel da Autoridade Internacional dos Fundos Marinhos.

---

[223] *Ibidem*, p. 927-928.

2.7.8 Artigo 83: delimitação da plataforma continental entre Estados

Artigo 83

Delimitação da plataforma continental entre Estados
com costas adjacentes ou situadas frente a frente

1. A delimitação da plataforma continental entre Estados com costas adjacentes ou situadas frente a frente deve ser feita por acordo, de conformidade com o direito internacional a que se faz referência no artigo 38 do Estatuto do Tribunal Internacional de Justiça, a fim de se chegar a uma solução equitativa.
2. Se não se chegar a acordo dentro de um prazo razoável, os Estados interessados devem recorrer aos procedimentos previstos na parte XV.
3. Enquanto não se chegar a um acordo conforme ao previsto no parágrafo 1º, os Estados interessados, num espírito de compreensão e cooperação, devem fazer todos os esforços para chegar a ajustes provisórios de caráter prático e, durante este período de transição, nada devem fazer que possa comprometer ou entravar a conclusão do acordo definitivo. Tais ajustes não devem prejudicar a delimitação definitiva.
4. Quando existir um acordo em vigor entre os Estados interessados, as questões relativas à delimitação da plataforma continental devem ser resolvidas de conformidade com as disposições desse acordo.

O parágrafo de abertura do artigo 83 faz menção a um artigo-chave do Estatuto da Corte Internacional de Justiça (CIJ): o artigo 38, o qual arrola as chamadas fontes do Direito Internacional – ainda que de maneira não exaustiva – a seguir: tratados, costume internacional, princípios gerais de direito, além das decisões judiciárias e doutrina, de maneira subsidiária.

Já os parágrafos 2º e 3º do artigo 83 referem-se aos procedimentos aplicáveis quando não houver acordo, na forma do parágrafo 1º, em especial quanto aos procedimentos previstos na Parte XV da CNUDM – solução de controvérsias. Conforme o disposto na Parte XV, os Estados podem excluir o artigo 83 dos procedimentos compulsórios que levam a decisões obrigatórias, por meio de uma declaração escrita, nos termos do que prevê o artigo 298.1, letra "a". Por seu turno, o parágrafo 4º confirma que as disputas em torno da plataforma continental devem ser resolvidas pelo acordo que exista entre os Estados interessados, quando for o caso.

Assim, a divisão da plataforma continental entre o Estado que submeteu a proposta e o Estado adjacente não é resolvida pela decisão unilateral do Estado proponente com base nas recomendações "definitivas e obrigatórias" da CLPC. Caso contrário, o Estado proponente poderia se evadir das obrigações previstas no artigo 83 para solucionar a disputa sobre a delimitação. Por outro lado, é permitido que o Estado adjacente invoque o artigo 83 para desafiar os limites exteriores da plataforma continental fixado pelo Estado proponente com base nas recomendações da Comissão.[224]

Segundo Nandan e Rosenne, o mencionado dispositivo sofreu grande influência de dois fatores. O primeiro corresponde à decisão dos casos da "Plataforma Continental do Mar do Norte". No julgamento, analisado no capítulo anterior, a CIJ considerou que o artigo 6º da Convenção de 1958[225] "[...] não incorporou ou cristalizou qualquer regra de direito consuetudinário pré-existente ou emergente, segundo a qual a delimitação de áreas da plataforma continental entre Estados adjacentes deve ser realizada com base na equidistância/circunstâncias especiais, a menos que as partes acordem de maneira diferente". Na sequência, a CIJ confirmou que: "a delimitação deve ser realizada de acordo com a aplicação de princípios equitativos".[226]

O segundo fator de influência foi a Resolução 2574A (XXII), de 15 de dezembro de 1969, que mencionava que "o desenvolvimento da tecnologia torna cada vez mais acessível e explorável com fins científicos, econômicos, militares e de outra índole a totalidade dos fundos marinhos e oceânicos"[227]. Em outras palavras, o avanço tecnológico se refletiria no aumento de pedidos de expansão da plataforma continental.

---

[224] GAU, Michael Sheng-ti. The Commission on the Limits of the Continental Shelf as a Mechanism to Prevent Encroachment upon the Area. *Chinese Journal of International Law*, vol. 10, 2011, p. 8.

[225] NANDAN; ROSENNE, *op. cit.*, p. 953-954.

[226] *North Sea Continental Shelf Cases*. ICJ Report 1969. Judgment of 20 February 1969. Tradução do original: *"[...] did not embody or crystallize any pre-existing or emergent rule of customary law, according to which the delimitation of continental shelf areas between adjacent States must, unless the Parties otherwise agree, be carried out on an equidistance – special circumstances basis"* (§ 69). E: *"Delimitation must be the object of agreement between the States concerned, and that such agreement must be arrived at in accordance with equitable principles"* (§ 101).

[227] Tradução do original: *"developing technology is making the entire sea-bed and ocean floor progressively accessible and exploitable for scientific, economic, military and other purposes"*.

Tanto no artigo 83, como no artigo 74 – que trata da delimitação da zona econômica exclusiva entre Estados com costas adjacentes ou situadas frente a frente –, não há nenhuma preferência por qualquer método de delimitação – linha mediana ou equidistância e princípios equitativos. Chegou-se ao consenso entre os representantes dos Estados, depois de anos de negociações durante as sessões da III Conferência, que qualquer método poderia ser escolhido, desde que levasse a uma "solução equitativa".[228]

2.7.9 Artigo 84: cartas e listas de coordenadas geográficas

Artigo 84

Cartas e listas de coordenadas Geográficas

1. Nos termos da presente parte, as linhas de limite exterior da plataforma continental e as linhas de delimitação traçadas de conformidade com o artigo 83 devem ser indicadas em cartas de escala ou escalas adequadas para a determinação da sua posição. Quando apropriado, as linhas de limite exterior ou as linhas de delimitação podem ser substituídas por listas de coordenadas geográficas de pontos, em que conste especificamente a sua origem geodésica.
2. O Estado costeiro deve dar a devida publicidade a tais cartas ou listas de coordenadas geográficas e deve depositar um exemplar de cada carta ou lista junto do Secretário-Geral das Nações Unidas e, no caso daquelas que indicam as linhas de limite exterior da plataforma continental, junto do Secretário--Geral da Autoridade.

É um dispositivo sem qualquer dificuldade. Há uma previsão praticamente idêntica no artigo 75, no que se refere à zona econômica exclusiva. A diferença é que o artigo 84 possui uma instrução adicional que é a de fazer o depósito junto ao Secretário-Geral da Autoridade Internacional dos Fundos Marinhos. Além disso, o artigo 16 determina que o Estado costeiro deve dar a devida publicidade a tais cartas ou à lista de coordenadas geográficas, no caso do mar territorial, e depositar um exemplar junto ao Secretário-Geral das Nações Unidas. Ou seja, os requisitos presentes nos artigos 84 e 16 da CNUDM, considerados conjuntamente, proporcionam

---

[228] NANDAN; ROSENNE, *op. cit.*, p. 983.

que a sociedade internacional tenha as informações necessárias para estabelecer em termos concretos os limites da plataforma continental.[229]

2.7.10 Artigo 85: túneis

Artigo 85

Escavação de túneis

A presente parte não prejudica o direito do Estado costeiro de aproveitar o subsolo por meio de escavação de túneis, independentemente da profundidade das águas no local considerado.

A Convenção sobre Plataforma Continental de 1958 já trazia dispositivo semelhante no seu artigo 7º[230]. De maneira sintética, o artigo 85 mantém o direito de o Estado costeiro aproveitar o subsolo da sua plataforma continental por meio de escavação de túneis. Reafirma-se, por meio do dispositivo, o direito anteriormente consagrado nesse novo regime e a nova definição da plataforma continental. Interessante frisar que este artigo 85, como o artigo 7º da Convenção de 1958, descreve que o direito se estende "independentemente da profundidade das águas".

2.8 A plataforma continental das ilhas

A Parte VIII da CNUDM tem somente um artigo, que trata do regime das ilhas, o qual também tem implicações sobre o regime jurídico da plataforma continental. O artigo 121 tem a seguinte redação:

Artigo 121

Regime das ilhas

1. Uma ilha é uma formação natural de terra, rodeada de água, que fica a descoberto na preia-mar.
2. Salvo o disposto no parágrafo 3º, o mar territorial, a zona contígua, a zona econômica exclusiva e a plataforma continental de uma ilha serão determi-

---

[229] *Ibidem*, p. 987.
[230] Artigo 7º da Convenção de 1958: "As disposições dos presentes artigos em nada afetam o direito do Estado ribeirinho de explorar o subsolo pelo recurso à escavação de túneis, qualquer que seja a altura das águas acima do subsolo".

nados de conformidade com as disposições da presente Convenção aplicáveis a outras formações terrestres.

3. Os rochedos que, por si próprios, não se prestam à habitação humana ou à vida econômica não devem ter zona econômica exclusiva nem plataforma continental.

Clive Schofield ressalta que esse parágrafo 1º do artigo 121 identifica quatro características para que uma "ilha" seja conceituada juridicamente como tal: "formação natural", "área de terra", "rodeada de água" e, especialmente importante, "que fica a descoberto na preia-mar".[231]

O critério da "formação natural" claramente serve para desqualificar qualquer pleito de ilhas artificiais, tais como as construídas em baixios a descoberto ou em recifes; tampouco a construção de ilhas a partir do território do Estado possibilitaria a reivindicação dessas zonas marítimas. O segundo requisito pode parecer bastante óbvio – uma "área de terra" –; no entanto, em algumas circunstâncias muito peculiares, esse aspecto insular pode se mostrar problemático[232]. O requisito de ser "rodeada de água" é absolutamente incontroverso, afinal, se for ligada ao território do Estado, por exemplo, por um braço de terra, será considerada parte integrante do território estatal continental e estará sujeita a delimitação por linhas de base e apta a gerar as respectivas zonas marítimas. Por fim, a condição de "que fica a descoberto na preia-mar" (*above water at high tide*) é fundamental. Há uma relação especial entre essa característica e os níveis de marés para diferenciar as ilhas (acima da maré alta), os baixios a descoberto (acima na maré baixa, mas abaixo na maré alta) e as demais características não insulares (submerso na maré baixa).[233]

O parágrafo 2º complementa o primeiro ao dispor que as ilhas naturais também têm mar territorial, zona contígua, zona econômica exclusiva e

---

[231] Utiliza-se, ao longo de todo o livro, a versão oficial traduzida para o Português. Preia-mar é o nível mais alto das marés, também chamado de maré alta ou maré cheia.

[232] Por exemplo, a disputa entre o governo federal norte-americano e o estado do Alasca em torno de Dinkum Sands, uma formação próxima à costa ártica do Alasca, composta por uma alternância entre gelo marinho, cascalho e seixos.

[233] SCHOFIELD, Clive. The Trouble with Islands: the Definition and Role of Islands and Rocks in Maritime Boundary Delimitation. In: In: HONG, Seoung-Yong; VAN DYKE, Jon M. *Maritime Boundary Disputes, Settlement Processes, and the Law of the Sea*. Leiden: Martinus Nijhoff, 2009, p. 24.

plataforma continental. Todavia, o parágrafo 3º ressalva que os rochedos – que também são uma formação natural, de terra, cercada de água e acima da maré alta – "não se prestam à habitação humana ou a vida econômica não devem ter zona econômica exclusiva nem plataforma continental", ou seja, somente mar territorial e zona contígua.

Portanto, no caso do parágrafo 2º, mesmo pequenas ilhas têm um direito potencial de reivindicar significativas zonas marítimas adjacentes à costa – mar territorial, zona contígua, ZEE e plataforma continental – eventualmente, com importantes recursos econômicos e/ou questões de segurança envolvidas[234]. Clive Schofield, geólogo australiano, ilustra bem o tamanho potencial da questão envolvida: uma ilha isolada, sem quaisquer vizinhos marítimos no raio de 400 milhas marítimas, pode reivindicar 431.014 km^2 de mar territorial, zona econômica exclusiva e plataforma continental. Caso seja um rochedo, portanto, impossibilitado de possuir ZEE e plataforma continental, poderá reivindicar somente 1.550 km^2 de mar territorial.[235]

Portanto, nos termos do parágrafo 3º do artigo 121, os rochedos representam uma espécie de subcategoria de ilhas. Esse dispositivo levanta, no entanto, questões não somente sobre o que seria de fato um "rochedo", mas ainda outros dois problemas interpretativos: quando "não se prestam à habitação humana" ou o que se entende como "vida econômica" dessa formação. Esses "vazios interpretativos" não são exclusivos deste artigo, há diversos outros na CNUDM. Fato é que o artigo 121 ficou aberto a discussões e interpretações divergentes, o que em algumas regiões tem um potencial conflitivo considerável, como é o caso da ilha (ou rochedo) de Okinotorishima, contencioso envolvendo o Japão, Taiwan e China.[236]

Além disso, é importante considerar que se fosse possível que simples rochedos pudessem também ter ZEE e plataforma continental, as quais

---

[234] As discussões entre ser uma "ilha" ou um "rochedo" foram, por exemplo, debatidas em torno da ilha de Jan Mayen (373 km^2 de área), julgado pela Corte Internacional de Justiça no "Caso Relativo à Delimitação Marítima da Zona Situada entre a Groenlândia e Jan Mayen (Dinamarca *vs.* Noruega)", decisão de 14 de junho de 1993.

[235] SCHOFIELD, *op. cit.*, p. 21.

[236] SONG, Yann-huei. Okinotorishima: A "Rock" or an "Island"? Recent Maritime Boundary Controversy between Japan and Taiwan/China. In: HONG, Seoung-Yong; VAN DYKE, Jon M. *Maritime Boundary Disputes, Settlement Processes, and the Law of the Sea*. Leiden: Martinus Nijhoff, 2009, p. 145-146.

ficariam sob a jurisdição do Estado, ainda menor remanesceria o espaço destinado à Área, que, afinal, é um conceito residual.

Como será visto no capítulo 5, esse artigo 121 da CNUDM também trouxe implicações para o Brasil.

2.9 A Comissão de Limites da Plataforma Continental (CLPC): Anexo II da CNUDM

Como visto no item 2.7.1, a complexidade do artigo 76 da CNUDM – especialmente dos parágrafos 4º a 7º, que tratam da possibilidade de expansão da plataforma continental – fez surgir a necessidade de se criar um órgão internacional voltado exclusivamente para o problema da determinação dos limites exteriores da plataforma continental, não somente porque envolve uma série de questões técnicas, mas especialmente porque, nos termos do artigo 76.8, as recomendações deste órgão – a Comissão de Limites da Plataforma Continental – são "definitivas e obrigatórias".

2.9.1 CLPC: natureza, mandato e composição

A atuação da Comissão de Limites da Plataforma Continental (doravante CLPC ou Comissão) é bastante peculiar, visto que a maioria dos Estados do mundo não utilizará dos seus serviços. Todavia, as decisões e recomendações tomadas pela CLPC irão exercer impacto sobre toda a comunidade internacional.

Os dispositivos concernentes à Comissão estão dispostos na Parte VI da CNUDM (artigos 76 a 85), no Anexo II, que estabeleceu a CLPC, e no Anexo II da Ata Final da III Conferência, que é um memorando de entendimentos relativo aos métodos específicos a serem utilizados para determinar os limites exteriores da margem continental.[237]

A CLPC iniciou seus trabalhos em 1997, seguindo a CNUDM, que havia entrado em vigor em 16 de novembro de 1994[238]. Distingue-se de todas as outras comissões de caráter técnico criadas para lidar com temas de limites

---

[237] SMITH, Robert. The Continental Shelf Commission. In: NORDQUIST, Myron H.; MOORE, John Norton. *Oceans Policy: new institutions, challenges and opportunities*. The Hague: Martinus Nijhoff, 1999, p. 135-136.

[238] Nos termos do Anexo II, artigo 2º, parágrafo 2º, a Comissão deveria entrar em funcionamento no mais tardar 18 meses depois da entrada em vigor da CNUDM, ou seja, maio de 1996. No entanto, em uma Reunião dos Estados-partes da CNUDM, realizada em dezembro de 1995, ficou decidido postergar o prazo para março de 1997 (SPLOS/5).

A PLATAFORMA CONTINENTAL E OS DESAFIOS DA SUA EXTENSÃO

e fronteiras, porque é a única comissão técnica e científica do gênero estabelecida a partir de um tratado multilateral, tendo como principal mandato o de analisar os pedidos de extensão da plataforma continental além das 200 milhas marítimas.

Diferentemente de uma "organização internacional", cujos membros são delegados que representam os Estados, a CLPC é uma "instituição internacional", termo que comporta um sentido mais amplo, incluindo organizações internacionais e outras entidades internacionais criadas pelos Estados, mas não necessariamente composta por Estados ou por seus representantes.[239]

Nesse sentido, a Comissão é composta de vinte e um membros, peritos em geologia, geofísica ou hidrografia, eleitos pelos Estados-partes entre os seus nacionais, tendo na devida conta a necessidade de assegurar uma representação geográfica equitativa, os quais prestarão serviços a título pessoal (artigo 2º, do Anexo II da CNUDM)[240]. Dessa forma, a CLPC é um exemplo de uma "instituição internacional", cujos membros não são delegados dos Estados. Trata-se, portanto, de um órgão técnico e científico, em vez de um órgão político ou jurídico. Seu modo de funcionamento se dá por meio de subcomissões que avaliam os pedidos de expansão da plataforma continental e fazem recomendações que são consideradas pelo pleno da CLPC.

A necessidade de se criar, por um grupo de peritos, uma verificação independente da delimitação do espaço estatal da plataforma continental além das 200 milhas marítimas, em oposição a simples ato unilateral do Estado, deve-se a dois fatores: i) a complexidade dos critérios científicos e tecnológicos contidos no artigo 76; e, ii) o fato de o leito do mar, os fundos marinhos e o subsolo além dos limites da jurisdição nacional haverem sido declarados pela CNUDM como patrimônio comum da humanidade (art. 136).

---

[239] SUAREZ, Suzette V. *The outer limits of the continental shelf.* Berlin: Springer, 2008, p. 76.
[240] Nesse sentido vale mencionar a ênfase dada a este tópico por Noel Francis, membro da CLPC: *"[...] the Commission is comprised of individuals and, I will stress individuals, with knowledge in geology, geophysics and hydrography. [...] I want to stress that the Commission is really comprised of individuals, and not States or representatives of States, but rather of individuals"*. FRANCIS, Noel Newton St. Claver. Commission on the Limits of the Continental Shelf. In: NORDQUIST, Myron H.; MOORE, John Norton. *Oceans Policy: new institutions, challenges and opportunities.* The Hague: Martinus Nijhoff, 1999, p. 142.

Nesse sentido, a CLPC ocupa uma posição delicada. Por um lado, precisa legitimar as propostas de expansão da plataforma continental feitas pelos Estados costeiros, assegurando que os pleitos não avancem indevidamente sobre os fundos marinhos internacionais – patrimônio comum da humanidade. Por outro lado, e talvez mais difícil, a CLCP deve se esforçar por uma objetividade científica, nem sempre fácil de alcançar em razão da grande diversidade de correntes doutrinárias sobre o tema, servindo como um árbitro entre elas.[241]

Dessa forma, apesar do caráter unilateral da delimitação por parte do Estado costeiro dos limites exteriores da plataforma continental, estas reivindicações são submetidas a uma espécie de "endosso" pela comunidade internacional por meio das recomendações "definitivas e obrigatórias" da CLPC.[242]

Ainda que essa delimitação dos limites exteriores da plataforma continental seja um ato unilateral do Estado costeiro, esse processo deve seguir o prescrito na CNUDM, em especial o disposto no artigo 76.8 e no Anexo II, para se dar em conformidade com o Direito Internacional e pode ser contraposto a terceiros Estados[243]. Isto ficou bem explicitado no julgamento pela CIJ do caso "Controvérsia Territorial e Marítima entre Nicarágua e Honduras no mar do Caribe (Nicarágua vs. Honduras)", decisão de 8 de outubro de 2007: "[...] qualquer reivindicação de direitos sobre a plataforma continental além das 200 milhas deve estar em acordo com o artigo 76 da Convenção das Nações Unidas sobre o Direito do Mar, e ser analisada pela Comissão de Limites da Plataforma Continental estabelecida pela Convenção".[244]

---

[241] MACNAB, *op. cit.*, p. 11.

[242] JARES, Vladimir. The Continental Shelf beyond 200 nautical miles: the work of the Commission on the Limits of the Continental Shelf and the Artic. *Vanderbilt Journal of Transnational Law*, vol. 42, 2009, p. 1276-1277.

[243] KUNOY, Bjorn. The Admissibility of a Plea to an International Adjudicative Forum to Delimit the Outer Continental Shelf Prior to the Adoption of Final Recommendations by the Commission on the Limits of the Continental Shelf, *The International Journal of Marine and Coastal Law*, vol. 25, 2010, p. 239-240.

[244] *Territorial and Maritime Dispute between Nicaragua and Honduras in the Caribbean Sea (Nicaragua v. Honduras)*. ICJ Report 2007. Judgment of 8 October 2007. Tradução do original: *"any claim of continental shelf rights beyond 200 miles must be in accordance with Article 76 of UNCLOS and reviewed by the Commission on the Limits of the Continental Shelf established thereunder"*.

As funções da CLPC são as seguintes (artigo 3º, do Anexo II):

a) Examinar os dados e outros elementos de informação apresentados pelos Estados costeiros sobre os limites exteriores da plataforma continental nas zonas em que tais limites se estenderem além de 200 milhas marítimas e formular recomendações de conformidade com o artigo 76 e a declaração de entendimento adotada em 29 de Agosto de 1980 pela Terceira Conferência das Nações Unidas sobre o Direito do Mar;

b) Prestar assessoria científica e técnica, se o Estado costeiro interessado a solicitar, durante a preparação dos dados referidos na alínea a).

Para realizar tais objetivos, uma das principais contribuições da CLPC foi a adoção e a publicação das Diretrizes Técnicas e Científicas (*Scientific and Technical Guidelines*)[245], em 13 de maio de 1999, aprovadas na 11ª Reunião dos Estados-partes da Convenção. A necessidade dessas Diretrizes Técnicas e Científicas surgiu das dificuldades que os Estados tiveram de cumprir o artigo 76 da CNUDM. Os Estados-partes reconheceram que a redação do artigo 76 não os ajudava na preparação técnica da submissão para expansão da plataforma continental e consideravam as Diretrizes Técnicas e Científicas de importância crucial para aqueles Estados que pretendiam fazer uma proposta de submissão.[246]

As Diretrizes Técnicas e Científicas são um documento extenso e muito detalhista, com mais de noventa páginas, justificado em razão da grande importância dada a uma série de termos que são abertos a diferentes interpretações igualmente válidas, e surgindo de uma necessidade de uma maior consistência nos pedidos de expansão dos limites exteriores da plataforma continental. A CLPC já havia adotado anteriormente, em 1997, seu Regulamento (*Rules of Procedure*).[247] [248]

---

[245] CLCS/11. 13 May 1999. *Scientific and Technical Guidelines of the Commission on the Limits of the Continental Shelf.* Disponível em: <http://daccess-dds-ny.un.org/doc/UNDOC/GEN/N99/171/08/IMG/N9917108.pdf?OpenElement>. Acesso em: 8 de fevereiro de 2015.

[246] CARLETON, *op. cit.*, p. 288.

[247] CLCS/40/Rev. 1. 17 April 2008. *Rules of Procedure of the Commission on the Limits of the Continental Shelf.* Essa é a versão revista do primeiro regulamento que foi adotado em 1997. Disponível em: <http://daccess-dds-ny.un.org/doc/UNDOC/GEN/N08/309/23/PDF/N0830923.pdf?OpenElement>. Acesso em: 8 de fevereiro de 2015.

[248] ROTHWELL; STEPHENS, *op. cit.*, p. 112.

As Diretrizes Técnicas e Científicas são especialmente importantes porque a Convenção entrou em vigor internacionalmente em 16 de novembro de 1994, e a ausência até então de diretrizes técnicas era considerada com uma desvantagem para os Estados que já eram parte da CNUDM. Veja-se, nesse sentido, o que dispõe o artigo 4º do Anexo II da Convenção:

> Quando um Estado costeiro tiver intenção de estabelecer, de conformidade com o artigo 76, o limite exterior da sua plataforma continental além de 200 milhas marítimas, apresentará à Comissão, logo que possível, mas em qualquer caso dentro dos 10 anos seguintes à entrada em vigor da presente Convenção para o referido Estado, as características de tal limite, juntamente com informações científicas e técnicas de apoio. O Estado costeiro comunicará ao mesmo tempo os nomes de quaisquer membros da Comissão que lhe tenham prestado assessoria científica e técnica.

Em razão das dificuldades técnicas para o cumprimento dessa obrigação, o prazo de dez anos seguintes à entrada em vigor da Convenção – que ocorreria em 16 de novembro de 2004 – foi alterado por decisão dos Estados-partes da Convenção (SPLOS/72). Portanto, o prazo de dez anos passou a viger a partir data da aprovação das Diretrizes Técnicas e Científicas, em 13 de maio de 1999, encerrando-se, portanto, em 13 de maio de 2009, para aqueles Estados que já haviam ratificado a CNUDM na data de entrada em vigor internacional do tratado.[249]

Em 2008, frente a um novo desejo de alguns países – mormente Estados em desenvolvimento – no sentido de que o prazo de dez anos fosse novamente estendido, a Reunião dos Estados-partes decidiu que esse prazo reputar-se-ia observado com a transmissão ao Secretário-Geral de "informação preliminar indicativa dos limites exteriores da plataforma continental além das 200 milhas marítimas e uma descrição do estágio de preparação e da data prevista para o envio da proposta" (SPLOS/183)[250].

---

[249] Conforme visto no Capítulo 1, item 1.5.1.3, essa decisão foi tomada pela Reunião dos Estados-partes da CNUDM. SPLOS/72, 29 May 2001. *Decision regarding the date of commencement of the ten-year period for making submissions to the Commission on the Limits of the Continental Shelf set out in article 4 of Annex II to the United Nations Convention on the Law of the Sea.*

[250] SPLOS/183, 20 June 2008. *Decision regarding the workload of the Commission on the Limits of the Continental Shelf and the ability of States, particularly developing States, to fulfil the requirements of article 4 of annex II to the United Nations Convention on the Law of the Sea, as well as the decision contained in SPLOS/72, paragraph (a).*

Essa informação preliminar apresentada não será examinada pela Comissão, e tampouco prejudica uma futura submissão completa por parte do Estado costeiro.

Como salienta Kunoy, ainda que a permissão prevista no Documento SPLOS/183 se referisse *"particularmente* aos Estados em desenvolvimento em cumprir o disposto no artigo 4º do Anexo II da CNUDM, bem como a decisão que consta no parágrafo "a" do documento SPLOS/72"[251], alguns Estados costeiros desenvolvidos, casos da Espanha e França, aproveitaram a brecha e também apresentaram apenas informações preliminares e parciais sobre os limites exteriores da plataforma continental.[252]

O artigo 4º do Anexo II é silente sobre as eventuais consequências da não apresentação à Comissão da proposta de expansão da plataforma continental dentro desse prazo de dez anos. Podem-se vislumbrar duas hipóteses. A primeira seria que o Estado costeiro perderia o direito de apresentar proposta de submissão à CLPC. A outra seria de que a Comissão não teria a obrigação de aceitar uma proposta depois do prazo limite.[253]

Contudo são apenas conjecturas. Não há qualquer tipo de penalidade caso o Estado costeiro não consiga apresentar sua submissão à CLPC no prazo de dez anos. A CNUDM não traz nenhuma previsão neste sentido e não há, tampouco, nenhum contexto político ou jurídico que autorize uma conclusão em contrário, o que certamente seria evidenciado

---

[251] SPLOS/183, 20 June 2008. O parágrafo mencionado por Kunoy tem a seguinte redação: *"Recognizing that some coastal States, in particular developing countries, including small island developing States, continue to face particular challenges in submitting information to the Commission in accordance with article 76 of the Convention and article 4 of annex II to the Convention, as well as the decision contained in SPLOS/72, paragraph (a), due to a lack of financial and technical resources and relevant capacity and expertise, or other similar constraints"* (grifo nosso).

[252] KUNOY, Bjorn. Disputed Areas and the 10-Year Time Frame: a Legal Lacuna?, *Ocean Development & International Law*, vol. 41, 2010, p. 115. Veja-se, por exemplo, os termos da proposta parcial da Espanha sobre os limites exteriores da plataforma continental na parte oeste das ilhas Canárias: *"De acuerdo con la disposición de SPLOS/183 del 20 Junio de 2008, España puede presentar antes del 13 Mayo de 2009, únicamente información preliminar indicativa de los límites exteriores de la plataforma continental más allá de las 200 millas marinas y una descripción del estado de preparación y de la fecha prevista de envío de la presentación, para cualquiera de las áreas parciales que considere oportuna"*.

[253] ELFERINK, Alex G. Oude. Article 76 of the LOSC on the definition of the Continental Shelf: questions concerning its interpretation from a legal perspective. *The International Journal of Marine and Coastal Law*, vol. 21, n. 3, 2006, p. 279.

explicitamente no texto final da Convenção. Todavia, os Estados devem considerar o prazo de dez anos e medir esforços para que tal limite seja respeitado.[254]

2.9.2 O volume de trabalho da CLPC

Outro importante fator deve ser mencionado sobre as atividades da Comissão: o seu impressionante volume de trabalho. Durante as negociações da III Conferência, havia uma estimativa de que entre trinta e quarenta Estados teriam margens continentais que se estenderiam além das 200 milhas marítimas. Esse número hoje foi reconsiderado e excedeu as expectativas originais.

A primeira submissão à CLPC foi feita pela Federação Russa, em 2001. Desde essa data, e levando em consideração o prazo de 10 anos, a Comissão já recebeu 77 submissões para limites exteriores da plataforma continental e outros 46 avisos de Informação Preliminar de futuras submissões, nos termos da decisão SPLOS/183. Esses números não esperados de submissões colocaram a CLPC sob repentina pressão em curto prazo de tempo, que levaram a pedidos de aumento no ritmo dos trabalhos por parte da Comissão. Parte destes decorre de uma concepção equivocada de que os Estados tenham que aguardar o processo pela CLPC para exercer direitos exclusivos de jurisdição sobre a área adjacente à plataforma continental jurídica[255]. Das 77 submissões apresentadas até dezembro de 2014, a Comissão havia emitido recomendações em 18 casos.[256]

---

[254] TAFT, *op. cit.*, p. 162.

[255] MCDORMAN, Ted. The Continental Shelf Regime in the Law of Sea Convention: A Reflection on the First Thirty Years. *The International Journal of Marine and Coastal Law*, vol. 27, 2012, p. 746-747. Como salienta ainda McDorman, nesses números apresentados deve ser considerado o fato de que há certo grau de dupla contagem. Por exemplo: a Irlanda fez duas submissões em separado, uma relativa a Porcupine Abyssal Plain (2005) e outra como parte da submissão conjunta com a França, Espanha e Reino Unido relativa ao Mar Celta e Baía de Biscaia (2006). Outra situação é, por exemplo, o caso de Cuba que apresentou um aviso de Informação Preliminar e pouco tempo depois apresentou sua submissão completa à Comissão. Por outro lado, alguns Estados imaginados entre os trinta originais ainda não apresentaram nem Informação Preliminar e tampouco a submissão completa, por diversas razões – caso dos Estados Unidos e do Equador.

[256] Disponível em: <http://www.un.org/depts/los/clcs_new/commission_submissions.htm>. Data de acesso: 8 de fevereiro de 2015.

Como a CLPC reúne-se, em princípio, apenas duas vezes por ano[257] – março/abril e agosto/setembro no prédio das Nações Unidas em Nova Iorque –, há um grande volume de trabalho acumulado.

Em linhas gerais, a Comissão funciona da seguinte maneira: recebida a submissão do Estado costeiro quanto a uma plataforma continental estendida, o Secretário-Geral da ONU incluirá a solicitação no programa da próxima reunião da CLPC. A apresentação por parte do Estado costeiro se dará em conformidade com as normas de confidencialidade previstas no Anexo II do Regulamento da CLPC. A menos que decida de outra maneira, a Comissão estabelecerá uma subcomissão composta por até sete membros para examinar cada apresentação; alguns deles poderão participar de duas ou até três subcomissões ao mesmo tempo. Em princípio, somente funcionarão três subcomissões simultaneamente e suas recomendações serão apresentadas por escrito ao presidente da CLPC (artigo 51 do Regulamento da CLPC). As submissões dos Estados costeiros obedecem à ordem de recebimento e somente quando uma das três subcomissões apresentar suas recomendações é que se passará ao exame da próxima submissão.

No entanto, no caso de apresentação de nova submissão por parte do Estado costeiro, ou seja, naquelas hipóteses em que a CLPC não aceitou integramente o pleito inicial do Estado, e este decidiu elaborar novos estudos sobre as áreas contestadas na submissão inicial (exemplos da Federação Russa e futuramente do Brasil), a CLPC tenderá a manter os membros originais da subcomissão que examinou o primeiro pleito. No caso da proposta revista da Federação Russa, quatro dos sete membros já não compunham mais a CLPC; dessa maneira, a Comissão indicou quatro novos membros para recomporem, com os três originais, a subcomissão que reexaminou o pleito parcial revisto quanto à área do mar de Okhotsk.[258]

---

[257] Nos termos do documento CLCS/76, 5 September 2012 [*Progress of work in the Commission on the Limits of the Continental Shelf – Statement by the Chairperson – Thirtieth Session*], a Comissão decidiu celebrar três períodos de sessões de sete semanas cada uma para o ano de 2013, incluídas sessões plenárias, num total de 21 semanas de reuniões da CLPC e suas subcomissões. Também decidiu que quatro dessas 21 semanas fossem dedicadas a sessões plenárias.

[258] CLCS/80, 24 September 2013. *Progress of work in the Commission on the Limits of the Continental Shelf – Statement by the Chairperson – Thirty-second Session*. Vide também CLCS/83, 31 March 2014. *Progress of work in the Commission on the Limits of the continental Shelf - Statement by the Chair - Thirty-fourth session.*

Durante o exame da submissão apresentada pelo Estado costeiro, a subcomissão terá que analisar uma grande quantidade de informações, como dados geodésicos, batimétricos, sísmicos e, possivelmente, outros dados geofísicos de grande complexidade, a fim de verificar que as condições geológicas e geomorfológicas dão suporte ao pleito do Estado costeiro.

É interessante também citar que alguns Estados manifestaram preocupações quanto ao "excesso de submissões" no tocante a plataformas continentais estendidas e o consequente "avanço" sobre a Área, patrimônio comum da humanidade e sujeita à Autoridade Internacional dos Fundos Marinhos. Por exemplo, um representante da Alemanha notou que "como outras delegações, apoiou uma interpretação restrita dos dispositivos da Convenção no tocante aos critérios para os limites exteriores"[259]. Nessa mesma linha, em fevereiro de 2009, em nota verbal para o Secretário-Geral da ONU, o Governo chinês apontou que:

> [...] os Estados-partes têm o direito de submeter informações sobre os limites exteriores da plataforma continental além das 200 milhas marítimas. Enquanto exercitam tal direito [...] os Estados-partes também têm a obrigação de assegurar o respeito à extensão da Área Internacional dos Fundos Marinhos [...], que é patrimônio comum da humanidade, e não prejudicar os interesses globais da comunidade internacional como um todo. Todos os Estados-partes devem implementar a Convenção na sua totalidade e assegurar a integridade da Convenção, particularmente, assegurar que a extensão da Área não será submetida a qualquer tipo de diminuição ilegal.[260]

---

[259] *Apud* MCDORMAN, *The Continental Shelf Regime in the Law of Sea Convention*, p. 748. Tradução do original: *"Like other delegations, it supported a strict and narrow interpretation of the provisions of the Convention regarding the outer limit criteria"*.

[260] CHINA, *Note Verbale*, n. CML/2/2009, 6 de fevereiro de 2009, enviada como resposta à submissão do Japão à CLPC. Disponível em: <http://www.un.org/Depts/los/clcs_new/submissions_files/jpn08/chn_6feb09_e.pdf>. Acesso em: 8 de fevereiro de 2015. Tradução do original: *"[...] States Parties shall have the right to submit information on the outer limits of the continental shelf beyond 200 nautical miles. While exercising such right [...] States Parties also have the obligation to ensure respect for the extent of the International Seabed Area [...], which is the common heritage of mankind, and not to affect the overall interests of the international community as a whole. All States Parties shall implement the Convention in its entirety and ensure the integrity of the Convention, in particular, ensure that the extent of the Area is not subject to any illegal encroachment"*.

2.9.3 As recomendações "definitivas e obrigatórias" da CLPC

Como visto, uma das missões da CLPC é formular recomendações em conformidade com o artigo 76. Essa função conduz a um dos pontos mais importantes e mais controversos deste artigo, que é o parágrafo 8º, visto que na parte final desse dispositivo consta que a

> [...] Comissão fará recomendações aos Estados costeiros sobre questões relacionadas com o estabelecimento dos limites exteriores da sua plataforma continental. Os limites da plataforma continental estabelecidos pelo Estado costeiro com base nessas recomendações serão definitivos e obrigatórios.

Suzette Suarez entende que o estabelecimento dos limites exteriores da plataforma continental é um ato unilateral do Estado costeiro, cabendo somente a este saber como procederá para estabelecer os limites exteriores. A única condição é que estes sejam determinados com base nas recomendações da Comissão. Mas, é justamente nesse ponto que o artigo 76.8 torna-se controverso, já que o entendimento do dispositivo está diretamente associado à interpretação da expressão "com base" (*on the basis of*).[261]

Examinando-se os trabalhos preparatórios desse dispositivo durante os anos de elaboração da CNUDM, é possível encontrar algum elemento elucidativo. Durante a nona sessão da III Conferência, a expressão "com base" substituiu a expressão "tendo em consideração" (*taking into account*). Essa mudança deve-se ao presidente dos trabalhos do Segundo Comitê da Conferência, e foi apoiada pelo Grupo de Estados LL/GDS, enquanto numerosos Estados com margens continentais amplas opuseram-se ou expressaram suas reservas. Esta circunstância comprova que a alteração foi no sentido de limitar a liberdade de ação dos Estados costeiros. Assim, de um lado, a expressão "tendo em consideração" deixava ampla margem de manobra para os Estados costeiros e deixava implícita a ideia de que o Estado costeiro poderia simplesmente estabelecer seus limites exteriores "tendo em consideração" as recomendações da Comissão, mas poderia da mesma maneira rejeitar aspectos significativos das recomendações da Comissão. Por outro lado, no entanto, a expressão adotada no artigo 76.8, diz muito pouco sobre as reais implicações da expressão "com base".[262]

---

[261] SUAREZ, *op. cit.*, p. 210.
[262] ELFERINK, *Article 76 of the LOSC on the definition of the Continental Shelf*, p. 280.

Na hipótese de que um Estado venha a discordar das recomendações, deve apresentar à Comissão "dentro de um prazo razoável uma proposta revista ou uma nova proposta" (artigo 8º, Anexo II)[263]. Decorrente dessa previsão legal, pode se criar uma interminável situação de "ping-pong", ou seja, submissão por parte do Estado costeiro, depois recomendações da Comissão, nova submissão por parte do Estado costeiro, novas recomendações da Comissão etc. Mesmo que o Estado costeiro atue de boa-fé e a Comissão eventualmente consiga alcançar um consenso, é importante notar que não há qualquer previsão legal que ponha fim a esse processo de "ping-pong".[264]

Outro tópico de difícil consenso neste artigo 76.8 é o que versa sobre as recomendações da CLPC em termos "definitivos e obrigatórios".

Anna Cavnar entende que se o Estado costeiro concorda com as recomendações da CLPC, o estabelecimento dos limites exteriores com base nestas são "definitivos e obrigatórios". Mas, como visto, nada impede que o Estado costeiro não concorde com as recomendações da CLPC. Assim, a CNUDM não esclarece em que devem consistir essas recomendações, tampouco explica o tratado quantas vezes um Estado poderá refazer sua submissão ou o que aconteceria se um Estado costeiro estabelecesse seus limites marítimos sem o consentimento da CLPC.[265]

---

[263] Veja-se, por exemplo, o caso da submissão da Federação Russa. O país foi o primeiro a submeter uma proposta formal a uma plataforma continental estendida à CLPC em 2001. No ano seguinte, a Comissão fez conhecer suas recomendações, que não atendiam a integralidade do pedido russo. De acordo com os parágrafos (38-41) das recomendações, a CLPC expressava que não havia reservas a proposta de extensão da plataforma continental no mar de Bering e no mar de Barents. Todavia, no tocante ao mar de Okhotsk, a CLPC sugeriu que fosse realizada uma proposta parcial, acompanhada de esforços para solucionar questões jurisdicionais com o Japão. Na parte central do Ártico, a Comissão recomendou uma proposta revista. Desde 2003 a Federação Russa tem realizado estudos adicionais sobre a plataforma continental, especialmente no Ártico. Tomando como referência o prazo de dez anos previsto no artigo 4º do Anexo II, imagina-se que o "prazo razoável" mencionado no artigo 8º do Anexo II não poderia superar esses dez anos. No entanto, somente em 28 de fevereiro de 2013 a Federação Russa apresentou uma submissão parcial revista no tocante ao mar de Okhotsk. MACNAB, Ron; PARSON, Lindsay. Continental Shelf Submissions: the record to date. *The International Journal of Marine and Coastal Law*, vol. 21, n. 3, 2006, p. 311.

[264] MCDORMAN, Ted L. The role of the Commission on the Limits of the Continental Shelf: a technical body in a political world. *The International Journal of Marine and Coastal Law*, vol. 17, n. 3, 2002, p. 306.

[265] CAVNAR, *op. cit.*, p. 401-402.

Sobre esse último aspecto, veja-se que o Informativo da 11ª Reunião dos Estados-partes da CNUDM, realizada em 2001, quando algumas delegações assinalaram que a Convenção:

> [...] não estipulava nenhuma consequência jurídica para o caso de que um Estado não fizesse uma apresentação à Comissão. Várias delegações assinalaram o princípio de que os direitos dos Estados costeiros sobre sua plataforma continental eram inerentes, e que a inobservância do prazo de 10 anos especificado no artigo 4º do Anexo II não afetaria negativamente os direitos que não dependiam da ocupação, real ou fictícia, bem como de nenhuma reclamação expressa, como consta do parágrafo 3º do artigo 77 da Convenção.[266]

Assim, qual seria o verdadeiro papel da CLPC na delimitação dos limites exteriores da plataforma continental?

Para Ted L. McDorman, "uma certeza é que é o Estado costeiro, e não a Comissão, quem tem a capacidade jurídica para definir os limites exteriores da margem continental do Estado"[267]. E acrescenta:

> A leitura mais direta da parte final do artigo 76.8 é uma cláusula se/então: *se* um limite exterior é reivindicado com base nas recomendações da Comissão, *então* os limites exteriores são "definitivos e obrigatórios". "Definitivos e obrigatórios" para quem? [...] Tanto para o Estado que faz a submissão como para todos os outros Estados. No entanto, um acordo entre a Comissão e o Estado que faz a submissão no tocante a localização do limite exterior da margem continental impediria que os outros Estados pudessem rejeitar (protesto e portanto não aceitar) um limite exterior da plataforma continental do Estado? *Prima facie* a resposta seria não, já que a Comissão não representa os Estados,

---

[266] SPLOS/73, 14 June 2001. *Report of the Eleventh Meeting of State Parties*. Tradução do original: *"Some delegations pointed out that there was no legal consequence stipulated by the Convention if a State did not make a submission to the Commission. Several delegations underscored the principle that the rights of the coastal State over its continental shelf were inherent, and that non-compliance with the 10-year time period specified in article 4 of annex II would not adversely affect those rights, which did not depend on occupation, effective or notional, or any express proclamation, as stated in article 77, paragraph 3, of the Convention"* (§75).

[267] MCDORMAN, *The role of the Commission on the Limits of the Continental Shelf*, p. 306. Tradução do original: *"One certainty is that it is the coastal state, not the Commission which has the legal capacity to set the state's outer limit of the continental margin"*.

não fala e não pode falar pelos Estados. Os Estados não estão privados dos seus direitos legais de discordar quando outro Estado definir os limites exteriores mesmo que essa definição dos limites exteriores possam ser afirmados com base nas recomendações da Comissão.[268]

Nesse mesmo sentido, Alex Oude Elferink afirma que à "Comissão não foi dado o poder de indicar se o Estado costeiro atuou com base nas suas recomendações. Outros Estados podem levantar questões com o Estado costeiro".[269]

Há, ainda, outra obrigação para o Estado costeiro: este "deve depositar junto ao Secretário-Geral das Nações Unidas mapas e informações pertinentes, incluindo dados geodésicos, que descrevam permanentemente os limites exteriores da sua plataforma continental", nos termos do artigo 76.9 da CNUDM. Além disso, o Secretário-Geral da ONU deve dar a devida publicidade a esses limites. Esse depósito, portanto, significa a etapa final do processo de definição dos limites exteriores da plataforma continental.

Seria, então, nesse momento em que os limites exteriores da plataforma continental tornar-se-iam "definitivos e obrigatórios" para os outros Estados, a menos que estes os questionassem dentro de um período de tempo razoável. Algum Estado poderia argumentar que os limites exteriores não teriam sido estabelecidos de acordo com as exigências substantivas e processuais previstas no artigo 76, ou afirmar que o Estado costeiro não estipulou seus limites exteriores "com base" nas recomendações da CLPC. Um êxito nesse questionamento dos limites exteriores tornaria sem efeito

---

[268] *Ibidem*, p. 314-315 (grifos do original). Tradução do original: *"The most straightforward reading of the last sentence of Article 76(8) is an if/then clause; if an outer limit claim is based on the Commission recommendations, then the outer limit is 'final and binding'. 'Final and binding' on whom? [...] 'final and binding' applies both the submitting state and all other states. However, does accord between the Commission and a submitting state as to location of the outer boundary of the continental margin remove from other states their capacity to reject (protest and thus not accept) a state's continental shelf outer limit? Prima facie the answer to this would to be no since the Commission does not represent states, does not and cannot speak for states. States are not deprived of their legal right to disagree with another state's established outer limit even if that outer limit delineation can be said to be on the basis of the Commission recommendations".*

[269] ELFERINK, *Article 76 of the LOSC on the definition of the Continental Shelf*, p. 281. Tradução do original: *"The Commission has not been given the power to indicate if a coastal state has acted on the basis of its recommendations. Other states can raise this matter with a costal state".*

as recomendações "definitivas e obrigatórias" do artigo 76[270]. Como bem salienta Bjorn Kunoy:

> Resumindo: embora, os Estados costeiros disponham de poderes soberanos e direitos exclusivos sobre a plataforma continental, a delimitação dos limites exteriores da plataforma continental somente será oponível aos demais Estados se realizada de acordo com os procedimentos prescritos no artigo 76 da CNUDM, levando em consideração o Anexo II da CNUDM. Em termos práticos, isso significa que o endosso pela Comissão aos limites exteriores da plataforma continental propostos pelo Estado costeiro é pré-requisito para validade desta delimitação, porque embora "seja o Estado a delinear tais limites, isso não quer dizer, no entanto, que seja um assunto que interesse o Estado de maneira isolada".[271]

Deve-se recordar, por fim, que o parágrafo 10 do artigo 76 dispõe que nada nesse artigo prejudica "a questão da delimitação da plataforma continental entre Estados com costas adjacentes ou situadas frente a frente". Tal inclusão pode ser entendida pelo fato de os parágrafos 8º e 9º do artigo 76 mencionarem que os limites exteriores da plataforma continental são respectivamente definitivos e obrigatórios, além de que serão descritos de maneira permanente. Esses dispositivos têm o potencial de criar controvérsias naqueles casos em que os limites exteriores da plataforma continental se estendem a áreas sujeitas a sobreposições de reivindicações por partes de dois ou mais Estados costeiros, o que é o caso da maioria dos pedidos submetidos à CLPC.

Assim, afirma Ted McDorman:

> A interpretação mais convincente para "definitivos e obrigatórios" refere-se tão-somente ao Estado que fez a submissão e nesta condição tenha definido

---

[270] *Ibidem*, p. 282.

[271] KUNOY, *The admissibility of plea...*, p. 244. Tradução do original: *"To sum up, although coastal States are vested with inherent sovereign and exclusive rights to the continental shelf, the delineation of the outer limits of the continental shelf is only opposable to other States if done according to the prescribed procedures in LOSC Article 76, read in conjunction with Annex II to the LOSC. In practical terms this means that the endorsement by the Commission of the outer limits of the continental shelf proposed by a coastal State is a prerequisite to the validity of such a delineation, because whereas 'it is for the State to draw the lines; this is not to say, however, that it is a matter for the State alone'".*

seus limites exteriores da plataforma continental *e que tais limites não tenham sido contestados por outros Estados*, impossibilitando que o Estado posteriormente altere este limite. Para esta extensão, e somente para esta extensão, os limites exteriores da plataforma continental seriam "definitivos e obrigatórios", não seriam contestáveis e talvez se tornassem uma obrigação *erga omnes*.[272]

Na mesma linha também estão Smith e Taft:

A Comissão não estabelece os limites do bordo exterior da plataforma continental; isto continua sendo função do Estado costeiro, após a apresentação de informações pertinentes à definição dos limites exteriores e recomendações feitas pela Comissão. Caso as recomendações da Comissão sejam aceitas pelo Estado costeiro, este estabelecerá os limites exteriores baseado nas recomendações da Comissão; estes limites serão definitivos e obrigatórios.[273]

Portanto, a correta interpretação das recomendações "definitivas e obrigatórias" da CLPC deve ser da seguinte maneira: são recomendações. Tão-somente recomendações, que podem servir ao Estado costeiro para definir os limites exteriores da plataforma continental estendida além das 200 milhas marítimas, mas que não impedem que esse mesmo Estado costeiro fixe limites distintos, dentro do estipulado no artigo 76.5. Nessa hipótese, no entanto, outros Estados poderão contestar esses limites, já que o procedimento previsto no artigo 76 não teria sido plenamente obedecido.

---

[272] MCDORMAN, *The role of the Commission on the Limits of the Continental Shelf*, p. 315. Tradução do original: *"The more convincing interpretation of 'final and binding' is that it refers only to the submitting state in that the submitting state, having delineated its outer limit of the continental shelf and that limit not being challenged by other states, cannot subsequently change the location of its outer limit. To this extent, and this extent only, would the outer limit be 'final and binding', not be contestable and perhaps become an obligation* erga omnes"(grifos do original).

[273] SMITH; TAFT, *op. cit.*, p. 20. Tradução do original: *"The Commission does not establish the outer limit of the continental shelf; that remains the function of the coastal State following submission of information pertaining to the definition of the outer limit and the recommendation by the Commission. If the Commission's recommendations are acceptable to the coastal State, then the State may establish the outer limits in a manner based on the Commission's recommendations; those limits are the final and binding".*

Conclusão do capítulo

Este Capítulo 2 lidou com as questões atinentes apenas à plataforma continental. Como visto acima, essa parte do leito marinho começou a ganhar importância a partir da Proclamação Truman (1945), um ato unilateral dos Estados Unidos que serviu de gatilho para que diversos outros fizessem reivindicações semelhantes. Além disso, o tema da plataforma continental acabou por inserir-se no nascente processo de codificação do Direito do Mar.

Ainda que tenha sido aprovada a Convenção sobre a Plataforma Continental (1958), os avanços tecnológicos sobre a capacidade de exploração dos recursos minerais da plataforma continental propiciaram a morte precoce do conceito jurídico de plataforma continental previsto nesta convenção, que se utilizava dos critérios batimétrico e de capacidade de aproveitamento.

A retomada das negociações em torno de um novo conceito jurídico de plataforma continental, ainda que tomando em consideração os aspectos geológicos desta, dar-se-ia no Comitê dos Fundos Marinhos (1968-1973) e seria alvo de acalorados debates no Segundo Comitê da III Conferência (1973-1982). Depois de longas negociações, o resultado foi uma nova definição de plataforma continental, consagrada no artigo 76 da CNUDM, com base em dois novos critérios – 200 milhas marítimas (distância) e prolongamento natural da margem continental (geomorfológico).

Além disso, o artigo 76, parágrafos 4º a 7º, também trouxe a possibilidade de que a plataforma continental possa ser estendida além dos limites iniciais das 200 milhas marítimas, com base nas recomendações "definitivas e obrigatórias" da CLPC. Todavia, essa plataforma continental estendida traz consigo uma importante contrapartida financeira, prevista no artigo 82 da CNUDM, a ser estudada no capítulo seguinte.

Capítulo 3

A Autoridade Internacional dos Fundos Marinhos e a implementação do artigo 82

O capítulo anterior foi dedicado à análise da plataforma continental, desde suas preocupações iniciais, passando pelas decisões judiciais, resoluções da AGNU, pela Convenção sobre a Plataforma Continental (1958), até chegar-se ao regime jurídico estabelecido pela CNUDM.

Como foi demonstrado, o artigo 76 é peça fundamental no novo regime consolidado para a plataforma continental, na medida em que, além de trazer um limite de 200 milhas marítimas para os Estados costeiros, permite que, em razão de determinadas circunstâncias geomorfológicas, os Estados costeiros possam apresentar uma proposta de expansão da plataforma continental à CLPC, órgão criado pela CNUDM justamente com essa finalidade.

No entanto, esse artigo 76, em especial quando prevê a possibilidade de extensão da plataforma continental, dispõe acerca de uma contrapartida financeira dos Estados que dele se valerem, também prevista na Parte VI da CNUDM, o artigo 82, a ser examinado neste capítulo.

3.1 Os artigos 76 e 82 da CNUDM: estreitamente unidos

Os artigos 76 e 82 da CNUDM estão diretamente unidos e influenciaram suas redações mutuamente. O primeiro deu uma nova definição jurídica à plataforma continental, enquanto o segundo estabeleceu os pagamentos e contribuições em espécie sobre os recursos não vivos da plataforma continental estendida (PCE), ou seja, além dos limites das 200 milhas.

Essa relação entre os dois artigos é decorrente da divisão entre os Estados que buscavam estabelecer os limites do bordo exterior da plataforma continental com base no critério da distância, e aqueles que desejavam introduzir a adoção do critério geomorfológico.[274]

Em outras palavras, a articulação dos artigos 76 e 82 emergiu da polarização entre os países que procuravam limitar a extensão da jurisdição dos Estados costeiros a uma distância fixa de 200 milhas marítimas – sendo este limite coincidente com o limite máximo da ZEE – e aqueles Estados que entendiam que, em razão de determinadas peculiaridades geológicas da plataforma continental – na verdade, margem continental –, esta poderia ser estendida além das 200 milhas marítimas.[275]

O ponto de virada para conciliar as duas posições foi levantado pelo representante da delegação das Ilhas Maurício, o qual sustentou que:

> A única solução seria reconhecer os direitos soberanos dos Estados costeiros sobre a plataforma continental até a margem continental ou elevação. Nos lugares nos quais a distância da margem excedesse 200 milhas a partir das linhas de base, poderia prever-se um dispositivo para atender o pleito dos Estados sem litoral e Estados em desenvolvimento geograficamente desfavorecidos pela utilização de um sistema de divisão de rendimentos.[276]

O meio termo entre as duas posições foi, então, a imposição de uma contrapartida sobre a zona além das 200 milhas marítimas, que ficaria sob jurisdição do Estado costeiro, consignada no artigo 82.

---

[274] Estes estabeleceram o Grupo dos Estados com plataformas amplas (*Group of Broad Shelf States*), também conhecidos como "Territorialistas" (*Margineers*), entre eles: Argentina, Austrália, Brasil, Canadá, Índia, Irlanda, Islândia, Madagascar, Noruega, Nova Zelândia, Reino Unido, Sri Lanka e Venezuela.

[275] Vide, no capítulo anterior, item 2.6: A plataforma continental na III Conferência: debates e trabalhos preparatórios.

[276] UNITED NATIONS, *Third United Nations Conference... vol. II*, p. 163. Tradução do original: *"The only solution was to recognize the sovereign rights of coastal States in the continental shelf right up to the continental margin or rise. Where that margin was a distance exceeding 200 miles from the baseline, provision could be made for the requirements of developing land-locked States and developing geographically disadvantaged States by using a revenue-sharing system".*

Recorde-se que, como a Área é estabelecida como critério residual (ou seja, todo espaço oceânico que não está sob jurisdição estatal), qualquer aumento da plataforma continental além das 200 milhas marítimas implica sua diminuição. Dessa forma, os recursos presentes na plataforma continental além das 200 milhas, que seriam patrimônio comum da humanidade, passariam, também, a ficar sob controle do Estado costeiro.

3.2 O artigo 82 da CNUDM: pagamentos e contribuições sobre a plataforma continental estendida

O resultado final de todo esse debate e dos trabalhos preparatórios no âmbito do Segundo Comitê ficou consagrado na redação do artigo 82. Sua peculiaridade o torna único no Direito Internacional, sem paralelo com qualquer outro dispositivo, na medida em que traz a previsão de que o Estado costeiro que explora os recursos não vivos da plataforma continental estendida (PCE), ou seja, além das 200 milhas marítimas, faça pagamentos e contribuições relativos a esse aproveitamento.[277]

O artigo 82 tem a seguinte redação:

Artigo 82

Pagamentos e contribuições relativos ao aproveitamento da plataforma continental além de 200 milhas marítimas

1. O Estado costeiro deve efetuar pagamentos ou contribuições em espécie relativos ao aproveitamento dos recursos não vivos da plataforma continental além de 200 milhas marítimas das linhas de base, a partir das quais se mede a largura do mar territorial.

2. Os pagamentos e contribuições devem ser efetuados anualmente em relação a toda a produção de um sítio após os primeiros cinco anos de produção nesse sítio. No sexto ano, a taxa de pagamento ou contribuição será de 1% do valor ou volume da produção no sítio. A taxa deve aumentar 1% em cada ano seguinte até ao décimo segundo ano, e daí por diante deve ser mantida em 7%. A produção não deve incluir os recursos utilizados em relação com o aproveitamento.

---

[277] INTERNATIONAL SEABED AUTHORITY. *Non-living resources of the continental shelf beyond 200 nautical miles: speculations on the implementation of Article 82 of the United Nations Convention on the Law of the Sea (ISA Technical Study n. 5)*. Kingston: ISA, 2010, p. 1.

3. Um Estado em desenvolvimento que seja importador substancial de um recurso mineral extraído da sua plataforma continental fica isento desses pagamentos ou contribuições em relação a esse recurso mineral.

4. Os pagamentos ou contribuições devem ser efetuados por intermédio da Autoridade, que os distribuirá entre os Estados Partes na presente Convenção na base de critérios de repartição equitativa, tendo em conta os interesses e necessidades dos Estados em desenvolvimento, particularmente entre eles, os menos desenvolvidos e os sem litoral.

No mesmo sentido do que se expôs no tópico anterior, D. P. O'Connell entende que o artigo 82 é resultado da disputa que se criou dentro da III Conferência, entre o grupo de países que queria maximizar a extensão da Área (que seria considerada como patrimônio comum da humanidade), e de outro lado, o grupo de países que desejava maximizar os direitos soberanos exclusivos dos Estados costeiros.

Tendo em vista que a maior parte dos Estados já havia obtido bons resultados com a criação do conceito de ZEE – muito mais do que com o proposto conceito de plataforma continental –, havia inicialmente uma tendência de que se estipulasse um limite idêntico entre a ZEE e a plataforma continental correspondente à distância máxima de 200 milhas marítimas. No entanto, um pequeno, mas muito influente, grupo de países que possuem margem continental ampla, ou seja, além do limite originalmente previsto (200 milhas marítimas), conseguiu manter o entendimento de que o conceito de plataforma continental deveria englobar também a margem continental.[278]

O preço a pagar pelo êxito do grupo territorialista na aprovação da possibilidade de expansão da plataforma continental – englobando o conceito de margem continental – foi o consentimento à proposta de um sistema de divisão de rendimentos (*revenue-sharing system*) no tocante ao aproveitamento de tais partes do leito e subsolo do mar, ou seja, além das 200 milhas marítimas, contadas a partir das linhas de base.

É importante lembrar que um dos motivos – senão o principal – que desencadeou os trabalhos do Comitê dos Fundos Marinhos e a convocação da III Conferência foi o discurso do Embaixador de Malta Arvid Pardo perante a Assembleia Geral das Nações Unidas em 1967, sugerindo

---

[278] O'CONNELL, *op. cit.*, p. 507.

a transformação dos fundos marinhos e oceânicos internacionais em patrimônio comum da humanidade.

A importância dada à Área na CNUDM é facilmente perceptível pelo fato de sua conceituação estar no artigo 1º, item 1 do tratado, nos seguintes termos: "Área significa o leito do mar, os fundos marinhos e o seu subsolo além dos limites da jurisdição nacional". Além disso, a definição de Área estabelecida pelo artigo 1º decorre de resoluções prévias adotadas pela Assembleia Geral da ONU, como destacado no Preâmbulo da CNUDM:

> Desejando desenvolver pela presente Convenção os princípios consagrados na Resolução 2749 (XXV), de 17 de Dezembro de 1970, na qual a Assembleia Geral das Nações Unidas declarou solenemente, *inter alia*, que os fundos marinhos e oceânicos e o seu subsolo para além dos limites da jurisdição nacional, bem como os respectivos recursos, são patrimônio comum da humanidade e que a exploração e o aproveitamento dos mesmos fundos serão feitos em benefício da humanidade em geral, independentemente da situação geográfica dos Estados.

Também é interessante destacar que a Área não se confunde com o alto-mar, que também é um conceito jurídico de caráter residual, pois o último corresponde à coluna de água, e não ao solo e ao subsolo marinho, como no caso da Área. Assim, o alto-mar é toda porção de água marinha que não está sob jurisdição nacional: águas interiores, mar territorial, zona econômica exclusiva[279] ou águas arquipelágicas. Além do mais, os regimes jurídicos são essencialmente distintos. No alto-mar, os Estados possuem

---

[279] O regime das águas da zona econômica exclusiva é, na verdade, especial, e de certa forma, assemelha-se ao de alto-mar, visto que, entre outros fatores, não existe na ZEE "direito de passagem inofensiva", como por exemplo, pelo mar territorial (artigo 17 CNUDM) e pelas águas arquipelágicas (artigo 52 CNUDM). Os demais Estados, costeiros ou não, têm certas liberdades na ZEE que não existem no mar territorial de outro Estado, por exemplo, liberdades de navegação e sobrevoo e de colocação de cabos e dutos submarinos, bem como de outros usos do mar internacionalmente lícitos, relacionados a essas liberdades, tais como os ligados à operação de navios, aeronaves, cabos e dutos submarinos e compatíveis com a CNUDM. Além disso, o parágrafo 3º do artigo 58 da CNUDM salienta, no entanto, que os demais Estados "terão em devida conta os direitos e deveres do Estado costeiro e cumprirão as leis e regulamentos por ele adotados de conformidade com as disposições da presente Convenção e demais normas de direito internacional".

O BRASIL E O DIREITO INTERNACIONAL DO MAR CONTEMPORÂNEO

seis liberdades, enquanto a Área e seus recursos são patrimônio comum da humanidade.[280]

Portanto, o artigo 82 deve ser lido associadamente com o artigo 76 – já que foram negociados conjuntamente –, e também com o Anexo II da CNUDM que estabelece os métodos pelos quais os Estados estabelecem seus limites exteriores da plataforma continental além das 200 milhas marítimas. Segundo o Estudo Técnico n. 4 da Autoridade *(ISA Technical Study n. 4)*:

> O Artigo 82 é um dispositivo único no Direito Internacional. Criado por um senso de justiça, ele estabelece uma 'servidão' internacional na forma de *'royalty'* consistindo de pagamentos e contribuições a serem efetuados pelo Estado costeiro para a Autoridade, relativos ao aproveitamento de recursos não vivos da plataforma continental exterior. Existem muito poucos, se é que existem, dispositivos similares em outros instrumentos jurídicos que estabelecem uma obrigação legal voltada para solucionar as desigualdades internacionais de maneira prática, e não simplesmente como uma aspiração política ou em termos vagos. No entanto, o artigo 82 traz consigo muitas ambiguidades e incertezas, em parte por ser uma novidade, pelo difícil compromisso por trás dele e pelos questionamentos não respondidos sobre seus mecanismos de implementação.[281]

É válido ressaltar, todavia, que apesar de serem os dois artigos indiscutivelmente ligados um ao outro, a implementação do artigo 82, isto é,

---

[280] Liberdade de navegação; liberdade de sobrevoo; liberdade de colocação de cabos e dutos submarinos; liberdade de construção de ilhas artificiais e outras instalações permitidas pelo Direito Internacional; liberdade de pesca; liberdade de investigação científica (artigo 87). PFIRTER, Frida M. Armas. The management of seabed living resources in "The Area" under UNCLOS. *Revista Electrónica de Estudios Internacionales*, n. 11, 2006, p. 3.

[281] INTERNATIONAL SEABED AUTHORITY. *Issues associated with the implementation of Article 82 of the United Nations Convention on the Law of the Sea (ISA Technical Study n. 4).* Kingston: ISA, 2009, p. xi. Tradução do original: *"Article 82 is a unique provision in international law. Motivated by a sense of fairness, it establishes an international 'servitude' in the form of a 'royalty' consisting of payments and contributions to be made by the coastal State to the Authority for the exploitation of the non-living resources of the OCS. There are very few, if any, similar provisions in any other legal instrument which set out a legal obligation designed to address international inequity in a practical way, not simply as a political aspiration or in vague general terms. However Article 82 carries many ambiguities and uncertainties, in part because of its novelty, the difficult compromise behind it and unanswered questions about the mechanisms of implementation".*

o pagamento e contribuições em espécie por intermédio da Autoridade, não depende da delimitação "definitiva e obrigatória" da plataforma continental, nos termos do artigo 76.8.

Isso porque, o artigo 77 da CNUDM dispõe que o Estado costeiro exerce direitos de soberania sobre a plataforma continental para efeitos de exploração e aproveitamento de seus recursos naturais. Os direitos soberanos sobre a plataforma continental existem *ad initio* e *ipso jure,* independentemente do estabelecimento dos limites exteriores da plataforma continental além das 200 milhas marítimas. Além disso, são direitos soberanos independentemente da sua ocupação, real ou efetiva, ou de qualquer outra declaração expressa. Por isso, o Estado costeiro tem o direito de exercer esses direitos na PCE antes mesmo das recomendações em caráter "definitivo e obrigatório" da CLPC.[282]

O professor Aldo Chircop – responsável pelo Estudo Técnico n. 4 da Autoridade – em um trabalho anterior a este, esclarece que os negociadores da III Conferência não quiseram avançar e qualificar a obrigação do artigo 82 como tributo (*tax*), visto que:

'Tributo' é um conceito muito bem definido no contexto doméstico e sua aplicação no âmbito internacional precisaria ser considerada com muito cuidado. Carrega conotações que não seriam relevantes ou úteis à aplicação no contexto internacional, como o exercício soberano de arrecadação, destinado ao funcionamento do Estado e dos serviços prestados. [...] Ainda, o poder de tributar dá ideia de aferir (isto é, aferir o tributo devido), e à Autoridade não foi dado, pela CNUDM, propriamente o poder de fazer aferições. [...] Ainda, considerando que o pagamento ou a contribuição referem-se às atividades sob jurisdição nacional, a utilização de 'tributo' para conceituar a obrigação internacional teria estabelecido um precedente para o qual os Estados-partes não estavam preparados à época. [...] As referências a 'pagamento' e 'contribuição' não evocam ideias de prerrogativas soberanas, mas simplesmente procuram transmitir o conteúdo de uma obrigação internacional.[283]

---

[282] ISA, *Technical Study n. 5,* p. 14.

[283] CHIRCOP, Aldo. Operationalizing Article 82 of the United Nations Convention on the Law of the Sea: a new role for the International Seabed Authority. *Ocean Yearbook,* vol. 18, 2004, p. 398-399. Tradução do original: *"'Tax' is a well-defined concept in a domestic context and its application in an international setting would need very careful consideration. It carries connotations that may not be relevant or helpful for application in an international setting, such as the exercise of the*

Em razão da importância e da escassez do debate interno sobre o artigo 82, é interessante acompanhar a história diplomática de negociação desse dispositivo legal.

3.3 Preparando o artigo 82: a adoção da fórmula de compromisso

Como se expôs, o artigo 82 foi a maneira que os Estados negociadores encontraram de superar a polarização entre dois grupos de Estados. De um lado, um grupo de países com plataformas continentais amplas sob a perspectiva geológica, que pretendiam reivindicar uma plataforma continental além das 200 milhas marítimas, e, de outro, um grupo de países que procurava limitar a exploração dos recursos da plataforma continental até um determinado limite, de preferência coincidente com a ZEE. A saída encontrada foi a adoção de uma fórmula de compromisso entre todos os Estados negociadores, um *quid pro quo*, ou seja, um artigo – futuro artigo 82 – que contemplasse uma compensação financeira pela utilização dos recursos não vivos situados na plataforma continental estendida.

Na verdade, a proposta de se criar algum mecanismo compensatório para a possibilidade de expansão da plataforma continental já era debatida no Comitê dos Fundos Marinhos, desde 1971, quando Malta propôs um projeto de artigos sugerindo que o Estado costeiro deveria ser obrigado a transferir parte dos ganhos decorrentes das atividades econômicas sobre os recursos naturais dessa zona às instituições oceânicas internacionais que seriam posteriormente criadas, conforme proposta abaixo:

Artigo 61

1. O Estado costeiro deverá transferir para as Instituições do Espaço Oceânico Internacional uma porção dos rendimentos obtidos do aproveitamento dos recursos naturais do espaço oceânico nacional.

---

sovereign's right to levy monies so that government may be supported and services provides. [...] Also, the power to tax connotes a power to assess (i.e., assessments of tax due), and the Authority has not been duly empowered by the LOS Convention to make assessments. [...] Also, considering that the payment or contribution relates to activities within national jurisdiction, the utilization of "tax" to conceptualize the international obligation would have established a precedent that the states parties were not ready for at the time. [...] The references to "payment" and "contribution" do not evoke ideas of sovereign prerogatives, but simply convey the content of an international obligation".

2. As Instituições deverão preparar um rascunho de convenção definindo a contribuição para as Instituições do Espaço Oceânico Internacional sob o parágrafo 1º deste artigo e as modalidades de pagamentos.[284]

Posteriormente, Malta iria apresentar uma proposta ligeiramente diferente da original, nos seguintes termos do artigo 80.2 da proposta:

Artigo 80

2. O Estado costeiro tem a obrigação de transferir para as instituições do espaço oceânico internacional uma porção dos benefícios financeiros decorrentes do aproveitamento dos recursos naturais do espaço oceânico nacional. As instituições deverão preparar um rascunho de convenção especial sobre esse tema para exame dos Estados Contratantes.[285]

Uma proposta dos Estados Unidos com relação à "área econômica do leito do mar costeiro" propunha que o Estado costeiro "tornasse viável

---

[284] Documento A/AC.138/53. UNITED NATIONS. *Report of the Committee on the Peaceful Uses of the Sea-bed and the Ocean Floor Beyond the Limits of National Jurisdiction.* New York: United Nations, 1971, p. 105-193. Tradução do original: *"Article 61. 1. The coastal State shall transfer to the International Ocean Space Institutions a portion of the revenues obtained from the exploitation of the natural resources of national ocean space. 2. The Institutions shall prepare a draft convention defining the contribution to the International Ocean Space Institutions under paragraph one of this article and the modalities of payment".* O artigo 61 da proposta de Malta também tinha a seguinte nota de rodapé: *"It is believed that a contribution by the coastal State of a proportion of the revenue received though the exploitation of the natural resources of national space ocean space is justified, inter alia, by the fact that the coastal State is likely to receive benefits not otherwise easily attainable through the rational management of natural resources beyond its justification".*

[285] NANDAN; ROSENNE, *op. cit.,* p. 932-933. O projeto de artigos apresentado por Malta (*Preliminary draft articles on the delimitation of coastal State jurisdiction in ocean space and on the rights and obligations of coastal States in the area under their jurisdiction*) contava com 105 artigos, reproduzido integralmente em United Nations. *Report of the Committee on the Peaceful Uses of the Sea-bed and the Ocean Floor Beyond the Limits of National Jurisdiction.* New York: United Nations, 1973, p. 35-70, originalmente documento: A/AC.138/SC.II/L.28. Tradução do original: *"Article 80. 2. The coastal State shall have the obligation to transfer to the international ocean space institutions a portion of the financial benefits received from the exploitation of the natural resources of national ocean space. The institutions shall prepare a special draft convention on this matter for consideration by Contracting Parties".*

esta divisão de rendimentos no tocante ao aproveitamento dos recursos minerais", especialmente sobre o referido espaço.[286]

Em pronunciamento no Segundo Comitê da III Conferência, em agosto de 1974, o representante dos Estados Unidos aprofundou a ideia apresentada no projeto de artigos (*draft articles*):

O projeto de artigos previsto para os direitos soberanos do Estado costeiro sobre o aproveitamento de recursos da plataforma continental implica nos limites exteriores da margem continental, mas, ao mesmo tempo, o artigo 27 (b) prevê pagamentos para a comunidade internacional no tocante ao aproveitamento além do limite da isóbara de 200 metros ou além dos limites do mar territorial, qualquer dos dois que seja mais distante. Isto foi sugerido como uma maneira de reconciliar posições dos Estados que sustentavam que seus direitos estendem-se até o bordo da margem continental além das 200 milhas e aqueles que não desejam ver diminuído o patrimônio comum da humanidade pelo reconhecimento de uma jurisdição em favor do Estado costeiro além das 200 milhas. Embora o princípio ainda não tenha obtido acordo, espera-se que os governos considerem essa hipótese como uma possibilidade de acomodação.[287]

Além da proposta norte-americana, a delegação dos Países Baixos agregou a ideia de uma contribuição escalonada, utilizando critérios como

---

[286] NANDAN; ROSENNE, *op. cit.*, p. 932-933, reproduzido integralmente, *ibidem*, p. 75-76, originalmente documento: A/AC.138/SC.II/L.35. Em especial o artigo 2, letra "e": *"Article 2. The coastal State, in exercising the rights referred to in article 1, shall ensure that its laws and regulations, and any other actions it takes pursuant thereto in the coastal sea-bed economic area, are in strict conformity with the provisions of this chapter and other applicable provisions of this Convention, and in particular: (e) the coastal State shall make available in accordance with the provisions of article ..., such share of revenues in respect of mineral resources exploitation from such part of the coastal sea-bed economic area as is specified in that article"*.

[287] UNITED NATIONS, *Third United Nations Conference... vol. II*, p. 291. Tradução do original: *"The draft articles provided for coastal State sovereign rights over the continental shelf for resource exploitation purposes out to the outer limit of the continental margin, but at the same time, article 27 (b) provided for payments to the international community in respect of exploitation beyond the 200-metre isobath or the seaward limit of the territorial sea, whichever was farther seaward. That was suggested as a way to reconcile the positions of States which maintained that their rights extended to the edge of the continental margin beyond 200 miles and those that did not wish to see common heritage of mankind diminished by recognizing coastal State jurisdiction beyond 200 miles. Although the principle had not yet been agreed upon, he hoped that Governments would consider it as a possible accommodation"*.

A AUTORIDADE INTERNACIONAL DOS FUNDOS MARINHOS E A IMPLEMENTAÇÃO DO ARTIGO 82

distância e profundidade. Por outro lado, os Estados com plataformas amplas resistiam à criação de um sistema de divisão de rendimentos, enquanto os Estados sem litoral se opunham a direitos exclusivos além das 200 milhas. Dessa forma, a proposta dos Estados Unidos ia ganhando adeptos.[288]

As origens do futuro artigo 82 estão em um documento de trabalho de 1974 (*Informal Working Paper, n. 3*). Em razão de sua importância e inegável influência na versão final do artigo, o dispositivo é reproduzido na íntegra:

Dispositivo XII

1. Um Estado costeiro deve efetuar pagamentos para a autoridade internacional a partir dos rendimentos decorrente do aproveitamento dos recursos não vivos da sua... zona de conformidade com os seguintes parágrafos.

2. A taxa de contribuição deve ser... por cento dos rendimentos do aproveitamento realizadas dentro das 40 milhas ou da isóbara de 200 metros da... zona, qualquer que seja o limite que o Estado costeiro escolha adotar, e... por cento dos rendimentos do aproveitamento realizados além das 40 milhas ou da isóbara de 200 metros dentro da... zona.

3. A autoridade internacional deverá distribuir essas contribuições na base de critérios de repartição equitativa.

5.2 Limite exterior da plataforma continental: critérios aplicáveis.

Dispositivo XIII

Fórmula A – O termo plataforma continental significa: (a) o solo e o subsolo das áreas submarinas adjacente à costa mas fora da área do mar territorial, dos limites exteriores da elevação da plataforma continental nos limites da bacia oceânica ou solo abissal;

Fórmula B – A plataforma continental do Estado costeiro estende-se além do mar territorial até uma distância de 200 milhas a partir das linhas de base aplicáveis e em toda a extensão do prolongamento natural do seu território terrestre nos casos em que o prolongamento natural estende-se além das 200 milhas.

Fórmula C – [A plataforma continental] compreende o leito e o subsolo das áreas submarinas adjacentes ao território do Estado mas situada fora do mar

---

[288] CHIRCOP, Aldo; MARCHAND, Bruce. International Royalty and Continental Shelf Limits: Emerging Issues for the Canadian Offshore. *Dalhousie Law Journal*, n. 26, 2003, p. 287-288.

territorial, até o bordo exterior inferior da margem continental que fica ao lado da área das planícies abissais, quando o bordo estiver a uma distância inferior a 200 milhas da costa, até essa última distância.

Fórmula D – ... o limite exterior [da plataforma continental] pode ser estabelecido pelo Estado costeiro dentro da isóbara de... metros; nas áreas onde a isóbara de... metros esteja situado a uma distância inferior a ... milhas marítimas contadas, o limite exterior da plataforma continental pode ser estabelecido pelo Estado costeiro por uma linha em que cada ponto fica a uma distância do ponto mais próximo das referidas linhas de base que não exceda ... milhas marítimas.

Fórmula E – Em virtude do princípio de que a plataforma continental é o prolongamento natural do território continental, um Estado costeiro pode de maneira razoável definir, de acordo com as condições geográficas específicas, os limites da plataforma continental sob sua jurisdição exclusiva além do seu mar territorial ou zona econômica. O limite máximo de tal plataforma continental pode ser determinado entre os Estados por intermédio de consultas.

Fórmula F – 1. O limite exterior da plataforma continental pode ser estabelecido pelo Estado costeiro dentro da isóbara de 500 metros. 2. Nas áreas em que a isóbara de 500 metros mencionada no parágrafo 1º está situada a uma distância inferior a 100 milhas marítimas medidas das linhas de base a partir das quais se mede a largura do mar territorial, o limite exterior da plataforma continental pode ser estabelecido pelo Estado costeiro por uma linha em que cada um dos pontos fica a uma distância do ponto mais próximo das linhas de base não ultrapassando 100 milhas marítimas. 3. Nas áreas em que não há plataforma continental, o Estado costeiro pode ter o mesmo direito em relação ao leito do mar como em relação à plataforma continental, dentro dos limites previstos no parágrafo 2º.[289]

---

[289] *Second Committee Informal Working Paper n. 3, 5 August 1974*, com adaptações. PLATZÖDER, *Third United Nations Conference... vol. III*, p. 288-293. Tradução do original: *"Provision XII. 1. A coastal State shall make contributions to the international authority out of the revenue derived from the exploitation of the non-living resources of its... zone in accordance with the following paragraph. 2. The rate of contribution shall be... per cent of the revenue from exploitation carried out within 40 miles or 200 metres isobath of the... zone, whichever limit the coastal State may choose to adopt, and... per cent of the revenues from exploitation carried out beyond 40 miles or 200 metres isobath within the... zone. 3. The international authority shall distribute these contributions on the basis of the equitable sharing criteria. 5.2 Outer limit of the continental shelf: applicable criteria. Provision XIII. Formula A – The term continental shelf means: (a) The sea-bed and subsoil of submarine areas adjacent to the coast but outside the area of the territorial sea, to the outer limits of the continental shelf rise bordering on the ocean basin*

A AUTORIDADE INTERNACIONAL DOS FUNDOS MARINHOS E A IMPLEMENTAÇÃO DO ARTIGO 82

Essa proposta foi revisada (*Informal Working Paper, n. 3/Rev. 1*) uma semana depois, com a introdução de importantes alterações:

Dispositivo XIII

Fórmula A – [idêntica ao Dispositivo XII acima]

Fórmula B – O Estado costeiro no exercício de seus direitos no tocante aos recursos naturais não renováveis da plataforma continental:

(a) Deve cumprir os acordos jurídicos que tenha celebrado com outros Estados-contratantes, seus instrumentos ou de seus nacionais no que diz respeito à exploração ou aproveitamento de tais recursos; não deve tomar a propriedade de tais Estados, instrumentos ou nacionais, exceto para uma finalidade pública em bases não discriminatórias e com previsões adequadas na tomada do pagamento da compensação justa em uma forma eficaz de realização; e

(b) Deve pagar, com respeito ao aproveitamento de tais recursos não renováveis do mar do mar territorial ou da isóbara de 200 metros, o que estiver mais distante (inserir fórmula), a ser usado, conforme o previsto no artigo..., para os fins da comunidade internacional, particularmente para benefício dos países em desenvolvimento.

or abyssal floor; (b)... Formula B – The continental shelf of a coastal State extends beyond its territorial sea to a distance of 200 miles from the applicable baselines and throughout the natural prolongation of its land territory were such natural prolongation extends beyond 200 miles. Formula C – [The continental shelf] comprises the sea-bed and subsoil of the submarine areas adjacent to the territory of the State but outside the area of the territorial sea, up to the outer lower edge of the continental margin which adjoins the abyssal plains area, when that edge is at a distance of less than 200 miles from the coast, up to this last distance. Formula D – ... the outer limit [of the continental shelf] may be established by the coastal State within the... metre isobath; in areas where the... metre isobath is situated at a distance less than... nautical miles measured, the outer limit of the continental shelf may be established by the coastal State by a line every point of which is at a distance from the nearest point of the said baselines not exceeding... nautical miles. Formula E – By virtue of the principle that the continental shelf is the natural prolongation of the continental territory, a coastal state may reasonably define, according to its specific geographical conditions, the limits of the continental shelf under its exclusive jurisdiction beyond its territorial sea or economic zone. The maximum limits of such continental shelf may be determined among States through consultation. Formula F – 1. The outer limit of the continental shelf may be established by the coastal State within the 500-metre isobath. 2. In areas where the 500-metre isobath referred to in paragraph 1 hereof is situated at a distance less than 100 nautical miles measured from the baselines from which the territorial sea is measured, the outer limit of the continental shelf may be established by the coastal State by a line every point of which is at a distance from the nearest point of the said baselines not exceeding 100 nautical miles. 3. In areas where there is no continental shelf, the coastal State may have the same right in respect of the sea-bed as in respect of the continental shelf, within the limits provided for in paragraph 2 hereof".

O BRASIL E O DIREITO INTERNACIONAL DO MAR CONTEMPORÂNEO

5.2 Limite exterior da plataforma continental: critérios aplicáveis
Dispositivo XIV
Fórmula A – [idêntica à Fórmula A do item 5.2 acima]
Fórmula B – [idêntica à Fórmula B do item 5.2 acima]
Fórmula C – [idêntica à Fórmula C do item 5.2 acima]
Fórmula D – ...o limite exterior [da plataforma continental] pode ser estabelecido pelo Estado costeiro dentro da isóbara de... metros; nas áreas em que a isóbara de... metros estiver situada à uma distância inferior à.... milhas marítimas das linhas de base a partir das quais se mede a largura do mar territorial, o limite exterior da plataforma continental pode ser estabelecido pelo Estado costeiro por uma linha em que cada um dos pontos fica a uma distância do ponto mais próximo das linhas de base que não ultrapasse... milhas marítimas.
Fórmula E – [idêntica à Fórmula E do item 5.2 acima]
Fórmula F – 1. O limite exterior da plataforma continental pode ser estabelecido pelo Estado costeiro dentro da isóbara de 500 metros. 2. Nas áreas em que a isóbara de 500 metros mencionada no parágrafo 1º está situada a uma distância inferior a 200 milhas marítimas das linhas de base a partir das quais se mede a largura do mar territorial, o limite exterior da plataforma continental pode ser estabelecido pelo Estado costeiro por uma linha em que cada um dos pontos fica a uma distância do ponto mais próximo das linhas de base não ultrapassando 200 milhas marítimas. 3. Nas áreas em que não há plataforma continental, o Estado costeiro pode ter o mesmo direito em relação ao leito do mar como em relação à plataforma continental, dentro dos limites previstos no parágrafo 2º.[290]

---

[290] *Second Committee Informal Working Paper n. 3/Rev.1, 12 August 1974*, com adaptações. PLATZÖDER, *Third United Nations Conference... vol. III*, p. 301-302. Tradução do original: *"Provision XIII. Formula A – [...]; Formula B – The coastal State in the exercise of its rights with respect to the non renewable natural resources of the continental shelf: (a) Shall comply with legal arrangements which it has entered into with other contracting States, their instrumentalities, or their nationals in respect to the exploration or exploitation of such resources; shall not take property of such States, instrumentalities or nationals except for a public purpose on a non-discriminatory basis and with adequate provision at the time of taking for prompt payment of just compensation in an effectively realizable form; and (b) Shall pay, in respect of the exploitation of such non-renewable resources seaward of the territorial sea or the 200-metre isobath, whichever is further seaward (insert formula), to be used, as specified in article..., for international community purposes, particularly for the benefit of developing countries. 5.2 Outer limit of the continental shelf: applicable criteria. Provision XIV. Formula A – [...]; Formula B – [...]; Formula C – [...]; Formula D –... the outer limit [of the continental shelf] may be established by the coastal State within the... metre isobath; in areas where the... metre isobath is situated at a distance less*

A proposta faz referência a "rendimentos" (*revenue*), ao contrário de "volume" ou "produção", como ficaria consagrado na versão final. A Autoridade distribuiria os rendimentos na medida em que estes fossem obtidos na Área.[291]

Dispositivo VIII
Fórmula A – Todos os Estados que tenham obtido rendimentos do aproveitamento dos recursos não vivos da... devem efetuar contribuições para a autoridade internacional até... por cento do rendimento líquido. 2. A autoridade internacional deve distribuir essas contribuições na mesma base dos rendimentos decorrentes do aproveitamento da área dos fundos marinhos internacionais.

Com a conclusão da terceira sessão em 1975, surgiu o primeiro entendimento sobre o princípio básico de que os Estados costeiros deveriam efetuar contribuições no tocante às suas atividades na plataforma continental estendida. A evolução do artigo 82 ao longo das sessões da III Conferência é apresentada na Tabela 1, a seguir.

Como foi visto, o conceito de divisão de rendimentos ou a criação de *royalties* internacionais, foi originalmente mencionado na proposta de Malta apresentada no Comitê dos Fundos Marinhos, que estipulava a

---

than... nautical miles measured from the baselines from which the territorial sea is measured, the outer limit of the continental shelf may be established by the coastal State by a line every point of which is at a distance from the nearest point of the said baselines not exceeding... nautical miles; Formula E – [...]; Formula F – 1. The outer limit of the continental shelf may be established by the coastal State within the 500-metre isobath. 2. In areas where the 500-metre isobath referred to in paragraph 1 hereof is situated at a distance less than 200 nautical miles measured from the baselines from which the territorial sea is measured, the outer limit of the continental shelf may be established by the coastal State by a line every point of which is at a distance from the nearest point of the said baselines not exceeding 200 nautical miles. 3. In areas where there is no continental shelf, the coastal State may have the same right in respect of the sea-bed as in respect of the continental shelf, within the limits provided for in paragraph 2 hereof".
[291] *Second Committee Informal Working Paper n. 4/Rev.2, 27 August 1974, Provision VIII.* PLATZÖDER, *Third United Nations Conference... vol. III*, p. 301-302. Tradução do original: *"Provision VIII – Formula A – 1. All States deriving revenues from the exploitation of the non-living resources of the... zone shall make contributions to the international authority at the rate of... per cent of the net revenues. 2. The international authority shall distribute these contributions on the same basis as the revenue derived from the exploitation of the international sea-bed area. Formula B – The sovereign rights of the coastal State over its continental shelf are exclusive. The revenues derived from the exploitation of the continental shelf shall not be subject to any revenue sharing".*

obrigação do Estado costeiro em transferir "uma porção dos benefícios econômicos advindos do aproveitamento dos recursos naturais do espaço oceânico nacional".

A originalidade da concepção norte-americana foi limitar essa obrigação financeira aos limites exteriores da plataforma continental. O detalhamento da proposta – analisada abaixo – se daria ao longo das sessões seguintes da III Conferência, mas a fórmula de compromisso entre a possibilidade a uma plataforma continental estendida e uma contrapartida financeira ao aproveitamento dos recursos naturais dessa área já estava colocada sobre a mesa de discussões.

Ao término da terceira sessão e da elaboração de um primeiro texto informal (*Informal Single Negotiating Text – ISNT*), havia um entendimento em torno do princípio básico de que o Estado costeiro deveria ficar obrigado a fazer contribuições com relação ao aproveitamento da plataforma continental estendida, entendimento que ficaria consagrado com a adoção do artigo 82.[292]

O ISNT espelhava, também, o consenso em torno da ideia de que todo Estado costeiro tinha direito a uma zona econômica exclusiva e a uma plataforma continental de pelo menos 200 milhas marítimas. A questão que faltava acertar eram os critérios para a adoção dos limites exteriores da plataforma continental, ou seja, além das 200 milhas. No entanto, as negociações em torno deste tópico somente poderiam avançar a partir da concordância acerca do sistema de divisão de rendimentos, isto é, sobre a contrapartida financeira para o aproveitamento da plataforma continental estendida e consequente diminuição da Área.[293]

Nesse sentido, também merece ser lembrada a proposta informal feita por Seicheles, apresentada no Grupo Negocial n. 6 (NG6), em setembro de 1978. Em nota a esta proposta, o país registrou, com relação aos esboços dos artigos 76 e 82, que considera indissociáveis os dois artigos, razão pela qual deveriam ser simultaneamente acordados.[294]

---

[292] ISA, *Technical Study n. 4*, p. 16.

[293] *Idem.*

[294] Documento NG6/3, 7 de setembro de 1978. Informal Suggestion by Seychelles: *"Article 76. Same as the informal suggestion by Ireland (NG6/1)* [fórmula irlandesa]; *Article 82. 1. Same as ICNT. 2. The payments and contributions shall be made annually with respect to all production at a site. For the sixth year, the rate of payment or contribution shall be 10 per cent of the value or volume of production at the site. Production does not include resources used in connexion with exploitation. 3.*

Diversas propostas foram apresentadas ao longo dos anos da III Conferência. Entre os pontos de consenso estavam o princípio de uma escala progressiva de pagamentos para a Autoridade, que ficaria responsável pela distribuição aos países em desenvolvimento e a ideia de se instituir um período de graça antes dos pagamentos ou contribuições que permitisse a recuperação dos custos iniciais de operação. Podem-se destacar entre os pontos de discordância o percentual a ser adotado para os pagamentos ou contribuições e a controvérsia em torno de quais os eventuais casos de isenção dos pagamentos ou contribuições em favor dos Estados costeiros no aproveitamento da PCE.[295]

Um resumo da evolução das propostas sobre a redação do artigo 82 pode ser visto na Tabela 1 nas páginas seguintes.

O quadro abaixo facilita a visualização das discussões em torno da divisão dos recursos provenientes dos limites exteriores da plataforma continental ao longo das sessões da III Conferência. Foram pelo menos trinta propostas discutidas, algumas com alterações pontuais, outras com grandes mudanças, encerradas na décima sessão (1981), quando as alterações propostas foram incorporadas pelo Comitê de Redação na versão *Draft Convention* e, posteriormente, aprovadas no texto final da CNUDM.[296]

3.4 Os desafios do artigo 82 da CNUDM

O artigo 82, como anteriormente mencionado, é um dispositivo muito peculiar no Direito Internacional, uma vez que traz uma série de compromissos para os Estados com plataformas continentais estendidas e para a Autoridade sem, no entanto, dispor como tais preceitos serão efetivados. Há, portanto, uma série de perguntas colocadas a partir dos desafios de implementar o dispositivo legal.

O parágrafo 1º inicia com um imperativo, no sentido de que "o Estado costeiro deve efetuar pagamentos ou contribuições em espécie". Ao mesmo tempo em que contém uma determinação, o dispositivo legal permite que

---

Same as ICNT. 4. Same as ICNT. Note: Seychelles considers that these two articles are indissociable and that they must be agreed to simultaneously". PLATZÖDER, *Third United Nations Conference...* vol. IX, p. 372 (com adaptações).

[295] Entre os 5% proposto pelos Estados Unidos e os 12% de Cingapura, o percentual adotado foi de 7%, nos termos do consenso encontrado pelo delegado austríaco Helmut Tuerk. ISA, *Technical Study n. 4*, p. 16-17.

[296] NANDAN; ROSENNE, *op. cit.*, p. 940-945.

TABELA 1 – Evolução do artigo 82 por meio dos textos negociais da III Conferência

Artigo 69, ISNT (1975) A/CONF.62/WP.8/Part II	Artigo 70, RSNT (1976) A/CONF.62/WP.8/Rev.1/Part II	Artigo 82, ICNT (1977) A/CONF.62/WP.10	Artigo 82, ICNT Rev. 1 (1979); ICNT Rev. 2 (1980); *Draft Convention (Informal Text, 1980); Draft Convention* (1981); CNUDM (1982)*
1. O Estado costeiro deve efetuar pagamentos ou contribuições em espécie relativos ao aproveitamento dos recursos não vivos da plataforma continental além de 200 milhas marítimas das linhas de base, a partir das quais se mede a largura do mar territorial.	1. O Estado costeiro deve efetuar pagamentos ou contribuições em espécie relativos ao aproveitamento dos recursos não vivos da plataforma continental além de 200 milhas marítimas das linhas de base, a partir das quais se mede a largura do mar territorial.	1. O Estado costeiro deve efetuar pagamentos ou contribuições em espécie relativos ao aproveitamento dos recursos não vivos da plataforma continental além de 200 milhas marítimas das linhas de base, a partir das quais se mede a largura do mar territorial.	1. O Estado costeiro deve efetuar pagamentos ou contribuições em espécie relativos ao aproveitamento dos recursos não vivos da plataforma continental além de 200 milhas marítimas das linhas de base, a partir das quais se mede a largura do mar territorial.
2. A taxa dos pagamentos e contribuições devem ser ...% do valor ou volume da produção no sítio. A produção não deve incluir os recursos utilizados em relação com o aproveitamento.	2. Os pagamentos e contribuições devem ser efetuados anualmente em relação a toda a produção de um sítio após os primeiros cinco anos de produção nesse sítio. No sexto ano, a taxa de pagamento ou contribuição será de ...% do valor ou volume da produção no sítio. A taxa deve aumentar ...% em cada ano seguinte até ao **décimo ano**, e daí por diante deve ser mantida em ...%. A produção não deve incluir os recursos utilizados em relação com o aproveitamento.	2. Os pagamentos e contribuições devem ser efetuados anualmente em relação a toda a produção de um sítio após os primeiros cinco anos de produção nesse sítio. No sexto ano, a taxa de pagamento ou contribuição será de 1% do valor ou volume da produção no sítio. A taxa deve aumentar 1% em cada ano seguinte até ao **décimo ano**, e daí por diante deve ser mantida em 5%. A produção não deve incluir os recursos utilizados em relação com o aproveitamento.	2. Os pagamentos e contribuições devem ser efetuados anualmente em relação a toda a produção de um sítio após os primeiros cinco anos de produção nesse sítio. No sexto ano, a taxa de pagamento ou contribuição será de 1% do valor ou volume da produção no sítio. A taxa deve aumentar 1% em cada ano seguinte até ao **décimo segundo ano**, e daí por diante deve ser mantida em 7%. A produção não deve incluir os recursos utilizados em relação com o aproveitamento.

A AUTORIDADE INTERNACIONAL DOS FUNDOS MARINHOS E A IMPLEMENTAÇÃO DO ARTIGO 82

TABELA 1 – Evolução do artigo 82 por meio dos textos negociais da III Conferência (cont.)

Artigo 69, ISNT (1975) A/CONF.62/WP.8/Part II	Artigo 70, RSNT (1976) A/CONF.62/WP.8/Rev.1/Part II	Artigo 82, ICNT (1977) A/CONF.62/WP.10	Artigo 82, ICNT Rev. 1 (1979); ICNT Rev. 2 (1980); *Draft Convention (Informal Text, 1980); Draft Convention* (1981); CNUDM (1982)*
3. A Autoridade Internacional determinará a extensão na qual os países em desenvolvimento estão obrigados a efetuar pagamentos ou contribuições previstos nos parágrafos 1º e 2º.	3. A Autoridade Internacional determinará se e em qual extensão os países em desenvolvimento estão obrigados a efetuar pagamentos ou contribuições previstos nos parágrafos 1º e 2º.	3. Um país em desenvolvimento que seja importador substancial de um recurso mineral extraído da sua plataforma continental fica isento desses pagamentos ou contribuições em relação a esse recurso mineral	3. Um Estado em desenvolvimento que seja importador substancial de um recurso mineral extraído da sua plataforma continental fica isento desses pagamentos ou contribuições em relação a esse recurso mineral.
4. Os pagamentos ou contribuições previstos nos parágrafo 1º e 2º devem ser efetuados **para a Autoridade Internacional nas condições e procedimentos a serem acordados em cada caso com a Autoridade.** A Autoridade Internacional distribuirá esses pagamentos e contribuições na base de critérios de repartição equitativa, tendo em conta os interesses e necessidades dos **países** em desenvolvimento.	4. Os pagamentos ou contribuições devem ser efetuados **para a Autoridade Internacional, nas condições e procedimentos a serem acordados em cada caso com a Autoridade.** A Autoridade Internacional distribuirá esses pagamentos e contribuições na base de critérios de repartição equitativa, tendo em conta os interesses e necessidades dos **países** em desenvolvimento, particularmente entre eles, **os menos desenvolvidos.**	4. Os pagamentos ou contribuições devem ser efetuados **por intermédio** da Autoridade, que os distribuirá entre os Estados Partes na presente Convenção na base de critérios de repartição equitativa, tendo em conta os interesses e necessidades dos **países** em desenvolvimento, particularmente entre eles, os menos desenvolvidos e os sem litoral.	4. Os pagamentos ou contribuições devem ser efetuados **por intermédio** da Autoridade, que os distribuirá entre os Estados Partes na presente Convenção na base de critérios de repartição equitativa, tendo em conta os interesses e necessidades dos Estados em desenvolvimento, particularmente entre eles, os menos desenvolvidos e os sem litoral.

Fonte: CHIRCOP; MARCHAND. *op. cit.*, p. 302. Tradução com adaptações (grifos nossos).

* Respectivamente os seguintes documentos: A/CONF.62/WP.10/Rev.1; A/CONF.62/WP.10/Rev.2; A/CONF.62/WP.10/Rev.3; A/CONF.62/L.78.

o membro tenha discricionariedade sobre a forma de contribuição, ou seja, é o Estado que explora os recursos da PCE que fará a escolha entre efetuar pagamentos *ou* realizar contribuições em espécie.

Essa contrapartida pode ser, portanto, o pagamento – entendido como uma compensação financeira – ou uma contribuição em espécie, correspondente à transferência de uma parte da produção do recurso natural não-vivo obtido na plataforma continental estendida como, por exemplo, petróleo, gás natural ou outro determinado mineral.[297]

Pode-se depreender que os pagamentos serão realizados em moeda livremente conversível, em moeda forte (dólar americano, euro, iene), ainda que o artigo 82 não disponha sobre isto. Caso o Estado costeiro opte por fazer contribuições em espécie, haverá inúmeras dificuldades práticas para implementar, por exemplo: como a Autoridade fará o transporte e o gerenciamento desse produto? Quem pagará os custos dessas operações? O artigo 82 não traz qualquer tipo de indicação para responder estes questionamentos.[298]

O parágrafo 2º tampouco é elucidativo; na verdade, aprofunda as interrogações. Primeiramente, o parágrafo diz que "a produção não deve incluir os recursos utilizados em relação com o aproveitamento", mas, por outro lado, é silente sobre o que deve ser entendido por "produção" neste contexto. Em segundo lugar, indica que "a taxa de pagamento ou contribuição" a ser feita deve ser baseada no "valor ou volume" da produção neste sítio, ou seja, "o pagamento" está relacionado ao valor desses recursos produzidos, enquanto "a contribuição em espécie" está relacionada ao volume dos recursos produzidos.[299]

Outro ponto importante e não totalmente esclarecido é o que se entende por "valor ou volume de produção no sítio". Alguns o interpretam como uma referência a *well-head value* (algo como "na boca do poço", antes de ser transportado), ou seja, o valor ou volume com base na produção bruta. Outros o interpretam como o "rendimento líquido" (*net revenue*), isto é, o rendimento do produto subtraído os custos de produção. No entanto, a história do processo de negociações do artigo 82 sugere que o modelo

---

[297] ISA, *Technical Study n. 4*, p. 28-29.

[298] LODGE, Michael W. The International Seabed Authority and Article 82 of the UN Convention on the Law of the Sea. *The International Journal of Marine and Coastal Law*, vol. 21, n. 3, 2006, p. 326.

[299] NANDAN; ROSENNE, *op. cit.*, p. 946.

de "rendimento líquido" (*net revenue*) proposto por alguns Estados foi definitivamente rejeitado, porque os outros países vislumbravam dificuldades para se chegar a um acordo sobre quais custos poderiam ser deduzidos para se chegar ao valor final. Foi ainda argumentado que o valor ou volume da produção bruta teria também a virtude de ser mais facilmente quantificado. Nesse sentido, parece que "valor" deveria ser interpretado como o justo valor de mercado com base no total bruto extraído do poço.[300]

Durante o processo negocial, os Estados Unidos manifestaram-se contrários a qualquer proposta em termos de rendimento líquido, em razão das dificuldades inerentes ao processo negocial sobre o que poderia e o que não poderia ser deduzido. A proposta apresentada pelos Estados Unidos sobre esse ponto deu-se em termos bastante claros:

Artigo 69 (ISNT II)

[...] 2. A taxa de pagamento ou contribuição deve ser... por cento do valor ou volume da produção extraída no sítio especificado no parágrafo 4º desse artigo. *A produção não incluirá os recursos utilizados em conexão com o aproveitamento.* [...] 4. Os pagamentos e contribuições mencionados no parágrafo 2º devem ser efetuados anualmente em relação a toda produção de um sítio após os primeiros cinco anos de produção nesse sítio; serão de um por cento no sexto ano, devem aumentar um por cento em cada ano seguinte até o décimo ano, e daí por diante devem ser mantidas em cinco por cento.[301]

Ainda que a expressão destacada no item 2 do artigo 69 da proposta norte-americana ("produção não incluirá os recursos utilizados em conexão com o aproveitamento") não tenha permanecido na versão final do artigo 82, o trecho destacado no item 4 (*"em relação a toda produção de um sítio"*) manteve-se na versão final no parágrafo 2º do artigo. Além desta

---

[300] CHIRCOP; MARCHAND, *op. cit.*, p. 290-297.
[301] PLATZÖDER, *United Nations Conference...* vol. IV, p. 326 (grifos nossos). Tradução do original: *"Article 69 (ISNT II). [...] 2. The rate of payment or contribution shall be ... percent of the value or volume of the extracted product at the site specified in paragraph 4 of this article. Production does not include resources used in connection with exploitation. [...] 4. The payments and contributions referred to in paragraph 2 shall be made annually* with respect to all production at a site *after the first five years of production at that site; they shall be one percent for the sixth year, shall increase by one percent for each subsequent year until the tenth year, and shall remain at five percent thereafter"*.

proposta, a submissão do Grupo dos Estados sem litoral e geograficamente desfavorecidos (LL/GDS) era bastante semelhante à dos Estados Unidos:

Artigo 69 (ISNT II)

[...] 2. A taxa de pagamento ou contribuições será de... por cento do valor ou volume da produção no sítio com relação ao aproveitamento empreendido além das 200 milhas marítimas das linhas de base, a partir das quais se mede a largura do mar territorial, e... por cento dentro desse limite. *A produção não incluirá os recursos utilizados em conexão com o aproveitamento.*[302]

Outro questionamento sobre o parágrafo 2º que pode surgir diz respeito à época em que serão feitos esses pagamentos ou contribuições, na medida em que pode fazer grande diferença, por exemplo, considerar ano--calendário ou ano-fiscal, considerando a grande flutuação dos preços das *commodities*. Para Michael Lodge, talvez a solução mais prática seja calcular o valor com base em uma média de preços do produto para o ano[303]. Outra possibilidade seria o Estado costeiro e a Autoridade chegarem a um acordo sobre o cronograma dos pagamentos e contribuições.

Além disso, qual será o papel exercido pela Autoridade em todo esse processo? Para alguns, a Autoridade não teria qualquer papel ativo, cabendo somente o comportamento passivo de aguardar os primeiros pagamentos ou contribuições a serem feitos. Sob esta concepção, não se deve esperar que a Autoridade questione como serão realizados estes pagamentos ou contribuições, mas simplesmente como fará a distribuição de tais recursos, nos termos do parágrafo 4º do artigo 82.

Todavia, essa não parece ser a opinião mais aceita. No mínimo, a Autoridade deverá ser consultada, com a ulterior celebração de um acordo entre as partes – Autoridade e Estado costeiro – sobre a maneira como aquela desempenhará o seu dever como fiduciária dos interesses da humanidade neste aspecto particular.

---

[302] *Ibidem*, p. 327 (grifos nossos). Tradução do original: *"Article 69 (ISNT II). [...] 2. The rate of payment or contributions shall be... per cent of the value or volume of production at the site in respect of the exploitation undertaken beyond 200 nautical miles from the baselines from which the breadth of the territorial sea is measured, and... per cent within that limit.* Production does not include resources used in connection with exploitation".

[303] LODGE, *op. cit.*, p. 326.

Recorde-se, ainda, que, até bem próximo do encerramento da III Conferência, havia nos rascunhos do artigo 82 a previsão do papel específico a ser exercido pela Autoridade. Por exemplo, em 1975, a Nova Zelândia sugeriu que o método para a determinação dos valores e custos da produção fosse decidido por acordo entre a Autoridade e o Estado contribuinte: "2. [...] O método para determinação do valor do sítio e o custo de produção deverão ser decididos por acordo entre a Autoridade Internacional dos Fundos Marinhos e o Estado contribuinte".[304]

Nos termos do artigo 82, parágrafo 3º, um "Estado em desenvolvimento que seja importador substancial de um recurso mineral extraído da sua plataforma continental fica isento desses pagamentos ou contribuições em relação a esse mineral". Qual o critério para definir Estado em desenvolvimento? O que é um importador substancial? Imagine-se, por exemplo, que o Brasil siga importando petróleo, enquanto explora os recursos da plataforma continental estendida. Isto o eximiria de fazer pagamentos ou contribuições à Autoridade? Como será analisado no capítulo final, esse artigo é extremamente interessante para o pleito brasileiro de aumentar sua plataforma continental além das 200 milhas marítimas.

Por fim, o parágrafo 4º estabelece o princípio de que os pagamentos ou contribuições devem ser efetuados "por intermédio" (*through*) da Autoridade Internacional dos Fundos Marinhos, que deverá utilizar-se de critérios de repartição equitativa, "tendo em conta os interesses e necessidades dos Estados em desenvolvimento, particularmente entre eles, os menos desenvolvidos e os sem litoral". A utilização da expressão "por intermédio" deixa clara a ideia de que os pagamentos ou contribuições a serem feitos sob o artigo 82 deverão ser considerados como separados e distintos dos demais fundos da Autoridade.[305]

A Autoridade Internacional, como credora desses recursos, deve, então, distribui-los. No entanto, a partir desse ponto, surgem respostas

---

[304] Documento A/CONF.62/WP.8/Rev.1/Part II (RSNT, 1976), article 71, V Off. Record 151,165 (Chairman, Second Committee). Tradução do original: "2. [...] *The method of determing the on site value and the cost of production shall be decided by agreement between the International Seabed Authority and the contributing State*". PLATZÖDER, *United Nations Conference... vol. XI*, p. 496.

[305] Observe-se que o parágrafo 4º, tanto do artigo 69 do ISNT (1975), quanto o artigo 70 do RSNT (1970), utiliza a palavra "para", a qual foi posteriormente substituída pela expressão "por intermédio" no artigo 82 do ICNT (1977), sendo mantida até a redação final do artigo 82 da CNUDM. Vide Tabela 1, supra, em especial os grifos adicionados.

diversas aos questionamentos mencionados. Uma série de negociações será necessária entre os Estados que farão esses pagamentos ou contribuições em espécie e a Autoridade Internacional, para dar efetividade ao que foi imposto a esta organização internacional pelo artigo 82.

É importante lembrar, ainda, que o artigo 32 da Convenção de Viena sobre o Direito dos Tratados (CVDT-1969) consagra a ideia de que "pode-se recorrer a meios suplementares de interpretação, inclusive aos trabalhos preparatórios do tratado e as circunstâncias de sua conclusão". Assim, a fim de esclarecer o eventual alcance do artigo 82 da CNUDM, esses *travaux préparatoires* mencionados acima poderão ser resgatados para fins de interpretação.

Há, finalmente, um desafio adicional ao artigo 82, tampouco previsto na CNUDM: como regular a distribuição dos recursos da plataforma continental em relação a áreas sobre as quais incidem diferentes regimes regulatórios? A hipótese prevista no Estudo Técnico n. 5 da Autoridade foi colocada no mapa a seguir:

FIGURA 1 – Cenário hipotético em relação aos espaços marítimos

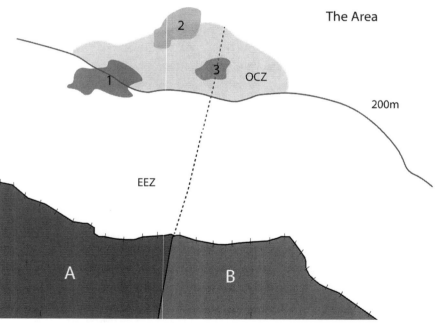

Fonte: ISA, *Technical Study n. 5*, p. 39.

A figura acima ilustra a hipótese em que dois Estados costeiros, A e B, além de possuírem uma plataforma continental de 200 milhas marítimas, contam com plataforma continental estendida (PCE). A primeira área, adjacente ao litoral dos dois Estados, está colocada na figura como EEZ (*exclusive economic zone* ou zona econômica exclusiva – ZEE), que, até o limite das 200 milhas, é coincidente com a plataforma continental das 200 milhas marítimas, já que ambas são medidas a partir das linhas de base. Há outras duas zonas de interesse no mapa: a OCS (*outer continental shelf* ou plataforma continental estendida – PCE) e a Área (ou *the Area*). A existência dessas três zonas possibilita três situações, marcadas como 1, 2 e 3.

Na situação 1, o campo de petróleo encontra-se seccionado entre a plataforma continental e a plataforma continental estendida. Apesar de ambas as áreas estarem sob jurisdição do Estado costeiro A, os regimes de exploração são distintos, já que sobre a PCE serão aplicados os encargos previstos no artigo 82. A exploração desta zona requererá um monitoramento cuidadoso em cada lado do limite marítimo, a fim de assegurar a repartição adequada da produção e, consequentemente, a parcela dos rendimentos a serem efetuados por intermédio da Autoridade.

A situação 2 é ainda mais complexa, visto que, neste caso, o operador tem um campo entre a PCE e a Área (patrimônio comum da humanidade). Na PCE, como visto, será aplicado o regime de pagamentos previsto no artigo 82, em uma área licenciada pelo Estado costeiro A. Mas, o licenciamento sobre a Área não é o mesmo, e tampouco está submetido ao sistema de divisão de rendimentos do artigo 82. O operador desta zona terá que encontrar uma maneira de conciliar os diferentes métodos de operação em cada parte do limite marítimo. Como na situação 1, um cuidadoso e independente monitoramento será necessário.

A hipótese de que um campo de exploração de hidrocarbonetos esteja situado entre os limites marítimos do Estado A e B pode ser solucionada com a celebração de acordo bilateral entre as partes, no sentido de proporcionar uma produção compartilhada desta zona, por exemplo, um empreendimento conjunto entre os dois Estados. No entanto, a situação 3 é bem mais complexa, já que a área compartilhada entre A e B não está na plataforma continental, mas na PCE. Nesse caso, embora se aplique, em tese, o artigo 82, alguns elementos podem dificultar enormemente tal subsunção, como: no caso em que A é um Estado desenvolvido, enquanto B é um Estado em desenvolvimento; se A é um exportador dos recursos minerais explorados na PCE, enquanto B é um importador líquido desse mesmo recurso etc.[306]

Essas três situações têm impactos sobre aplicação do artigo 82 e a própria administração da Autoridade, da seguinte maneira:

> Obter informações, coletar e manter um banco de dados seguro para calcular o processo de arrecadação de rendimentos colocará um pesado encargo sobre os recursos da Autoridade. Com dezenas de Estados potencialmente requerendo tal monitoramento, o sobrecarregamento de operadores técnicos nessa conjuntura será expressivo e inevitavelmente custoso. Por outro lado, a terceirização de tal operação exigiria um significativo impacto financeiro e um muito provável descontentamento pelos Estados-partes com a realocação dessas contribuições estatais.[307]

Uma parte das respostas às interrogações colocadas pelo artigo 82, no entanto, começou a ser desenhada no Seminário Internacional, ocorrido em Beijing, em novembro de 2012, examinado abaixo.

3.5 Colocando em funcionamento o artigo 82 da CNUDM[308]

Como se vê, implementar o artigo 82 da CNUDM não será tarefa fácil. É um dispositivo com características únicas no Direito Internacional, já que estabelece um sistema internacional de *royalties* para atividades que estão *sob* a jurisdição do Estado costeiro. Além do mais, o artigo 82 contém uma intrincada e não testada fórmula para determinar os pagamentos e as contribuições em espécie.

O caráter único e complexo do dispositivo legal requer exame cuidadoso das obrigações, princípios e critérios na distribuição rendimentos auferidos. Além disso, uma série de aspectos procedimentais, sobre o papel

---

[306] ISA, *Technical Study n. 5*, p. 40-41.

[307] *Ibidem*, p. 42. Tradução do original: *"Retrieving information, and collating and maintaining a secure database with which to calibrate the process of collection of revenue, will place a severe demand on the Authority's resources. With scores of States potentially requiring such monitoring, the workload of the technical operators of this scheme will be significant, and inevitably, costly. On the other hand, outsourcing such an operation would require considerable funding and potentially unpopular reallocation of States Parties' contributions".*

[308] Este subitem é amplamente influenciado pelo Estudo Técnico n. 4 da Autoridade Internacional dos Fundos Marinhos (ISA *Technical Study n. 4*).

a ser desenvolvido pela Autoridade e as atividades desempenhadas pelos Estados na plataforma continental estendida, permanece em aberto.[309]

Para tentar dirimir essas dúvidas, os Estados-partes da CNUDM têm buscado, com auxílio da Autoridade, opções para efetivamente implementar o artigo em referência, quando o momento, em breve, chegar. Como a própria Autoridade reconhece, o artigo 82 tem estado latente desde a adoção e entrada em vigor da CNUDM, mas alguns Estados costeiros já vêm concedendo licenças de prospecção e/ou exploração em suas plataformas continentais estendidas. À medida que os Estados passem a estabelecer os limites da plataforma continental além das 200 milhas marítimas, com base nas recomendações da CLPC, haverá um incremento nas áreas que recairão sob o disposto no artigo 82. Dessa forma, tanto a Autoridade como os Estados com PCE terão que resolver como tornar efetivo o artigo 82.[310]

Segundo o proposto pelo Estudo Técnico n. 4 da Autoridade, esse processo poderia ser estabelecido em três fases:[311]

1ª fase: Período de pré-produção – o estágio de prospecção, exploração e desenvolvimento de licenças ou arrendamentos, mas antes do início da produção comercial. Nessa fase os Estados com PCE e a Autoridade iriam começar a antecipar os efeitos administrativos e fiscais dos *royalties* sobre a PCE;

2ª fase: Período de graça – corresponde ao período inicial de cinco anos, isento do pagamento de *royalties*. É um período de transição, durante o qual se espera que o produtor recupere os custos iniciais de operação. Neste período Estado e Autoridade definiriam os mecanismos para o recebimento de pagamentos ou contribuições em espécie e sua distribuição;

3ª fase: Período de pagamento de *royalties* – é compreendido a partir do sexto ano de atividades no sítio e, em termos escalonados, ou seja, a taxa deve aumentar 1% em cada ano seguinte até o décimo segundo ano, e daí por diante deve ser mantida em 7%. Esse período seria extensivo à atividade comercial de exploração dos recursos não vivos da plataforma continental. Para fins de visualização, veja-se a tabela 2.

---

[309] ISA *Technical Study n. 4*, p. xii.
[310] *Ibidem*, p. xv.
[311] *Ibidem*, p. xviii.

TABELA 2 – Escala de pagamentos e contribuições em espécie

Ano de produção	Escala em termos percentuais de valor ou volume
Anos 1-5	0
Ano 6	1
Ano 7	2
Ano 8	3
Ano 9	4
Ano 10	5
Ano 11	6
Ano 12 e subsequentes	7

Fonte: ISA, *Technical Study n. 4*, p. 35.

Pressupondo que essa relação entre a Autoridade e o Estado com PCE será longa, o Estudo Técnico da Autoridade também recomenda que os Estados com PCE e a Autoridade celebrem um acordo (*Model Article 82 Agreement*) – tomando como base a moldura jurídica criada pela CNUDM – que traga estipulações específicas a serem aplicadas no futuro para a completa aplicação do artigo 82.[312]

A ideia de se implementar o artigo 82 através de um acordo bilateral entre a Autoridade e o Estado com PCE surgiu no *Seminar on Issues Associated with the Implementation of Article 82 of the United Nations Convention on the Law of the Sea*, ocorrido em Chatham House, Londres, em fevereiro de 2009. O Estudo Técnico n. 4 é resultante desse encontro. Esse documento dispôs que:

> [...] É aconselhável que os Estados com PCE e a Autoridade formulem um "Acordo modelo para o Artigo 82", com base na moldura jurídica da CNUDM, e sobre o qual os acordos específicos entre os Estados com PCE e Autoridade entrarão em vigor no futuro. Tal acordo iria realizar a função de um acordo sobre *royalties* na plataforma continental estendida e servir de base sob o qual as responsabilidades respectivas do artigo 82 possam ser coordenadas e administradas (na medida em que a realização e o processamento de pagamentos e contribuições estejam envolvidos). É aconselhável que a Autoridade lidere o processo de desenvolvimento de tal modelo de acordo, em cooperação

---

[312] *Ibidem*, p. xix.

estreita com os especialistas dos Estados com PCE e demais Estados-partes da CNUDM.[313]

A possibilidade de um Estado firmar um acordo, ou seja, um tratado internacional com uma organização internacional é amplamente aceita pelo Direito Internacional. Mais do que isso, existe mesmo um tratado que versa sobre o assunto, a Convenção de Viena sobre o Direito dos Tratados entre Estados e Organizações Internacionais ou entre Organizações Internacionais, firmada em 21 de março de 1986, mas que ainda não está em vigor internacionalmente. Mesmo nessa condição, a Convenção de Viena sobre o Direito dos Tratados de 1986 (CVDT-1986) codifica uma série de princípios e regras de Direito Internacional Consuetudinário. Interessante observar, todavia, que apesar de a perspectiva atual do artigo 82 tornar-se realidade e de se propor a celebração de acordos bilaterais com os Estados com PCE – *Model Article 82 Agreement* – a própria Autoridade Internacional, que tem personalidade jurídica internacional própria, não é membro da CVDT-1986.

A ideia, portanto, é de que tanto os Estados com PCE, como a Autoridade unam esforços para criar um modelo de tratado a ser utilizado pelas Partes para implementar o artigo 82, já que a CNUDM só trouxe os marcos legais, deixando em aberto a melhor maneira de sua efetivação. Salienta-se uma vez mais que:

O artigo 82 é também um disposto complexo. Englobando uma fórmula intrincada e não testada para determinar os pagamentos ou contribuições decorrentes do aproveitamento dos recursos não vivos da plataforma continental estendida. O caráter único e complexo do artigo 82 exige atenção cuidadosa das substanciais obrigações, princípios e critérios para distribuição dos benefícios, aspectos processuais, papel da Autoridade e questões econômicas e

---

[313] *Ibidem*, p. xvii-xviii. Tradução do original: *"[...] it is advisable that the OCS States and the Authority formulate a "Model Article 82 Agreement", within the framework of the LOS Convention, and upon which Authority/OCS State-specific agreements would be entered into in the future. Such an agreement would perform the function of an OCS royalty agreement and be the basis upon which the respective responsibilities in Article 82 (insofar as the making and handling of payments and contributions are concerned) can be coordinated and administered. It is advisable for the Authority to take the lead in developing such a model agreement, in close cooperation with experts from OCS States and other States Parties of the LOS Convention".*

temporais, enquanto o dispositivo permanece "dormente". A implementação do artigo 82 tem tanto implicações internacionais como internas.[314]

As implicações internas para o Brasil do artigo 82 serão tratadas no capítulo final desse livro.

3.6 A Autoridade Internacional dos Fundos Marinhos (Autoridade)

Uma das principais contribuições da CNUDM para o Direito Internacional do Mar foi a criação de instituições para exercerem importantes tarefas na implementação do tratado: o Tribunal Internacional do Direito do Mar (examinado no capítulo 1), a Comissão de Limites da Plataforma Continental (estudada no capítulo 2) e a Autoridade Internacional dos Fundos Marinhos (doravante Autoridade), adiante analisada.

3.6.1 A Autoridade e sua estrutura funcional

A Autoridade Internacional dos Fundos Marinhos[315] é uma organização intergovernamental, por intermédio da qual os Estados-partes organizam e controlam os recursos da Área, considerada patrimônio comum da humanidade. De acordo com o artigo 176 da CNUDM a "Autoridade tem personalidade jurídica internacional e capacidade necessária ao exercício das suas funções e à consecução dos seus objetivos".

---

[314] *Ibidem*, p. 2. Tradução do original: *"Article 82 is also a complex provision. It contains a rough and untested formula to determine payments or contributions with respect to the exploitation of the non-living resources of the OCS. The uniqueness and complexity of Article 82 demand careful consideration of the substantive obligation, principles and criteria for distribution of benefits, procedural aspects, role of the Authority, and economic and temporal issues while the provision is still 'dormant'. The implementation of Article 82 has both international and domestic implications".*

[315] Interessante observação sobre a tradução oficial do nome da organização para o francês e para o espanhol – e também para o português – é feita por TRINDADE, *A nova dimensão do direito internacional público*, p. 81: "A nomenclatura da organização, Autoridade Internacional dos Fundos Marinhos (*Autorité Internationale des Fonds Marins*, *Autoridad Internacional de los Fondos Marinos*, nas versões oficiais em francês e em espanhol), parece um tanto inadequada. Além da questão de se tratarem de fundos marinhos e, sobretudo, oceânicos, o qualificativo "internacional" parece deslocado. Na versão oficial em inglês – *International Seabed Authority* – o adjetivo *"international"* qualifica os fundos marinhos, e não a Autoridade. Mais apropriado seria que as versões nas línguas latinas da Convenção de Montego Bay houvessem consagrado a nomenclatura de Autoridade dos Fundos Marinhos Internacionais, uma vez que apenas os fundos marinhos e oceânicos internacionais, e seu subsolo, integram o patrimônio comum da humanidade e, dessa forma, estão sob jurisdição da Autoridade".

Além disso, o artigo 156.2 da CNUDM dispõe que todos os Estados-partes da convenção são *ipso facto* membros da Autoridade. A Autoridade tem sede em Kingston, capital da Jamaica, e passou a funcionar plenamente em junho de 1996.

Para René-Jean Dupuy e Daniel Vignes, do ponto de vista institucional, a contribuição mais importante da CNUDM foi a criação da Autoridade, ou seja, uma organização internacional para a aplicação do sistema legal concernente aos leitos marinhos além das jurisdições nacionais. No entendimento dos professores franceses, a Autoridade diferencia-se das organizações internacionais existentes em dois aspectos.[316]

O primeiro deles consiste em que, pela primeira vez na história do Direito Internacional do Mar, uma instituição é parte integral dessa ordem legal, no sentido de que sua existência e operação são essenciais à implementação dos princípios que regem o comportamento dos Estados em relação à Área e seus recursos.

O fato de a Área e seus recursos serem considerados patrimônio comum da humanidade (artigo 136 da CNUDM) impede que os Estados possam agir de maneira isolada nesta parte dos mares e oceanos. Assim, a essência de patrimônio comum da humanidade implica a administração conjunta da Área, a qual apenas pode ser realizada por um órgão internacional – no caso concreto, a Autoridade. Portanto, a internacionalização da Área e de seus recursos enseja a institucionalização do direito aplicável a ambos.[317]

O segundo aspecto é que, sendo uma organização encarregada de colocar em funcionamento o regime internacional aplicável à Área, a Autoridade diferencia-se de todas as outras organizações internacionais nos seus propósitos e funções. A Autoridade não pode ser vista somente com um fórum no qual os Estados se encontram para coordenarem suas posições e encontrarem um consenso sobre a extensão de seus direitos sobre o leito marinho e seus recursos; é mais do que isso, é um agente executivo do interesse da comunidade internacional no tocante à distribuição dos recursos do planeta. Trata-se de um experimento totalmente novo no campo das instituições internacionais, baseado em uma nova visão de cooperação entre os Estados e de funcionamento das organizações internacionais.[318]

---

[316] DUPUY; VIGNES, *op. cit.*, p. 694.

[317] *Idem.*

[318] *Ibidem*, p. 694-695.

Até dezembro de 2013, o Conselho da Autoridade tinha aprovado dezenove planos de trabalho na Área, sendo treze contratos para exploração de nódulos polimetálicos – doze na zona da fratura de Clarion-Clipperton –, quatro de sulfetos polimetálicos e dois de crostas cobaltíferas ricas em ferromanganês (*cobalt-rich ferromanganese crusts*). Durante os trabalhos da 20ª Sessão do Conselho da Autoridade, realizada em julho de 2014, esse órgão autorizou outros sete novos planos de trabalho para exploração na Área. Três desses de exploração de nódulos polimetálicos, dois de sulfetos polimetálicos e outros dois de crostas cobaltíferas, sendo um deles o plano apresentado pela Companhia de Pesquisa de Recursos Minerais (CPRM), parte do Serviço Geológico do Brasil.[319]

A Autoridade é composta pelos seguintes órgãos: Assembleia, Conselho, Secretariado, Comissão Legal e Técnica e o Comitê de Finanças. Oportunamente será criada a Empresa, para realizar extração mineral ao lado de outras empresas de mineração.

Assembleia

De acordo com o artigo 160 da CNUDM, a Assembleia é o órgão supremo da Autoridade, perante o qual devem responder os demais órgãos principais da organização. Esse papel de destaque dado à Assembleia é resultado de ser o único órgão composto por representação de todos os seus membros, em igualdade de condições, cada um com um representante, que dispõe de um voto. O órgão reúne-se em sessão ordinária anual e, se houver necessidade, em sessão extraordinária, mediante solicitação do Secretário-Geral da organização, a pedido do Conselho ou da maioria dos membros da Autoridade.

Nos termos do artigo 157.3, "a Autoridade baseia-se no princípio da igualdade soberana de todos os seus membros", e o artigo 152.1 reforça essa ideia ao considerar que "a Autoridade deve evitar qualquer discriminação no exercício dos seus poderes e funções". Deve-se, no entanto, considerar o

---

[319] O plano de trabalho do Brasil foi aprovado pelo documento ISBA/20/C/17, de 9 de julho de 2014. *Report and recommendations of the Legal and Technical Commission to the Council of the International Seabed Authority relating to an application for the approval of a plan of work for exploration for cobalt-rich ferromanganese crusts by Companhia de Pesquisa de Recursos Minerais*. A decisão de aprovação pelo Conselho é o documento ISBA/20/C/30, de 21 de julho de 2014. *Decision of the Council relating to an application for the approval of a plan of work for exploration for cobalt-rich ferromanganese crusts by Companhia de Pesquisa de Recursos Minerais*.

fato de que a Autoridade, como praticamente todas as demais organizações internacionais, conta com um órgão de composição restrita, o Conselho.

Entre as competências da Assembleia está a adoção da política geral sobre qualquer questão ou assunto de competência da organização, além de outros poderes definidos no artigo 160.2 da CNUDM, como por exemplo: i) a eleição de membros do Conselho; ii) a eleição do Secretário--Geral, dentre os candidatos indicados pelo Conselho; iii) a decisão sobre questões orçamentárias e as concernentes às contribuições financeiras dos Estados-partes à Autoridade; e a iv) a decisão acerca da distribuição equitativa dos benefícios financeiros e outros benefícios econômicos obtidos das atividades na Área.

Conselho

É o órgão executivo da Autoridade e tem o poder de delinear as políticas específicas a serem seguidas pela Autoridade sobre qualquer questão ou assunto de sua competência. Além disso, o Conselho tem, entre suas obrigações, as de: i) supervisionar e coordenar a aplicação das disposições sobre todas as questões e assuntos de competência da Autoridade e de alertar a Assembleia para os casos de descumprimento; ii) propor à Assembleia uma lista de candidatos para a eleição do Secretário-Geral; iii) adotar o seu regulamento interno; e iv) concluir acordos sujeitos à aprovação da Assembleia, em nome da Autoridade e no âmbito de sua competência, com as Nações Unidas ou com outras organizações internacionais.

O tema da composição do Conselho foi amplamente debatido durante a III Conferência e alvo de disputas acirradas entre os Estados em desenvolvimento – representados pelo G-77 – e os Estados desenvolvidos. Os primeiros advogavam a adoção do critério de representação geográfica equitativa, tradicionalmente utilizado na composição dos conselhos e de outros órgãos de composição limitada das organizações internacionais. Já os segundos defendiam a representação de interesses econômicos que privilegiasse os países com tecnologia para exploração e aproveitamento dos recursos da Área, de maneira que pudessem ter maior participação no órgão[320].

O resultado do embate foi a adoção de um critério misto, ou seja, dos 36 membros do Conselho, 18 são eleitos com base no critério geográfico equitativo e os demais segundo o critério de representação de interesses econômicos

---

[320] TRINDADE, *A nova dimensão do direito internacional público*, p. 91-92.

nos termos fixados no parágrafo 15, Seção 3, do Acordo de Implementação da Parte XI (1994), que alterou o disposto no artigo 161.1 da CNUDM.

A despeito de o artigo 160.1 da CNUDM considerar a Assembleia o "órgão supremo da Autoridade", isto acaba sendo meramente formal, visto que a CNDUM atribuiu à Assembleia poucas funções significativas e subordinou a maioria delas ao exercício em conjunto com o Conselho, de forma que a Assembleia só pudesse decidir mediante recomendação daquele órgão, sendo de fato este o órgão preponderante da Autoridade.[321]

Também o processo decisório dentro do Conselho foi intensamente negociado. Acabou prevalecendo um sistema de maiorias complexo (artigo 161.8 da CNUDM). De maneira resumida, o Conselho poderá decidir por maioria simples, por maioria qualificada de 2/3, por maioria qualificada de 3/4 e por consenso.

Secretariado

É o órgão responsável pela administração da Autoridade. Compreende um Secretário-Geral e o pessoal de que a Autoridade possa necessitar. O Secretário-Geral é eleito pela Assembleia para um mandato de quatro anos, entre os candidatos propostos pelo Conselho, podendo ser reeleito. O atual ocupante do cargo é o ganês Nii Allotey Odunton, eleito em 2008 e reeleito em 2012, para um período de quatro anos a partir de 1º de janeiro de 2013.[322]

Comissão Jurídica e Técnica – Comitê de Finanças

Os dois são órgãos subsidiários de apoio ao Conselho.

A Comissão Jurídica e Técnica, estabelecida pelo artigo 163 da CNUDM, é composta por 15 membros entre os candidatos apresentados pelas Partes com as qualificações adequadas às matérias pertinentes da Comissão. Já o Comitê de Finanças, previsto no artigo 162.2, letra "y", da CNUDM, foi ratificado pelo parágrafo 9º, Seção 9, do Acordo de Implementação da Parte XI (1994). É também composto por 15 membros com as qualificações adequadas ao tratamento de assuntos financeiros.

Os membros dos dois órgãos subsidiários são eleitos pela Assembleia, levando em consideração "a necessidade de distribuição geográfica equita-

---

[321] *Ibidem*, p. 90.
[322] O primeiro Secretário-Geral da Autoridade Internacional foi o Embaixador fijiano Satya N. Nandan (1996-2008).

tiva e de uma representação de interesses especiais" (artigo 163.4). Além disso, os especialistas dos dois órgãos são indicados pelos Estados membros, mas exercem suas funções em caráter pessoal.[323]

Empresa

Essa estrutura funcional da Autoridade obedece a um padrão comum entre as organizações internacionais: Assembleia (órgão plenário), Conselho (órgão de composição restrita) e Secretariado (órgão administrativo), além de órgãos subsidiários. Todavia, a CNUDM também prevê a criação de um quarto órgão, sem paralelo em nenhuma outra organização internacional: a Empresa.

De acordo com o artigo 170.1 da CNUDM, "[A] Empresa é o órgão da Autoridade que realizará diretamente as atividades na área, em aplicação da alínea 'a' do n. 2 do artigo 153, bem como o transporte, o processamento e a comercialização dos minerais extraídos da Área".

A Empresa seria, então, uma espécie de órgão operacional da Autoridade. Consiste em uma das principais inovações introduzidas pela CNUDM e representaria a primeira "organização internacional comercial", por meio da qual a comunidade internacional ou, mais propriamente, a humanidade, atuariam diretamente no domínio econômico, ao lado dos agentes estatais e privados. Nos termos do artigo 170.2 da CNUDM, no âmbito da personalidade jurídica internacional da Autoridade, a Empresa terá capacidade jurídica prevista no Estatuto (Anexo IV da CNUDM). No entanto, ainda que detenha personalidade internacional própria para o exercício de suas funções, isto não exclui o caráter de "órgão" da Autoridade, uma espécie de relacionamento *sui generis* com esta: ao mesmo tempo em que integra a estrutura da Autoridade, tem personalidade jurídica e autonomia operacional.[324]

Mais de vinte anos depois da entrada em vigor da CNUDM e do Acordo de 1994, que praticamente esvaziou sua Parte XI, a Empresa ainda não foi criada.

A seção 2 do Anexo do Acordo de 1994 é dedicada à Empresa. Segundo seu parágrafo 1º, o Secretariado da Autoridade desempenhará as funções

---

[323] INTERNATIONAL SEABED AUTHORITY. *Handbook 2012*. Kingston: ISA, 2012, p. 5.
[324] TRINDADE, *A nova dimensão do direito internacional público*, p. 95-97.

da Empresa até que ela comece a operar de forma autônoma. Sua operacionalização é definida no parágrafo seguinte:

> A Empresa conduzirá suas operações iniciais de mineração dos fundos marinhos através de empreendimentos conjuntos. Ao aprovar-se um plano de trabalho para aproveitamento para uma entidade que não a Empresa, ou ao receber o Conselho um pedido de uma operação de empreendimento conjunto com a Empresa, o Conselho examinará a questão do funcionamento da Empresa independentemente do Secretariado da Autoridade. Se as operações de empreendimento conjunto com a Empresa se basearem em princípios comerciais sólidos, o Conselho emitirá uma diretriz, nos termos do artigo 170, parágrafo 2º, da Convenção[325], no sentido de determinar esse funcionamento independente.

Portanto, a Empresa será constituída quando o Conselho da Autoridade emita uma diretriz relativa ao seu funcionamento de forma independente do Secretariado da Autoridade. Isso ocorrerá depois que o Conselho tiver aprovado uma proposta comercial relativa a um empreendimento conjunto (*joint venture*), baseada em princípios comerciais sólidos.

A criação da Empresa, que parecia distante, especialmente depois do Acordo de Implementação da Parte XI (1994), teve um impulso inesperado quando, em outubro de 2012, o Secretário-Geral da Autoridade recebeu uma proposta da *Nautilius Mineral Inc.* – uma sociedade constituída no Canadá – a fim de iniciar negociações para a constituição de uma *joint venture* com a Empresa, com o propósito de desenvolver oito blocos da área reservada[326] na zona da fratura de Clarion-Clipperton.[327]

---

[325] Artigo 170.2 da CNUDM: "No quadro da personalidade jurídica internacional da Autoridade, a Empresa terá a capacidade jurídica prevista no Estatuto que figura no Anexo IV. A Empresa agirá de conformidade com a presente Convenção e com as normas, regulamentos e procedimentos da Autoridade, bem como com as políticas gerais estabelecidas pela Assembleia e estará sujeita as diretrizes e ao controle do Conselho".

[326] Uma das principais novidades criadas pela CNUDM é o chamado sistema paralelo (*parallel system*), disposto no artigo 153 da Convenção. Um elemento essencial do sistema paralelo é *banking system* (ou *system of site-banking*), por meio do qual determinadas áreas ficam reservadas (*reserved areas*) para a realização de atividades pela Autoridade por intermédio da Empresa de maneira isolada ou em associação com os Estados em desenvolvimento.

[327] ISA. Documento ISBA/19/C/4, de 20 de março de 2013. *Proposal for a Joint Venture with the Enterprise. Report by the Interim Director-General of the Enterprise.*

Nos termos propostos pelo acordo, a *Nautilus* colaboraria com a Empresa para elaborar uma proposta relativa a uma operação de *joint venture* para 2015. Esta proposta teria que ser baseada em "princípios comerciais sólidos", conforme o disposto acima. No caso de aprovação da proposta em 2015, o Conselho da Autoridade talvez queira emitir uma diretriz relativa ao funcionamento independente da Empresa, em conformidade com o disposto na Seção 2, parágrafo 2º, do Acordo de Implementação da Parte XI.

Durante esse prazo, a *Nautilus* executará, por sua conta e risco, o programa de trabalho acordado, que prevê uma série de etapas que vêm sendo desenvolvidas desde 2013. Em 2015, o Diretor-Geral interino da Empresa deverá apresentar uma proposta final ao Conselho da Autoridade, com objetivo de que o órgão elabore a diretriz relativa à operacionalização autônoma da Empresa. Em caso de a diretriz afirmativa ser aprovada pelo Conselho, em 2016 o contrato obrigatório de *joint venture* começará a ser executado[328]. O custo total do programa de trabalho descrito é de 550 mil dólares, e será financiado integralmente pela *Nautilus*.

O Secretariado preparou documento adicional com outras considerações jurídicas e práticas decorrentes da proposta, que seriam examinadas pelo Conselho. No documento, ficaram registradas duas importantes observações. Em primeiro lugar, somente o Conselho tem poder de emitir uma diretriz para estabelecer o funcionamento independente da Empresa; em segundo lugar, esta diretriz seria aprovada unicamente se as operações realizadas pelo regime de *joint venture* com a Empresa se basearem em "princípios comerciais sólidos".[329]

A proposta teve boa acolhida entre os membros da entidade, conforme registrado:

> Falando em nome da Austrália, do Canadá e da Nova Zelândia, o representante da Austrália reconheceu a importância da proposta relativa para uma operação de *joint venture* com a Empresa e expressou seu desejo de receber assessoramento detalhado do Secretariado, da Comissão Jurídica e Técnica

---

[328] *Idem.*

[329] ISA. Documento ISBA/19/C/6, de 4 de abril de 2013. *Considerations relating to a proposal by Nautilus Minerals Inc. for a joint venture operation with the Enterprise*. Tradução do original: "*based on sound commercial principles*".

O BRASIL E O DIREITO INTERNACIONAL DO MAR CONTEMPORÂNEO

e do Comitê de Finanças no tocante às questões relacionadas ao funcionamento da Empresa, para abordar uma série de questões e desafios relativamente novos que enfrentará a Autoridade. Várias delegações expressaram esse mesmo desejo.[330]

Nas reuniões de trabalho (189ª, 190ª e 191ª), ocorridas entre os dias 19 a 22 de julho de 2013, o Conselho teve oportunidade de examinar o relatório preparado pelo Diretor-Geral interino da Empresa. Além disso, o Conselho solicitou ao Secretário-Geral da Autoridade que elaborasse um estudo das questões relacionadas ao funcionamento da Empresa, em especial com relação às consequências jurídicas, técnicas e financeiras para a Autoridade e para os Estados-membros, levando em consideração a CNUDM, o Acordo de Implementação da Parte XI e os Regulamentos. Por fim, o Conselho concluiu:

a) que é prematuro que a Empresa funcione de maneira independente;
b) que a proposta relativa à *joint venture* entre a *Nautilus* e a Empresa não deveria seguir sendo um obstáculo para que a Comissão Jurídica e Técnica e o Conselho examinassem as solicitações relativas às áreas reservadas apresentadas pelos países em desenvolvimento e outros solicitantes qualificados.[331]

Assim, a concretização da Empresa – "braço comercial" da Autoridade e uma das grandes novidades da CNUDM –, que parecia fadada ao esquecimento, poderá tornar-se realidade em curto ou médio prazo.

---

[330] ISA. Documento ISBA/19/A/14, de 31 de julho de 2013. *Statement by the President on the work of the Assembly of the International Seabed Authority at its nineteenth session*. Tradução do original: *"Speaking on behalf of Australia, Canada and New Zealand, the representative of Australia recognized the significance of the proposal for a joint venture operation with the Enterprise, and wished to receive detailed advice from the secretariat, the Legal and Technical Commission and the Finance Committee on the issues relating to the operation of the Enterprise to address a number of relatively new issues and challenges for the Authority. The same sentiment was echoed by several other delegations"*.
[331] ISA. Documento ISBA/19/C/18, 24 de julho de 2013. *Report of the Interim Director-General of the Enterprise*. Tradução do original: *"[...] (a) That it was premature for the Enterprise to function independently; (b) That the proposal for a joint venture between Nautilus and the Enterprise should no longer be an impediment to the consideration by the Legal and Technical Commission and the Council of applications for reserved areas by developing countries and other qualified applicants"*.

3.6.2 A Autoridade e o artigo 82 da CNUDM

Frise-se que os dispositivos legais mencionados acima, no tocante aos órgãos da Autoridade, estão inseridos na Parte XI, que trata da Área e seus recursos, enquanto o artigo 82 está na Parte VI, que versa sobre a plataforma continental. Dessa forma, o papel a ser exercido pela Autoridade terá que ser encontrado a partir da interpretação do próprio texto do artigo 82 e do processo negocial que resultou na versão final da CNUDM.[332]

Como visto acima, a Autoridade não é a beneficiária dos pagamentos e contribuições previstos no artigo 82, mas somente intermediária destes, que são realizados pelos Estados com plataformas continentais estendidas "por intermédio" (*through*) da Autoridade e não "para" (*to*) a Autoridade. No entanto, em termos práticos, os pagamentos e as contribuições serão em um primeiro momento direcionados à Autoridade, a fim de contemplar as exigências previstas nesse dispositivo legal. Vale recordar, ainda, que os recursos advindos do artigo 82, ou seja, os pagamentos e contribuições em espécie são fundos distintos e separados dos demais da Autoridade.[333]

Com exceção de um ou outro artigo a ser analisado na sequência, há pouquíssimas indicações na CNUDM de como a Assembleia e o Conselho da Autoridade irão se desincumbir das tarefas previstas no artigo 82, parágrafo 4º. Apenas dois artigos destacam o papel tanto da Assembleia como do Conselho, nas tarefas do dispositivo mencionado.

O primeiro traz os poderes e funções da Assembleia, no artigo 160.2, letra "f"(i), que prevê que a Assembleia deve:

> Examinar e aprovar, por recomendação do Conselho, as normas, regulamentos e procedimentos sobre a distribuição equitativa dos benefícios financeiros e outros benefícios econômicos obtidos das atividades na área, bem como os pagamentos e contribuições feitos de conformidade com o artigo 82, tendo particularmente em conta os interesses e necessidades dos Estados em desenvolvimento e dos povos que não tenham alcançado a plena independência ou outro regime de autonomia. Se a Assembleia não aprovar as recomendações do Conselho pode devolvê-las a este para reexame à luz das opiniões expressas pela Assembleia.

---

[332] ISA, *Technical Study n. 4*, p. 53.
[333] *Ibidem*, p. 37.

O BRASIL E O DIREITO INTERNACIONAL DO MAR CONTEMPORÂNEO

Já o artigo 162.2, letra "o"(i), dispõe que o Conselho:

Recomendará à Assembleia normas, regulamentos e procedimentos sobre a distribuição equitativa dos benefícios financeiros e outros benefícios econômicos derivados das atividades na Área e sobre os pagamentos e contribuições feitos nos termos do artigo 82, tendo particularmente em conta os interesses e necessidades dos Estados em desenvolvimento e dos povos que não tenham alcançado a plena independência ou outro estatuto de autonomia.

Michael Lodge ainda sublinha que, quando o Conselho tiver que aplicar esse item, terá que levar em consideração uma série de fatores, pois certamente os 36 membros do órgão terão diferentes perspectivas sobre a expressão "distribuição equitativa" neste contexto.[334]

Aldo Chircop e Bruce Marchand também reforçam essas incertezas e acreditam que o modo de realizar a "distribuição equitativa" dos *royalties* não pode ficar somente a cargo do Conselho ou da Assembleia da Autoridade, mas precisarão também ser negociados – provavelmente pelo Secretariado da Autoridade, com mandato do Conselho – com os Estados que devem efetuar os pagamentos e contribuições.[335]

É preciso, ainda, observar que as previsões do artigo 82 também têm inegável impacto sobre o funcionamento da Autoridade. Como exemplo, ela terá que ser informada da forma como serão realizados os pagamentos e/ou sobre a quantidade das contribuições em espécie, para providenciar os arranjos administrativos necessários para dar conta das suas obrigações, atinentes à distribuição dos rendimentos aos países em desenvolvimento.

O Estado com PCE, no entanto, não tem qualquer obrigação legal de informar a Autoridade qualquer tipo de detalhamento sobre a exploração e produção dos recursos da plataforma continental estendida, com exceção de realizar os pagamentos e/ou contribuições devidos. Repita-se, a Autoridade não possui fundamento normativo para exigir que o Estado com PCE divulgue as informações para que ela consiga desempenhar seu papel. Além disso, o artigo 302 da CNUDM consigna que: "nada nesta Convenção deve ser interpretado no sentido de exigir que um Estado Parte, no cumprimento das suas obrigações nos termos da presente Convenção,

[334] LODGE, *op. cit.*, p. 330.
[335] CHIRCOP; MARCHAND, *op. cit.*, p. 298.

forneça informações cuja divulgação seja contrária aos interesses essenciais da sua segurança".[336]

Todavia, é importante lembrar que o artigo 300 da CNUDM prevê que:

> Os Estados Partes devem cumprir de boa-fé as obrigações contraídas nos termos da presente Convenção e exercer os direitos, jurisdição e liberdades reconhecidos na presente Convenção de modo a não constituir abuso de direito.

O artigo 82 também traz uma série de desafios à Autoridade, de cujas respostas não há qualquer indicativo no aludido dispositivo legal. Como a Autoridade vai lidar com os encargos decorrentes na eventualidade de um Estado costeiro realizar contribuições em espécie? Como executar atividades de transporte, armazenamento e outras conexas à entrega de um determinado recurso mineral e pagar por elas? O artigo 82 é totalmente silente sobre o tema das compensações resultantes dessas atividades.

No atual modelo utilizado pelas organizações internacionais encarregadas de administrar fundos e doações, a prática é cobrar 15% do valor recolhido para o pagamento das despesas administrativas. Por isso, não seria estranho se a Autoridade pudesse cobrar determinada taxa pela administração desses encargos. Além disso, a retenção do percentual poderia reduzir os valores pagos pelos Estados-partes da Autoridade, que realizam contribuições anuais para o orçamento regular da organização. Tratar-se-ia, portanto, de uma dedução razoável dos *royalties* recebidos. Contudo, isso só poderia ocorrer se os membros da Autoridade autorizassem tal operação.[337]

Como foi abordado, a Autoridade terá também que enfrentar o difícil desafio de como repartir entre os países em desenvolvimento os recursos advindos dos pagamentos e contribuições realizados. O parágrafo 4º do artigo 82 traz apenas as linhas gerais sobre a aplicação do critério de repartição equitativa, ou seja, "tendo em conta os interesses e necessidades dos Estados em desenvolvimento, particularmente entre eles, os menos desenvolvidos e os sem litoral".

Esse foi um dos pontos de resistência dos Estados Unidos e que foi parcialmente acolhido pelos negociadores durante a III Conferência na

---

[336] ISA, *Technical Study n. 4*, p. 37.
[337] *Ibidem*, p. 38.

versão final do artigo 82. O item 3 da proposta norte-americana para o então artigo 69 (ISNT II) estava assim redigido:

> 3. Os pagamentos mencionados nos parágrafos 1º e 2º, devem ser efetuados à uma organização de desenvolvimento internacional ou regional reconhecida pelas Nações Unidas. As Partes na presente Convenção devem concordar sobre os pagamentos necessários e outros procedimentos relevantes. As organizações beneficiárias *devem distribuir esses pagamentos aos Estados-partes na presente Convenção* na base de critérios de repartição equitativa, tendo em conta os interesses e necessidades dos Estados em desenvolvimento.[338]

Diz-se parcialmente acolhida a proposta porque o artigo 162.2, letra "o"(i) – inserido na Parte XI e que trata do patrimônio comum da humanidade –, traz um elemento adicional a essa repartição equitativa e que não se encontra no artigo 82: "tendo particularmente em conta os interesses e necessidades dos Estados em desenvolvimento *e dos povos que não tenham alcançado a plena independência ou outro estatuto de autonomia*".[339]

Em outras palavras, a proposta era incluir somente os Estados-partes da Convenção entre aqueles que receberiam os pagamentos distribuídos pela Autoridade. Essa iniciativa foi acolhida somente em relação aos recursos recebidos no âmbito do artigo 82 da CNUDM. Contudo, quando se trata dos recursos encontrados na Área – patrimônio comum da humanidade – o artigo 162.2, letra "o"(i) inclui tanto os Estados em desenvolvimento que são Partes da Convenção, como também "os povos que não tenham alcançado a pela independência ou outro estatuto de autonomia".

Da III Conferência participaram oito movimentos de libertação nacional; um em especial causava grande contrariedade aos Estados Unidos e também a Israel – a Organização para a Libertação da Palestina (OLP),

---

[338] PLATZÖDER, *Third United Nations Conference...* vol. *IV*, p. 326 (grifos nossos). Tradução do original: "*3. The payments referred to in paragraphs 1 and 2, shall be made to an international or regional development organization recognized by the United Nations. The Parties to this Convention shall agree on necessary payment and other relevant procedures. The recipient organizations shall distribute these payments to State Parties to this Convention on the basis of equitable sharing criteria, taking into account the interests and needs of developing countries*".

[339] Grifos nossos.

atual Autoridade Palestina[340]. Dessa forma, a OLP – então considerada uma organização terrorista pelos Estados Unidos – poderia pleitear o recebimento de parte desses recursos distribuídos pela Autoridade.[341]

Uma vez que a Autoridade Internacional dos Fundos Marinhos foi criada por meio de um tratado internacional, a organização deve se ater aos "poderes e funções que lhe são expressamente conferidos" pela Convenção (artigo 157.2 da CNUDM). Como acrescenta esse artigo, a Autoridade "terá os poderes subsidiários, compatíveis com a presente convenção que sejam implícitos e necessários ao exercício desses poderes e funções no que se refere às atividades na Área". Aparentemente, no entanto, os poderes subsidiários mencionados referem-se apenas às atividades desenvolvidas na Área.

Conforme se explicitou, o regime do artigo 82 é diferente daquele aplicável à Área, ainda que os artigos 160.2, letra "f"(i), e 162.2, letra "o"(i), refiram-se expressamente aos poderes e funções dos órgãos da Autoridade – Assembleia e Conselho, respectivamente –, no tocante ao artigo 82. Dessa forma, a interpretação do parágrafo 4º do artigo 82 precisa estar amparada nos poderes e funções elencados aos órgãos da Autoridade, mencionados na Parte XI, porque será através do exercício desses poderes e funções que a Autoridade conseguirá implementar os objetivos e propósitos do artigo.[342]

---

[340] Participaram como membros observadores da III Conferência, além da OLP: *African National Congress* (África do Sul), *Africa National Council* (Zimbábue), *African Party for the Independence of Guinea and Cape Verde Islands* (PAIGC, de Cabo Verde), *Pan Africanist Congress of Azania* (África do Sul), *Patriotic Front* (Zimbábue), *Seychelles People's United Party* (SPUP, de Seicheles) e o *South West Africa People's Organization* (SWAPO, da atual Namíbia).

[341] Apesar dos ganhos obtidos no processo negocial que resultou no Acordo de Implementação da Parte XI (1994), até hoje os Estados Unidos ainda não aderiram à CNUDM. Esse ponto específico previsto no artigo 162.2, letra "o"(i), continua sendo repetido nos Estados Unidos por aqueles que são contrários à adesão do país à CNUDM. É o caso, por exemplo, dos Senadores Republicanos Orrin Hatch e John Cornyn, que, em artigo publicado em maio de 2012, manifestaram sua rejeição à Convenção ao afirmar que: *"Under the treaty, the transfer of these funds does not end with nation states. These royalty revenues would even be extended to 'peoples who have not attained full independence or other self-governing status.' That means groups like the Palestinian Authority and potentially other groups with terrorist ties"*. HATCH, Orrin; CORNYN, John. The Law of the Sea treaty will sink America's economy. Disponível em: <http://www.foxnews.com/opinion/2012/05/23/law-sea-treaty-will-sink-america-economy>. Acesso em: 8 de fevereiro de 2015.

[342] ISA, *Technical Study n. 4*, p. 54.

A fim de resolver, ou pelo menos encaminhar, diversas destas questões em aberto colocadas pelo artigo 82, a Autoridade realizou dois importantes seminários para discutir este dispositivo legal: o Seminário de Chatham House (2009) e o Seminário de Beijing (2012), analisado na sequência.

Seminário Internacional sobre a Implementação do Artigo 82 da CNUDM (Beijing-2012)

Desde sua fundação, a Autoridade vem realizando uma série de seminários sobre diversos temas envolvidos em suas atividades, a exemplo dos eventos atinentes ao aproveitamento de nódulos polimetálicos dos fundos marinhos e sobre as perspectivas de colaboração internacional na investigação do meio marinho para a melhor compreensão dos fundos marinhos.

Em razão da iminência da aplicação concreta do artigo 82, a Autoridade realizou em Beijing, em novembro de 2012, o Seminário sobre a Implementação do Artigo 82 da CNUDM (*International Workshop on Further Consideration of the Implementation of Article 82 of the United Nations Convention on the Law of the Sea*).

Em 2009, a Autoridade começou a explorar as questões técnicas e jurídicas associadas à concretização do artigo 82. Dois estudos técnicos foram elaborados: um sobre os assuntos legais e políticos associados a tal implementação (*ISA Technical Study n. 4*) e outro tratando das questões técnicas e de pesquisas associadas ao aproveitamento e gestão da plataforma continental estendida (*ISA Technical Study n. 5*). Ambos foram publicados como resultados do seminário realizado em fevereiro de 2009 em Chatham House, Londres, em colaboração com o *Royal Institute of International Affairs*.

O Seminário de Beijing, realizado em colaboração com o *China Institute for Marine Affairs* (CIMA), reuniu mais de quarenta especialistas em questões científicas e legais, incluindo membros da Comissão Legal e Técnica e membros da Comissão de Limites da Plataforma Continental. Também participaram diplomatas e conselheiros dos Estados membros, acadêmicos, bem como membros atuais e antigos da Autoridade e da Divisão sobre Assuntos Oceânicos e Direito do Mar das Nações Unidas (DOALOS).

O Seminário de Beijing tinha como escopo produzir propostas concretas a serem apresentadas aos Estados-membros com plataforma continental estendida e aos órgãos da Autoridade. O relatório do Seminário foi publicado como *ISA Technical Study n. 12*.[343]

Ao término do encontro, os participantes enfatizaram a relevância dos esforços para alcançar um sistema para a implementação pragmática e funcional do artigo 82, cujas diretrizes deveriam continuar a ser debatidas dentro dos órgãos da Autoridade, em especial pela Assembleia e pelo Conselho.

Entre as principais recomendações dos participantes, estão:[344]

i) A Autoridade deve encorajar os Estados com PCE, especialmente aqueles que já estão licenciando áreas ou têm planos de licenciar áreas marítimas para a exploração de recursos não vivos na PCE, a considerar e antecipar necessidades relativas à implementação do artigo 82 em suas respectivas jurisdições. Nesse sentido, é especialmente importante considerar a obrigação de notificar antecipadamente a Autoridade da data de início da produção comercial nesse espaço;

ii) Ainda que gozando da escolha exclusiva de optar entre fazer pagamentos ou contribuições em espécie, os Estados com PCE devem ser recomendados a optar por fazer pagamentos, no interesse de simplificar e tornar eficiente a implementação do artigo 82. É possível que uma resolução da Reunião dos Estados-partes da CNUDM (SPLOS) seja sugerida para que se avance nesse sentido;

iii) A Autoridade deve explorar a ideia de desenvolver um memorando de entendimentos entre ela e o Estado com PCE, ou um documento-guia, e tomar a iniciativa de preparar um projeto para discussão, levando em consideração que as duas propostas terão objetivo de fornecer orientações práticas e auxiliar os Estados com PCE na implementação do artigo 82;

iv) No tocante ao parágrafo 4º do artigo 82, o Seminário considerou que a expressão "por intermédio da Autoridade" (*"through the Authority"*) não deve ser interpretada no sentido de "para a Autoridade" (*"to the Authority"*). A Autoridade é apenas um meio de transferência dos pagamentos e contribuições em espécie para os Estados-partes, nos termos do

---

[343] INTERNATIONAL SEABED AUTHORITY. *Implementation of Article 82 of the United Nations Convention on the Law of the Sea: Report of an International Workshop convened by the International Seabed Authority in collaboration with the China Institute for Marine Affairs in Beijing, the People's Republic of China, 26-30 November 2012 (ISA Technical Study n. 12)*. Kingston: ISA, 2013.

[344] *Ibidem*, p. 31-32.

artigo 82, parágrafo 1º, e nesse sentido, o papel a ser desempenhado por ela é meramente instrumental;

v) Na busca da melhor maneira de interpretar a expressão "por intermédio da Autoridade", os participantes do Seminário observaram que os seguintes aspectos devem ser levados em consideração: a) a necessidade de a Autoridade criar um mecanismo de coleta dos pagamentos e contribuições e, depois, de distribuição eficiente e oportuna aos Estados-partes; b) que o estabelecimento desse mecanismo poderá criar custos adicionais para a Autoridade. Tais despesas poderão ser recuperadas por meio do orçamento regular da Autoridade ou pela retenção pela Autoridade de percentual acordado nos rendimentos obtidos para cobrir as despesas de administração; c) a possibilidade de o Comitê de Finanças sugerir o percentual de retenção a ser estipulado pela Autoridade para cobrir as despesas de administração, ainda que a CNUDM não tenha previsto essa função para o Comitê de Finanças;

vi) Ao tratar de determinar o que se entende por "critérios de repartição equitativa" (*equitable sharing criteria*), nos termos do artigo 82, parágrafo 4º, foi sugerido que a Autoridade deveria elaborar e manter um conjunto de critérios que poderiam ser utilizados para calcular os montantes que deveriam ser distribuídos entre todos os Estados-partes. De acordo com o artigo 162.2, letra "o"(i) da CNUDM, cabe ao Conselho recomendar à Assembleia normas, regulamentos e procedimentos sobre a repartição equitativa dos pagamentos e contribuições efetuados em virtude do artigo 82;

vii) Ao determinar os critérios de repartição equitativa, a Autoridade estará obrigada a levar em consideração os interesses e as necessidades dos Estados em desenvolvimento, especialmente os sem litoral e os geograficamente desfavorecidos. A fim de cumprir sua responsabilidade na repartição e prestar contas destes pagamentos, a Autoridade deve elaborar e manter uma lista com valores quantitativos que se utilizariam para calcular os montantes a serem distribuídos entre os Estados-partes. Foi sugerido, ainda, que, em conformidade com o objeto e a finalidade da CNUDM, seria possível distribuir os pagamentos e contribuições em espécie através de programas e fundos estabelecidos para ajudar os Estados em desenvolvimento a alcançar os objetivos estabelecidos pelos Objetivos do Milênio (*Millennium Development Goals*) e outras metas de desenvolvimento sustentável.

Por fim, os participantes do Seminário de Beijing concordaram que é preciso seguir debatendo a melhor forma de colocar em funcionamento o artigo 82, notadamente por meio da elaboração de um estudo sobre o termos técnicos e análise das possíveis modalidades de repartição de benefícios entre os Estados-partes, bem como da preparação de memorando de entendimento e de documento de orientações práticas.

Portanto, a Autoridade, que já vinha desenvolvendo estudos preparatórios para a implementação do artigo 82 desde 2009, passou a acelerar esse processo em 2012, especialmente porque a exploração da plataforma continental estendida será uma realidade muito em breve. Possivelmente, o Canadá será o primeiro Estado a efetuar pagamentos "por intermédio da Autoridade". O Brasil tampouco tardará a licitar áreas de exploração de hidrocarbonetos além das 200 milhas marítimas, como será analisado no capítulo final.

3.7 Solução de controvérsias

A possibilidade de descumprimento por parte do Estado costeiro da obrigação de realizar os pagamentos e contribuições em espécie foi discutida durante os trabalhos da III Conferência à medida que avançava a proposta de criação do que consiste o atual artigo 82. O Grupo dos Estados sem litoral e geograficamente desfavorecidos (LL/GDS) apresentou a seguinte proposta, que consta no ISNT II:

> Artigo 69.5. Se um Estado em questão não cumprir com o disposto neste artigo a Autoridade Internacional poderá tomar as medidas adequadas de acordo com os poderes e as funções que lhe foram conferidos nesta Convenção.[345]

No entanto, a proposta acima transcrita não obteve o consenso necessário para ser aprovada.

Para o professor Aldo Chircop, não fica muito claro qual seria o mecanismo de solução de disputas que seria aplicável a um litígio entre um Estado com PCE e a Autoridade. Como visto no capítulo 1, os Estados-partes da CNUDM dispõem dos meios de solução de controvérsias previstos na Parte XV da Convenção, mas o acesso da Autoridade aos

---

[345] PLATZÖDER, *Third United Nations Conference... vol. IV*, p. 327. Tradução do original: *"If a State concerned fails to comply with the provisions of this Article the International Authority may take appropriate measures in accordance with the powers and functions conferred upon it by this Convention".*

mesmos mecanismos é limitado. Como preceitua o artigo 291.2: "As entidades que não sejam Estados-partes têm acesso, apenas nos casos expressamente previstos na presente Convenção, aos procedimentos de solução de controvérsias especificados nesta parte".

De maneira clara, a Autoridade tem acesso à Câmara de Controvérsias dos Fundos Marinhos, contanto que o pleito por ela formulado esteja entre as competências desse órgão, como dispõem os artigos 187 e 37 do Anexo VI da CNUDM. A jurisdição da Câmara é limitada às disputas concernentes a atividades na Área em categorias especificamente mencionadas no artigo 187 da CNUDM. Todavia, uma eventual disputa sobre a aplicação ou a interpretação do artigo 82 não diz respeito às atividades exercidas na Área, mesmo naquelas hipóteses que tratam dos poderes regulatórios da Assembleia e do Conselho em relação ao artigo 82 – caso dos artigos 160.2, letra "f"(i) e 162.2, letra "o"(i).[346]

Vale mencionar, também, o artigo 285 da CNUDM, que dispõe que:

> Esta seção aplica-se a qualquer controvérsia que, nos termos da seção 5 da parte XI da presente Convenção, tenha de ser solucionada de conformidade com os procedimentos previstos na presente parte. Se uma entidade que não um Estado-Parte for parte em tal controvérsia, esta seção aplica-se *mutatis mutandis*.

Ainda que alguns óbices possam ser levantados sobre a possível utilização do artigo 285 como mecanismo de solução de disputas entre a Autoridade e os Estados com PCE em torno do artigo 82 – afinal, está na Parte VI, e não na Parte XI –, é importante destacar que sua redação foi negociada com a intenção de acordar disputas entre os Estados-partes e a Autoridade. E mais, os dispositivos relativos à competência do TIDM trazem também a possibilidade de os Estados-partes e de outras entidades se fazerem representar perante o Tribunal, tanto nos termos previstos na Parte XI, quanto em todas as outras questões especialmente previstas em qualquer outro acordo que confira jurisdição ao Tribunal (artigo 21 do Anexo VI da CNUDM).

Essa regra é suficientemente genérica para permitir que "qualquer outro acordo" seja reputado acordo especial firmado entre o Estado com PCE e a Autoridade, "que confira jurisdição ao Tribunal". Nessa hipótese,

---

[346] CHIRCOP, *Operationalizing Article 82*, p. 410.

haveria, também, a possibilidade de recurso à conciliação, nos termos do artigo 284 da CNUDM. Por seu turno, a viabilidade de utilização da arbitragem é menos clara.[347]

Outra possibilidade de solucionar as eventuais disputas em torno do artigo 82 seria o recurso ao *Model Agreeement on Article 82*, ou seja, ao acordo bilateral celebrado entre o Estado com PCE e a Autoridade, por meio do qual ambas as Partes aceitariam a jurisdição da Câmara (ou do pleno do Tribunal), nos termos do Anexo VI da CNUDM.[348]

Conclusão do capítulo

Neste capítulo foram analisados o papel da Autoridade Internacional dos Fundos Marinhos e a implementação do artigo 82 da CNUDM. Ao longo dele, examinou-se a intricada relação entre os artigos 76 e 82 – negociados inclusive simultaneamente ao longo da III Conferência –, sendo o segundo a contrapartida financeira à possibilidade de extensão das plataformas continentais, prevista no primeiro dispositivo.

Ao mesmo tempo, demonstrou-se que o artigo 82 levanta uma série de importantes questões práticas, boa parte delas não resolvidas. Contudo, um aspecto é claro: cedo ou tarde esses questionamentos se tornarão uma realidade para uma série de Estados que já exploram os recursos da plataforma continental, entre eles o Brasil.

Assim, esses tópicos deixarão de ser meramente teóricos para se tornarem concretizáveis pela comunidade internacional. Repita-se, quanto mais cedo os Estados previrem os modos de implementar o artigo 82, melhor para todos: Estados costeiros, Autoridade e indústria petrolífera e mineradoras.

Por fim, recorde-se que o artigo 82 se aplica somente sobre a plataforma continental estendida (PCE), ou seja, além do limite inicial das 200 milhas marítimas. Em razão disso, configura-se uma relação profunda entre os artigos 76 e o artigo 82, visto que o primeiro traz a definição jurídica de plataforma continental, juntamente com a possibilidade de que seja estendida. No entanto, vale ressaltar que a implementação do artigo 82 não necessariamente depende do estabelecimento dos limites "definitivos e obrigatórios" da plataforma continental estendida.

---

[347] *Ibidem*, p. 411.
[348] ISA, *Technical Study n. 4*, p. 67.

Parte II

O Brasil, o Direito do Mar e os artigos 76 e 82 da CNUDM

Esta segunda parte funciona como uma espécie de "espelho" da primeira, isto é, analisa os principais tópicos estudados na Parte I com um olhar voltado para os interesses brasileiros. Dessa forma, há também três capítulos: o capítulo 4 trata do Brasil e o Direito do Mar, destacando os principais temas da evolução histórica do Direito Internacional do Mar para o contexto nacional, em especial a participação brasileira nas conferências temáticas das Nações Unidas. Já o capítulo 5, como o capítulo 2, trata da plataforma continental e da plataforma continental estendida, só que nesta parte voltada exclusivamente para o caso do Brasil. E, por fim, o capítulo 6, analisa os possíveis impactos decorrentes da aplicação do artigo 82 da CNUDM para o Brasil, ou seja, a possibilidade do país efetuar pagamentos ou contribuições em espécie na parte da plataforma continental além das 200 milhas marítimas.

Capítulo 4

O Brasil e o Direito do Mar: principais temas e a participação do país nas conferências internacionais

Neste capítulo serão considerados alguns dos principais aspectos do Direito do Mar, analisados no capítulo 1 desta obra, mas com a análise centrada na perspectiva brasileira, com ênfase em dois eixos: i) os assuntos ligados ao Direito Internacional do Mar que despertaram grande interesse governamental e da sociedade nos últimos cinquenta anos: a "guerra da lagosta" e a expansão do mar territorial; ii) a participação brasileira nos encontros regionais e nas conferências internacionais sobre o Direito do Mar, além do processo de incorporação da Convenção das Nações Unidas sobre o Direito do Mar (CNUDM) no ordenamento jurídico pátrio.

4.1 A posição atlântica do Brasil

A importância do mar para o Brasil iniciou-se antes mesmo de seu descobrimento oficial por Pedro Álvares Cabral, já que desde a Bula papal *Inter Coetera*, de 4 de maio de 1493, as conquistas territoriais de Portugal e Espanha no "Novo Mundo" já tinham sido definidas e, consequentemente, haviam delimitado suas áreas de influência marítima. Com a celebração do Tratado de Tordesilhas, entre portugueses e espanhóis, expandiu-se o limite do meridiano para 370 léguas a oeste do arquipélago de Cabo Verde, que teria consequência direta na formação territorial do Brasil e de seu extenso litoral atlântico.

O BRASIL E O DIREITO INTERNACIONAL DO MAR CONTEMPORÂNEO

Além disso, as primeiras ocupações do território também se deram na costa marítima do Brasil e, ao longo dos séculos subsequentes, o mar sempre exerceu papel destacado na formação do país.

No decorrer desses mais de quinhentos anos, a posição geopolítica do Brasil, em especial, do seu imenso litoral, desperta cada vez mais interesses. Mesmo sendo um gigante continental, com 8.514.877 km², o mar continua sendo um fator importante na construção nacional.

A faixa terrestre do litoral brasileiro tem largura variável; estende-se por aproximadamente 10.800 quilômetros ao longo da costa[349], se contabilizadas suas reentrâncias naturais, e possui uma área de aproximadamente 514 mil km², ao longo de dezessete estados litorâneos. Esse extenso litoral, aliado à sua orientação geográfica, dá ao país uma importante posição política e estratégica. No entanto, essa posição proeminente no Atlântico Sul não tornou o Brasil um Estado com uma clara orientação marítima.

Entre as principais atividades econômicas desenvolvidas ao longo do litoral brasileiro estão a pesca e o turismo. Além disso, existem grandes reservas de gás e petróleo – cerca de 80% da exploração brasileira ocorre na plataforma continental – que, na verdade, consistem na atividade no mar que mais atrai a atenção no momento.[350]

Da independência aos dias atuais, as regras jurídicas sobre a delimitação dos espaços marítimos adjacentes à costa brasileira passaram por uma série de mudança. Ao longo das décadas, pode-se perceber uma série de avanços e recuos; alguns atos estatais caracterizados por certa timidez, já outros marcados por alguma ousadia.

No que tange ao Direito do Mar, a maior parte da história jurídica brasileira foi dedicada à largura do mar territorial, em especial, ao tema das 200 milhas marítimas, durante os anos 1970. Antes de examinar-se esse

---

[349] A extensão da faixa costeira varia enormemente na literatura sobre o tema, de 7 mil a mais de 11 mil quilômetros. Tal discrepância se deve às diferentes metodologias empregadas no cálculo da linha costeira. O dado aqui adotado, de 10.800 quilômetros, foi obtido no âmbito dos estudos sobre a representatividade dos ecossistemas costeiros no Sistema Nacional de Unidades de Conservação (SNUC), e considera os recortes e reentrâncias naturais da costa brasileira. MINISTÉRIO DO MEIO AMBIENTE. Gerência de Biodiversidade Aquática e Recursos Pesqueiros. *Panorama da conservação dos ecossistemas costeiros e marinhos no Brasil.* Brasília: MMA/SBF/GBA, 2010.

[350] VIDIGAL, Armando Amorim *et alii. Amazônia Azul: o mar que nos pertence.* Rio de Janeiro: Record, 2006.

episódio, no entanto, é importante ressaltar um momento anterior a este que, como o primeiro, teve grande repercussão midiática, transcendendo os limites jurídico-políticos, e reverberando no conjunto da sociedade, a chamada "guerra da lagosta".

4.2 O episódio da "guerra da lagosta"

Entre os anos 1962 e 1964, ocorreu um sério litígio envolvendo Brasil e França em torno da pesca da lagosta no litoral do Nordeste brasileiro. Os primeiros fatos daquilo que ficou conhecido como a "guerra da lagosta" aconteceram quando foi apresado um barco lagosteiro francês no litoral nordestino, chamado *Cassiopés*, em janeiro de 1962. A controvérsia surgiu da negativa do Governo brasileiro em permitir a pesca ou captura do crustáceo nas costas do litoral brasileiro – uma faixa que se iniciaria no Recife, estendendo-se até Fortaleza – por lagosteiros franceses.

Desde 1961, os franceses já mostravam interesse no potencial de exploração da lagosta na costa brasileira, quando, nesse ano, solicitou autorização para que dois barcos franceses efetuassem pesquisas sobre os recursos lagosteiros do Nordeste. O pedido francês foi aceito pelas autoridades brasileiras, que autorizaram os barcos franceses a pescarem, com a condição de terem a bordo controladores de pesca da Marinha brasileira, que verificariam os métodos de pesca e seriam informados dos resultados das pesquisas, condição esta que foi aceita sem restrições pela embaixada francesa no Brasil.[351]

Com o término das pesquisas, o Departamento Político do Itamaraty ressalvou ao Embaixador da França que, sendo a lagosta recurso de grande importância para o Nordeste e cuja existência estaria ameaçada pela exploração intensiva com métodos predatórios, o Governo brasileiro não estaria disposto a permitir essa atividade a pescadores estrangeiros. A preocupação do Governo brasileiro era mais do que razoável, haja vista que, no decorrer de toda a década de cinquenta, a pesca predatória foi realizada no saliente ocidental do continente africano, sobretudo ao largo das costas do Senegal, da Guiné e da Mauritânia, onde atuava grande parte da frota especializada da França, levando ao esgotamento dos bancos lagosteiros

---

[351] LESSA, Antonio Carlos, A Guerra da Lagosta e outras guerras: conflito e cooperação nas relações França-Brasil (1960-1964). *Cena Internacional*, ano 1, n. 1, 1999, p. 111-112.

O BRASIL E O DIREITO INTERNACIONAL DO MAR CONTEMPORÂNEO

da região que, portanto, buscavam novas áreas de exploração, como no caso concreto, no litoral brasileiro.[352]

Os franceses optaram por desconsiderar as manifestações das autoridades brasileiras, dirigindo seus barcos pesqueiros à costa brasileira, quando, então, foram apresados pela Marinha brasileira e, posteriormente liberados. Enquanto isso, houve de parte a parte tentativas de solucionar o conflito através de negociações bilaterais. A França propôs que o assunto fosse submetido a uma instância arbitral, a Corte Permanente de Arbitragem Internacional, enquanto, o Itamaraty recusou tal proposta, mas aceitou a ideia de se chegar a uma fórmula de *modus vivendi*, a qual, sem compreender as posições jurídicas antagônicas dos dois países, disciplinasse o assunto criando um entendimento entre particulares brasileiros e franceses.[353]

Em janeiro de 1963, enquanto tinham início essas tratativas, as autoridades francesas comunicaram, de maneira surpreendente, que dois lagosteiros franceses haviam partido com destino ao Nordeste. Descreve Antônio Carlos Lessa que:

O Embaixador do Brasil em Paris, Carlos Alves de Sousa Filho, mostrou ao *Quai d'Orsay* [chancelaria francesa] a necessidade de mandar regressar os lagosteiros; o mesmo foi feito pelo Itamaraty junto à Embaixada no Rio. Simultaneamente, foi passada nota à Embaixada francesa, informando-a de que, com referência à posição brasileira na matéria, seriam apresados os lagosteiros franceses que viessem operar no Brasil sem autorização. Idêntica comunicação foi feita, em Paris, ao Governo francês por Sousa Filho. Vieram, no entanto, os lagosteiros, e não dois, mas três. E foram apresados pela Marinha de Guerra em 31/1/1963, sendo conduzidos ao porto de Natal. Diante, porém, do apelo do Governo francês, o Governo brasileiro acedeu em liberá-los, bem como ao produto de sua pesca, levado pelo propósito de não perturbar o resultado que se esperava das negociações para o *modus vivendi*. Foi dito, e constou de nota ao Governo francês, que o gesto do Governo brasileiro constituiria a última concessão que se faria. Mas novamente o Governo francês, através de sua embaixada, voltou a solicitar ao Governo brasileiro permissão para a operação de seis lagosteiros na região. Fê-lo em 12/02/1963, quando os seis lagosteiros já se encontravam nas proximidades do litoral brasileiro.[354]

[352] *Ibidem*, p. 112.
[353] *Ibidem*, p. 113.
[354] *Ibidem*, p. 114.

212

O BRASIL E O DIREITO DO MAR

Ao receber o comunicado oficial do governo brasileiro sobre a cassação da licença, o governo francês reagiu energicamente e decidiu enviar um navio de guerra (o contratorpedeiro *Tartu*) para resguardar as atividades de seus lagosteiros no Nordeste brasileiro. O comunicado oficial do governo francês sobre o envio do *Tartu* chegou ao Itamaraty em fevereiro de 1963[355]. O ato foi entendido pelas autoridades brasileiras como um gesto que indispunha os dois governos a qualquer entendimento. Não foram, no entanto, registrados atos de animosidade entre os navios de guerra brasileiros e o contratorpedeiro enviado para proteger os lagosteiros franceses, e estes deixaram o litoral nordestino cerca de vinte dias depois, quando o assunto arrefeceu.[356]

Para Loyola de Castro, o grande mérito da posição sustentada pelo Brasil no desenrolar desse litígio consistiu em transferir a questão do campo político para o biológico, ou seja, ao invés de empregar as mesmas armas utilizadas pelos franceses, as autoridades brasileiras conseguiram com habilidade levá-las para outro terreno: o da discussão sobre se a lagosta era uma espécie bentônica ou pelágica.[357]

Desde o início, o Governo brasileiro fundamentou sua posição invocando um dos princípios básicos da doutrina sobre plataforma continental, adotado por diversos países e que vinha sendo posta em vigor, com o assentimento da própria França desde o lançamento da Proclamação Truman, qual seja, de que a exploração e o aproveitamento dos recursos naturais, existentes na plataforma continental, cabem, por direitos exclusivos, ao Estado costeiro. No entendimento brasileiro, a lagosta é uma das riquezas ou recursos vivos do leito da plataforma, de forma que sua pesca apenas pode ser feita por estrangeiros com autorização ou consentimento expresso do Estado costeiro.

Os franceses se opuseram à tese brasileira, sustentando que a lagosta é uma espécie nadadora, e não sedentária ou bentônica. As autoridades brasileiras replicaram, argumentando que a lagosta vive em contato físico constante com o leito do mar e que o fato de ela dar pequenos saltos em

---

[355] MUNIZ, Túlio de Souza. *O ouro do mar: do surgimento da indústria da pesca da lagosta no Brasil à condição do pescador artesanal na História do tempo presente (1955-2000). Uma narrativa sócio-histórico marítima*. Fortaleza: Universidade Federal do Ceará. Dissertação (Mestrado em História), 2005, p. 52.

[356] LESSA, *op. cit.*, p. 116.

[357] CASTRO, *op. cit.*, p. 36.

sua marcha sobre o leito da plataforma não era motivo suficiente para que fosse considerada uma espécie "pelágica" ou nadadora. Por fim, lembra Loyola de Castro:

> Lançamos, a seguir, mão de um argumento que foi decisivo: se a lagosta fosse considerada espécie nadadora só porque dá saltos no leito do mar, então deveríamos também incluir o canguru que dá saltos em terra firme entre as espécies voadoras! Outro argumento importante que desarticulou a ofensiva desfechada contra nós pelos franceses, foi a indicação dos processos adotados pelos nordestinos e pelos próprios lagosteiros franceses para a captura da lagosta. Os primeiros, como se sabe, usam "covos" ou gaiolas, que colocam sobre o leito do mar, para a pesca desse crustáceo, ao passo que os franceses costumam pescar de arrasto. Tanto num caso como noutro, a pesca é efetuada na plataforma, sendo que na pesca de arrasto aquela pode ser depredada pela destruição concomitante e inevitável de outras espécies vivas, tipicamente sedentárias, cuja exploração está reservada ao Estado costeiro.[358]

A "guerra da lagosta" teve como contribuição mais importante levar para a opinião pública brasileira o debate envolvendo os aspectos essenciais sobre a utilização dos recursos da plataforma continental. Passados mais de cinquenta anos da controvérsia franco-brasileira sobre a lagosta, a plataforma continental continua despertando interesse da sociedade brasileira, agora em razão dos campos de petróleo e gás natural na plataforma continental do país.

4.3 O mar territorial: das 3 às 200 milhas marítimas

A partir da independência política, os limites do mar territorial brasileiro passaram por seis períodos sucessivos: a regra do tiro do canhão, 3 milhas marítimas, 6 milhas marítimas, 12 milhas marítimas, 200 milhas marítimas e, mais recentemente, o retorno à regra das 12 milhas marítimas. As demais áreas marinhas adjacentes apenas despertaram interesse muito posteriormente.

Como parte do legado português, o Brasil manteve a regra do tiro do canhão, que foi mencionada na Circular n. 92, de 1º de julho de 1850, firmada pelo Ministro da Marinha e dirigida aos presidentes das

---

[358] *Ibidem*, p. 35-36.

provínciais[359]. Como lembra Marotta Rangel, o Brasil "aderiu à independência com uma regra diferente daquela praticada pelos outros países americanos que obtiveram sua independência da Espanha ou Inglaterra e para quem a regra das seis ou três milhas marítimas prevaleceu até pelo menos desde a independência".[360]

A regra somente foi modificada no princípio da Primeira Guerra Mundial, a fim de embasar a posição de neutralidade brasileira, quando o Ministério das Relações Exteriores adotou a regra das 3 milhas marítimas pelas Circulares n. 42 e 43, de 25 de agosto de 1914, dirigidas, respectivamente, às Legações estrangeiras e aos então governadores e presidentes dos Estados que compunham a União, bem como aos Ministérios da Guerra e da Marinha, declarando que:

> [...] enquanto os Poderes competentes não fixarem, como regra definitiva, a extensão do mar territorial do Brasil quanto à jurisdição territorial, deve continuar inalterável, para os efeitos da neutralidade na presente guerra entre várias potências, a distância das três milhas marítimas, adotada, em princípio, até hoje pelo Governo brasileiro.[361]

Fica evidente da leitura desse excerto que o próprio Ministério das Relações Exteriores não tinha muita certeza sobre se havia ou não uma regra jurídica nacional acerca da extensão do mar territorial até aquele momento, acreditando que o país adotava o limite das 3 milhas marítimas, "em princípio". Como visto no capítulo 1, a linha do tiro do canhão até certa época confundia-se com o limite das 3 milhas marítimas.

Para a Conferência de Haia de 1930 sobre a Codificação do Direito Internacional, as instruções dadas à delegação brasileira eram no sentido

---

[359] BEVILÁQUA, Clóvis. *Direito Público Internacional: a synthese dos princípios e contribuição do Brazil*. Rio de Janeiro: Francisco Alves: 1910, p. 321-322.

[360] RANGEL, Vicente Marotta. Brazil. In: ZACKLIN, Ralph (ed.). *The changing law of the sea: Western hemisphere perspectives*. Leiden: Sijthoff, 1974, p. 136. Tradução do original: *"[...] acceded to independence with a rule different from that in force in other American countries which had gained independence from Spain or England and for whom the rule of six or three nautical miles prevailed, at least since independence"*.

[361] Excerto do Relatório do Ministério das Relações Exteriores relativo ao período maio de 1914/junho de 1915, sobre a Questão da Extensão do Mar Territorial e Limite de Sua Jurisdição *apud* TRINDADE, Antonio Augusto Cançado (org.). *Repertório da prática brasileira do direito internacional público: período 1899-1918*. 2. ed. Brasília: FUNAG, 2012, p. 361.

de advogar o alargamento do mar territorial. Clóvis Beviláqua, consultor jurídico do Itamaraty, em parecer sobre a questão do mar territorial ao projeto de artigos para Convenção de 1930 – emitido em 17 de outubro de 1930 – frisava que:

> [...] insisto no meu voto para que se dilate a zona do mar territorial, a fim de que as necessidades do direito administrativo possam ser realizadas dentro das prescrições do direito internacional, isto é, para que a jurisdição do Estado tenha o mesmo limite, nos inares [sic] adjacentes ao seu território, quer para as relações internacionais, quer para a aplicação dos regulamentos administrativos.[362]

A delegação brasileira era favorável a um mar territorial de 6 milhas e contrária à instituição de uma zona contígua. No entanto, como analisado no capítulo 1, a Conferência de Haia de 1930 não conseguiu alcançar consenso em torno da largura do mar territorial, marcando, assim, o fracasso da Conferência e do Projeto Schücking[363]. Internamente, as instruções à delegação brasileira não tiveram impacto legislativo algum e o país manteve a largura do seu mar territorial em apenas 3 milhas marítimas.

Não obstante a posição contrária a uma zona contígua ao mar territorial, poucos anos depois o governo criou uma "zona de pesca costeira". Segundo o artigo 3º, §2º, do Decreto n. 23.672, de 2 de janeiro de 1934, que aprovou o Código de Caça e Pesca: "a pesca costeira é a exercida da costa até à distância de 12 milhas, a contar para fora".-

Durante a Segunda Guerra Mundial – antes do envolvimento direto no conflito –, o Brasil apoiou iniciativas regionais para constituição de uma zona de segurança de 12 milhas marítimas. Contudo, o mar territorial seguia com a largura de 3 milhas como estipulado desde princípios do século XX.

Para Marotta Rangel, a regra das 3 milhas para o mar territorial foi sendo gradualmente minada por aquilo que o corpo diplomático apoiava nos encontros internacionais[364]. Os "Princípios do México sobre o regime jurídico do mar", aprovado pelo Conselho Interamericano de Juristas de

---

[362] BEVILÁQUA, Clóvis apud TRINDADE, Antonio Augusto Cançado (org.). *Repertório da prática brasileira do direito internacional público: período 1919-1940*. 2. ed. Brasília: FUNAG, 2012, p. 218.

[363] O'CONNELL, *op. cit.*, p. 3.

[364] RANGEL, *Brazil*, p. 137.

1956, não somente declarava que a regra das 3 milhas era insuficiente como limite do mar territorial e, portanto, não mais aceita como regra geral de Direito Internacional, como apoiava o direito de cada Estado em fixar a largura do seu mar territorial dentro de limites razoáveis. Na assertiva "A" desta declaração, dedicada ao mar territorial, consta que:

> 1. La extensión de tres millas para delimitar el mar territorial es insuficiente y no constituye una normal general de Derecho Internacional. Por lo tanto, se justifica la ampliación de la zona de mar tradicionalmente llamada "mar territorial".
> 2. Cada Estado tiene competencia para fijar su mar territorial hasta límites razonables, atendiendo a factores geográficos, geológicos y biológicos, así como a las necesidades económicas de su población y a su seguridad y defensa.[365]

Em 1965, depois que as duas primeiras conferências das Nações Unidas sobre o Direito do Mar, realizadas em Genebra em 1958 e 1960, não chegaram a um acordo sobre a largura do mar territorial, o Comitê Jurídico Interamericano recomendou, com o apoio de seu presidente, o jurista brasileiro Raul Fernandes, que todo Estado americano "tem o direito de fixar a largura do seu mar territorial até o limite de doze milhas contadas da linha de base".[366]

O Brasil somente aumentou o mar territorial para 6 milhas por meio do Decreto-lei n. 44, de 18 de novembro de 1966. Além disso, o decreto também estabeleceu uma faixa adicional, até a distância de 12 milhas do litoral, no que concerne à prevenção e à repressão das infrações em matéria de polícia aduaneira, fiscal, sanitária ou de imigração.

Esse período, no entanto, não iria durar muito. Já em 25 de abril de 1969, o governo brasileiro editou o Decreto-lei n. 553, alterando novamente os limites do mar territorial brasileiro, que passou a ser de 12 milhas marítimas, medidas a partir da linha de baixa-mar, conforme o disposto abaixo:

> Artigo 1º. O mar territorial da República Federativa do Brasil compreende todas as águas que banham o litoral do País, desde o Cabo Orange, na foz do

---

[365] URUGUAY, *op. cit.*, p. 231.
[366] FERNANDES, Raul *apud* RANGEL, *Brazil*, p. 138.

Rio Oiapoque ao Arroio Chuí, no Estado do Rio Grande do Sul, numa faixa de doze milhas marítimas de largura, medidas a partir da linha de baixa-mar, adotada como referência nas cartas náuticas brasileira.

Parágrafo único. Nos lugares em que a costa, incluindo o litoral das ilhas, inflete formando baías, enseadas e outras reentrâncias, as doze milhas acima referidas serão contadas a partir da linha que transversalmente, una dois pontos opostos mais próximos dos de inflexão da costa e que distem, um do outro, vinte e quatro milhas marítimas ou menos.

O período no qual o mar territorial brasileiro teve o limite de 12 milhas marítimas seria ainda mais breve que o anterior. Menos de um ano depois, em 25 de março de 1970, pelo Decreto-lei n. 1.098, o governo brasileiro determinou que:

Artigo 1º. O mar territorial do Brasil abrange uma faixa de 200 (duzentas) milhas marítimas de largura, medidas a partir da linha do baixa-mar do litoral continental e insular brasileiro adotada como referência nas cartas náuticas brasileiras.

Parágrafo único. Nos lugares em que a linha costeira apresenta reentrâncias profundas ou saliências, ou onde existe uma série de ilhas ao longo da costa e em sua proximidade imediata, será adotado o método das linhas de base retas, ligando pontos apropriados, para o traçado da linha a partir da qual será medida a extensão do mar territorial.

As razões que levaram o Brasil a expandir seu mar territorial de 12 para 200 milhas marítimas, em um espaço de menos de um ano, são várias, de índole interna e externa. Naquele determinado momento histórico, havia a percepção da viabilidade da ideia por parte das autoridades brasileiras, que recomendavam e justificavam o ato de reivindicação unilateral sobre uma extensa área do mar adjacente às costas do País.

No entendimento de Araújo Castro:

Houve sobretudo a consciência política, de Governo, de que o Estado *deveria* assumir logo o controle da área de mar além das doze milhas, até onde fosse viável, para proteger legítimos interesses brasileiros, econômicos e de segurança, e de que o Estado *poderia* fazê-lo quase que impunemente. Inevitavelmente terá também havido a consciência do provável – e provado – impacto

O BRASIL E O DIREITO DO MAR

positivo da medida em termos de política interna, em momento particularmente sensível para o Governo.[367]

Na América Latina – em que a maioria dos países já tinha adotado o mar territorial de 200 milhas marítimas – a acolhida do ato brasileiro foi a melhor possível. Afinal, a posição seria reforçada com a adesão de um membro importante como o Brasil. Entre os demais países em desenvolvimento, a medida também foi bem aceita, ainda que não efusivamente como entre os latino-americanos.[368]

Ainda segundo Calero Rodrigues, o Itamaraty recebeu notas de protesto de alguns países com grandes interesses pesqueiros ou guiados por posição em favor de um mar territorial estreito, e, em todas as respostas, o Ministério das Relações Exteriores reafirmava a convicção de que não existia norma de Direito Internacional vigente, seja convencional, seja costumeira, que determinasse ao Estado o limite máximo até o qual ele poderia estender seu mar territorial[369]. Além disso, salientava-se que, nos termos dos "Princípios do México sobre o regime jurídico do mar" – em especial o ponto A-2 –, de 1956, o critério que prevalecia era de que o Estado costeiro era livre para determinar a largura de seu mar territorial, dentro de limites razoáveis e atendendo a suas condições e interesses peculiares.[370]

O debate em torno de um mar territorial de 200 milhas era extremamente polêmico e recusado pelos países desenvolvidos nessa época. Longas batalhas diplomáticas foram travadas, em especial durante os trabalhos preparatórios e durante a III Conferência das Nações Unidas sobre Direito do Mar (1973-1982).

---

[367] ARAÚJO CASTRO, Luiz Augusto de. *O Brasil e o novo direito do mar: mar territorial e zona econômica exclusiva*. Brasília: FUNAG, 1989, p. 17. Além disso, Araújo Castro ainda indica que o assunto virou, inclusive, tema de samba de João Nogueira "Esse mar é meu": "Esse mar é meu/leva seu barco pra lá desse mar/vá jogar a sua rede/das duzentas pra lá/pescador de olhos verdes/vá pescar noutro lugar".

[368] RODRIGUES, Carlos Calero. O problema do mar territorial. *Revista Brasileira de Política Internacional*. n. 49/50, 1970, p. 124-125.

[369] *Ibidem*, p. 129.

[370] BARRETO, Fernando de Mello. *Os sucessores do Barão: relações exteriores do Brasil, 1964--1985*. São Paulo: Paz e Terra, 2006, p. 216. Mello Barreto ainda recorda que: "No plano interno, chamaria a atenção o fato de o Movimento Democrático Brasileiro, ter colocado em seu programa de 1972 a inadmissibilidade de 'qualquer alteração restritiva no limite de 200 milhas, estabelecido para o mar territorial brasileiro'".

Por fim, depois de longas e ásperas polêmicas em torno da largura máxima do mar territorial e da delimitação de outros espaços marítimos, foi possível a assinatura pelos Estados da versão final da Convenção das Nações Unidas sobre o Direito do Mar (CNUDM), que adotou um mar territorial com largura máxima de 12 milhas marítimas contadas a partir das linhas de base, e criou o conceito de zona econômica exclusiva (ZEE), de no máximo 200 milhas marítimas contadas das linhas de base, ou seja, cento e oitenta e oito milhas marítimas a partir do limite exterior do mar territorial para os Estados que estabeleceram um mar territorial de 12 milhas marítimas.

A possibilidade, praticamente uma certeza, de que o Brasil iria reduzir o mar territorial de 200 milhas para 12 milhas, em razão do processo negocial em curso na III Conferência, foi aventada pelo Ministro de Relações Exteriores Saraiva Guerreiro, em entrevista ao jornal *Gazeta Mercantil*, em 1980. A manifestação de Saraiva Guerreiro foi inicialmente vista com resistências no Congresso Nacional.

Em agosto daquele ano, foi aprovada a solicitação para que o Ministro fosse convocado a prestar informações sobre a redução dos limites do mar territorial. Para o autor do requerimento, tal sinalização de redução do mar territorial devia-se a "pressões internacionais", de forma que o país não deveria sujeitar-se "à ingerência estrangeira em nossos assuntos internos". Por conseguinte, posicionou-se no sentido de que "continuamos a entender acertada a fundamentação do Decreto-lei n. 1.098, de 1980 [*sic*], que considerou textualmente a fixação do mar territorial de duzentas milhas como imprescindível para o atendimento das necessidades da população, da segurança e defesa do Brasil".[371]

No Congresso Nacional, o Ministro Saraiva Guerreiro foi arguido sobre a alteração nos limites do mar territorial. Em exposição, seguida de debate sobre o Direito do Mar, na Câmara dos Deputados, em 9 de setembro de 1980, Saraiva Guerreiro afirmou, entre outras coisas que:

> Não se trata de o Governo brasileiro, como tenho a impressão de que muita gente ficou pensando, adotar uma legislação unilateral reduzindo seu mar territorial para 12 milhas, ou adotar a convenção na qual o mar territorial esteja previsto em 12 milhas e 188 de zona econômica exclusiva. Não se trata disso.

---

[371] BRASIL. *Diário do Congresso Nacional*, 9 de agosto de 1980. Seção I, p. 8112-8114.

Trata-se de uma convenção, com cerca de 320 artigos, que cuida de todos os aspectos do mar: mar territorial, zona econômica exclusiva, plataforma, margem continental, regime e mecanismo de exploração dos fundos marinhos além da jurisdição nacional, situação de estreitos, arquipélagos, transferência de tecnologia, solução de controvérsias originárias da convenção. Enfim, é um documento de alta complexidade e que tem de ser examinado, observado, ponderado em termos do equilíbrio entre as suas diversas partes. Teremos de fazer esse exercício em conjunto. (...) (...) Como já mencionei, quando o Brasil adotou o mar territorial de 200 milhas, essa decisão era perfeitamente justificável, cabível e mesmo necessária. Era uma forma de preservar de fato os nossos interesses. É evidente, por sua vez, que as atitudes do Brasil em termos de negociação, no comitê preparatório da Conferência e na Conferência, se voltaram, todas elas, para a análise da situação, para as táticas a seguir, para se saber até que ponto se poderia chegar em termos de negociação sem abrir mão da posição de princípio.[372]

A CNUDM, como foi visto no capítulo 1, somente foi aprovada em dezembro de 1982. No entanto, o Brasil, mesmo antes do início da vigência internacional da CNUDM – que ocorreu apenas em 16 de novembro de 1994 –, já se adequou aos parâmetros previstos no tratado internacional, com a aprovação da Lei n. 8.617, de 4 de janeiro de 1993, que dispõe sobre o mar territorial, a zona contígua, a zona econômica exclusiva e a plataforma continental brasileiros, revogando o Decreto-lei n. 1.098/70 e outras disposições em contrário. Nos termos desta lei:

Artigo 1º. O mar territorial brasileiro compreende uma faixa de doze milhas marítima de largura, medidas a partir da linha de baixa-mar do litoral continental e insular, tal como indicada nas cartas náuticas de grande escala, reconhecidas oficialmente no Brasil.

Parágrafo único. Nos locais em que a costa apresente recorte profundos e reentrâncias ou em que exista uma franja de ilhas ao longo da costa na sua proximidade imediata, será adotado o método das linhas de base retas, ligando pontos apropriados, para o traçado da linha de base, a partir da qual será medida a extensão do mar territorial.

---

[372] TRINDADE, Antônio Augusto Cançado (org.). *Repertório da prática brasileira do direito internacional público: período 1961-1981*. 2. ed. Brasília: FUNAG, 2012, p. 249.

Artigo 2º. A soberania do Brasil estende-se ao mar territorial, ao espaço aéreo sobrejacente, bem como ao seu leito e subsolo.

Sobre a zona econômica exclusiva, a lei dispõe que esta "compreende uma faixa que se estende das doze às duzentas milhas marítimas, contadas a partir das linhas de base que servem para medir a largura do mar territorial" (artigo 6º). Nessa zona, o Brasil "tem direitos de soberania para fins de exploração e aproveitamento, conservação e gestão dos recursos naturais, vivos ou não vivos, das águas sobrejacentes ao leito do mar, do leito do mar e seu subsolo, e no que se refere a outras atividades com vistas à exploração e ao aproveitamento da zona para fins econômicos" (artigo 7º).

Esta foi, em linhas gerais, a evolução do conceito normativo de mar territorial na legislação nacional. Nos dois próximos itens, será examinada a participação e a posição brasileira nas conferências internacionais sobre o Direito do Mar, no cenário latino-americano e mundial.

4.4 A participação do Brasil nas conferências latino-americanas sobre o Direito do Mar

Como se delineou acima, em raros momentos o tema do Direito do Mar despertou o interesse de setores não diretamente a ele ligados. É importante, também, destacar que a participação brasileira em conferências internacionais sobre o Direito do Mar, em especial sobre o tema da largura do mar territorial, foi, na maior parte das vezes, discreta e cautelosa. No contexto regional latino-americano a posição do país era minoritária, no sentido de que a maioria dos países era favorável ao aumento do mar territorial.

Conforme foi visto no capítulo 1, em outubro de 1939 realizou-se no Panamá, a Reunião de Consulta dos Ministros das Relações Exteriores, que reuniu mais de vinte países do continente americano. Naquela oportunidade os países americanos ratificaram sua posição de neutralidade no início do conflito da II Guerra Mundial. Os países aprovaram também a Declaração do Panamá, por meio da qual os participantes estabeleceram, de maneira temporária, uma zona de segurança com largura de 300 milhas, afirmando um direito inerente à proteção dos navios dentro das águas costeiras contra ataque beligerante.[373]

---

[373] URUGUAY, *op. cit.*, p. 193-194.

O BRASIL E O DIREITO DO MAR

A delegação brasileira presente na Reunião do Panamá apresentou a seguinte declaração em separado:

[...] O mar, fora das águas territoriais, a 3 milhas, apenas, de nossas costas, de nossas cidades e até de nossas Capitais, não só não é nosso, como nele estamos à mercê de uma ação contrária à livre e pacífica expansão de nossas soberanias, de nossas relações continentais e até das ligações marítimas dos portos de um mesmo país. À defesa da integridade territorial continental urge, pois, juntar como parte inseparável de todo político americano, a segurança dos mares continentais. A Reunião do Panamá deve pleitear e receber de todos os beligerantes envolvidos na guerra, de que não participe nenhuma República Americana, a segurança de que os países em conflito se absterão de quaisquer atos hostis ou de atividades bélicas no mar, dentro dos limites das águas adjacentes ao Continente Americano, consideradas de utilidade e de interesse direto e primordial pelas Repúblicas Americanas. [...] O Brasil não faz, nem nunca fez questão de fórmulas, nem de palavras, mas defenderá a ideia que aventou de um mar continental, porque a considera útil à sua e à existência dos demais povos americanos. Estas são as razões do voto do Brasil e da atitude de seus Delegados na Reunião do Panamá.[374]

Com o término da II Guerra Mundial, diversos países latino-americanos começaram a emitir declarações de domínio sobre a plataforma continental – então chamada de plataforma submarina.

Levi Carneiro, como consultor jurídico do Ministério das Relações Exteriores, em março de 1949, elaborou importante parecer sobre as tendências na evolução do Direito do Mar. Merece menção o breve trecho:

(...) A tendência, verificada entre nós, parece-me ser, como em as todas nações do mundo atual, no sentido de ampliar, em certo sentido, a zona do chamado mar territorial, não só pelo reconhecimento da "zona contígua", como, também, pela incorporação ao território continental da "plataforma submarina", acarretando certos direitos sobre as águas marítimas que lhe são sobrepostas. É sabido que neste sentido várias nações americanas têm feito

---

[374] TRINDADE, *Repertório: período 1919-1940*, p. 218.

declarações solenes – e é de esperar que o Brasil não demore em fazer idêntica proclamação. (...)[375]

Essa tendência de expansão do mar territorial, exposta pelo consultor jurídico do Itamaraty, em abril de 1949, não encontrou ressonância na legislação brasileira até 1966, quando finalmente o Brasil aumentou seu mar territorial de 3 para 6 milhas marítimas, por meio do Decreto-lei n. 44.

Em 1952, o Rio de Janeiro sediou o encontro do Comitê Jurídico Interamericano da OEA. Naquela oportunidade, foi debatido o projeto de convenção do mar territorial e outras questões afins. Em reunião ocorrida em 30 de julho, os delegados do Brasil, Colômbia e Estados Unidos emitiram uma longa opinião conjunta dissidente, em que ficou consignado que:

[...] 8. Hasta ahora han surgido cuatro teorías para determinar la plataforma continental:

Primera. La que tiene en cuenta el concepto geológico a que se refiere la exposición de motivos del Decreto del Brasil cuando dice: "O conceito geográfico de plataforma submarina resulta de modernas pesquisas geológicas que vieram demonstrar assentarem os continentes em uma base submersa, que se pode estender, além das águas territoriais, até sob o alto-mar, baixando gradualmente em certa extensão, até uma linha... a partir da qual desce subitamente para zonas de maior profundeza dos mares".

Segunda. La que siguiendo el concepto anterior considera que la plataforma llega hasta donde la profundidad de las aguas es de doscientos metros, y se atiene solamente a dicho elemento de profundidad.

Tercera. La que fija doscientas millas a partir de la costa.

Cuarta. La que preconiza la Comisión de Derecho Internacional de las Naciones Unidas en el informe de su Tercera sesión, consistente en considerar como factor principal la exploración y explotación de las riquezas del mar; de modo que no se fija ni cierta profundidad de las aguas, ni cierta extensión a partir de la costa. Según esta teoría la plataforma extiende hasta donde la

---

[375] Parecer do Consultor Jurídico do Ministério das Relações Exterior, Levi Carneiro, sobre a Questão do Mar Territorial, emitido no Rio Janeiro, em 6 de abril de 1949. In: TRINDADE, Antonio Augusto Cançado (org.). *Repertório da prática brasileira do direito internacional público: período 1941-1960*. 2. ed. Brasília: FUNAG, 2012, p. 199.

profundidad de las aguas cubren el lecho del mar y el subsuelo, permiten la explotación de los recursos naturales de éstos;

Nosotros adherimos a esa última doctrina porque la que tiene en cuenta exclusivamente el concepto geológico no es aceptable, puesto que en el particular es posible que existan diversas opiniones y teorías entre los hombres de ciencia; la fijación de una extensión de 200 millas es arbitraria, y el sistema de los 200 metros de profundidad ofrece el inconveniente de la inestabilidad. Con razón se ha observado que "en un porvenir próximo el desarrollo de la técnica puede hacer posible la explotación de los recursos naturales del lecho del mar a una profundidad mayor de 200 metros".[376]

Em 1956, o Conselho Interamericano de Jurisconsultos, reunido na Cidade do México, aprovou os chamados "Princípios do México sobre Regime Jurídico do Mar". O ponto B desses princípios sobre a plataforma continental foi assim formalizado:

Los derechos del Estado ribereño, en lo que concierne al suelo y subsuelo de la plataforma submarina o zócalo continental correspondiente, se extienden asimismo a los recursos naturales que ahí se encuentran, tales como el petróleo, los hidrocarburos, las substancias minerales y todas las especies marina, animales y vegetales, que viven en constante relación física y biológica con la plataforma, sin excluir las especies bentónicas.[377]

A posição de maior alinhamento com os demais latino-americanos somente ocorreu com a promulgação do Decreto-lei n. 1.098/70, que

---

[376] URUGUAY, *op. cit.*, p. 225-226.

[377] *Ibidem*, p. 231-237. Na oportunidade, a delegação brasileira fez a seguinte declaração acerca desse ponto: *"[...] 6. La Delegación del Brasil está completamente de acuerdo con el principio enunciado en el capítulo B, puesto que reconoce como norma de Derecho internacional habitual, la integración de la plataforma submarina en el territorio del Estado al cual ésta corresponde. Dentro de esta misma orientación, el Gobierno brasileño determinó ya que la Unión Federal ejerce derechos de jurisdicción y dominio exclusivos sobre la plataforma submarina brasileña, reservándose igualmente la explotación y exploración de las riquezas naturales de su suelo y subsuelo. En lo que se refiere a las aguas que cubren dicha plataforma, el Gobierno brasileño resolvió que continuarán en vigor las normas relativas a la navegación, sin perjuicio de las que se establezcan después en esa región, especialmente en lo que se refiere a la pesca".* Em 1956 ocorreu também a Conferência Especializada Interamericana sobre Preservação dos Recursos Naturais: plataforma submarina e águas do mar, ocorrida em Ciudad Trujillo, República Dominicana.

adotou o mar territorial de 200 milhas marítimas, o que contribuiu para as participações brasileiras nas conferências seguintes de Montevidéu (maio de 1970) e Lima (agosto de 1970).

4.5 A participação brasileira nas conferências internacionais sobre o Direito do Mar

4.5.1 O Brasil na Conferência de Codificação de Haia (1930)

Como foi analisado no capítulo 1, entre março e abril de 1930, ocorreu, em Haia, a Conferência para Codificação Progressiva do Direito Internacional, sob os auspícios da Liga das Nações.

O Brasil, que foi membro fundador da Liga das Nações, havia se retirado da organização internacional em 1926, depois de um desgastante debate sobre o aumento no número de vagas no Conselho da Liga. Mesmo não sendo mais membro da Liga, o Brasil e outros países foram convidados a participar, tanto dos trabalhos preparatórios, como da Conferência de Codificação.

No tocante ao Direito do Mar, os trabalhos preparatórios ficaram a cargo de um subcomitê, que redigiu o chamado Projeto Schücking. Em 1926, os Estados receberam o projeto para formularem suas opiniões e encaminharam suas respostas ao Secretariado da Liga.

No caso brasileiro, esse encargo coube ao então consultor jurídico do Itamaraty Clóvis Beviláqua, que formulou um cuidadoso parecer. Especificamente sobre o Projeto Schücking, Beviláqua fez a seguinte manifestação, reproduzida na íntegra, a seguir:

> *Mar territorial* – O Projeto do Sr. Schücking, como revisto pelo Comitê, adota as recomendações que fizemos em 1911:
> 'Seria da máxima conveniência fixar-se a zona do mar territorial, por um acordo emanado de um congresso, para que os Estados pudessem exercer, sem atritos de soberanias, o seu direito de vigilância e política, para manter a ordem, reprimir o crime, regular a pesca, e impedir o contrabando, e estabelecer, em geral, as regras que lhe pareceram convenientes à navegação e ao comércio, sem prejuízo dos interesses e da comunhão internacional'[378].

---

[378] Em nota do rodapé, Beviláqua fez a seguinte referência: "Direito Público Internacional, p. 322". Trata-se do livro do jurista *Direito Público Internacional: a synthese dos princípios e a contribuição do Brazil*, editado em 1910, pela Francisco Alves. A passagem original é ligeiramente distinta do trecho traduzido para o inglês e que consta na nota de rodapé seguinte.

O projeto contempla o limite tradicional das três milhas, mas não impede um Estado de exercer direitos administrativos além da zona de sua soberania. Se a largura do mar territorial puder ser estendida, devemos evitar a necessidade de admitir que um Estado possa exercer direitos administrativos fora do seu mar territorial.

Pensamos que o Artigo 5 do Projeto possa ser aperfeiçoado se fosse redigido nos termos do Artigo 7 do Projeto Americano n. 10. A ideia é a mesma, mas o texto americano coloca com maior clareza o princípio que se pretende estabelecer.[379]

Depois de recebidas as respostas aos questionamentos por parte dos Estados, os trabalhos para a realização da Conferência foram intensificados com a criação do Comitê Preparatório. A Conferência de Codificação inicialmente ocorreria em 1929, mas ficou para o ano seguinte. O delegado brasileiro credenciado para a Conferência de Codificação foi o Embaixador Vianna-Kelsch. No âmbito do Segundo Comitê (Águas Territoriais), há um único registro de manifestação do representante brasileiro, que se refere à largura do mar territorial, em cuja oportunidade externou que "a delegação brasileira aceita para todos os efeitos uma faixa territorial de seis milhas".[380]

---

[379] O parecer de Clóvis Beviláqua, datado de 25 de janeiro de 1927, tratou também de outras questões enviadas pelo Comitê de Peritos, como: nacionalidade, imunidades diplomáticas, procedimentos para conferências internacionais e projetos de tratados. O parecer completo está reproduzido em ROSENNE, Shabtai (ed.). *League of Nations Committee of Experts for the Progressive Codification of International Law (1925-1928)*. Dobbs Ferry: Oceana Publications, 1972, vol. 2, p. 168-170. Tradução do original: *"Territorial sea – M. Schücking's draft, as revised by the Committee, realises a recommendation we made in 1911: 'It would be highly desirable to fix the zone of the jurisdictional sea by international agreement in such a way that States might, without conflict of sovereignty, supervise and police this area for the maintenance of order, the punishment of crime, the regulation of fishing, the prevention of contraband and the establishment of such general rules as may be deemed necessary for navigation and commerce, without prejudice to the rights of international trade'. The draft accepts the traditional three-mile limit, but does not preclude a State from exercising administrative rights beyond the zone of its sovereignty. If the breadth of the territorial sea could be extended, we should avoid the necessity of admitting that a State may exercise administrative rights outside its territorial sea. We think that Article 5 of the Draft would be improved if it were drawn up on the lines of Article 7 of the American project n. 10. The idea is the same, but the American text express with greater clearness the principle which it is sought to establish"*.

[380] ROSENNE, Shabtai (ed.). *League of Nations Conference for the Codification of International Law*. Dobbs Ferry: Oceana Publications, 1975, vol. 4, p. 1327. Tradução do original: *"The Brazilian delegation accepts a territorial belt of six miles for all purposes"*.

O resultado final do Segundo Comitê da Conferência de Codificação, conforme apresentado anteriormente, foi praticamente inócuo, já que não conseguiu superar o principal desafio imposto, que era a fixação da largura máxima do mar territorial.

Ainda que o resultado do encontro de Haia tenha sido decepcionante, especialmente no tocante ao delicado tema da largura do mar territorial, o projeto final com 13 artigos estabeleceu certo consenso sobre diversos aspectos do Direito Internacional do Mar.

4.5.2 A participação brasileira na Comissão de Direito Internacional (1949-1956)

Antes da realização da I Conferência sobre o Direito do Mar, a Comissão de Direito Internacional das Nações Unidas ficou encarregada dos trabalhos preparatórios para o evento. A presença brasileira na CDI foi destacada, especialmente por meio do diplomata brasileiro Gilberto Amado, único latino-americano que esteve no órgão durante todo o período preparatório (1949-1956). Segundo Michael Morris, Amado levou toda sua experiência e influência para sustentar a posição brasileira durante a I e II Conferências, quando esteve presidindo a delegação brasileira[381]. Continua Morris:

A posição moderada do Brasil em termos de política marítima era basicamente compatível com a posição intermediária da CDI para a codificação e desenvolvimento do Direito do Mar. Por exemplo, o projeto de artigos da CDI contemplava as reivindicações jurisdicionais sobre a plataforma continental, como consagrado nas legislações norte-americana e brasileira, e rejeitava reivindicações soberanas mais radicais sobre a plataforma (Argentina e demais). A maioria da CDI, incluindo o Brasil, também rejeitou as supostas ligações entre os direitos da plataforma e os direitos sobre as águas superjacentes (Chile, Equador, Peru e outros) e as reivindicações a um mar territorial superior a 12 milhas (El Salvador e outros). Esses Estados latino-americanos manifestamente revisionistas, para repetir, não foram incluídos como membros da CDI durante esse período de trabalhos preparatórios para a conferência do Direito do Mar. [...] A posição brasileira era todavia cuidadosa, buscando

---

[381] MORRIS, Michael. *International Politics and the Sea: The Case of Brazil.* Boulder: Westview, 1979, p. 69.

compromissos que fossem mutuamente aceitáveis. O tema da plataforma continental ilustra como a tradição, revisionismo, cautela e compromisso pragmático estavam entrelaçados.[382]

Até a conclusão dos trabalhos preparatórios, em 1956, a CDI – com o acompanhamento da Assembleia Geral das Nações Unidas – elaborou projetos sucessivos, relativos a diferentes aspectos do Direito do Mar. Somente no relatório final, apresentado à AGNU em 1956, todas as disposições foram apresentadas de maneira ordenada e sistemática, como um projeto de artigos que abrangia a totalidade do Direito do Mar. Este compêndio final serviu de base para os trabalhos da I Conferência de Genebra.[383]

4.5.3 A I Conferência das Nações Unidas sobre o Direito do Mar (1958)

A I Conferência das Nações Unidas sobre o Direito do Mar ocorreu entre os dias 24 de fevereiro e 27 de abril de 1958, em Genebra, Suíça. A I Conferência foi mais uma etapa na tentativa de codificar o Direito do Mar e, como tal, é também sucessora da Conferência de Codificação de Haia de 1930.

Contudo, antes da Conferência de 1958, a AGNU adotou, em 21 de fevereiro de 1957, a Resolução 1105 (XI), por meio da qual, além de convocar a conferência para o início do ano seguinte, solicitava que os governos convidados para a Conferência – todos os Estados-membros da ONU e Estados-membros dos organismos especializados – enviassem "todas as observações provisórias complementares que os governos desejem formular sobre o relatório da Comissão e matérias conexas, e apresentar à

---

[382] *Ibidem*, p. 69-70. No original: "*Brazil's moderate ocean policy, moreover, was basically compatible with the ILC middle-of-the-road approach to the codification and development of the law of the sea. For example, the ILC draft articles endorsed jurisdictional continental shelf claims, as in the U.S. and Brazilian legislation, and rejected more radical sovereign shelf claims (Argentina and others). The ILC majority, including Brazil, also rejected alleged links between shelf rights and rights in superjacent waters (the CEP [Chile, Ecuador and Peru] states and others) and territorial sea claims greater than 12 miles (El Salvador and others). These avowedly revisionist Latin American states, to repeat, were not included in ILC membership during the years of preparatory work for the law of the sea conference. [...] These Brazilian approach was nevertheless cautious in searching for mutually acceptable compromises. The continental shelf issue illustrates these intertwined themes of tradition, revisionism, caution, and pragmatic compromise*".

[383] TREVES, *Convenciones de Ginebra sobre el Derecho del Mar, de 1958*, p. 1-2.

Conferência, de forma sistemática, as observações formuladas pelos governos e declarações pertinentes".[384]

Vinte e um Estados responderam ao chamamento do Secretário-Geral: de potências marítimas (Reino Unido, Alemanha), a Estados sem litoral (Nepal, Áustria), passando pelos latino-americanos (Chile, Cuba e Peru). O Brasil, contudo, não enviou seus comentários ao Projeto de Artigos da CDI.[385]

Durante os dois meses de trabalho da I Conferência, a participação brasileira, pelo menos nos registros oficiais do encontro, esteve longe de ser destacada. Entretanto, algumas declarações de membros de sua delegação merecem registro especial.

No Primeiro Comitê (Mar Territorial e Zona Contígua), o registro oficial das intervenções brasileiras é de que todas foram realizadas pelo chefe da delegação, Embaixador Gilberto Amado. Duas, em especial, devem ser destacadas. A primeira, durante a quarta reunião, realizada em 4 de março de 1958, em cujo âmbito Amado declarou que:

> Os Estados que continuam a aderir firmemente à doutrina tradicional da liberdade absoluta do alto-mar admitem, eles próprios, no tocante à plataforma continental, uma importante exceção a esta doutrina. É evidente que o Direito Internacional marcha a passo de gigante sob a impulsão de fatores econômicos e esta é uma marcha que não se pode deter. [...] A questão da largura do mar territorial é um problema espinhoso e que requer uma solução. Contudo, não é possível resolvê-lo por medidas que estendessem em excesso os limites da soberania absoluta exercida pelos Estados sobre seu mar territorial.[386]

---

[384] Resolução 1105 (XI) da Assembleia Geral das Nações Unidas, de 21 de fevereiro de 1957. Tradução do original: *"To obtain, in the manner which they think most appropriate from the governments invited to the conference any further provisional comments the governments may wish to make on the Commission's report and related matters, and to present to the conference in systematic form any comments made by the governments, as well as the relevant statements".*

[385] Vide: *Comments by Governments on the Draft Articles Concerning the Law of the Sea Adopted by the International Law Commission at its Eighth Session (Preparatory document n. 5).* O Brasil, e as demais delegações, só viria fazer comentários ao Projeto de Artigos ao longo dos trabalhos da I Conferência.

[386] UNITED NATIONS. *United Nations Conference on the Law of the Sea: Official Records, vol. III.* First Committee (Territorial Sea and Contiguous Zone). Fourth Meeting, 4 March 1958. Consideration of the draft articles adopted by the International Law Commission at its eighth session (articles 1 to 25 and 66). Tradução do original: *"The States which still adhered staunchly to the traditional doctrine of absolute freedom of the high seas themselves admitted an important exception*

Recorde-se que, no momento da realização da I Conferência, o Brasil ainda adotava o mar territorial de 3 milhas marítimas, ao contrário de diversos latino-americanos que já tinham expandido seu mar territorial, alguns inclusive para 200 milhas marítimas. Amado reconhecia que se tratava de um "tema espinhoso", mas foi categórico ao rejeitar as medidas que estendiam "em excesso os limites da soberania absoluta exercida pelos Estados sobre seu mar territorial".

Na segunda intervenção de destaque, já no final da I Conferência, em 21 de abril, Amado declarou que:

> [...] Os temores expressos no debate geral (4ª reunião) provaram ser bem fundamentados. O limite das três milhas foi rejeitado e o limite das doze milhas recebeu amplo apoio como imaginado. O resultado da votação demonstrou que os Estados que consideraram esta posição estão dispostos a primeiro considerarem seus interesses, mas ao fazerem isso ignoram os das nações menores que tradicionalmente pescavam nas zonas contíguas às suas águas territoriais. [...] Embora o Brasil possua uma longa costa litorânea, não poderia apoiar as várias propostas encaminhadas por outros Estados latino-americanos.[387]

No Quarto Comitê (Plataforma Continental), a atuação da delegação brasileira ficou a cargo do então Primeiro-Secretário Carlos Calero Rodrigues[388]. Entre as intervenções de Calero Rodrigues neste comitê, destaque

---

to that doctrine in connexion with the continental shelf. It was evident that international law was making great strides under the influence of economic factors, and its progress could not be arrested. [...] The problem of the breadth of the territorial sea was a thorny one, and one that demanded a solution. It could not, however, be solved by measures tending to extend unduly the limits of the absolute sovereignty exercised by States over their territorial sea".

[387] *Ibidem.* First Committee (Territorial Sea and Contiguous Zone). Fifty-Ninth Meeting, 21 April 1958, Consideration of the draft articles adopted by the International Law Commission at its eighth session (continued). Tradução do original: *"[...] he fears he had expressed in the general debate (4th meeting) had been proved to be well-founded. The three-mile limit had been rejected and the twelve-mile limit had received greater support than he had thought it would. The result of the voting had shown that States considered that they must first protect their own interests, but in so doing they had ignored those of the smaller nations which had traditionally fished in the zones contiguous to their territorial seas. [...]Although Brazil had a very long coastline, it could not support the various proposals put forward by the other Latin American States".*

[388] Deixa-se de examinar as intervenções da delegação do Brasil no Segundo Comitê (*High Seas: General Régime*) e no Terceiro Comitê (*High Seas: Fishing: Conservation of Living Resources*), por se distanciarem do objeto principal deste trabalho, a plataforma continental.

O BRASIL E O DIREITO INTERNACIONAL DO MAR CONTEMPORÂNEO

para a de 21 de março de 1958, em que expôs a posição brasileira sobre a conceituação da plataforma continental:

> [...] era a favor de manter o duplo critério de profundidade da água e possível exploração. Mesmo se fosse verdade que o leito do mar e subsolo pudessem atualmente ser explorados em lugares em que a profundidade do mar fosse maior do que 200 metros, era favorável a reter o dispositivo do limite de 200 metros, porque tornaria claro que nenhum Estado tinha o direito de explorar os recursos naturais do leito do mar e subsolo a menos de 200 metros abaixo da superfície do alto-mar fora da costa de outro Estado. [...][389]

Essa posição brasileira não deixava de ser bastante cautelosa, mas já condizente com o Decreto n. 28.840/50, bem como com o compromisso continental assinado em Ciudad Trujillo (1956), que apoiava a definição de plataforma continental em termos de profundidade e exploração. Nesse mesmo ano, todos os representantes latino-americanos na CDI, incluindo Gilberto Amado, apoiaram a iniciativa do presidente da referida comissão, o cubano García-Amador, de reinserir o critério do aproveitamento na versão final do Projeto de Artigos para a I Conferência.[390]

Em termos de propostas, a delegação brasileira somente co-patrocinou uma iniciativa que versava sobre aspectos formais da conferência. Morris, contudo, entende que para um Estado com posição moderada, como a do Brasil, a apresentação de propostas não era a única rota de atuação durante a I Conferência. Além disso, a atuação brasileira fora bastante intensa e influente nos trabalhos preparatórios dentro da CDI, inserindo diversas propostas próprias ou com o apoio de outros membros. Em outras palavras, o Brasil mostrava-se satisfeito com o projeto de artigos encaminhado

---

[389] UNITED NATIONS. *United Nations Conference on the Law of the Sea: Official Records, vol. VI.* Fourth Committee (Continental Shelf). Fifteenth Meeting, 21 March 1958, Consideration of the draft articles adopted by the International Law Commission at its eighth session (Title of Section III – articles 67 to 73). Tradução do original: *"He was in favour of keeping the double criterion of depth of water and possible exploitation. Even if it were true that the seabed and subsoil could at present be exploited in places where the sea was more than 200 metres deep, he was in favour of retaining the provision of the 200-metres limit, because it would make it clear that no State had the right to exploit the natural resources of the seabed and subsoil less than 200 metres below the surface of the high seas off the coast of another State".*

[390] MORRIS, *op. cit.*, p. 70-71.

232

O BRASIL E O DIREITO DO MAR

pela CDI e, portanto, não tinha interesses em modificações substanciais do texto.

Apesar disso, o Brasil não assinou nenhuma das quatro convenções aprovadas ao término do encontro. Em 1962, elas foram enviadas para exame do Congresso Nacional, para eventual adesão, mas não chegaram a ser postas em votação, em parte pelo contexto interno turbulento da época, e, de outro lado, por certo desinteresse e precaução em aguardar quais seriam as reações dos demais Estados.

Das quatro convenções, três entraram em vigor internacional: uma em 1962 (Convenção sobre o Alto-Mar) e duas em 1964 (Mar Territorial e Zona Contígua; Plataforma Continental). Mesmo assim, somente em 1968 o tema da adesão às quatro convenções de Genebra voltou à pauta do Congresso, que, por fim, autorizou o Presidente da República a aderir aos quatro instrumentos, por meio do Decreto Legislativo n. 45, de 15 de outubro de 1968. A despeito disso, a ratificação nunca foi feita, o "momento" já havia passado, não somente por motivos internos – dada a expansão do mar territorial para 6 milhas (1966) e, posteriormente, para 12 milhas (1969) –, mas também porque o Comitê dos Fundos Marinhos já iniciara no ano anterior os trabalhos rumo à III Conferência das Nações Unidas sobre o Direito do Mar e a uma nova convenção.[391]

4.5.4 A II Conferência das Nações Unidas sobre o Direito do Mar (1960)

Conforme se apresentou no capítulo 1, a II Conferência, realizada apenas dois anos após o encerramento da primeira, não teve resultados concretos, pois nenhuma convenção foi aprovada ao seu término. Essencialmente, a II Conferência reuniu-se para discutir dois temas: a largura do mar territorial e os limites de pesca. Nenhum deles, no entanto, encontrou solução definitiva.

Os debates sobre a largura do mar se polarizaram em duas fórmulas: "seis-mais-seis" milhas e o mar territorial de 12 milhas. A fórmula "seis--mais-seis" referia-se a um máximo de 6 milhas para o mar territorial, mais 6 milhas de uma área adjacente exclusiva de pesca, ou seja, até 12 milhas das linhas de base. Representava uma fórmula de compromisso proposta pelas potências marítimas tradicionais para evitar as posições revisionis-

---

[391] *Ibidem*, p. 30.

tas mais extremas; como visto, essa proposta não foi aceita, embora fosse apoiada, entre outros Estados, pelo Brasil.

A participação brasileira foi, como se aduziu anteriormente, modesta em termos de intervenções e conservadora em termos de posicionamentos. Novamente capitaneadas pelo Embaixador Gilberto Amado, as intervenções brasileiras durante o encontro ficaram concentradas nas questões sobre os direitos do Estado costeiro, em especial sobre o direito de pesca. Uma intervenção de Amado merece destaque especial, até como contraposição à posição a que o país iria aderir dez anos depois:

> [...] questão da largura do mar territorial e a dos limites das zonas de pesca não apresentam urgência particular para o Brasil (...). No tocante à largura do mar territorial, tudo o que se pode dizer é que não existe regra uniforme. (...) A confusão é grande sobre este ponto. Bem entendido, os Estados podem estender seu mar territorial se o quiserem, (...) certos Estados reconhecem a largura de três milhas, outros a de quatro, de seis ou de doze milhas. (...) Nada impede um Estado de fixar em doze milhas a largura de seu mar territorial. Entretanto, pode-se duvidar da necessidade de o fazer. *Um mar territorial exageradamente vasto gera o risco de acarretar inconvenientes de ordem estratégica, financeira e política (...). O Brasil, por seu lado, encontraria grandes inconvenientes no limite de doze milhas.* A Delegação brasileira não traz solução; limita-se a levantar a questão esperando que certas Delegações reverão sua posição de modo a permitir um acordo geral. (...) (...) Dado o sucesso da I Conferência, bastará ter a coragem de dar um passo avante. Este passo, pode-se esperar vê-lo dado pelos Estados cujas teses já têm um ponto comum: o limite de doze milhas para a largura total do mar territorial e da zona de pesca. Esses países representam sem dúvida alguma uma proporção importante dos membros da Conferência. Se quase todos os países aceitam o limite de doze milhas para as zonas de pesca, é sobre a noção das doze milhas para a soberania absoluta dos Estados que sobretudo se repartem os membros da Conferência. (...)[392]

O excerto em destaque na passagem merece comentário. Em 1960, quando ocorreu a II Conferência, o mar territorial brasileiro era de apenas 3 milhas marítimas. No entendimento de Amado, sustentando novamente uma posição conservadora e contrária a da maioria dos latino-americanos, "um mar exageradamente vasto gera o risco de acarretar inconvenientes

---

[392] *Apud* TRINDADE, *Repertório: 1941-1960*, p. 199-200 (grifos nossos).

[...] o Brasil, por seu lado, encontraria grandes inconvenientes no limite das doze milhas". Essa oposição à do mar territorial extenso, que permaneceria até o final da década, devia-se também em parte a fatores de segurança, especialmente da Marinha, que apontava deficiências no patrulhamento eficaz de uma grande faixa litorânea.

Para Araújo Castro:

Essa relutância em ampliar o mar territorial brasileiro enquanto não se dispunha dos meios para patrulhá-lo adequadamente refletia princípio formu-lado originalmente no início do século dezoito: *terrae potestas finitur ubi finitur armorum vis*. Mas era previsível que uma vez tomada a decisão de ampliar geograficamente a área de responsabilidade direta da Marinha – e, em escala menor, da Força Aérea – seriam tomadas providências para dotá-las dos meios necessários (a *armorum vis*) para o exercício de suas novas funções.[393]

A possibilidade de incentivo a um novo dimensionamento da força naval serviria de mote para que a Marinha, no final dos anos 1960, apoiasse o mar territorial de 200 milhas marítimas.

Para Michael Morris, as negociações das Conferências de Genebra sobre o Direito do Mar pareciam muito distantes das questões econômicas e de outros aspectos domésticos da comunidade marítima brasileira. Esse desinteresse relativo era em parte justificado porque a Petrobras ainda não havia começado de fato suas operações na plataforma continental (que se dariam na década seguinte), e também porque a criação de grupos e comissões interministeriais voltados para a temática somente ocorreria posteriormente aos encontros de Genebra.[394]

Nesse sentido, podem ser citadas como exemplo: a Comissão Inter-ministerial sobre a Exploração e Utilização do Fundo dos Mares e Oce-anos (CIEFMAR), em 1968[395]; a Comissão Interministerial de Estudos dos Assuntos relacionados com a Política Brasileira para os Recursos do Mar, em 1970[396]; e a Comissão Interministerial para os Recursos do Mar (CIRM), em 1974.[397]

---

[393] ARAÚJO CASTRO, *op. cit.*, p. 22.
[394] MORRIS, *op. cit.*, p. 28-30.
[395] BRASIL. Decreto n. 62.232, de 6 de fevereiro de 1968.
[396] BRASIL. Decreto n. 66.682, de 10 de junho de 1970.
[397] BRASIL. Decreto n. 74.557, de 12 de setembro de 1974.

O BRASIL E O DIREITO INTERNACIONAL DO MAR CONTEMPORÂNEO

Além disso, vale recordar, já nos anos 1960, o governo hesitava em expandir seu mar territorial para 12 milhas, o que de certa forma era permitido pela própria Convenção sobre Mar Territorial e Zona Contígua (1958). A mudança brusca ocorrida no final dos anos 1960, que culminaria com a adoção do Decreto-lei n. 1.098/70 e o consequente alargamento do mar territorial para 200 milhas marítimas, é alvo de diferentes interpretações. Para Morris, deu-se, mormente, em razão de condições políticas internas, impulsionadas pelo nacionalismo; de outro lado, Araújo Castro credita a mudança a fatores econômicos, de segurança e político-diplomáticos.[398]

4.5.5 O Brasil nos trabalhos do Comitê dos Fundos Marinhos (1967-1973)

O pontapé inicial para a III Conferência das Nações Unidas sobre o Direito do Mar foi dado com a aprovação da Resolução 2340 (XXII) da Assembleia Geral da ONU, de 18 de dezembro de 1967. Por meio desse documento, criou-se o Comitê *ad hoc* para Estudar o Uso Pacífico do Fundo do Mar e do Solo do Oceano além dos Limites da Jurisdição Nacional (Ad hoc *Committee on the Peaceful Uses of the Sea-Bed and the Ocean Floor beyond the Limits of National Jurisdiction*), ou simplesmente, Comitê *Ad Hoc*. Uma das três reuniões foi, inclusive, realizada no Rio de Janeiro, a convite do governo brasileiro, entre os dias 19 a 30 de agosto de 1968.

O Brasil foi um dos 35 membros iniciais do Comitê *Ad Hoc*, que passaria por sucessivas expansões ao longo dos anos. Quando o Comitê dos Fundos Marinhos foi formalizado em termos permanentes – com o apoio do governo brasileiro – e aumentado para 42 membros, em dezembro de 1968, o Brasil seguiu sendo um dos seus membros até o término de suas funções, em 1973.

Apesar da participação em todo o processo do Comitê dos Fundos Marinhos, o Brasil apresentou somente uma proposta de maneira isolada, que

---

[398] Para Michael Morris (*op. cit.*, p. 102): "*by process of elimination of all international motives attributed to Brazil, it may be deduced that the abrupt policy change in 1970 primarily resulted from domestic, political considerations. [...] especially nationalism, set Brazil on a 200-mile course in 1970*". Em sentido contrário, veja-se Araújo Castro (*op. cit.*, p. 28): "Pareceria, porém, mais realista dizer que os fatores econômicos, de segurança e político-diplomáticos eram mais do que suficientes para justificar e recomendar a ampliação da soberania marítima do país até a distância de duzentas milhas de seu litoral. A consciência de que a medida teria repercussão interna favorável terá sobretudo contribuído para consolidar uma decisão já tomada".

236

versava sobre a largura máxima do mar territorial e seu regime jurídico, reproduzida no original, a seguir:

Brasil: proposta de artigos contendo disposições básicas sobre a questão da largura máxima do mar territorial e outras modalidades ou combinações de regimes jurídicos de soberania, jurisdição ou competência especializada do Estado costeiro.

Artigo A

1. Cada Estado tem o direito de estabelecer a largura do seu mar territorial dentro de limites razoáveis, considerando os fatores geográfico, social, econômico, ecológico e de segurança nacional.
2. A largura do mar territorial não poderá, em nenhuma hipótese, exceder 200 milhas marítimas a partir das linhas de base determinadas nos termos do artigo ... da presente Convenção.
3. Estados cujas costas não estão voltadas para o mar aberto procederão consultas com os outros Estados da região com vista a encontrar-se um acordo mútuo sobre a largura máxima do mar territorial apropriada às características particulares da região.

Artigo B

Dentro dos limites estipulados pelo Artigo A, cada Estado tem o direito de estabelecer outras modalidades ou combinações de regimes jurídicos de soberania, jurisdição ou competências especializadas nas áreas marinhas adjacentes à sua costa.[399]

---

[399] UNITED NATIONS. *Report of the Committee on the Peaceful Uses of the Sea-bed and the Ocean Floor Beyond the Limits of National Jurisdiction, vol. III.* New York: United Nations, 1973, p. 29 (originalmente documento: A/AC.138/SC.II/L.25). Tradução do original: *"Brazil: draft articles containing basic provisions on the question of the maximum breadth of the territorial sea and other modalities or combinations of legal régimes of coastal State sovereignty, jurisdiction or specialized competence. Article A. 1. Each State has the right to establish the breadth of its territorial sea within reasonable limits, taking into account geographical, social, economic, ecological and national security factors. 2. The breadth of the territorial sea shall in no case exceed 200 nautical miles measured from the baselines determined in accordance with article ... of the present Convention 3. States whose coasts do not face the open ocean shall enter into consultations with other States of the region with a view to determine a mutually agreed maximum breadth of the territorial sea appropriate to the particular characteristics of the region. Within the limitations determined by Article A, each State has the right to establish other modalities or combinations of legal régimes of sovereignty, jurisdiction or specialized competences in the marine area adjacent to its coasts".*

Sendo, então, parte do grupo de Estados que alargou seu mar territorial para 200 milhas marítimas, o Brasil passou a apoiar em fóruns internacionais – como no Comitê dos Fundos Marinhos – as posições territorialistas. Muitas dessas posições eram mais extremas que as de diversos Estados latino-americanos que utilizavam a distância de 200 milhas marítimas. É o caso do Chile e da Argentina, que tinham fixado um mar de 200 milhas marítimas de soberania ou jurisdição, sem o nome de mar territorial, com liberdade de navegação além de uma faixa estreita; e do Uruguai, 200 milhas marítimas de mar territorial, com um regime qualificado de liberdade de navegação a partir de 12 milhas marítimas do litoral.[400]

A proposta apresentada pelo Brasil em caráter solitário perante o Comitê dos Fundos Marinhos[401] – enfatizando o direito de cada Estado em estabelecer a largura do seu mar territorial até uma distância de 200 milhas marítimas – apenas se assemelhava quanto à sua noção extremista de mar territorial à outra, apresentada conjuntamente pelo Equador, Panamá e Peru[402]. O Brasil ainda apoiou formalmente outras propostas no Comitê dos Fundos Marinhos.[403]

4.5.6 A III Conferência das Nações Unidas sobre o Direito do Mar (1973-1982): plataforma continental

Pelos longos anos de debates ocorridos no curso das onze sessões da III Conferência, em seus nove anos de trabalhos, fica impossível, nos limites desta obra, analisar todas as contribuições brasileiras ao debate. Por

---

[400] ARAÚJO CASTRO, *op. cit.*, p. 22.

[401] UNITED NATIONS. *Report of the Committee on the Peaceful Uses of the Sea-bed and the Ocean Floor Beyond the Limits of National Jurisdiction, vol. III*, p. 28. *Brazil: Draft articles containing basic provisions on the question of the maximum breadth of the territorial sea and other modalities or combinations of legal régimes of coastal State sovereignty, jurisdiction or specialized competences.*

[402] *Idem*, p. 30. *Draft articles for inclusion in a convention on the law of the sea: working paper submitted by the delegation of Ecuador, Panama and Peru.* De acordo com o artigo 1º desta proposta: "*1. The sovereignty of the coastal State and, consequently, the exercise of its jurisdiction, shall extend to the sea to its coast up to a limit not exceeding a distance of 200 nautical miles measured from the appropriate baselines. 2. The aforesaid sovereignty and jurisdiction shall also extend to the air space over the adjacent sea, as well as to its bed and subsoil*" (originalmente documento: A/AC.138/SC.II/L.27 and Corr.1 and 2).

[403] Entre as demais propostas, apoiadas formalmente pelo Brasil dentro do Comitê dos Fundos Marinhos, estão: *Working paper on the compreenshive list of subjects and issues relating to the law of the sea*, com outros catorze países (A/AC.138/56); *Draft decision*, com outros doze países (A/AC.138/L.11/Rev.1); *List of subjects and issues relating to the law of the sea*, patrocinada pelo Brasil e mais de cinquenta outros Estados (A/AC.138/66 and Corr.2).

O BRASIL E O DIREITO DO MAR

isso, o presente tópico será dedicado apenas a algumas intervenções dos membros da delegação brasileira.

Em sua primeira manifestação, na 2ª sessão da III Conferência, realizada em Caracas (1974), o então chefe da delegação e futuro Ministro das Relações Exteriores, Ramiro Saraiva Guerreiro expôs algumas linhas de atuação da política externa brasileira no tocante ao Direito do Mar. Pequeno trecho da longa exposição reflete esse posicionamento:

> [...] Como outros países que estenderam sua soberania até o limite das 200 milhas, o Brasil teve a confirmação de sua convicção de que tal limite era adequado e necessário para proteger os interesses dos Estados costeiros. Esses interesses incluem, entre outras coisas, desenvolvimento econômico acelerado, exploração de recursos do mar, conservação ecológica do ambiente marinho e supervisão da pesquisa científica para enriquecer o conhecimento sobre esse ambiente.[404]

Na mesma intervenção, Saraiva Guerreiro, no entanto, reconheceu o crescente apoio que vinham tendo os conceitos de mar patrimonial – proposto por alguns Estados latino-americanos – e o de zona econômica exclusiva, patrocinado pelos Estados africanos, para indicar que ambos representavam uma tendência irreversível no Direito Internacional do Mar.

Em linha semelhante, ainda durante a 2ª sessão de trabalho, o professor Vicente Marotta Rangel – membro da delegação brasileira – fez uma importante intervenção que, de certa forma, sintetizava diversos posicionamentos que o país seguiria ao longo dos anos de conferência. Nesse sentido, Marotta Rangel afirmou:

> [...] o apoio de sua Delegação ao mar territorial de 200 milhas, a expressão mais lógica da corrente irreversível por um novo ordenamento jurídico para os oceanos. Entretanto, em vista da ampla aceitação do conceito da zona

---

[404] UNITED NATIONS. *Third United Nations Conference on the Law of the Sea: Official Records, vol. I (First Session and Second Session, 1973-1974).* New York: United Nations, 1975, p. 60. Tradução do original: *"[...] Like other countries which had extended their sovereignty up to a 200-mile limit, Brazil had had confirmation of its conviction that that limit was adequate and necessary to protect the interests of coastal countries. Those interests included, among other things, accelerated economic development, exploration of the resources of the sea, conservation of the ecology of the marine environment, and supervision of scientific research to improve knowledge of that environment".*

econômica exclusiva e do mar patrimonial, sua Delegação estava disposta a considerar esses conceitos, particularmente como interpretados pelas delegações africanas no sentido de soberania plena sobre os recursos da zona e direitos soberanos para o fim de exploração de seus recursos. [...][405]

Assim, ainda que o Brasil adotasse o mar territorial de 200 milhas marítimas desde o Decreto-lei n. 1.098/70, já no início da III Conferência o delegado brasileiro reconhecia que, no novo ordenamento do Direito do Mar, este espaço marítimo sofreria radical diminuição em termos de largura, em razão da "ampla aceitação do conceito da zona econômica exclusiva e do mar patrimonial". Em outras palavras, a delegação brasileira manifestou apoio ao mar territorial de 200 milhas, mas entendia que dificilmente a ideia subsistiria ao longo da III Conferência, como de fato não resistiu.

Em setembro de 1980, em debate sobre o Direito do Mar, na Câmara dos Deputados, Saraiva Guerreiro justificou a posição adotada pelo Brasil neste assunto em especial:

[...] O curso das negociações provou que, se não houvesse esse grupo territorialista extremado, a posição de zona econômica exclusiva é que apareceria como extremada. E, quando ela foi criada, em grande parte em consequência de conversas com os territorialistas e para atender às preocupações territorialistas, ela já apareceu, desde o seu lançamento, como uma posição conciliatória, uma posição intermediária. Se é verdade que nos isolávamos numa posição mais extrema, também isolávamos numa posição extremada um número muito maior de países – grandes potências marítimas, países sem litoral, e assim por diante – que tinham uma posição muito conservadora. Esta é, digamos assim, a origem do reconhecimento, por todos, do óbvio: que a hipótese de negociação que poderia servir de base era a intermediária. Evidentemente, no curso das negociações, procuramos caracterizar essa zona exclusiva e nela reforçar, tanto quanto possível, os direitos dos países costeiros, enquanto que as grandes potências marítimas procuraram enfraquecer esses direitos.[406]

---

[405] *Apud* TRINDADE, *Repertório: 1961-1981*, p. 247.
[406] *Apud* TRINDADE, *Repertório: 1961-1981*, p. 249

Apesar de o Brasil ser membro do grupo territorialista e, de maneira especial, do Grupo dos Estados com plataformas amplas (*Broad Shelf States*), quando dos debates mais acalorados sobre a plataforma continental dentro do Segundo Comitê – especialmente durante a 7ª sessão (1978) e 8ª sessão (1979) –, não há registro de intervenções da delegação brasileira exclusivamente voltadas para o assunto. Todavia, em longa explanação do diplomata brasileiro Thompson Flores, já no final da III Conferência, há uma importante menção à plataforma continental e à futura plataforma continental estendida:

> Ênfase deve ser dada para a importância do regime da plataforma continental como previsto pela nova Convenção, pois este regime não somente prevê a base jurídica multilateral para os direitos de soberania do Estado costeiro sobre energia e recursos minerais do leito marinho até a distância de 200 milhas a partir da costa litorânea, mas também expressamente reconhece a extensão desses direitos além desse limite até limite exterior da margem continental.[407]

Um resultado da vitória diplomática do grupo territorialista foi o artigo 76, que trouxe nova definição de plataforma continental – agora de 200 milhas marítimas das linhas de base, a partir das quais se mede a largura do mar territorial –, além da possibilidade de expansão além desse limite, nos termos do artigo 76, parágrafos 4º a 7º.

Como visto no capítulo 3, a contrapartida à extensão além do limite das 200 milhas marítimas foi a introdução do artigo 82.

Uma das raras manifestações brasileiras na parte final da III Conferência que menciona a plataforma continental foi a do Embaixador Calero Rodrigues: "sua delegação acolhia com satisfação o importante avanço alcançado sobre os assuntos pertinentes à plataforma continental além

---

[407] UNITED NATIONS. *Third United Nations Conference on the Law of the Sea: Official Records, vol. XVII (Plenary Meetings, Summary Records and Verbatim Records, as well as Documents of the Conference, Resumed Eleventh Session and Final Part Eleventh Session and Conclusion)*. New York: United Nations, 1984, p. 40. Tradução do original: *"Emphasis should be given to the importance of the regime for the continental shelf as established by the new Convention, for that regime not only provides a multilateral juridical basis for the sovereign rights of the coastal State over energy and mineral resources of the sea-bed to a distance of 200 miles from the coastline but also expressly recognizes the extension of those rights beyond this limit up to the outer edge of the continental margin"*.

do limite de 200 milhas"[408]. Uma satisfação não contida, visto que o Brasil é um dos países que irão ampliar sua plataforma continental muito além das 200 milhas marítimas, como será examinado adiante.

4.6 O processo de entrada em vigor da CNUDM no Brasil

O processo de ratificação e entrada em vigor de um tratado internacional no Brasil é responsabilidade compartilhada entre o Executivo e o Legislativo. Nesse sentido, cabe ao Executivo presidir a política externa do Brasil – de maneira especial, a partir da atuação do Ministério das Relações Exteriores (MRE) –, enquanto ao Legislativo cumpre exercer o controle dos atos do Executivo, já que é incumbido da defesa dos interesses do país no cenário internacional. Como a CNUDM envolve, entre outros aspectos, temas de soberania nacional, o tratado precisou da aprovação pelo Congresso Nacional antes de sua ratificação, para produzir efeitos.

De maneira simplificada, o procedimento de entrada em vigor da CNUDM para o Brasil seguiu o seguinte trâmite ordinário: depois da assinatura pelo chefe da delegação brasileira, em 10 de dezembro de 1982, em Montego Bay, o Executivo remeteu o texto do tratado ao Congresso Nacional, por meio de mensagem presidencial.[409]

Esse expediente de envio do tratado ao Congresso Nacional é formulado pelo Itamaraty. Normalmente, os negociadores preparam o texto da "exposição de motivos", em que o Ministro das Relações Exteriores, depois de apresentar as razões que levaram o governo a assinar o tratado, solicita ao Presidente da República a sua submissão ao Poder Legislativo.

Neste caso concreto, a mensagem presidencial, acompanhada do texto da CNUDM, com parecer favorável, foi enviada ao Congresso em 5 de março de 1985, sendo aprovada pelo Congresso por meio do Decreto Legislativo n. 5, de 9 de novembro de 1987.

---

[408] UNITED NATIONS. *Third United Nations Conference on the Law of the Sea: Official Records, vol. XIII (Ninth Session: 3 March-4 April, 1980)*. New York: United Nations, 1981, p. 20. Tradução do original: *"His delegation welcomed the major breakthrough achieved on matters pertaining to the continental shelf beyond the 200-mile limit"*.

[409] No momento da assinatura e também na ratificação o Governo brasileiro emitiu importante declaração, que pode ser visualizada no sítio das Nações Unidas: <http://treaties. un.org/pages/ViewDetailsIII.aspx?&src=TREATY&mtdsg_no=XXI~6&chapter=21&Temp =mtdsg3&lang=en#EndDec>. Acesso em: 8 de fevereiro de 2015.

Para Araújo Castro, em razão de a CNUDM regular matéria de natureza constitucional, decidiu-se aguardar a promulgação da nova Constituição, em outubro de 1988, para a conclusão do processo de ratificação. O instrumento de ratificação foi depositado em 22 de dezembro de 1988 junto ao Secretário-Geral das Nações Unidas. Na ocasião, foi apresentada declaração, de acordo com o artigo 310 da CNUDM, que reproduz os termos dos itens (iii), (iv) e (v) da declaração feita no momento da assinatura.[410]

Logo em seguida, para efeitos internos, e seguindo uma praxe de longa data consagrada, o texto foi promulgado por meio do Decreto n. 99.165, de 12 de março de 1990, que deu executoriedade ao tratado no plano interno.

Acontece que a CNUDM ainda não havia entrado em vigor internacionalmente, pois não tinha alcançado o número mínimo de ratificações, conforme o estipulado no artigo 308, parágrafo 1º. Em razão disso, o Decreto n. 99.165 foi revogado integralmente pelo Decreto n. 99.263, de 24 de maio de 1990. Na parte preambular deste Decreto, a fim de justificar a revogação do decreto pouco mais de um mês depois de sua expedição, consta que tal se deu: "considerando que o Decreto nº 99.165, de 12 de março de 1990, abre lacuna legislativa com relação aos espaços marítimos brasileiros".

Criava-se de fato uma situação inusitada, em que o país dava força executória interna a um tratado internacional que não tinha entrado ainda em vigência internacional. Por isso, decidiu-se por revogar o decreto, decorridos menos dois meses. O fato de o segundo instrumento legal mencionar a "lacuna legislativa com relação aos espaços marítimos brasileiros" decorria de que o Decreto-lei n. 1.098/70 – o das 200 milhas marítimas de mar territorial – ainda estava em vigor, o que contrariava o disposto na CNUDM. Recorde-se que a Lei n. 8.617, que dispõe sobre os espaços marítimos

---

[410] ARAÚJO CASTRO, *op. cit.*, p. 8. Os mencionados trechos da declaração brasileira são os seguintes: "*III. The Brazilian Government understands that the provision of article 301, which prohibits 'any threat of use of force against the territorial integrity or political Independence of any State, or in any other manner inconsistent with the principles of international law emboided in the Charter of the United Nations', apply, in particular to the maritime areas under the sovereignty or the jurisdiction of the coastal State. IV. The Brazilian Government understands that the provisions of the Convention do not authorize other States to carry out in the exclusive economic zone military exercises or manoeuvres, in particular those that imply the use of weapons or explosives, without the consent of the coastal State. V. The Brazilian Government understands that, in accordance with the provisions of the Convention, the coastal State has, in the exclusive economic zone and on the continental shelf, the exclusive right to construct and to authorize and regulate the construction, operation and use of all types of installations and structures, without exception, whatever their nature or purpose*".

brasileiros – mar territorial, zona contígua, zona econômica exclusiva e plataforma continental –, apenas foi sancionada em janeiro de 1993.[411]

Como consequência da revogação do primeiro decreto de executoriedade, aguardou-se a entrada em vigor da CNUDM, que se deu em 16 de novembro de 1994, para que fosse expedido novo decreto de executoridade – o Decreto n. 1.530, de 22 de junho de 1995 –, dando efeitos internos à CNUDM a partir da data da vigência internacional.

É importante recordar que, entre a assinatura da CNUDM, em dezembro de 1982, e o depósito do instrumento de ratificação, em dezembro de 1988, foi promulgada a Constituição Federal de 1988, que incluiu entre os bens da União "os recursos naturais da plataforma continental e da zona econômica exclusiva" (artigo 20, V) e o "mar territorial" (artigo 20, VI). Note-se que a Constituição não delimitou os espaços marítimos, somente os considerando como bens da União, seguindo o modelo da Constituição anterior, e deixando que a legislação infraconstitucional tratasse do tema com maior detalhamento, no caso, a Lei n. 8.617/93.

Conclusão do capítulo

Ao longo deste capítulo foram apresentados os principais "momentos" do Direito do Mar no Brasil nos últimos cinquenta anos: a "guerra da lagosta" e a controvérsia do mar territorial de 200 milhas marítimas.

Além disso, abriu-se espaço para o exame das participações brasileiras nas Conferências internacionais sobre o Direito do Mar, seja no âmbito regional, seja em nível mundial. Durante esses encontros, mormente em razão das alterações na legislação interna, a posição defendida pelo país saiu de moderada e discreta para uma das mais extremistas, em pouco mais de dez anos.

Todavia, com o encerramento do longo processo da III Conferência e a consolidação da nova moldura jurídica do Direito do Mar espelhada na CNUDM, o Brasil, de maneira célere, uniu-se à Convenção e apoiou sua consolidação. O resultado final da CNUDM foi bastante positivo para os interesses brasileiros, especialmente porque possibilitou que o país pudesse solidificar sua presença na plataforma continental adjacente ao seu território e ir mesmo além das iniciais 200 milhas marítimas.

---

[411] O artigo 16 da Lei n. 8.617/93 dispõe: "Revogam-se o Decreto-Lei n. 1.098, de 25 de março de 1970, e as demais disposições em contrário".

Capítulo 5
A plataforma continental brasileira

Este capítulo é dedicado aos aspectos da plataforma continental pertinentes ao Brasil, apresentados por meio de uma espécie de "espelho" do que foi visto no capítulo 2. O tema, que foi, por muitos anos, apenas um "apêndice" – quando o foco era a questão do mar territorial de 200 milhas marítimas –, passou a ser item prioritário, especialmente depois dos descobrimentos de ricos depósitos de hidrocarbonetos na plataforma continental e da possibilidade de sua expansão, nos termos do artigo 76 da CNUDM, além da real perspectiva de novas e expressivas descobertas no pós e no pré-sal.[412]

---

[412] Segundo o sítio eletrônico da Petrobras: "O termo pré-sal refere-se a um conjunto de rochas localizadas nas porções marinhas de grande parte do litoral brasileiro, com potencial para a geração e acúmulo de petróleo. Convencionou-se chamar de pré-sal porque forma um intervalo de rochas que se estende por baixo de uma extensa camada de sal, que em certas áreas da costa atinge espessuras de até 2.000m. O termo pré-sal é utilizado porque, ao longo do tempo, essas rochas foram sendo depositadas antes da camada de sal. A profundidade total dessas rochas, que é a distância entre a superfície do mar e os reservatórios de petróleo abaixo da camada de sal, pode chegar a mais de 7 mil metros". Disponível em: <http://www.petrobras.com.br/minisite/presal/perguntas-respostas/index.asp>. Acesso em: 3 de julho de 2014.

O BRASIL E O DIREITO INTERNACIONAL DO MAR CONTEMPORÂNEO

5.1 A história legislativa da plataforma continental: da profundidade de 200 metros à distância de 200 milhas marítimas

Com o término da Segunda Guerra e antes que o mar territorial fosse estipulado com novos limites, as atenções do Brasil para o Direito do Mar voltaram-se para uma área antes desconhecida: a plataforma continental, ainda chamada de plataforma submarina.

Embora já houvesse alguns esboços sobre essa área no início do século XX, o marco inicial da plataforma continental foi a Proclamação 2667, de 28 de setembro de 1945, conhecida como Proclamação Truman. Nos termos do ato unilateral do governo dos Estados Unidos, "a plataforma continental deve ser compreendida como uma extensão da massa terrestre do estado costeiro e, por isso, naturalmente lhe pertencendo".[413]

O governo brasileiro – bem como haviam feito outros governos da América Latina anteriormente – também declarou que a plataforma continental passava a ser parte integrante do território nacional. Isto se deu por meio do Decreto n. 28.840, de 8 de novembro de 1950, em que: "fica expressamente reconhecido que a plataforma submarina, na parte correspondente ao território, continental e insultar [*sic*], do Brasil se acha integrada neste mesmo território, sob jurisdição e domínio, exclusivos, da União Federal" (artigo 1º).

Em documento expedido pela Divisão Política do Ministério das Relações Exteriores, em dezembro de 1950, foi exposta a posição do Brasil em relação à plataforma continental, além de estipularem-se os limites desta:

> A exemplo do que já fizeram várias nações, como os Estados Unidos da América, o México, o Chile, a Argentina e o Peru, decidiu o Governo brasileiro assegurar os seus direitos com relação à plataforma continental submarina, ou prolongamento submerso das costas continentais e insulares do Brasil. O conceito geográfico da plataforma submarina resulta de modernas pesquisas geológicas que vieram demostrar assentarem os continentes em uma base submersa, que se pode estender, além das águas territoriais, até sob o alto-mar, baixando gradualmente em certa extensão até uma linha, *calculada como estando entre 180 e 200 metros de profundidade*, a partir da qual desce

---

[413] UNITED STATES OF AMERICA. *Presidential Proclamation n. 2667*. Tradução do original: *"the continental shelf may be regarded as an extension of the land-mass of the coastal nation and thus naturally appurtenant to it"*.

246

A PLATAFORMA CONTINENTAL BRASILEIRA

subitamente para as zonas de maior profundeza dos mares. No solo e no subsolo dessa plataforma, encontram-se, frequentemente, recursos naturais de grande importância, não só os derivados da flora e da fauna submarinas, mas ainda depósitos minerais que jazem enterrados. Os progressos técnicos modernos já permitem, até certo ponto, a utilização ou exploração desses recursos naturais. Cumpre salientar, por exemplo, que os Estados Unidos da América e o México já extraem regularmente quantidades apreciáveis de petróleo das suas plataformas continentais. Por considerar urgente e inadiável a afirmação dos direitos do Brasil, resolveu o Senhor Presidente da República baixar o Decreto n. 28.840, de 8 de novembro de 1950, que declara integrada no território nacional a plataforma submarina, na parte correspondente a esse território, e dá outras providências.[414]

Como frisava o artigo 3º, a incorporação da plataforma continental não alterava o regime das águas do mar territorial, que seguiria sendo de três milhas: "continuam em pleno vigor as normas sobre a navegação nas águas sobrepostas à plataforma acima referida, sem prejuízo das que venham a ser estabelecidas, especialmente sobre a pesca nessa região".

Houve, no entanto, um relativo atraso na promulgação de legislação interna sobre a plataforma continental. Entre a Proclamação Truman (1945) e o Decreto n. 28.840/50, dezoito países fizeram reivindicações sobre a plataforma continental, sendo doze desses Estados latino-americanos e caribenhos. Isso evidencia – aliado ao mar territorial de apenas 3 milhas marítimas até 1966 – uma abordagem cautelosa sobre o tema.[415]

A parte preambular do decreto deixa clara a intenção de ajustar-se ao entorno regional, e não de criar um precedente: "considerando que [...] vários Estados da América, mediante declarações, ou decretos, de seus Presidentes, têm afirmado os direitos, que lhe cabem, de domínio e jurisdição, ou de soberania, sobre a parte da plataforma submarina, contígua e correspondente ao território nacional [...] cabe ao Governo brasileiro [...] formular idêntica declaração".

Além desse relativo atraso em relação aos demais países latino-americanos, o Decreto n. 28.840/50 – especialmente depois da Convenção sobre a Plataforma Continental (1958) – mostrou-se rapidamente

---

[414] TRINDADE, *Repertório: 1941-1960*, p. 204 (grifos nossos).
[415] MORRIS, *op. cit.*, p. 61-62.

desatualizado e mesmo superado pela evolução da doutrina do Direito do Mar. No entanto, a atualização do conceito de plataforma continental para os padrões internacionalmente aceitos ainda demorou dezoito anos, ou pelo menos dez anos, a contar-se da Convenção de 1958, que o Brasil não assinou.[416]

Na sequência da expansão do mar territorial de 3 para 6 milhas marítimas – que ocorrera em 1966 –, foi editado o Decreto n. 62.837, de 6 de junho de 1968, que dispunha sobre exploração e pesquisa na plataforma brasileira, no mar territorial e nas águas interiores. Esse documento legislativo considerava a plataforma submarina parcela do território nacional, de acordo com a Constituição de 1967[417], e a compreendia como: "o leito do mar e o subsolo das regiões submarinas adjacentes às costas, mas situadas fora do mar territorial, até uma profundidade de 200 metros [...] ou além deste limite até o ponto em que a profundidade das águas sobrejacentes permita o aproveitamento dos recursos naturais das referidas regiões", passando ainda a entender que as "as expressões 'plataforma submarina', 'plataforma continental' e 'plataforma continental submarina' são equivalentes" (art. 3º, *a* e parágrafo único).

O Decreto-lei n. 1.098/70, que aumentou o mar territorial para 200 milhas, não fez menção explícita à plataforma continental brasileira. No entanto, no artigo 2º, estabeleceu que "a soberania do Brasil se estende no espaço aéreo acima do mar territorial, bem como ao leito e sub-solo deste mar". Consequentemente, a plataforma continental também foi ampliada a partir do referido decreto-lei, na medida em que seria ilógico pensar que a soberania do mar territorial passaria a se estender até as 200 milhas, enquanto a plataforma continental continuasse somente até os limites dos 200 metros de profundidade.

Com o surgimento da Lei n. 8.617/93 – a legislação atualmente em vigor –, estabeleceram-se os limites da plataforma continental preconizados na CNUDM. De acordo com o *caput* do artigo 11:

---

[416] ANDRADE, Maria Inês Chaves de. *A plataforma continental brasileira*. Belo Horizonte: Del Rey, 1995, p. 114.

[417] A Constituição de 1967, em seu artigo 4º, inciso III, incluiu a plataforma continental entre os bens da União.

A plataforma continental do Brasil compreende o leito e o subsolo das áreas submarinas que se estendem além do seu mar territorial, em toda a extensão do prolongamento natural de seu território terrestre, até o bordo exterior da margem continental, ou até uma distância de duzentas milhas marítimas das linhas de base, a partir das quais se mede a largura do mar territorial, nos casos em que o bordo exterior da margem continental não atinja essa distância.

Além disso, o parágrafo único dispõe sobre a questão que "o limite exterior da plataforma continental será fixado de conformidade com os critérios estabelecidos no artigo 76 da Convenção das Nações Unidas sobre o Direito do Mar". Em outras palavras, a possibilidade de expansão da plataforma continental além dos limites iniciais de 200 milhas marítimas foi contemplada também pela Lei n. 8.617/93.

5.2 Os projetos LEPLAC e PROARQUIPELAGO e a "Amazônia Azul"

Para Araújo Castro, já em 1970, a importância econômica do solo e do subsolo do mar territorial brasileiro revelava-se consideravelmente superior à das águas, na medida em que se suspeitava do potencial energético que mais tarde iria se confirmar. Para o diplomata brasileiro:

> O Decreto-lei n. 1.098, de março de 1970, teve, entre outros, o objetivo de estabelecer inequivocamente que a soberania do país sobre o solo e o subsolo do mar se estende até pelo menos a distância de duzentas milhas marítimas. Essa distância ultrapassa amplamente a dos pontos em que a profundidade de duzentos metros se verifica mais longe do litoral brasileiro. Por outro lado, a adoção das duzentas milhas não implicava renúncia às áreas da margem continental (ou da plataforma continental, em sentido lato) que comprovadamente se estendessem ainda além desse limite.[418]

Essa ideia final é extremamente importante, no sentido de que o Brasil sempre deixou a porta aberta a uma possível expansão de sua plataforma continental para além das 200 milhas marítimas. Ademais, estudos técnicos da época já indicavam que o Brasil poderia perfeitamente reivindicar, em partes de seu litoral, direitos soberanos sobre extensas áreas do fundo do

---

[418] ARAÚJO CASTRO, *op. cit.*, p. 20.

mar, além deste limite inicial e em conformidade com os critérios estabelecidos no artigo 76 da CNUDM.

Para realizar tal missão, desde 1986, o Brasil – por iniciativa da Comissão Interministerial para os Recursos do Mar (CIRM) e da Marinha – vem desenvolvendo um amplo programa de aquisição, processamento e interpretação de dados geofísicos e batimétricos, com o propósito de estabelecer os limites exteriores da plataforma continental. Esse programa, denominado Plano de Levantamento da Plataforma Continental Brasileira (LEPLAC), instituído pelo Decreto n. 98.145, de 15 de setembro de 1989, foi desenvolvido ao longo de dezoito anos (1986-2004) pela Diretoria de Hidrografia e Navegação da Marinha, e contou com o apoio técnico e científico da Petrobras.[419]

Durante a fase de aquisição de dados, foram coletados cerca de 230.000 km de perfis sísmicos, batimétricos, magnetométricos e gravimétricos ao longo de toda a extensão da margem continental brasileira.[420]

Se contabilizadas as áreas inseridas no limite das 200 milhas marítimas a partir das linhas de base – mar territorial, zona contígua, zona econômica exclusiva e plataforma continental – e a área adicional reivindicada pelo Brasil além das 200 milhas marítimas – plataforma continental estendida, examinada abaixo – perfazem um total de quase 4,5 milhões de km^2 (pouco mais 3,5 milhões de km^2 até 200 milhas marítimas e cerca de 900 mil km^2 além deste limite).

Para o Almirante-de-Esquadra Roberto Guimarães Carvalho, em artigo publicado no jornal *Folha de S. Paulo*, de 25 de fevereiro de 2004, "há uma outra Amazônia, cuja existência é, ainda, tão ignorada por boa parte dos brasileiros quanto o foi aquela por muitos séculos. Trata-se da Amazônia Azul, que, maior do que a verde, é inimaginavelmente rica. Seria, por todas as razões, conveniente que dela cuidássemos antes de perceber-lhe as ameaças"[421].

---

[419] VIDIGAL, *op. cit.*, p. 51.

[420] PLANO DE LEVANTAMENTO DA PLATAFORMA CONTINENTAL BRASILEIRA. Disponível em: <https://www.mar.mil.br/dhn/dhn/ass_leplac.html>. Acesso em: 8 de fevereiro de 2015.

[421] CARVALHO, Roberto de Guimarães. A outra Amazônia. Tendências/Debates. *Folha de S. Paulo*, 25 de fevereiro de 2004. Disponível: <http://www1.folha.uol.com.br/fsp/opiniao/fz2502200409.htm>. Acesso em: 8 de fevereiro de 2015.

A partir daí, a expressão "Amazônia Azul" passou a ser utilizada com frequência. É empregada em documentos formais, como, por exemplo, na Política de Defesa Nacional.[422]

Os interesses estratégicos do Brasil na "Amazônia Azul" são inúmeros. Além dos vastos recursos em hidrocarbonetos, especialmente petróleo e gás natural, o Vice-Almirante Luiz Henrique Caroli acrescenta que:

> Cabe ressaltar que os interesses nacionais no Atlântico Sul são crescentes. É lá que o País está fixando sua última fronteira e onde, em consequência, passará a exercer direitos e deveres sobre uma área marítima ampliada, equivalente à metade do território continental. Além disso, os eixos de projeção da política externa do Brasil desenvolvem-se nesses espaços marítimos, com um comércio exterior que cresce anualmente.[423]

Em relação ao último aspecto, Caroli ainda destaca que 95% do comércio exterior brasileiro ocorre por via marítima. Em números de 2007, o valor pago pelo frete marítimo dessas cargas foi da ordem de 7,5 bilhões de dólares/ano, que são recebidos quase que integralmente por empresas estrangeiras. Apenas 3% foram transportadas por navios de bandeira brasileira – decorrência da redução da Marinha mercante ocorrida na década de 1990 –, o que traz uma dependência de navios estrangeiros, aumenta o déficit na conta corrente do balanço de pagamentos e afeta a competitividade das mercadorias brasileiras.[424]

Por isso, há inúmeros fatores a serem considerados quando se trata de avançar em uma política marítima para o Brasil: os recursos econômicos da plataforma continental, os aspectos de segurança a serem avaliados pela Marinha, a recuperação do setor naval e a modernização da infraestrutura dos portos, pesca e aquicultura, uma maior presença brasileira no Atlântico Sul, entre outros importantes aspectos.

Já o Programa Arquipélago de São Pedro e São Paulo (PROARQUIPELAGO) foi criado pela Resolução n. 001/96, de 11 de junho de 1996,

---

[422] ABREU, Guilherme Mattos de. A Amazônia Azul: o mar que nos pertence. Disponível em: <http://diariodopresal.wordpress.com/2010/02/01/a-amazonia-azul-o-mar-que-nos-pertence>. Acesso em: 8 de fevereiro de 2015.

[423] CAROLI, Luiz Henrique. A importância estratégica do mar para o Brasil no século XXI. *Cadernos de Estudos Estratégicos*, vol. 9, 2010, p. 123.

[424] *Ibidem*, p. 125.

da CIRM, que estabeleceu também o Grupo de Trabalho Permanente para Ocupação e Pesquisa no Arquipélago de São Pedro e São Paulo (GT Arquipélago).

Quando foi criado o PROARQUIPELAGO, a meta principal do programa era a implementação de uma Estação Científica permanente naquela área, para, a partir de então, desenvolver, de forma sistemática, pesquisas científicas no local, ocupando-o definitivamente.

O arquipélago de São Pedro e São Paulo foi descoberto acidentalmente em 20 de abril de 1511, quando uma frota portuguesa composta por seis caravelas com destino à Índia registrou seu primeiro naufrágio. O arquipélago – distante cerca de 1.100 km de Natal e 520 km de Fernando de Noronha – é composto por seis ilhas maiores, quatro menores e outras várias pontas de rochas, apresentando uma área total de 17.000 m²; a distância entre os pontos extremos é de cerca de 420 metros. Trata-se de um dos pontos mais inóspitos do país, já que o conjunto de ilhas é desprovido de praias, vegetação e água potável.[425]

No entanto, a partir da ratificação pelo Brasil da CNUDM em 1988, uma crescente atenção foi dada ao conjunto de ilhas, na verdade, de rochedos. Isso ocorreu devido ao que dispõe o artigo 121 da CNUDM, examinado no capítulo 2.

Em razão desse dispositivo, uma ilha é uma formação natural de terra, rodeada de água, que possui consequentemente mar territorial, zona contígua, zona econômica exclusiva e plataforma continental, ou seja, seus limites podem ser estendidos até 200 milhas marítimas a partir das linhas de base. No entanto, o parágrafo 3º desse mesmo artigo 121 dispõe que: "os rochedos que, por si próprios, não se prestam à habitação humana ou à vida econômica não devem ter zona econômica exclusiva nem plataforma continental", isto é, os rochedos teriam apenas mar territorial (12 milhas marítimas) e zona contígua (outras 12 milhas marítimas).

É interessante lembrar que os rochedos (ou ilhas) de São Pedro e São Paulo sempre foram chamados de "penedos". A própria Resolução n. 001/96 da CIRM foi que indicou a importância da alteração de tal denominação, ao "propor que sejam tomadas as medidas legais necessárias para alterar a toponímia dos Penedos de São Pedro e São Paulo para Arquipélago

---

[425] VIANA, Danielle de Lima *et. alii* (orgs.). *O Arquipélago de São Pedro e São Paulo: 10 anos de Estação Científica*. Brasília: SECIRM, 2009, p. 15-16.

de São Pedro e São Paulo". A consequência mais importante é que o fato de tornar-se um arquipélago, isto é, um conjunto de ilhas, permite que o Brasil agregue 450.000 km² de zona econômica exclusiva em torno do arquipélago, área equivalente a aproximadamente 15% de toda ZEE brasileira ou 6% do território brasileiro.[426]

No entanto, a medida não pôde se limitar simplesmente a toponímia, pois o país teve que efetivamente ocupar o conjunto de ilhas. Em 1998, ocorreu a inauguração da Estação Científica em São Pedro e São Paulo, "a partir do que o local permanece permanentemente habitado", segundo entendimento oficial da CIRM. A Estação Científica, que passou por um processo de remodelação concluído em 2008, possui um alojamento para quatro pessoas, sala de estar, laboratório, cozinha, banheiro, varanda, área de armazenamento de água potável e uma edificação de apoio para o gerador de emergência.[427]

Portanto, o PROARQUIPELAGO insere-se neste contexto, que é o de ocupar e justificar uma ZEE na região. Entre as competências do PROARQUIPELAGO está a de conduzir um programa contínuo de pesquisas científicas na região, nas áreas de geologia, geofísica, biologia, recursos pesqueiros, oceanografia, meteorologia e sismografia. Em 2012, os investimentos no programa atingiram R$ 2,5 milhões, incluindo a logística necessária para levar e manter os pesquisadores nas ilhas, e mais de R$ 800 mil com o financiamento de projetos científicos.[428]

5.3 A proposta brasileira submetida à Comissão de Limites da Plataforma Continental

Com base nos dados levantados pelo LEPLAC, o Brasil encaminhou proposta de limites exteriores da plataforma continental brasileira à Comissão de Limites da Plataforma Continental (CLPC) das Nações Unidas, em 17 de maio de 2004, a fim de que seu pleito de expansão fosse apreciado. O Brasil foi o segundo país a apresentar uma submissão formal à CLPC.[429]

---

[426] *Ibidem*, p. 11.

[427] Sítio oficial do PROARQUIPELAGO, disponível em: <https://www.mar.mil.br/secirm/proarquipelago.html>. Acesso em: 8 de fevereiro de 2015.

[428] ARRAIS, Raimundo Pereira Alencar. O nascimento de um arquipélago: São Pedro e São Paulo e a presença do Estado brasileiro no Oceano Atlântico. *Revista Porto*, n. 2, 2012, p. 66-67.

[429] O primeiro foi a Federação Russa em 20 de dezembro de 2001, que não teve seu pleito aceito integralmente. O problema maior da proposta russa a uma plataforma continental

De acordo com o *"Modus Operandi* para o Exame de uma Submissão Apresentada à CLPC"[430], a apresentação da proposta brasileira era composta de três documentos: um resumo (*Executive Summary*), uma parte principal analítica e descritiva (*Main Body*) e uma parte em que figuram todos os dados mencionados na parte analítica e descritiva (*Supporting Scientific and Technical Data*). Apenas o resumo foi publicado no sítio oficial da CLPC, já que não existe qualquer obrigação, seja no artigo 76, seja no Anexo II da CNUDM, de dar publicidade a grande parte das informações. Os demais Estados, inclusive da ONU, tiveram acesso à apresentação brasileira e ao resumo, acompanhado de três cartas que apresentam em termos gráficos os limites exteriores da plataforma continental brasileira.[431] Para Ron Macnab:

A menos que o Estado costeiro em questão opte por divulgar os detalhes da submissão juntamente com o conteúdo das recomendações da CLPC, não existe de fato nenhum mecanismo formal por meio do qual outros Estados possam obter informações que lhes permitam avaliar de forma independente os limites exteriores que foram submetidos à CLPC, ou avaliar a resposta da CLPC a esse pleito. Nessas situações, isso pode dar origem a preocupações sobre a imparcialidade e a integridade do processo.[432]

---

estendida está no Ártico. A CLPC, depois de considerar cuidadosamente a submissão russa, solicitou informações adicionais. A Federação Russa, em fevereiro de 2013, apresentou uma proposta parcial revista na área do Mar de Okhotsk. Contudo, a situação no Ártico é extremamente complexa, já que envolve outros países da região (Canadá, Dinamarca, Estados Unidos e Noruega) e algumas partes desses pleitos no Ártico são sobrepostas. RAJABOV, Matin. Melting the ice and heated conflicts: a multilateral treaty as a preferable settlement for the Arctic territorial dispute. *Southwestern Journal of International Law*, vol. 15, 2009, p. 426-427.

[430] *Modus operandi for the consideration of a submission made to the Commission on the Limits of the Continental Shelf.* Anexo III do Regulamento da CLPC (CLCS/40/Rev. 1).

[431] As três cartas (ou mapas): *Chart of outer limit of the Continental Shelf (figure 1), Chart of lines and limits (figure 2), Map with the fixed points at a distance no greater than 60M from each other (figure 3).* Disponíveis em: <http://www.un.org/Depts/los/clcs_new/submissions_files/submission_bra. htm>. Acesso em: 8 de fevereiro de 2015.

[432] MACNAB, *op. cit.*, p. 12. Tradução do original: *"Unless the coastal state in question chooses to disclose the details of its submission along with the contents of the recommendations of the CLCS, there is in effect no formal mechanism whereby other states may obtain information that will permit them to assess independently an outer limit that has been submitted to the CLCS, or to assess the response of the CLCS to that claim. In some situations, this could give rise to concerns about the impartiality and the integrity of the process".*

A PLATAFORMA CONTINENTAL BRASILEIRA

Em setembro daquele ano, a proposta começou a ser examinada pela CLPC, no âmbito de uma subcomissão de sete peritos internacionais[433]. A delegação brasileira encarregada de apresentar a proposta e responder aos questionamentos de ordem técnica e científica formulados pela CLPC era composta de especialista da Marinha, da Petrobras e membros da comunidade científica. A primeira fase do exame da proposta brasileira durou três semanas, mas outros contatos ainda seriam necessários.[434]

De acordo com o resumo da proposta brasileira, ambas as fórmulas de Hedberg e irlandesa foram utilizadas para determinar os limites exteriores da plataforma continental. Na Carta Geral de Linhas e Limites, estão representados todos os critérios empregados para o traçado dos limites exteriores da plataforma continental, em conformidade com o artigo 76 da CNUDM. A Carta inclui as seguintes linhas: pé do talude, 60 milhas marítimas do pé do talude (fórmula Hedberg), espessura das rochas sedimentares que seja pelo menos 1% da distância mais curta entre esse ponto e o pé do talude continental (fórmula irlandesa), 100 milhas marítimas da isóbara de 2.500 metros, 350 milhas marítimas das linhas de base a partir das quais se mede a largura do mar territorial e 200 milhas marítimas das linhas de base a partir das quais se mede a largura do mar territorial.

Assim, por exemplo, as linhas poligonais dos limites exteriores da plataforma continental em alguns pontos foram estabelecidas a partir do critério da distância de 60 milhas marítimas do pé do talude continental e da espessura das rochas sedimentares; em outros trechos, os limites exteriores são decorrentes de dados da distância de 350 milhas marítimas das linhas de base. Nos termos do artigo 1º da Lei n. 8.617/93, as linhas de base são "medidas a partir da linha de baixa-mar do litoral continental e insular, tal com indicada nas cartas náuticas de grande escala, reconhecidas oficialmente pelo Brasil".

---

[433] Os sete membros da subcomissão que examinou o pleito brasileiro: Osvaldo Pedro Astiz (Argentina), Lawrence Folajimi Awosika (Nigéria), Galo Carrera Hurtado (México – Presidente), Mladen Juračić (Croácia), Wenzheng Lu (China), Yong-Ahn Park (Coreia do Sul) e Philip Alexander Symonds (Austrália). Com base no parágrafo 2º, da seção 10, do Anexo III do Regulamento foi solicitado o assessoramento de Harald Brekke (Noruega), outro membro da CLPC.

[434] VIDIGAL, *op. cit.*, p. 51-52.

No momento da apresentação da submissão brasileira, um dos membros da CLPC era o brasileiro Alexandre Tagore Medeiros de Albuquerque[435], que prestou assistência ao pleito do país, e que, portanto, não fez parte da subcomissão que a examinou, em atenção ao disposto no artigo 5º do Anexo II da CNUDM: "os membros da Comissão que forem nacionais do Estado costeiro ou que tiverem auxiliado o Estado costeiro prestando-lhe assessoria científica e técnica a respeito da delimitação não serão membros da subcomissão que trate do caso, mas terão o direito de participar, na qualidade de membros, nos trabalhos da Comissão relativos ao caso". Esta vedação existe apesar do disposto no artigo 2º do Anexo II da CNUDM que coloca que os membros da Comissão "prestarão serviços a título pessoal".

Uma das perguntas colocadas pela CLPC referia-se à confidencialidade dos dados apresentados pelo Brasil. Nos termos da resposta escrita pelo chefe da delegação brasileira, dirigida ao presidente da Comissão, ficou registrado que a guarda dos documentos, a confidencialidade dos dados e a informação e a publicação de qualquer informação da apresentação eram aspectos relacionados entre si e regiam-se pelas normas de confidencialidade do Anexo II do Regulamento da Comissão.[436]

Em sua apresentação da proposta de expansão dos limites exteriores da plataforma continental à CLPC, o Brasil declarou que não tem nenhuma controvérsia com os Estados costeiros vizinhos, França (Guiana Francesa) e Uruguai, em relação às fronteiras marítimas. Em termos bilaterais, os seguintes tratados estão em vigor: Acordo sobre a Definitiva Fixação da Barra do Arroio Chuí e do Limite Lateral Marítimo, celebrado por troca de notas, em 21 de julho de 1972, entre a República Federativa do Brasil e a República Oriental do Uruguai (emendado pelas Notas Reversais de 29 de julho de 2005) e o Tratado de Delimitação Marítima entre a República Federativa do Brasil e a República Francesa, feito em Paris em 30 de janeiro de 1981. Contudo, é importante frisar que esses tratados internacionais versam sobre limites marítimos até a distância das 200 milhas

---

[435] Capitão-de-Fragata (RM1) da Marinha do Brasil, Medeiros de Albuquerque foi membro da CLPC, de 1997 a 2012, inclusive presidindo a Comissão de 2007 até seu falecimento em março de 2012. Para o período 2012-2017 há novamente um brasileiro, o também oficial da Marinha do Brasil Contra-Almirante Jair Alberto Marques Ribas.

[436] CLCS/42, 14 September 2004. *Statement by the Chairman of the Commission on the Limits of the Continental Shelf on the progress of work in the Commission.*

marítimas, o que não garante que não possa haver controvérsias sobre os limites exteriores das plataformas continentais com os Estados vizinhos.

A proposta brasileira de extensão de sua plataforma continental além das 200 milhas previa uma expansão de 911.847 km². Posteriormente, em fevereiro de 2006, o Brasil ainda fez uma adição, ficando a área total pleiteada em 953.525 km². Essa área se distribui principalmente nas regiões Norte (região do Cone do Amazonas e Cadeia Norte Brasileira), Sudeste (região da cadeia Vitória-Trindade e platô de São Paulo) e Sul (região de platô de Santa Catarina e cone do Rio Grande). Nesses termos, a área oceânica brasileira totalizaria 4,4 milhões de km², correspondendo, aproximadamente, à metade da área terrestre, o que lhe valeria o nome de "Amazônia Azul" (Figura 2).

O adendo brasileiro – enquanto a submissão ainda estava sendo examinada pela CLPC – foi, inclusive, alvo de questionamento jurídico. O presidente da Comissão solicitou um parecer legal sobre a questão[437]. Em carta datada do dia 25 de agosto de 2005, o consultor jurídico e Subsecretário--Geral das Nações Unidas, Nicolas Michel, respondeu à interrogação, entendendo que:

> [...] é admissível que o Estado costeiro que tenha realizado uma submissão à Comissão nos termos do artigo 76 da Convenção proporcione no curso do exame dados e informações adicionais relativos ao limite de sua plataforma continental ou parte substancial da mesma que se distingam consideravelmente dos limites e das linhas das fórmulas originais devidamente publicados pelo Secretário Geral em conformidade com o artigo 50 do regulamento da Comissão.[438]

---

[437] CLCS/46, 7 September 2005. *Legal opinion on whether it is permissible, under the United Nations Convention on the Law of the Sea and the rules of procedure of the Commission, for a coastal State, which has made a submission to the Commission in accordance with article 76 of the Convention, to provide to the Commission in the course of the examination by it of the submission, additional material and information relating to the limits of its continental shelf or substantial part thereof, which constitute a significant departure from the original limits and formulae lines that were given due publicity by the Secretary--General of the United Nations in accordance with rule 50 of the rules of procedure of the Commission.*

[438] CLCS/46, 7 September 2005. Tradução do original: *"[...] it is permissible for a coastal State which has made a submission to the Commission in accordance with article 76 of the Convention to provide to the Commission, in the course of the examination by it of the submission, additional material and information relating to the limits of its continental shelf or substantial part thereof, which constitute a significant departure from the original limits and formulae lines that were given due publicity by the Secretary--General of the United Nations in accordance with rule 50 of the rules of procedure of the Commission".*

FIGURA 2 – Carta dos limites exteriores da plataforma continental do Brasil

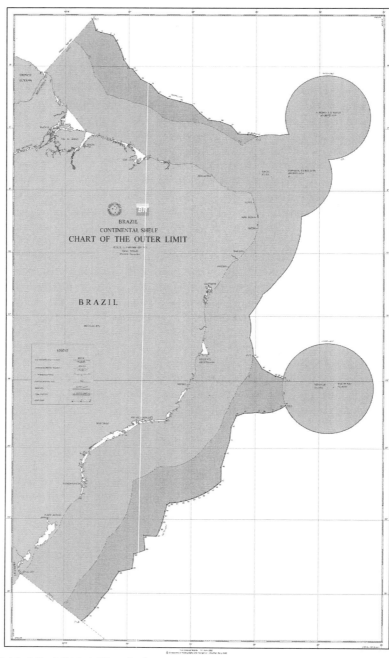

Fonte: Marinha do Brasil. Divisão de Hidrografia e Navegação.

A grande extensão do litoral brasileiro voltado para o Atlântico, sem vizinhos frontais até o continente africano, dá ao país outra grande vantagem. Isso, no entanto, não impediu que um terceiro Estado levantasse alguns pontos de objeção ao pleito brasileiro. Os Estados Unidos, mesmo não sendo parte da CNUDM e consequentemente não membro também da CLPC, mas membro da ONU, apresentou um comunicado à CLPC – por intermédio do Consultor Jurídico das Nações Unidas (*Legal Counsel of the United Nations*) – em que manifestou certas resistências à submissão brasileira no tocante à espessura sedimentar e a cadeia Vitória-Trindade.

Em carta datada do dia 25 de agosto de 2004, o Embaixador dos Estados Unidos registrou, em relação à espessura sedimentar, que:

> Em diversos pontos, os Estados Unidos observaram que há diferenças entre a espessura dos sedimentos apresentados no resumo brasileiro e a espessura dos sedimentos encontrada nos registros públicos disponibilizados [...] os Estados Unidos sugerem que a Comissão possa querer examinar os dados da espessura sedimentar do Brasil com atenção.[439]

No tocante à cadeia Vitória-Trindade, o representante norte-americano registrou que:

> Os Estados Unidos têm dúvidas de que essa região faça parte da margem continental brasileira além das 200 milhas marítimas a partir das linhas de base das quais se mede a largura do mar territorial. Os Estados Unidos sugerem que a Comissão tenha uma abordagem cuidadosa no exame desta região.[440]

---

[439] Carta de 25 de agosto de 2004 da vice-representante dos Estados Unidos Embaixadora Anne W. Patterson ao Subsecretário-Geral e Consultor Jurídico das Nações Unidas Sr. Nicolas Michel. Tradução do original: *"In several places, the United States observed that there are differences between the sediment thickness as presented in the Brazilian summary and the sediment thickness derived from the publicly available sources [...] the United States suggests that the Commission may want to examine Brazil's sediment thickness data carefully".*

[440] *Ibidem.* Tradução do original: *"The United States doubt whether the feature in question is part of Brazil's continental margin beyond 200 nautical miles from the baselines which the territorial sea is measured. The United States suggests that the Commission takes a cautious approach with regard to this feature".*

Em relação à carta dos Estados Unidos, a CLPC assinalou que o Anexo II da CNUDM e o Regulamento da CLPC preveem que os demais Estados podem desempenhar uma função no exame dos dados e do material apresentado pelos Estados costeiros quanto aos limites exteriores da plataforma continental além das 200 milhas marítimas.

No entendimento da Comissão, contudo, somente os Estados com costas adjacentes, confrontantes ou com outras controvérsias territoriais ou marítimas pendentes, podem fazer tal solicitação à Comissão. Dessa forma, pediu à subcomissão que examinava o pleito brasileiro que desconsiderasse as observações da carta dos Estados Unidos durante o exame da submissão brasileira[441]. Posteriormente, o representante dos Estados Unidos manifestou sua contrariedade, afirmando que não haveria nenhum óbice no Anexo II da CNUDM a que a CLPC aceitasse as considerações de outros Estados.[442]

Para Edwin Egede, ainda que outros Estados e a Autoridade não tenham em termos estritos possibilidade de colocar questionamentos sobre a proposta de plataforma continental estendida, esses terceiros interessados também teriam interesse em proteger os recursos da Área – patrimônio comum da humanidade –, considerando o fato de que o aumento da plataforma continental estendida representa uma diminuição da Área. Assim, para Egede, a CLPC não deveria fechar os olhos para comunicações de outros Estados e da própria Autoridade, mas ao contrário, considerá-las no seu mérito, no sentido de determinar se são ou não pertinentes.[443]

Por meio do documento CLCS/54, de 27 de abril de 2007, ficou registrado o exame dos documentos apresentados pelo Brasil à CLPC, em conformidade com o disposto no parágrafo 8º do artigo 76 da CNUDM. Na oportunidade a CLPC examinou as recomendações preparadas pela subcomissão que analisou a submissão do Brasil. Segundo o registro oficial, a CLPC:

---

[441] CLCS/42, 14 September 2004.

[442] Carta de 25 de outubro de 2004 da vice-representante dos Estados Unidos Embaixadora Anne W. Patterson ao Subsecretário-Geral e Consultor Jurídico das Nações Unidas Sr. Nicolas Michel.

[443] EGEDE, Edwin. Submission of Brazil and Article 76 of the Law of the Sea Convention (LOSC) 1982. *The International Journal of Marine and Coastal Law*, vol. 21, n. 1, 2006, p. 41.

A PLATAFORMA CONTINENTAL BRASILEIRA

[...] Depois de um exame muito minucioso das recomendações e das seções pertinentes do documento apresentado pelo Brasil, foram propostas várias modificações, e a Comissão decidiu que algumas delas fossem incorporadas ao texto das recomendações. Posteriormente, a Comissão aprovou as "Recomendações da Comissão de Limites da Plataforma Continental em relação ao documento apresentado pelo Brasil em 17 de maio de 2004 acerca das informações sobre a proposta relativa aos limites exteriores de sua plataforma continental além das 200 milhas marítimas", por 15 votos a 2, sem abstenções.[444]

As recomendações da CLPC aprovadas no documento CLCS/54 foram no sentido de não atender integralmente ao pleito brasileiro. Do total da área reivindicada pelo Brasil, a CLPC não concordou com cerca de 190.000 km², ou seja, 20% da área estendida além das 200 milhas marítimas.

Tendo o Brasil recebido as recomendações da CLPC, os esforços para elaboração de uma nova proposta foram imediatos, especialmente por meio da atuação do Grupo de Trabalho para Acompanhamento da Proposta do Limite Exterior da Plataforma Continental Brasileira (GT LEPLAC), da Subcomissão para o LEPLAC e da CIRM. A sugestão do GT LEPLAC, visando à elaboração de uma proposta revisada a ser oportunamente encaminhada à CLPC, foi aprovada na 168ª Sessão Ordinária da CIRM, de 13 de maio de 2008.[445]

Segundo a Ata da 172ª Sessão da CIRM, de 16 de setembro de 2009, foram efetuadas as seguintes ações nesse sentido: a contratação do navio *M/V Sea Surveyor*, da empresa britânica *Gardline*, que iniciou a aquisição de dados geofísicos na margem continental sul, a partir de maio de 2009;

---

[444] CLCS/54, 27 April 2007. *Statement by the Chairman of the Commission on the Limits of the Continental Shelf on the progress of work in the Commission – Nineteenth Session.* Tradução do original: *"After a very thorough examination of the recommendations and of relevant parts of the submission, several amendments were proposed, and the Commission decided to incorporate some of them into the text of the recommendations. Thereafter, the Commission adopted the 'Recommendations of the Commission on the Limits of the Continental Shelf in regard to the submission made by Brazil on 17 May 2004 on information on the proposed outer limits of its continental shelf beyond 200 nautical miles' by a vote of 15 to 2, with no abstentions".*

[445] COMISSÃO INTERMINISTERIAL PARA OS RECURSOS DO MAR (CIRM). Secretaria da Comissão Interministerial para os Recursos do Mar. Resolução 1/2008, de 13 de maio de 2008. Disponível em: <https://www.mar.mil.br/secirm/document/ataseresolucoes/resolucao-1-2008.pdf>. Acesso em: 8 de fevereiro de 2015.

e a autorização para a coleta de dados geofísicos na fronteira lateral marítima com a Guiana Francesa, em águas jurisdicionais francesas.[446]

Segundo dados do LEPLAC, os trabalhos de pesquisa do *M/V Sea Surveyor* foram encerrados no dia 27 de maio de 2010, quando o navio fez sua desmobilização em Fortaleza. Também realizou investigações científicas o navio de pesquisa *R/V Professor Logachev*, de bandeira russa, a partir de 22 de fevereiro, concluídas meses depois em 18 de maio de 2010, quando o navio também fez sua desmobilização em Fortaleza.[447]

Nesse meio tempo, no entanto, a CIRM, por meio da Resolução n. 3, de 26 de agosto de 2010, acolheu a proposta da Subcomissão para o LEPLAC, que deliberou sobre o direito de o Estado brasileiro avaliar previamente os pedidos de autorização para a realização de pesquisa na plataforma continental brasileira além das 200 milhas marítimas, resolvendo, assim, que:

> [...] independentemente de o limite exterior da Plataforma Continental (PC) além das 200 MN não ter sido definitivamente estabelecido, o Brasil tem o direito de avaliar previamente os pedidos de autorização para a realização de pesquisa na sua PC além das 200 MN, tendo como base a proposta de limite exterior encaminhada à Comissão de Limites da Plataforma Continental (CLPC), em 2004.

Dessa maneira, o governo brasileiro, por ato unilateral, enquanto aguarda a posição final da CLPC, decidiu que é o próprio Brasil quem tem o direito de avaliar previamente os pedidos de autorização para a realização de pesquisa na plataforma continental estendida.

O ato brasileiro é perfeitamente defensável e está juridicamente amparado pela CNUDM, na medida em que visa a proteger seus direitos enquanto aguarda nova manifestação da CLPC, que somente ocorrerá depois que o País fizer sua nova submissão à Comissão, possivelmente apresentando dados adicionais sobre a área pleiteada. Não foi estipulada uma data limite para a submissão da proposta brasileira revista.

---

[446] CIRM. Comissão Interministerial para os Recursos do Mar. Ata da 172ª Sessão Ordinária, 16 de setembro de 2009. Disponível em: <https://www.mar.mil.br/secirm/document/ataseresolucoes/ata172.pdf>. Acesso em: 8 de fevereiro de 2015.

[447] *Idem.*

Como visto no capítulo 2, na hipótese de que um Estado discorde das recomendações da CLPC, este deve apresentar à Comissão "dentro de um prazo razoável uma proposta revista ou uma nova proposta" (artigo 8º, Anexo II). A expressão "prazo razoável", de natureza vaga e abrangente, parece ter sido inserida de modo proposital.

Partindo do disposto no artigo 4º desse Anexo II à CNUDM – a saber, que o Estado costeiro deve apresentar à Comissão a sua proposta de limite exterior da plataforma continental "dentro dos 10 anos seguintes à entrada em vigor da presente" –, é válido supor que o "prazo razoável" não deveria superar dez anos.

Contudo, a Federação Russa, que, recorde-se, foi o primeiro Estado a submeter uma proposta de expansão da plataforma continental, em dezembro de 2001 (CLCS/32), e cujas recomendações iniciais da CLPC foram adotadas em junho de 2002 (CLCS/34), somente em 28 de fevereiro de 2013 apresentou uma submissão parcial revista no mar de Okhotsk (CLCS/80). A Comissão adotou as novas recomendações para essa zona em março de 2014 (CLCS/83).

Considerando, portanto, que a submissão brasileira foi apresentada em maio de 2004 e que as recomendações iniciais da CLPC foram adotadas em abril de 2007 (CLCS/54), o prazo razoável para a submissão revista brasileira seria, pelo menos, abril de 2017. No entanto, não há nenhum impedimento legal para que a nova submissão seja posterior à referida data, podendo, ainda, ser submetida de maneira parcial, como foi o caso russo.

A submissão de uma proposta parcial pelo Brasil não está descartada, e parece, inclusive, ser a tendência[448]. Segundo a Ata da 187ª Sessão Ordinária da CIRM, de 19 agosto de 2014, o GT LEPLAC finalizou a "Proposta Parcial da Área Sul", que deverá ser posteriormente preparada para deliberação na Subcomissão para o LEPLAC e ulterior apresentação na CIRM para "em seguida, obedecer os trâmites legais para autorização de encaminhamento à ONU, pela Presidência da República".[449]

Outro fato que também deve ser destacado é que as propostas revistas têm um trâmite consideravelmente mais célere de reapreciação por parte

---

[448] CIRM. Comissão Interministerial para os Recursos do Mar. Ata da 186ª Sessão Ordinária, de 24 de abril de 2014. Disponível em: <https://www.mar.mil.br/secirm/document/ataseresolucoes/ata186.pdf>. Acesso em: 8 de fevereiro de 2015.
[449] *Idem.*

da Comissão. Além do caso russo, veja-se nesse sentido o caso de Barbados: submissão inicial em maio de 2008 (CLCS/60); recomendações iniciais da CLPC em abril de 2010 (CLCS/66); proposta revista encaminhada em julho de 2011 (CLCS/72); e, novas recomendações adotadas pela CLPC em abril de 2012 (CLCS/74). Espera-se que a proposta revista brasileira tenha o mesmo tratamento.

5.4 A nova submissão brasileira à CLPC: os ganhos e os riscos

Independentemente dos futuros limites exteriores da plataforma continental brasileira, sem dúvida alguma, aumentarão as oportunidades de descobertas de novas reservas de petróleo e gás natural, além do aproveitamento eventual de outros recursos vivos e não vivos na plataforma continental estendida, como minerais em grandes profundidades e recursos da biodiversidade marinha. Assim, há um tangível ganho econômico envolvido no pleito brasileiro.

Outro resultado positivo para o Brasil é a possibilidade de prestar assessoria a outros Estados costeiros no estabelecimento do limite exterior de suas respectivas plataformas continentais. Com a experiência adquirida pelo projeto LEPLAC, o Brasil passou a ter uma considerável capacitação técnica no que concerne à plataforma continental além das 200 milhas marítimas.

Dessa maneira, o levantamento da plataforma continental também tem importância para a política exterior do Brasil em relação à posição atlântica brasileira, pois acentuará sua presença na região, além de contribuir para despertar o interesse de outros Estados costeiros quanto à necessidade e à conveniência de também definirem seus limites exteriores da margem continental. O Brasil está dando assistência à Namíbia no processo de coleta de informações para futura submissão à CLPC[450]. Além disso, Angola e Moçambique já demonstraram interesse em receber orientações brasileiras para a condução dos seus respectivos projetos.

Também na margem sul-americana do Atlântico, o Brasil busca aproximar-se de vizinhos na exploração dos recursos da plataforma continental. Podem-se citar, por exemplo, o caso do Uruguai, em que a Petrobras manifestou interesse na prospecção e exploração de petróleo e gás na

---

[450] MOLLER, Leon Edward. The Outstanding Namibian Boundaries with Angola and South Africa. *The International Journal of Marine and Coastal Law*, vol. 18, n. 2, 2003, p. 248.

A PLATAFORMA CONTINENTAL BRASILEIRA

plataforma continental uruguaia, e da Guiana, quando, em 2005, o Presidente Lula, em visita oficial ao país vizinho, indicara que o Brasil deveria enviar à Guiana uma missão da Petrobras para buscar possibilidades de operações conjuntas em exploração de gás e óleo na plataforma continental.[451]

Por outro lado, entre os riscos, estaria o de o Brasil e a CLPC entrarem em um desgastante processo de "ping-pong", ou seja, a Proposta Revisada de Limite Exterior da Plataforma Continental Brasileira além das 200 milhas, novamente não ser contemplada na integralidade e o país desejar fazer estudos adicionais a esta proposta revisada. Como visto anteriormente, no Regulamento da CLPC não está estabelecido nenhum tipo de restrição a propostas adicionais do Estado costeiro.

Além disso, outra possibilidade decorrente do exame da Proposta Revisada de Limite Exterior da Plataforma Continental Brasileira além das 200 milhas marítimas seria a de a CLPC novamente não aceitar a totalidade da submissão brasileira, e mesmo assim o Brasil fixar os limites da plataforma continental estendida com base em sua proposta revisada, ou seja, desconsiderando as recomendações "definitivas e obrigatórias" da Comissão.

Em termos jurídicos, a decisão brasileira seria amparada pelo Direito Internacional, já que o próprio artigo 76.8 da CNUDM consagra a ideia de que "os limites da plataforma continental [são] estabelecidos pelo Estado costeiro", com base nas recomendações definitivas e obrigatórias da CLPC. Como foi defendido no capítulo 2, ainda que "definitivas e obrigatórias", as recomendações da CLPC não deixam de ser recomendações.

Em termos políticos, contudo, uma hipotética decisão brasileira de desconsiderar as recomendações "definitivas e obrigatórias" da CLPC e fixar os limites exteriores da plataforma continental poderia ter sérios impactos na política externa brasileira, especialmente nas relações com os países em desenvolvimento, mormente porque essa área ficaria sob a jurisdição do Brasil, em detrimento da "Área", que é patrimônio comum da humanidade.

Conclusão do capítulo

Depois de examinar a evolução do conceito jurídico de plataforma continental no capítulo 2, esse capítulo debruçou-se sobre os aspectos da plataforma continental brasileira, partindo de sua dimensão legislativa,

---

[451] BARRETO, Fernando de Mello. *A política externa após a redemocratização, tomo II: 2003-2010.* Brasília: FUNAG, 2012, p. 44-92.

passando pelo plano de levantamento (LEPLAC) até chegar-se ao pleito de uma plataforma continental estendida, formalizado junto à CLPC. Este aspecto passou a ser o mais importante em termos de Direito Internacional do Mar para o Brasil, já que, por um lado, a existência de grandes reservas em hidrocarbonetos na PCE brasileira é real e, por outro, a inicial resistência da CLPC à totalidade da submissão brasileira em 2007 requererá atenção redobrada na apresentação da nova proposta, o que deve ocorrer em breve.

A partir desse momento, isto é, da apresentação da nova proposta à CLPC, duas hipóteses podem ocorrer: i) a CLPC aceita a totalidade dos limites da PCE propostos pelo Brasil e as recomendações da Comissão passam ser "definitivas e obrigatórias"; ou ii) a CLPC novamente não endossa integralmente o pleito brasileiro. Neste caso, a segunda hipótese gera outras três possibilidades: i) o governo brasileiro manifesta interesse em apresentar uma terceira proposta de limites exteriores da plataforma continental (o que geraria o mencionado "ping-pong"); ii) o governo brasileiro aceita o resultado da CLPC, mesmo aquém das expectativas iniciais, e as recomendações da Comissão passam a ser "definitivas e obrigatórias"; ou iii) o governo brasileiro rejeita o segundo exame da CLPC, manifesta desinteresse em apresentar novo pleito e fixa os limites da plataforma continental estendida nos termos da proposta brasileira de maneira unilateral. Ainda que viável juridicamente, esta terceira possibilidade traria um considerável risco político para o Brasil.

Se é difícil vislumbrar o que ocorrerá a partir da apresentação da nova proposta de limites exteriores da plataforma continental brasileira, uma certeza é: o Brasil terá que enfrentar a aplicação do artigo 82 da CNUDM.

Capítulo 6

O Brasil e o artigo 82 da CNUDM: pagamentos ou contribuições em espécie

Neste último capítulo serão examinados os impactos do artigo 82 da CNUDM para o Brasil. Antes, no entanto, é preciso analisar em linhas gerais como vem funcionando o modelo de exploração de recursos naturais na plataforma continental e as questões integradas a esta, como o marco regulatório do setor de petróleo e gás natural e o modelo de distribuição dos *royalties* adotado pelo Brasil.

6.1 A criação da Petrobras e o marco regulatório do setor de petróleo e gás natural

Resultado da campanha popular "O petróleo é nosso", de meados da década de 1940, o então Presidente Getúlio Vargas assinou a Lei n. 2.004, de 3 de outubro de 1953, que dispunha sobre a Política Nacional do Petróleo – instituindo o monopólio da União sobre a pesquisa, o refino e o transporte do petróleo –, e que também criava a Petróleo Brasileiro S.A. (Petrobras). Dessa maneira, completava-se a tendência, iniciada em 1938, de uma maior presença do Estado no setor do petróleo.[452]

---

[452] LOUREIRO, Gustavo Kaercher. *Participações governamentais na indústria do petróleo: evolução normativa*. Porto Alegre: Safe, 2012, p. 98-99.

O início das operações da Petrobras deu-se no ano seguinte, ou seja, 1954, ao herdar do Conselho Nacional de Petróleo, que havia sido estabelecido em 1938, duas refinarias: a de Mataripe (Bahia) e a de Cubatão (São Paulo), sendo os primeiros ativos da empresa. Nesse ano, a produção foi de 2.663 barris de petróleo, equivalente a apenas 1,7% do consumo nacional.[453]

O monopólio sobre as atividades petrolíferas, exercido pela Petrobras, somente foi extinto com a promulgação da Emenda Constitucional n. 9, de 9 de novembro de 1995, que deu nova redação ao artigo 177 da Constituição Federal, mas manteve o monopólio da União sobre as reservas minerais. Com isso foi permitida a atuação de outras empresas petrolíferas nas atividades de exploração e produção de petróleo e gás natural.

Posteriormente, esse processo de flexibilização no setor foi regulamentado pela Lei n. 9.478 (Lei do Petróleo), de 6 de agosto de 1997, que dispondo sobre a política energética nacional e as atividades relativas ao monopólio do petróleo, instituiu o Conselho Nacional de Política Energética (CNPE) e a Agência Nacional do Petróleo (ANP)[454]. O novo marco regulatório pretendia estimular a concorrência, a atração de investimentos na produção de energia e a regulamentação das participações governamentais sobre a exploração e produção de petróleo e gás natural.

Nesse novo modelo, o Estado passou a desempenhar a função de regulador, transferindo as atividades de exploração e produção às empresas, através de contratos de concessão celebrados pela ANP. Dessa maneira, as empresas concessionárias devem pagar, além dos tributos usualmente exigidos, uma compensação financeira à União, na forma de participações governamentais: bônus de assinatura, *royalties*, participação especial e pagamento pela ocupação ou retenção da área (artigo 45 da Lei n. 9.478/97).[455]

Nos termos do artigo 8º da Lei do Petróleo, a ANP tem como finalidade "promover a regulação, a contratação e a fiscalização das atividades econômicas integrantes da indústria do petróleo, do gás natural e dos bio-

---

[453] PETROBRAS. Nossa história. Disponível: <http://www.petrobras.com.br/pt/quem-somos/nossa-historia>. Acesso em: 1º de julho de 2014.

[454] Posteriormente, o artigo 5º da Lei n. 11.097, de 13 de janeiro de 2005, alterou a nomenclatura da ANP para "Agência Nacional do Petróleo, Gás Natural e Biocombustíveis".

[455] FERNANDES, Camila Formozo. *A evolução da arrecadação de royalties petróleo no Brasil e seu impacto sobre o desenvolvimento econômico do estado do Rio de Janeiro.* Rio de Janeiro: Universidade Federal do Rio de Janeiro. Instituto de Economia (Monografia de Bacharelado), 2007, p. 12-13.

combustíveis" (redação dada pela Lei n. 11.097/2005). Em consonância com o sistema criado, a ANP começou a licitar áreas para a exploração de petróleo e gás, por meio das chamadas de Rodadas de Licitações. A ANP já realizou doze rodadas entre 1999 e dezembro de 2013, além de uma primeira licitação de partilha de produção na região do pré-sal (1ª rodada do pré-sal), abrangendo o campo de Libra.[456]

Outro regramento interno importante do setor é a Lei n. 12.276, de 30 de junho de 2010, que autorizou a União a ceder onerosamente à Petrobras o exercício das atividades de pesquisa e lavra de petróleo, de gás natural e de outros hidrocarbonetos fluidos de que trata o artigo 177, I, da Constituição Federal[457]. Nos termos do artigo 1º, §2º, desta lei, a União está autorizada a ceder, sem licitação, os direitos de exploração e produção de petróleo e gás até o limite de cinco bilhões de barris equivalentes de petróleo. Como contrapartida, o governo federal receberá ações da Petrobras e, assim, aumentará sua participação na companhia.

Merecem destaque também outras duas leis. A primeira delas é a Lei n. 12.304, de 2 de agosto de 2010, que autorizou o Poder Executivo a criar a empresa pública denominada Empresa Brasileira de Administração de Petróleo e Gás Natural S.A. – Pré-Sal Petróleo S.A. (PPSA). De acordo com o artigo 2º, a PPSA terá por objeto "a gestão dos contratos de produção celebrados pelo Ministério de Minas e Energia e a gestão dos contratos para a comercialização de petróleo, de gás natural e outros hidrocarbonetos fluidos da União". Além disso, nos termos do artigo 6º, "[a] PPSA terá seu capital social representado por ações ordinárias nominativas, integralmente sob a propriedade da União".

O segundo diploma legal que merece destaque é a Lei n. 12.351, de 22 de dezembro de 2010, que dispõe sobre a exploração e a produção de petróleo, de gás natural e de outros hidrocarbonetos fluidos, sob o regime de partilha de produção, em áreas do pré-sal e em zonas estratégicas, além de criar o Fundo Social (FS).

Esta lei criou um novo regime para a exploração e produção de petróleo e gás natural – o regime de partilha de produção, ao contrário do regime de concessão previsto na Lei do Petróleo.

---

[456] Disponível em: <http://www.brasil-rounds.gov.br>. Acesso em: 8 de fevereiro de 2015.
[457] Artigo 177, I da CF/88: "Constituem monopólio da União: I – a pesquisa e a lavra das jazidas de petróleo e gás natural e outros hidrocarbonetos fluidos".

Nos termos do artigo 3º da Lei n. 12.351/2010, a exploração e a produção desses recursos na área do pré-sal e em áreas estratégicas serão contratadas pela União sob o regime de partilha de produção, que é definido no artigo 2º como:

> [...] regime de exploração e produção de petróleo, de gás natural e de outros hidrocarbonetos fluidos no qual o contratado exerce, por sua conta e risco, as atividades de exploração, avaliação, desenvolvimento e produção e, em caso de descoberta comercial, adquire o direito à apropriação do custo em óleo, do volume da produção correspondente aos *royalties* devidos, bem como de parcela do excedente em óleo, na proporção, condições e prazos estabelecidos em contrato.

A principal justificativa para a alteração no marco regulatório do setor era de que, na área do pré-sal, os riscos de exploração são extremamente baixos e com grande rentabilidade, o que levaria à necessidade de instituição de um regime que preservasse o interesse nacional, mediante maior participação nos resultados e maior controle da riqueza potencial pela União.

Para Christopher Garman e Robert Johnston, a mudança na regulação do setor introduzida pela Lei n. 12.531/2010 partia da premissa de que a área do pré-sal representava uma das poucas fronteiras de expansão promissoras do setor do petróleo no mundo inteiro, e de que também haveria poucas oportunidades comparáveis em outros países. Dessa forma, o Brasil poderia adotar um novo marco legal que implicasse termos mais restritos para a operação das empresas petrolíferas estrangeiras. Contudo, especialmente em razão de um cenário global de rápidas transformações no setor de petróleo e gás natural, essas condições não existem mais e "o custo de oportunidade de escolher um marco regulatório restritivo que reduz a competição e o ritmo de produção tornou-se crescente com o passar do tempo".[458]

---

[458] GARMAN, Christopher; JOHNSTON, Robert. Petróleo: o Brasil no contexto de um panorama global em transformação. In: GIAMBIAGI, Fabio; LUCAS, Luiz Paulo Vellozo (orgs.). *Petróleo: reforma e contrarreforma do setor petrolífero brasileiro*. Rio de Janeiro: Elsevier, 2013, p. 261-262. Entre as transformações no setor de energia dos últimos oito anos, Garman e Johnston destacam: a revolução tecnológica no desenvolvimento do *shale gas* e do *tight oil* na América do Norte; a abertura de novos horizontes de expansão nas fontes de energia

Pelo regime de partilha de produção para a exploração e a produção de petróleo em áreas do pré-sal e outras áreas estratégicas, a propriedade do petróleo extraído é exclusiva do Estado, em contraste com a propriedade exclusiva do concessionário, no caso da concessão (artigo 26 da Lei nº 9.478/97[459]). A empresa contratante explora o petróleo, assumindo os custos e os riscos da exploração. Após o início da produção, a empresa recupera os investimentos realizados, por meio do recebimento de um percentual da produção, denominado de "custo em óleo". Já o petróleo remanescente, denominado "excedente em óleo", corresponde à parcela da produção partilhada entre o Estado e a empresa contratante, nos termos previamente acertados no contrato de partilha[460]. Dessa forma, o Estado remunera os custos de produção e divide com o contratado o excedente em óleo.

Sob o regime de partilha vence a proposta que oferecer o maior excedente em petróleo para a União ("excedente em óleo"), sempre tendo em vista o percentual mínimo definido previamente pelo Conselho Nacional de Política Energética (CNPE). Além disso, são devidos pela empresa contratante os bônus de assinatura e os *royalties*. A Petrobras será operadora única de todos os blocos contratados sob o regime de partilha (artigo 2º, VI). Já o CNPE definirá os blocos que serão destinados à contratação direta com a Petrobras sob o regime de partilha de produção ou que

convencionais, como no caso de alguns países africanos que expandiram suas fronteiras petrolíferas – tanto *offshore* como na área dos Grandes Lagos do continente – e as projeções de produção no Iraque e na Rússia.

[459] Artigo 26 da Lei n. 9.478/97: "A concessão implica, para o concessionário, a obrigação de explorar, por sua conta e risco e, em caso de êxito, produzir petróleo ou gás natural em determinado bloco, conferindo-lhe a propriedade desses bens, após extraídos, com os encargos relativos ao pagamento dos tributos incidentes e das participações legais ou contratuais correspondentes".

[460] Nos termos do artigo 2º, II, da Lei n. 12.351/2010, custo em óleo é a "parcela da produção de petróleo, de gás natural e de outros hidrocarbonetos fluidos, exigível unicamente em caso de descoberta comercial, correspondente aos custos e aos investimentos realizados pelo contratado na execução das atividades de exploração, avaliação, desenvolvimento, produção e desativação das instalações, sujeita a limites, prazos e condições estabelecidos em contrato". Já o artigo 2º, III, define o excedente em óleo como "parcela da produção de petróleo, de gás natural e de outros hidrocarbonetos fluidos a ser repartida entre a União e o contratado, segundo critérios definidos em contrato, resultante da diferença entre o volume total da produção e as parcelas relativas ao custo em óleo, aos *royalties* devidos e, quando exigível, à participação de que trata o art. 43".

O BRASIL E O DIREITO INTERNACIONAL DO MAR CONTEMPORÂNEO

serão objeto de leilão, caso em que é assegurada à Petrobras participação mínima de 30% nos consórcios constituídos com o vencedor da licitação e com a PPSA. À ANP cabe promover as licitações, quando aplicáveis, e regular as atividades derivadas dos contratos de partilha.

A 1ª Rodada na região do pré-sal, sob o regime de partilha de produção, nos termos da Lei n. 12.351/2010, ocorreu em outubro de 2013. O consórcio vencedor, único que apresentou oferta e arrematou o leilão do campo de Libra, no pré-sal, foi formado pela Petrobras, a anglo-holandesa Shell, a francesa Total e as estatais chinesas *China National Petroleum Corporation* (CNPC) e *China National Offshore Oil Corporation* (CNOOC). A participação de cada empresa no grupo é a seguinte: Petrobras (40%: 10% no consórcio, mais 30% da obrigatoriedade da lei), Shell (20%), Total (20%), CNPC (10%) e CNOOC (10%). O consórcio vai pagar 41,65% do excedente em óleo para a União, que é o percentual mínimo exigido.[461]

Entre os especialistas no setor, há discordâncias entre qual dos dois sistemas – concessão ou partilha de produção – seria o mais adequado. Paulo Springer de Freitas, contudo, salienta que o debate entre o regime de partilha e de concessão não se restringe somente às formas de arrecadação, mas também envolve questões estratégicas, já que, no regime de partilha, o Estado, por ser o dono do petróleo, poderia utilizá-lo de melhor forma, já que controlaria o ritmo de produção e a venda do petróleo para o exterior.[462]

6.2 Participações governamentais

Outro ponto importante da Lei do Petróleo foi a implantação do regime de participações governamentais, ou seja, os pagamentos a serem efetuados pelas empresas concessionárias, decorrentes da exploração e produção de petróleo e de gás natural[463]. Nos termos dos artigos 45 a 51,

---

[461] Disponível em: <http://www.brasil-rounds.gov.br/round_p1/resultados_P1/resultado_P1_libra.asp>. Acesso em: 8 de fevereiro de 2015.

[462] FREITAS, Paulo Springer de. Qual a diferença entre regime de partilha e regime de concessão na exploração do petróleo? Disponível em: <http://www.brasil-economia-governo.org.br/2011/03/14/qual-a-diferenca-entre-regime-de-partilha-e-regime-de-concessao-na-exploracao-do-petroleo>. Acesso em: 8 de fevereiro de 2015.

[463] Posteriormente, o Decreto n. 2.705, de 3 de agosto de 1998, definiu os critérios para o cálculo e a cobrança das participações governamentais. O Decreto também traz os preços de referência do petróleo e gás natural utilizados na determinação do valor da produção para fins de cálculo de *royalties* e participação especial.

O BRASIL E O ARTIGO 82 DA CNUDM: PAGAMENTOS OU CONTRIBUIÇÕES EM ESPÉCIE

as participações governamentais são as seguintes: bônus de assinatura, *royalties*, participação especial e pagamento pela ocupação ou retenção de área. Das quatro, somente os *royalties* já existiam antes da lei, mas em percentual inferior.

O bônus de assinatura é o valor mínimo estabelecido no edital de licitação, e corresponderá ao pagamento ofertado na proposta para obtenção da concessão. É realizado integralmente, em parcela única, no ato de assinatura do contrato de concessão. Parte desse montante é destinada à ANP, figurando como receita própria, a fim de subsidiar suas atividades.

Já os *royalties* são pagos mensalmente, em moeda nacional, a partir da data de início da produção comercial de cada campo, em montante correspondente a 10% da produção de petróleo ou gás natural. Os *royalties* são pagos ao estado produtor, ao município produtor, aos municípios afetados pelas instalações de embarque e desembarque de petróleo e gás natural, ao Ministério da Ciência e Tecnologia, ao Comando da Marinha e ao Fundo Especial, administrado pelo Ministério da Fazenda.

A participação especial é baseada nos lucros do campo de exploração e produção de petróleo, em caso de níveis excepcionais de produção, e é paga relativamente a cada campo, aplicando-se alíquotas progressivas sobre a receita líquida da produção trimestral destes.

Finalmente, o pagamento pela ocupação ou retenção de área, a ser feito anualmente, tem diferentes percentuais, de acordo com a fase de produção. Além destes, também no contrato de concessão de bloco localizado em terra, constará cláusula que determina o pagamento de participação equivalente a um percentual entre 0,5% e 1% da produção de petróleo ou gás natural, a critério da ANP (artigo 52), em moeda corrente, por parte dos proprietários da terra.

Nas nove rodadas de licitações realizadas até 2008 – desconsiderando a oitava Rodada, em 2006, por não ter sido concluída –, foram concedidos 765 blocos, sendo o valor total arrecadado com o bônus de assinatura de US$ 2,6 bilhões[464]. No entanto, sob o regime de partilha de produção os números são ainda mais expressivos. Segundo dados da ANP, no primeiro

---

[464] ANP. *Anuário estatístico brasileiro do petróleo, gás natural e biocombustíveis 2013*. Rio de Janeiro: ANP, 2013, p. 190.

processo licitatório sob essa modalidade a arrecadação total de bônus de assinatura foi de quase R$ 18 bilhões.[465]

Em 2013, o pagamento pela ocupação ou retenção de 798 áreas totalizou R$ 219,1 milhões. Do total de campos ou blocos ocupados, 354 encontravam-se na fase de exploração e foram responsáveis por 30,4% do pagamento; 88 estavam na etapa de desenvolvimento, respondendo por 3% do valor pago, e 356 encontravam-se na fase de produção, correspondendo a 66,6% do pagamento total.[466]

O grande montante das participações governamentais vem mesmo dos *royalties* e das participações especiais. Em 2013, foram arrecadados R$ 16,3 bilhões em *royalties*, um pequeno acréscimo de 4,3% se comparado com o ano anterior (R$ 15,6 bilhões). Para se ter uma ideia, o valor em *royalties* de 2012 tinha excedido em 20,4% o de 2011, que já havia sido 30% superior ao de 2010. Do montante de R$ 16,3 bilhões, 29,6% destinaram-se aos estados produtores ou confrontantes; 34% aos municípios produtores ou confrontantes; 11% ao Ministério de Ciência e Tecnologia; 14,4% ao Comando da Marinha; 7,9% ao Fundo Especial dos Estados e Municípios; e 2,9% ao Fundo Social. Ao Estado do Rio de Janeiro, maior produtor nacional de petróleo e gás natural, juntamente com seus municípios, destinaram-se 37,7% do total arrecadado no País a título de *royalties*, cabendo à esfera estadual 18,3% desse percentual. Quanto à participação especial, seu recolhimento atingiu R$ 15,5 bilhões, um número expressivo, mas que representou uma queda de 2,3% em relação a 2012 (R$ 15,9 bilhões). A ligeira queda, no entanto, é representativa se considerado que o valor de 2012 tinha sido 25,4% superior ao de 2011, que já havia sido 8,3% superior a 2010. Dos R$ 15,5 bilhões arrecadados em 2013, couberam R$ 6,2 bilhões (40%) aos estados produtores ou confrontantes; R$ 1,6 bilhão (10%) aos municípios produtores ou confrontantes; R$ 5,8 bilhões (37,5%) ao Ministério de Minas e Energia; R$ 1,5 bilhão (9,4%) ao Ministério do Meio Ambiente; e R$ 483 mil (3,1%) ao Fundo Social.[467]

Os estados mais beneficiados nessa partilha foram o Rio de Janeiro (R$ 5,2 bilhões, o que representou 33,8% do valor total e 84,5% do total

---

[465] ANP. *Anuário estatístico brasileiro do petróleo, gás natural e biocombustíveis: 2014*. Rio de Janeiro: ANP, 2014, p. 5.

[466] *Ibidem*, p. 88.

[467] *Ibidem*, p. 84-86.

destinado aos estados) e o Espírito Santo (R$ 825,7 milhões, ou 5,3% do valor total e 13,3% do total destinado aos estados). Com valores consideravelmente inferiores seguem-se: Amazonas, São Paulo, Rio Grande do Norte, Sergipe e Bahia. Entre os municípios beneficiários destacaram-se: Campos dos Goytacazes-RJ (R$ 680,1 milhões o que representou 4,4% do valor total e 43,9% do total destinados aos municípios). Logo a seguir vem: Cabo Frio-RJ (R$ 143,4 milhões), Rio das Ostras-RJ (R$ 141,9 milhões) e Presidente Kennedy-ES (R$ 127,2 milhões). Recorde-se que esses números são anuais; no ano anterior o Município de Campos dos Goytacazes já tinha recebido R$ 712,9 milhões.[468]

Assim, pela mera razão de ser município confrontante – fato sem qualquer relação com os impactos socioeconômicos da atividade petrolífera –, Campos dos Goytacazes ganhou um verdadeiro prêmio pela sorte geográfica. Isso em decorrência do fato de que o município tem uma costa com litoral convexo, o que lhe garante linhas ortogonais de projeção sobre a plataforma continental mais abertas do que as outras localidades vizinhas. Acrescenta Sergio Gobetti: "esse tipo de determinismo físico que impera na repartição dos *royalties* entre estados e município é uma herança da legislação anacrônica produzida nas décadas de 1980 e 1990, quando nunca imaginávamos que o Brasil estaria diante da possibilidade de se transformar em uma nova potência mundial do petróleo".[469]

Nessa mesma linha também Artur Watt Neto assevera que: "a legislação sobre demarcação e divisão das receitas governamentais é precária e chega a concentrar poderes totalmente discricionários sobre os critérios de confrontação da produção marítima nas mãos de órgãos da União, que acabam tendo poder para demarcar limites marítimos entre Estados e Municípios, e com isso alterar sensivelmente a distribuição de receitas da produção de petróleo e gás natural"[470]. Nesse caso específico, Watt Neto refere-se à ANP e ao Instituto Brasileiro de Geografia e Estatística (IBGE).

---

[468] *Ibidem*, p. 86.

[469] GOBETTI, Sérgio Wulff. Mitos e verdades sobre os *royalties* no contexto do debate sobre o pré-sal. In: PIQUET, Rosélia; CRUZ, José Luis Vianna da; VILANI, Rodrigo Machado (orgs.). *O desafio da abundância: 10 anos do Boletim Petróleo, Royalties e Região*. Rio de Janeiro: Garamond, 2013, p. 51.

[470] WATT NETO, Artur. *Petróleo, gás natural e biocombustíveis*. São Paulo: Saraiva, 2014, p. 76.

O papel do IBGE na polêmica atual sobre a divisão das participações governamentais do petróleo e gás natural decorre do previsto na Lei n. 7.525, de 22 de julho de 1986, em especial, o seu artigo 9º:

> Art. 9º Caberá à Fundação Instituto Brasileiro de Geografia e Estatística – IBGE:
> I – tratar as linhas de projeção dos limites territoriais dos Estados, Territórios e Municípios confrontantes, segundo a linha geodésica ortogonal à costa ou segundo o paralelo até o ponto de sua interseção com os limites da plataforma continental;
> II – definir a abrangência das áreas geoeconômicas, bem como os Municípios incluídos nas zonas de produção principal e secundária e os referidos no § 3º do art. 4º desta lei, e incluir o Município que concentra as instalações industriais para o processamento, tratamento, armazenamento e escoamento de petróleo e gás natural;
> III – publicar a relação dos Estados, Territórios e Municípios a serem indenizados, 30 (trinta) dias após a publicação desta lei;
> IV – promover, semestralmente, a revisão dos Municípios produtores de óleo, com base em informações fornecidas pela PETROBRÁS sobre a exploração de novos poços e instalações, bem como reativação ou desativação de áreas de produção.
> Parágrafo único. Serão os seguintes os critérios para a definição dos limites referidos neste artigo:
> I – linha geodésica ortogonal à costa para indicação dos Estados onde se localizam os Municípios confrontantes;
> II – sequência da projeção além da linha geodésica ortogonal à costa, segundo o paralelo para a definição dos Municípios confrontantes no território de cada Estado.

Por sua vez, o Decreto n. 93.189, de 29 de agosto de 1986, que regulamenta a Lei n. 7.525/86, introduziu o método das linhas de base retas, nos trechos onde o litoral brasileiro apresenta "reentrâncias profundas ou saliências, ou onde exista uma série de ilhas ao longo da costa e em sua proximidade imediata [...] ligando pontos apropriados para o traçado da linha em relação à qual serão tomadas as projetantes dos limites territoriais" (artigo 3º). Além disso, o artigo 4º preceitua que "[o]s limites dos Estados [...] serão projetados segundo a linha geodésica ortogonal à costa, enquadrando estas projeções às dos limites municipais".

Portanto, com suporte nesses dois documentos legais – a Lei n. 7.525/86 e o Decreto n. 93.189/86 –, o IBGE traçou um total de 24 linhas, correspondendo a 25 vértices, dos quais dois são limites internacionais, dezesseis, estaduais e sete, pontos auxiliares.[471]

Nesse sentido, o IBGE acaba exercendo um papel fundamental na fixação dos critérios que têm implicações na distribuição de receitas públicas entre os entes federados. Watt Neto exemplifica:

[...] tome-se um município cujo litoral tem forma convexa em frente a uma área marítima de intensa exploração petrolífera. Caso esse município seja atravessado por uma única linha de base reta, mesmo que iniciada em um "ponto apropriado" adjacente a uma de suas divisas, terá uma área de confrontação correspondente à extensão de seu litoral, numa proporção similar à de seus vizinhos. Entretanto, esse mesmo município, caso seja agraciado com o deslocamento deste "ponto apropriado" uns poucos quilômetros para dentro do seu território, passará a ter suas ortogonais limítrofes apoiadas em duas linhas de base reta distintas e divergentes (ou *abertas*, no formato da letra "v"), formando uma área de confrontação incomparavelmente maior, em prejuízo dos seus vizinhos. Efeito inverso pode ocorrer com um município de litoral côncavo.[472]

Assim, no caso dos municípios localizados em regiões produtoras de petróleo, em especial, no litoral do Estado do Rio de Janeiro, as localidades que apresentam sua costa na forma de uma baía apresentam linhas ortogonais que se aproximam entre si à medida que se afastam da costa, tendo uma área em forma de um cone. Por outro lado, municípios que assumem a forma de uma península apresentam linhas ortogonais que se afastam entre si, formando uma área consideravelmente maior do que a dos primeiros. Como mencionado acima, é apenas um prêmio pela sorte geográfica.

Posteriormente à adesão do Brasil à CNUDM, foi editado o Decreto n. 1.290, de 21 de outubro de 1994, que estabeleceu os pontos apropriados para o traçado das linhas de base retas ao longo da costa brasileira, estabelecendo cinquenta e quatro pontos apropriados para o traçado do litoral

---

[471] INSTITUTO BRASILEIRO DE GEOGRAFIA E ESTATÍSTICA (IBGE). Diretoria de Geociências. Coordenação de Geodésia. A atuação do IBGE na questão dos royalties do petróleo. Novembro 2009. Disponível em: <http://www.ecg.tce.rj.gov.br/imagens/m_Rafael_March_-_Royalties_Apresentacao_TCE-RJ.pdf>. Acesso em: 2 de abril de 2014.

[472] WATT NETO, *op. cit.*, p. 82 (grifo do original).

brasileiro. Dez anos depois, foram estabelecidos, por meio do Decreto n. 4.983, de 10 de fevereiro de 2004, novos pontos apropriados para o traçado das linhas de base retas ao longo da costa brasileira, em um total de quarenta e sete pontos, revogando consequentemente o Decreto n. 1.290/94. Finalmente, em 4 de fevereiro de 2015, foi sancionado o Decreto n. 8.400, que revogou o Decreto n. 4.983/2004.

O Decreto n. 8.400/2015 estabeleceu cento e um pontos para o traçado da chamada Linha de Base do Brasil ao longo da costa continental e insular, tendo como ponto inicial a Baía do Oiapoque e o ponto final, o Arroio Chuí.

Vale a pena mencionar alguns dispositivos legais do Decreto n. 8.400/2015, por exemplo:

> Artigo 1º. A Linha de Base do Brasil é formada pela combinação de Linhas de Base Retas (LBR) e Linhas de Base Normais (LBN), de acordo com as definições emanadas pela Convenção das Nações Unidas sobre o Direito do Mar. [...]
> Artigo 2º. Em todos os trechos do litoral continental e insular brasileiro, não contemplados pela LBR, devem ser adotadas as LBN, que correspondem à linha de baixa-mar, tal como indicadas nas cartas náuticas de grande escala, publicadas pela Diretoria de Hidrografia e Navegação da Marinha do Brasil. [...]
> Artigo 4º. A Linha de Base do Brasil é definida exclusivamente para o traçado dos limites do mar territorial, da zona contígua, da zona econômica exclusiva e da plataforma continental, em conformidade com o disposto na Lei n. 8.617, de 4 de janeiro de 1993.

Interessante observar que o artigo 4º do Decreto n. 8.400/2015 tem redação praticamente idêntica à do seu antecessor[473], cujo texto já gerava divergência interpretativa considerável, que se reflete no processo de divisão das participações governamentais.

---

[473] Artigo 4º do Decreto n. 4.983: "As Linhas de Base Retas e Normais, conforme definidas neste Decreto, devem ser exclusivamente usadas como origem para o traçado dos limites exteriores do mar territorial, da zona contígua, da zona econômica exclusiva e da plataforma continental, cujos conceitos estão especificados na Lei n. 8.617, de 4 de janeiro de 1993".

Isso se deve a que o IBGE, mesmo quando o Decreto n. 4.983/2004 estava vigente, entendia que seus dispositivos não se aplicavam à delimitação da confrontação para fins de pagamentos de *royalties*, já que o artigo 4º deste decreto utilizava a expressão *"exclusivamente* usadas como origem para o traçado dos limites exteriores..."* – o que obstaria, em tese, sua utilização no tocante às participações governamentais.

Contrariamente, a instituição se utilizava do traçado definido na Lei n. 7.525/86 e no Decreto n. 93.189/86. Como se vê no artigo 4º do Decreto n. 8.400/2015, não houve mudança nesse sentido, já que a "Linha de Base do Brasil é definida *exclusivamente* para o traçado dos limites do mar territorial...".

A posição do IBGE nesse aspecto é rejeitada por Watt Neto que afirma que "parece não haver base jurídica para deixar de aplicar o Decreto n. 4.983/2004 à matéria, e mesmo que se admitisse o contrário, nada justificaria a não aplicação do Decreto n. 1.290/94 desde a sua edição".[474]

O Senado Federal vem discutindo novos critérios para as projeções dos limites territoriais dos Estados e dos Municípios na plataforma continental brasileira, especialmente depois que a Comissão de Serviços de Infraestrutura aprovou, em junho de 2013, o PL 96/2013, que propõe nova metodologia para estabelecer as linhas de projeção dos limites entre os entes federados mencionados no mar e que irão influenciar na distribuição das participações governamentais. Segundo a justificativa do PL 96/2013:

A metodologia atual de projeção, baseada nas linhas geodésicas ortogonais à costa, apresenta sérios problemas, de ordem técnica e político-econômica. De ordem técnica, é uma metodologia mais complexa e gera projeções que são sensíveis aos vértices das linhas de base reta, de onde são traçadas as projeções ortogonais. Dependendo do vértice escolhido, a projeção – e, consequentemente, os limites interestaduais ou intermunicipais – se altera. Tendo em vista as diversas saliências e reentrâncias de nosso litoral, não há um critério único e consensual sobre os vértices a serem adotados, gerando uma multiplicidade de linhas de projeção viáveis de serem adotadas. Do ponto de vista político-econômico, a metodologia atual gera forte concentração de receitas de petróleo em alguns municípios e estados, que são agraciados com linhas ortogonais que se abrem a partir de sua costa. A contrapartida da sorte de

[474] *Ibidem*, p. 84-87.

alguns é o azar de outros, como os Estados do Paraná e Piauí, onde as linhas ortogonais se fecham. A metodologia que propomos, de as projeções seguirem os paralelos ou meridianos, conforme o Oceano Atlântico encontra o litoral brasileiro a leste ou a norte, é uma metodologia mais simples e facilmente replicável. Ao contrário das linhas geodésicas ortogonais, a metodologia aqui proposta independe de critérios subjetivos para ser traçada: uma vez localizada a divisa entre dois municípios (ou estados), haverá uma, e somente uma, linha de projeção. Adicionalmente, a metodologia que ora propomos gera uma distribuição mais homogênea das receitas do petróleo e corrige distorções como a atualmente existente para os litorais do Paraná e Piauí, cujas linhas de projeção se fecham, delimitando um mar territorial desproporcionalmente pequeno para essas Unidades da Federação.[475]

Até o presente momento a proposta segue em discussão no Senado Federal.[476]

6.2.1 A distribuição das participações governamentais

Como visto inicialmente, antes do advento da Lei do Petróleo somente havia a previsão de pagamento de *royalties*. Hoje estes são apenas uma das quatro modalidades de participações governamentais, ainda que, ao lado da participação especial, representem uma das mais representativas em termos financeiros.

A previsão do pagamento de *royalties* foi inserida no artigo 27 da Lei n. 2.004/53, determinando que a Petrobras e suas subsidiárias ficariam obrigadas a pagar aos estados e territórios, onde fizerem a lavra de petróleo e xisto betuminoso e a extração de gás, indenização correspondente a 5% sobre o valor do óleo extraído ou do xisto ou do gás, sendo 4% aos estados ou territórios e 1% aos municípios[477]. Os estados e territórios deveriam distribuir 20% do que recebiam, proporcionalmente aos municípios, segundo a produção de óleo de cada um deles, devendo este pagamento ser efetuado trimestralmente. Já parágrafo 4º do artigo 27 tratava da aplicação

---

[475] Disponível em: <www.senado.gov.br/atividade/materia/getDocumento.asp?t=124537>. Acesso em: 8 de fevereiro de 2015.

[476] Disponível em: <http://www.senado.gov.br/atividade/materia/detalhes.asp?p_cod_mate=111845>. Acesso em: 8 de fevereiro de 2015.

[477] Repartição nos termos da nova redação do artigo 27 da Lei n. 2.004/53, que lhe foi dada pela Lei n. 3.257, de 2 de setembro de 1957.

O BRASIL E O ARTIGO 82 DA CNUDM: PAGAMENTOS OU CONTRIBUIÇÕES EM ESPÉCIE

dos recursos dos *royalties*: "Os Estados, Territórios e Municípios deverão aplicar os recursos fixados neste artigo, preferentemente, na produção de energia elétrica e na pavimentação de rodovias".

Posteriormente, o Decreto-lei n. 523, de 8 de abril de 1969, acrescentou um novo parágrafo ao artigo 27 da Lei n. 2.004/53, estendendo a incidência de *royalties* sobre a produção na plataforma continental (*offshore*) também a 5%, sendo devidos 2,5% ao Departamento Nacional de Produção Mineral, do Ministério das Minas e Energia e 2,5% ao Ministério da Educação e Cultura. Portanto, quando foram estabelecidos *royalties* sobre a produção na plataforma continental estes eram integralmente revertidos para o governo federal, ficando os estados, territórios e municípios somente com os *royalties* da produção na terra (*onshore*).

Na esteira do primeiro choque do petróleo (1973), o Decreto-lei n. 1.288, de 1º de novembro de 1973, alterou a destinação dos 5% da produção na plataforma continental, passando a prever que deveriam ser revertidos na totalidade para o Conselho Nacional do Petróleo, do Ministério das Minas e Energia, "para formação de estoques de combustíveis destinados a garantir a segurança e a regularidade de geração de energia elétrica".

A Lei n. 7.453, de 27 de dezembro de 1985, modificou novamente a redação do artigo 27 da Lei n. 2.004/53. Entre as mudanças, deve destacar-se a nova e importante modificação nos *royalties* provenientes da exploração na plataforma continental. Os 5% devidos passaram a ser divididos da seguinte forma: 1,5% aos estados confrontantes; 1,5% aos municípios confrontantes e suas respectivas áreas geoeconômicas; 1% ao Ministério da Marinha; 1% ao Fundo Especial. Manteve inalterada a distribuição dos *royalties* da exploração *onshore*. Além disso, dispunha que: "[o]s Estados, Territórios e Municípios deverão aplicar os recursos previstos neste artigo, preferentemente, em energia, pavimentação de rodovias, abastecimento e tratamento de água, irrigação, proteção ao meio-ambiente e saneamento básico" (artigo 27, §3º, da Lei n. 2.004/53, com a redação alterada pela Lei n. 7.453/85).

Menos de um ano depois, esse artigo 27, §3º, da Lei 2.004/53 seria novamente alterado, agora pela Lei n. 7.525, de 22 de junho de 1986. A nova redação preceituava que, "[r]essalvados os recursos destinados ao Ministério da Marinha, os demais recursos previstos neste artigo serão aplicados pelos Estados, Territórios e Municípios, exclusivamente, em energia, pavimentação de rodovias, abastecimento e tratamento de água, irrigação, proteção ao meio ambiente e em saneamento básico". Note-se que houve uma mudança no advérbio empregado, de "preferentemente" para "exclusivamente". Além disso, a Lei n. 7.525/86 atribuiu ao Tribunal de Contas da União a competência para fiscalizar a aplicação dos recursos dos *royalties* (artigo 8º) e ao IBGE a competência para definir os municípios das áreas geoeconômicas e suas respectivas zonas de enquadramento (artigo 9º).

A Constituição Federal de 1988 deu status constitucional à questão dos *royalties*, ao dispor no artigo 20, §1º, que:

> É assegurada, nos termos da lei, aos Estados, ao Distrito Federal e aos Municípios, bem como a órgãos da administração direta da União, participação no resultado da exploração de petróleo ou gás natural, de recursos hídricos para fins de geração de energia elétrica e de outros recursos minerais no respectivo território, plataforma continental, mar territorial ou zona econômica exclusiva, ou compensação financeira por essa exploração.

Com a Lei n. 7.990, de 22 de dezembro de 1989[478], houve nova alteração no artigo 27 da Lei n. 2.004/53, dessa vez com acréscimos pontuais na repartição dos *royalties*, os quais, fixados em 5% desde 1953, seriam partilhados da seguinte maneira:

i) quando a lavra ocorrer em terra: 3,5% aos estados produtores (antes era 4%); 1% aos municípios produtores e suas respectivas áreas geoeconômicas (manteve o mesmo percentual); 0,5% aos municípios que têm instalações de embarque ou desembarque de óleo bruto ou gás natural (acrescido).

ii) quando extraído da plataforma continental: 1,5% aos estados e Distrito Federal (manteve o mesmo percentual); 1,5% aos municípios confrontantes e suas respectivas áreas geoeconômicas (manteve o mesmo percentual); 0,5% aos municípios que têm instalações de embarque ou desembarque de óleo bruto ou gás natural (acrescentado); 1% ao Comando da Marinha, para atender aos encargos de fiscalização e proteção das atividades econômicas das referidas áreas (manteve o mesmo percentual); 0,5% para constituir um Fundo Especial a ser distribuído entre os estados, territórios e municípios (antes era de 1%).

---

[478] O Decreto n. 1, de 11 de janeiro de 1991, regulamentou o pagamento da compensação financeira instituída pela Lei n. 7.990/89.

O BRASIL E O ARTIGO 82 DA CNUDM: PAGAMENTOS OU CONTRIBUIÇÕES EM ESPÉCIE

Como foi apresentado anteriormente, os percentuais da lavra de terra tinham sido fixados originalmente por meio da Lei n. 2.004/53 e não haviam sido alterados até aquele momento; já os percentuais sobre a produção na plataforma continental haviam sido estabelecidos originalmente no Decreto-lei n. 523/69, mas sua distribuição fora alterada em mais uma oportunidade.

Mudança importante viria mesmo a ocorrer com a Lei n. 9.478/97 (Lei do Petróleo), que dobrou a alíquota básica dos *royalties* do petróleo, de 5% para 10%[479]. Contudo, tendo em conta os riscos geológicos, as expectativas de produção e outros fatores pertinentes, a ANP poderá prever, no edital de licitação correspondente, a redução do valor dos *royalties* para um montante mínimo de 5% da produção (artigo 47).

O artigo 48 da Lei do Petróleo manteve a parcela de *royalties* prevista no contrato de concessão, que representa 5%, correspondente ao montante mínimo, conforme os critérios estipulados pela Lei n. 7.990/89, vistos acima. Já o artigo 49 define os critérios de distribuição para a parcela acima de 5%:

i) quando a lavra ocorrer em terra ou em lagos, rios, ilhas fluviais e lacustres: 52,5% aos estados produtores; 15% aos municípios produtores; 7,5% aos municípios que sejam afetados pelas operações de embarque e desembarque de petróleo e gás natural; 25% ao Ministério da Ciência e Tecnologia[480].

ii) quando a lavra ocorrer na plataforma continental: 22,5% aos estados produtores confrontantes; 22,5% aos municípios produtores confrontantes; 15% ao Ministério da Marinha, para atender aos encargos de fiscalização e proteção das áreas; 7,5% aos municípios que sejam afetados pelas

---

[479] Além disso, a Lei n. 9.478/97 revogou de maneira explícita a Lei n. 2.004/53, que teve tantas vezes alterado seu artigo 27. Conforme o disposto no artigo 83: "Revogam-se as disposições em contrário, inclusive a Lei n. 2.004, de 3 de outubro de 1953".

[480] A destinação desses 25% do Ministério da Ciência e Tecnologia sofreu algumas alterações e acréscimos (art. 49, I, "d"). Inicialmente seria "para financiar programas de amparo à pesquisa científica e ao desenvolvimento tecnológico aplicados à indústria do petróleo"; com redação dada pela Lei n. 11.097/2005, passou a ser para financiar programas de amparo à pesquisa científica e ao desenvolvimento tecnológico aplicados à indústria do petróleo, *do gás natural e dos biocombustíveis*"; e mais recentemente, com redação dada pela Lei n. 11.921/2009, "para financiar programas de amparo à pesquisa científica e ao desenvolvimento tecnológico aplicados à indústria do petróleo, do gás natural, dos biocombustíveis *e à indústria petroquímica de primeira e segunda geração, bem como para programas de mesma natureza que tenham por finalidade a prevenção e a recuperação de danos causados ao meio ambiente por essas indústrias*" (grifos nossos).

operações de embarque e desembarque de petróleo e gás natural; 7,5% para constituição de um Fundo Especial, a ser distribuído entre todos os estados, territórios e municípios; 25% ao Ministério da Ciência e Tecnologia.

Conforme se assinalou anteriormente, a Lei do Petróleo também criou a participação especial[481], para os casos de grande volume de produção, ou de grande rentabilidade. De acordo com o artigo 50, §1º, a participação especial "será aplicada sobre a receita bruta da produção, deduzidos os *royalties*, os investimentos na exploração, os custos operacionais e os tributos previstos na legislação em vigor". Por sua vez, o §2º desse artigo estipulou a proporção da distribuição da participação especial: 40% ao Ministério de Minas e Energia; 10% ao Ministério do Meio Ambiente; 40% para o estado onde ocorrer a produção em terra, ou confrontante com a plataforma continental onde se realizar a produção; 10% para o município onde ocorrer a produção em terra, ou confrontante com a plataforma continental onde se realizar a produção.[482]

É importante tecer um comentário final sobre a forma como se dá o cálculo e os pagamentos dos *royalties*. Os *royalties* incidem sobre a produção mensal do campo produtor. O valor a ser pago pelos concessionários é obtido multiplicando-se três fatores: i) alíquota dos *royalties* do campo produtor (5% a 10%); ii) a produção mensal de petróleo e gás natural produzidos pelo campo; e, iii) o preço de referência destes hidrocarbonetos no mês. Assim:

$$Royalties = \text{Alíquota} \times \text{Valor da produção}$$
$$\text{Valor da produção} = \text{Valor petróleo} \times \text{Preço referência petróleo} + \text{Valor gás} \times \text{Preço referência gás}[483]$$

Os *royalties* incidem sobre o valor da produção do campo e são recolhidos mensalmente pelas empresas concessionárias por meio de pagamentos efetuados à Secretaria do Tesouro Nacional (STN), até o último dia do

---

[481] A participação especial foi posteriormente regulada pelo Decreto n. 2.705, de 3 de agosto de 1998.

[482] Para a destinação específica dos percentuais destinados ao Ministério das Minas e Energia, vide artigo 50, I; e, para o Ministério do Meio Ambiente, vide artigo 50, II, letras "a" a "i".

[483] AGÊNCIA NACIONAL DO PETRÓLEO. Cálculo dos *royalties*. Disponível em: <http://www. anp.gov.br/?pg=66584&m=&t1=&t2=&t3=&t4=&ar=&ps=&cachebust=137286320 8320>. Acesso em: 8 de fevereiro de 2015.

O BRASIL E O ARTIGO 82 DA CNUDM: PAGAMENTOS OU CONTRIBUIÇÕES EM ESPÉCIE

mês seguinte àquele em que ocorreu a produção. A STN repassa os *royalties* aos beneficiários – creditados nas contas correntes que os estados e os municípios mantêm junto ao Banco do Brasil ou diretamente, no caso dos recursos destinados ao Comando da Marinha e ao Ministério da Ciência e Tecnologia – com base nos cálculos efetuados pela ANP e no estabelecido nas leis que tratam dos percentuais de cada um deles.[484]

6.2.2 A polêmica atual em torno da distribuição e da destinação dos recursos oriundos do petróleo e gás natural

Três fatores tornaram a questão da distribuição dos *royalties* do petróleo de grande importância econômica e ampla discussão política: i) o aumento na alíquota dos *royalties* de 5% para 10% e a introdução da participação especial; ii) o incremento substancial das reservas de petróleo, em especial com a exploração do petróleo na plataforma continental e as novas descobertas na região do pré-sal; e, iii) a elevação contínua nos preços do petróleo; pelo menos esse era o cenário até a segunda metade do ano de 2014.

O primeiro aspecto deu-se com a Lei do Petróleo, como anteriormente apresentado. Outro importante fator fixado pela Lei do Petróleo – posteriormente regulamentado pelo Decreto n. 2.705/98 – foi a fixação dos preços de referência. Através das Portarias n. 155 (1998) e 206 (2000) da ANP, foram estabelecidos os critérios para a fixação do preço mínimo do petróleo produzido, a ser adotada para fins de cálculo dos *royalties*. Assim, a metodologia de cálculo mínimo passou a levar em consideração o preço do petróleo tipo Brent e a taxa de câmbio real/dólar. Portanto, a valoração do petróleo produzido em campos brasileiros para fins de arrecadação de *royalties*, assim como a própria arrecadação, passou a oscilar de acordo com essas variáveis[485]. Como ainda destaca Fernandes, "essas mudanças promoveram um crescimento extraordinário das compensações financeiras

---

[484] *Idem.*

[485] De acordo com o Anuário 2014: "A ANP calcula o preço mínimo do petróleo com base no valor médio mensal da cesta padrão proposta pelo concessionário, sendo facultado à ANP não aceitar e sugerir uma nova. A cesta é composta de até quatro tipos de petróleo, cotados no mercado internacional, cujas características físico-químicas sejam similares às do petróleo produzido. Na ausência dessa proposta, o preço é arbitrado pela ANP, conforme a Portaria ANP nº 206/2000". ANP (2014), *op. cit.*, p. 92.

pagas pelos concessionários das atividades de exploração e produção de petróleo à União, estados e municípios brasileiros".[486]

Com essas duas inovações – elevação da alíquota básica e critérios para a fixação do preço mínimo do petróleo –, aliadas ao aumento significativo da produção do petróleo no Brasil, houve um incremento gigantesco nos *royalties*. Para citar alguns números: em 1997, a arrecadação desses recursos foi de, aproximadamente, R$ 190 milhões. No ano de 2006, esse montante superou a barreira dos R$ 7,7 bilhões. Em 2011 esse valor ficou praticamente em R$ 13 bilhões, um ano depois deu um novo salto para mais de R$ 15,6 bilhões, um aumento de 22,39% em relação ao ano anterior. Já em 2013, o valor se estabilizou, superando a casa dos R$ 16 bilhões, um acréscimo de 4,3% em relação a 2012.[487]

No tocante ao segundo fator, os trabalhos de exploração da plataforma continental iniciaram-se em 1968, quando a Petrobras encomendou a primeira sonda marítima e, já naquele ano, achou petróleo no mar em Guaricema (Sergipe). Seguiram-se mais de vinte descobertas de pequeno e médio porte em vários estados. Em 1974, descobriu-se o campo de Garoupa, em águas de 110 metros, onde hoje está a bacia de Campos. A produção regular de óleo nessa bacia começou em 1977, no campo de Enchova.[488]

Em 1984, foi descoberto o primeiro campo gigante do país, na bacia de Campos, e também nesse ano a meta de produção de 500 mil barris diários de petróleo foi alcançada. Outras grandes descobertas foram realizadas: Marlim (1985) e Roncador (1997). No mesmo ano, o Brasil ingressou no seleto grupo dos dezesseis países que produzem mais de um milhão de barris de petróleo por dia.[489]

Em 2005, foram encontrados os primeiros indícios de petróleo na camada pré-sal na bacia de Santos. Análises iniciais do bloco BM-S-11 (Tupi) indicariam volumes recuperáveis entre cinco e oito bilhões de barris de petróleo e gás natural. No ano seguinte, foi atingida a autossufici-

---

[486] FERNANDES, *op. cit.*, p. 9.
[487] ANP (2014), *op. cit.*, p. 85.
[488] VIDIGAL, *op. cit.*, p. 133.
[489] PETROBRAS. Nossa História. Disponível em: <http://www.petrobras.com.br/pt/quem-somos/nossa-historia>. Acesso em: 1º de julho de 2014. Vide ainda: SILVA, Alexandre Pereira da. O novo pleito brasileiro no mar: a plataforma continental estendida e o Projeto Amazônia Azul. *Revista Brasileira de Política Internacional*, vol. 56, n. 1, 2013, p. 105.

O BRASIL E O ARTIGO 82 DA CNUDM: PAGAMENTOS OU CONTRIBUIÇÕES EM ESPÉCIE

ência sustentável na produção de petróleo. Com o início das operações da P-50 no campo gigante de Albacora Leste, no norte da bacia de Campos, a Petrobras alcançou a marca de dois milhões de barris por dia. Em 2008, extraiu-se o primeiro óleo da camada pré-sal, no campo de Jubarte, na bacia de Campos, e em maio de 2009 deu-se início à produção de petróleo na descoberta de Tupi.[490]

Consequentemente, as reservas totais de petróleo (terra e mar) do Brasil foram de 13 bilhões de barris (2002), posteriormente de 20,3 bilhões (2007) e alcançaram a marca de 30 bilhões (2011), com uma pequena redução para 28,5 bilhões de barris (2012). Retornaram à casa de 30,2 bilhões de barris em 2013 – último dado disponível. Já as reservas provadas eram de 9,8 bilhões (2002), depois 12,6 bilhões (2007), chegando a 15 bilhões (2011), e se estabilizando nos anos seguintes: 15,3 bilhões (2012) e 15,5 bilhões (2013); a expectativa é que em um futuro próximo essa marca atinja 30 bilhões de barris. Das reservas provadas, 94% se localizam em mar, com destaque para o litoral do Rio de Janeiro, com cerca de 80% das reservas provadas *offshore* e das reservas totais. Em 2011, o Brasil ocupou a 15ª posição no ranking mundial de países com as maiores reservadas provadas de petróleo.[491]

Em relação ao terceiro fator, foi flagrante o aumento contínuo nos preços do petróleo nos anos recentes. O preço de referência desse produto corresponde à média dos preços de venda, sem tributos praticados pela empresa durante o mês e um preço mínimo estabelecido pela ANP, aplicando-se o que for maior. Quanto ao preço de venda do petróleo, este corresponde ao preço do produto embarcado na saída da área de concessão ou FOB (*free on board*). Segundo dados da ANP, o preço médio de referência no Brasil em 2002 foi de R$ 62,96/barril (ou US$ 21,55/barril); em 2007, esse valor foi de R$ 138,43/barril (ou US$ 59,38/barril); a tendência de alta foi constante nos anos seguintes: R$ 124,16/barril (ou US$ 70,97/barril) em 2010; R$ 160,13/barril (ou US$ 96,90/barril) em 2011; R$ 196,41/barril

---

[490] *Idem.*

[491] ANP (2014), *op. cit.*, p. 69-73. Segundo o Anuário da ANP: "As reservas provadas são aquelas que, com base na análise de dados geológicos e de engenharia, se estima recuperar comercialmente de reservatórios descobertos e avaliados, com elevado grau de certeza, e cuja estimativa considere as condições econômicas vigentes, os métodos operacionais usualmente viáveis e os regulamentos instituídos pela legislação petrolífera e tributária brasileiras. As reservas totais representam a soma das reservas provadas, prováveis e possíveis".

O BRASIL E O DIREITO INTERNACIONAL DO MAR CONTEMPORÂNEO

(ou US$ 100,52/barril) em 2012; e, em 2013, registrou-se novo recorde: R$ 221,46/barril (ou US$ 102,66/barril)[492]. Os números de 2014, quando publicados, certamente serão muito distintos, isto é, muito abaixo do ano anterior, já que o preço do petróleo no mercado internacional experimentou sucessivas quedas ao longo do ano.[493]

Assim, a conjunção desses três fatores elevou drasticamente os valores dos *royalties* a serem repassados aos estados e municípios produtores, em especial ao estado do Rio de Janeiro e municípios da região norte fluminense. Tal processo acabou por despertar o interesse dos demais estados e municípios da federação por uma nova distribuição dos repasses.

No bojo da criação de um novo marco regulatório para a exploração e produção do petróleo na camada pré-sal, surgiram emendas, tanto na Câmara dos Deputados, como no Senado Federal, para alterar a repartição dos *royalties*. Pode-se afirmar que o principal objetivo das emendas era o de promover uma maior distribuição das receitas de *royalties* e participação especial entre os entes federativos, especialmente na hipótese da exploração e produção na plataforma continental. Sinteticamente, os valores dos *royalties* seriam destinados a dois fundos e repartidos entre todos os estados e municípios da federação: o Fundo de Participação dos Estados (FPE) e o Fundo de Participação dos Municípios (FPM). Acabou-se, por fim, preservando os interesses dos municípios "afetados pelas operações de embarque e desembarque de petróleo e gás natural, na forma e critério estabelecidos pela ANP", conforme previsto no artigo 49, II, "d", da Lei n. 9.478/97.

Em 2010, os congressistas aprovaram uma nova sistemática de distribuição dos *royalties*. A nova regra foi, no entanto, vetada pelo então Presidente Lula. O Executivo enviou, assim, um novo projeto de lei ao Congresso Nacional cujo conteúdo, uma vez mais, foi alterado na Casa Legislativa. A Presidente Dilma Rousseff vetou as modificações por entendê-las inconsti-

---

[492] *Ibidem*, p. 92.

[493] Depois de atingir um pico de US$ 115,06, em 19 de junho de 2014, o preço do petróleo tipo Brent despencou. Exatos seis meses depois, fechou em US$ 61,38. Em 20 de janeiro de 2015, atingiu o valor mínimo de US$ 49,16 no fechamento do dia. Em 6 de fevereiro de 2015, depois de algumas oscilações, a cotação do petróleo tipo Brent encerrou o dia em US$ 58,68. Disponível em: <http://www.investing.com/commodities/brent-oil-historical-data>. Acesso em: 8 de fevereiro de 2015.

O BRASIL E O ARTIGO 82 DA CNUDM: PAGAMENTOS OU CONTRIBUIÇÕES EM ESPÉCIE

tucionais[494]. O Congresso Nacional ratificou seu entendimento e derrubou os vetos do Executivo. Sem opção jurídica, a Presidente sancionou a Lei n. 12.734, de 30 de novembro de 2012, que modifica as Leis n. 9.478/97 e n. 12.351/2010, para determinar novas regras de distribuição dos *royalties* e da participação especial devida em função da exploração de petróleo, gás natural e outros hidrocarbonetos fluidos. Insatisfeito com as mudanças, o Estado do Rio de Janeiro impetrou Ação Direta de Inconstitucionalidade (ADI 4917) junto ao Supremo Tribunal Federal, em face das modificações da distribuição dos *royalties*.

Para Paulo César Ribeiro Lima, como reflexo da Lei n. 12.734/2012:

> [...] a União perderia um terço de suas receitas de *royalties* e arcaria com uma redução inicial de sete pontos percentuais de sua parcela na participação especial. Ou seja, a participação da União cairia dos atuais 50% para 43%, para permitir que os Fundos Especiais, destinados aos Estados e Municípios não confrontantes, tivessem mais recursos já em 2013. À medida que os Fundos Especiais passassem a arrecadar mais, devido ao crescimento da produção, a parcela da União na participação especial aumentaria gradativamente até atingir 46% em 2016. Os Estados confrontantes teriam uma queda nos *royalties* de 26,25% para 20% a partir de 2013 e uma queda gradual de 40% para 20% em 2020 na participação especial. Já os recursos destinados aos Municípios confrontantes sofreriam uma queda de 26,25% para 4% dos *royalties*, e de 10% para 4% da participação especial. No caso dos Municípios afetados pelas

---

[494] Nos termos da Mensagem n. 522, dirigida ao Presidente do Senado Federal, a Presidente Dilma Rousseff expôs as razões do veto da seguinte maneira: "As novas regras de distribuição dos *royalties* previstas no art. 3º do projeto, ao não ressalvar sua aplicação aos contratos já em vigor, violam frontalmente o disposto no inciso XXXVI do art. 5º e no § 1º do art. 20 da Constituição. Os *royalties* fixados na legislação em vigor constituem uma compensação financeira dada aos Estados e Municípios produtores e confrontantes em razão da exploração do petróleo em seu território. Devido a sua natureza indenizatória, os *royalties* incorporam-se às receitas originárias destes mesmos entes, inclusive para efeitos de disponibilidade futura. Trata-se, portanto, de uma receita certa, que, em vários casos, foi objeto de securitização ou operações de antecipação de recebíveis. A alteração desta realidade jurídica afronta o disposto no inciso XXXVI do art. 5º e o princípio do equilíbrio orçamentário previsto no art. 167, ambos da Constituição Federal. [...]".

O BRASIL E O DIREITO INTERNACIONAL DO MAR CONTEMPORÂNEO

operações de embarque e desembarque, a queda gradual seria de 8,75% para 2% no ano 2020.[495]

Todavia, os dispositivos da Lei n. 12.734/2012 que introduziam novos critérios para a distribuição dos *royalties* e participação especial foram suspensos, em caráter cautelar, por decisão monocrática da Ministra Cármen Lúcia. A decisão sobre a constitucionalidade da lei aguarda decisão do plenário do Supremo Tribunal Federal.[496]

Por fim, vale lembrar que a grande omissão da Lei do Petróleo corresponde à inexistência de qualquer menção à destinação dos recursos oriundos dos *royalties* do petróleo pagos aos estados e municípios (produtores e confrontantes), e isso acabou gerando um debate nacional em torno da questão.

Para José Agostinho Leal e Rodrigo Serra:

> [...] sendo o petróleo e o gás natural recursos não renováveis, a sua exploração hoje significa uma renúncia impostas às gerações futuras para a utilização dessas riquezas. As referidas participações governamentais deveriam servir, portanto, como instrumento de ressarcimento às próximas gerações, como recursos, enfim, para promoção de uma política de justiça intergeracional. Para isso, recomenda-se que parte do fluxo de *royalties* e participações especiais seja depositado num fundo permanente de dividendos. Os municípios e os estados receberiam, periodicamente, apenas dividendos e juros de aplicações realizadas pelo Fundo. [...] Se a função dos *royalties* é servir de elo entre o presente e o futuro, cabe indagar: por que os municípios receberiam *royalties*?[497]

É esse debate sobre o destino das vultosas participações governamentais provenientes dos recursos naturais, em especial da plataforma continental – um bem da União (artigo 20, V, da CF/88) – que deverá estar no

---

[495] LIMA, Paulo Cesar Ribeiro. Os *"royalties* do petróleo"*, a Lei n. 12.734/2012 e ação a ser julgada pelo STF. Disponível em: <http://www.aslegis.org/2013/04/os-royalties-do-petroleo-lei-n.html>. Acesso em: 8 de fevereiro de 2015.

[496] Vide, no sítio oficial, do Supremo Tribunal Federal a movimentação da ADI 4917. Disponível em: <http://www.stf.jus.br/portal/processo/verProcessoAndamento.asp?incidente=4379376>. Acesso em: 8 de fevereiro de 2015.

[497] LEAL, José Agostinho; SERRA, Rodrigo. Petróleo, Royalties e Região. *Boletim Petróleo, Royalties e Região*, n. 1, setembro/2003, p. 2.

O BRASIL E O ARTIGO 82 DA CNUDM: PAGAMENTOS OU CONTRIBUIÇÕES EM ESPÉCIE

centro das atenções nos próximos meses e anos. Afinal, o que fazer com essa riqueza *finita*?

Em maio de 2013, a ANP realizou a 11ª Rodada de Licitações de Blocos para Exploração e Produção de Petróleo e Gás Natural. A 11ª Rodada teve ênfase na margem equatorial brasileira e em áreas terrestres maduras situadas nas regiões Sudeste, Norte e Nordeste do Brasil. Inicialmente, seriam 172 blocos, no entanto, a Resolução CNPE n. 2, do Conselho Nacional de Política Energética, acrescentou outros 117 blocos, totalizando, portanto, 289 blocos (123 em terra e 166 no mar), cobrindo mais de 155 mil km². O resultado da 11ª Rodada movimentou somente em bônus de assinatura R$ 2,331 bilhões, superando o recorde da 9ª Rodada (2007) e seus R$ 2,1 bilhões[498].

6.3 Os desafios do artigo 82 da CNUDM para o Brasil

Como visto no capítulo 3, de acordo com o artigo 82 da CNUDM, os Estados que explorarem os recursos não vivos da plataforma continental estendida terão que efetuar pagamentos ou contribuições em espécie por intermédio da Autoridade Internacional, a partir do sexto ano de exploração comercial da área, começando em 1% e, no décimo segundo ano, alcançando 7%, a partir do que se estabiliza neste percentual de contribuição.

Como se trata de uma responsabilidade do Estado, signatário da CNUDM, e não das empresas que exploram os recursos da PCE, concerne a ele o dever de internamente criar os mecanismos apropriados para honrar esse compromisso. O Estado pode simplesmente decidir absorver tal custo adicional no plano interno ou repassá-lo, integral ou parcialmente, às empresas que atuam nas áreas da plataforma continental estendida.

Segundo o professor Aldo Chircop, as dificuldades para a implementação do artigo 82 são especialmente desafiantes nos Estados que adotam o modelo federativo, casos do Canadá e do Brasil:

> Em um Estado federal, a resposta a esta questão deverá ser ainda mais complexa, especialmente se um estado ou um governo provincial possa ter direitos ou expectativas de uma cota destas receitas, juntamente com o governo federal. Este é um assunto sensível para o Canadá, onde os governos federal e

---

[498] A homologação dos resultados da 11ª Rodada foram publicados no Diário Oficial da União de 31 de maio de 2013, Seção 3, p. 133-134.

provincial firmaram um acordo sobre a cobrança de *royalties* e divisão de rendimentos. A pergunta que pode surgir é se a obrigação de Direito Internacional pode ser compartilhada internamente por aqueles níveis governamentais que se beneficiam dos desenvolvimentos na costa marítima. Entretanto, seria irrealista não antecipar que a obrigação do artigo 82 não será transferida, pelo menos em certa medida, aos produtores.[499]

No modelo de partilha de *royalties* adotado no Brasil, essas questões talvez sejam ainda mais difíceis de serem resolvidas do que no modelo canadense, pois, no caso brasileiro, também os municípios participam do processo de partilha dos *royalties*. Além disso, a própria divisão dos *royalties* entre os entes federativos já representa um grande impasse a ser resolvido, como há pouco salientado.

A Autoridade Internacional dos Fundos Marinhos, obviamente, não está diretamente interessada em como o Brasil fará o leilão das áreas de exploração na PCE e qual será o marco regulatório do setor, por exemplo, regime de concessão ou partilha de produção. O que a Autoridade estará interessada em saber é quando se iniciará a produção comercial em determinado sítio na plataforma continental estendida e, mais especialmente, qual será o valor ou volume de determinado bloco de exploração.

É importante esclarecer que nenhuma das doze rodadas de licitação da ANP versou sobre blocos localizados na PCE, ou seja, além das 200 milhas marítimas a partir das linhas de base. Contudo, registre-se que isso é apenas questão de tempo, já que alguns blocos licitados estão a mais de 180 milhas marítimas da costa brasileira. Vale ainda frisar, como visto no capítulo 2, que o Brasil pode valer-se dos recursos não vivos da plataforma continental estendida independentemente da apresentação de nova submissão e das recomendações definitivas e obrigatórias da CLPC. E, no mesmo sentido, deve começar a efetuar os pagamentos e contribuições em espécie dos

---

[499] CHIRCOP, *Operationalizing Article 82*, p. 401. Tradução do original: *"In a federal state, the answer to this question may be even more complex, especially whether a state or a provincial government may have entitlements or expectations to a share of offshore revenue, together with the federal government. This is a potential issue for Canada, where the federal and provincial governments have entered into an agreement on the levying of royalties and sharing of revenues. The question that could arise is whether the obligation at international law is one that ought to be shared internally by those levels of government that benefit from offshore development. However, it would be unrealistic not to anticipate that the Article 82 obligation would not be transferred, at least to some measure, to the offshore producers".*

O BRASIL E O ARTIGO 82 DA CNUDM: PAGAMENTOS OU CONTRIBUIÇÕES EM ESPÉCIE

recursos da PCE, dentro do processo escalonado previsto no artigo 82 (vide Tabela 2).

Como dispõe o parágrafo 3º do artigo 82 da CNUDM, está isento dos pagamentos e contribuições o "Estado em desenvolvimento que seja importador substancial de um recurso mineral extraído de sua plataforma continental". Dois questionamentos surgem daí: i) é o Brasil um "Estado em desenvolvimento"?; e, ii) é o Brasil um "importador substancial de um recurso mineral extraído de sua plataforma continental", por exemplo, petróleo e gás natural?

Quanto ao primeiro questionamento, a CNUDM não traz qualquer tipo de definição, ou mesmo critérios de referência para determinar quais são os Estados em desenvolvimento. Apesar da utilização frequente de termos como países "desenvolvidos", "em desenvolvimento", "emergentes", ou, como se fazia no passado recente, "de primeiro mundo" ou "de terceiro mundo", não existe uma definição ou critérios únicos para identificar os Estados nessas posições. Esse problema da identificação precisa dos beneficiários das medidas concedidas aos "países em desenvolvimento" não é uma exclusividade da CNUDM, na medida em que, regra geral, os tratados, programas, declarações e conferências não o fazem. Obviamente que alguns casos são muito claros. Ninguém discutiria a condição de país desenvolvido dos Estados Unidos, Canadá ou Japão.

No caso concreto do Brasil, por um lado, pode-se lembrar que o país é a sétima maior economia do mundo e o décimo maior contribuinte para o orçamento regular das Nações Unidas (2,934% ou US$ 82,845 milhões em 2014). No caso das Nações Unidas, é importante recordar que, em 2012, o Brasil aceitou aumentar sua contribuição anual em 82%, passando em termos percentuais de 1,611% (ou US$ 41,648 milhões) para os atuais 2,934%.[500]

Por outro lado, segundo os últimos dados (2013) do Programa das Nações Unidas para o Desenvolvimento (PNUD), o país ocupa somente a 79ª posição, entre 187 países, no Índice de Desenvolvimento Humano (IDH), com o índice de 0,744. O País subiu uma posição em relação ao ano anterior, mas, mesmo no cenário regional da América Latina e Caribe,

---

[500] Para analisar a série histórica e outros dados adicionais sobre o orçamento regular das Nações Unidas: <http://www.un.org/en/ga/contributions/budget.shtml>. Acesso em: 8 de fevereiro de 2015.

encontra-se atrás, entre outros, do Chile (41º, com índice de 0,822), de Cuba (44º, com índice 0,815) e da Argentina (49º, com índice 0,808) – considerados com grau de "muito alto de desenvolvimento humano" (*very high human development*), por terem obtido índice entre 0,808 e 0,822. O Brasil figura entre os países de "alto desenvolvimento humano" (*high human development*), por ter registrado números acima de 0,7. Somente na região latino-americana e caribenha, o país situa-se atrás do Uruguai, Barbados, Antígua e Barbuda, Trinidad e Tobago, Panamá, Venezuela, Costa Rica, México e São Cristóvão e Névis.[501]

Em algumas organizações internacionais, como a Organização Mundial do Comércio (OMC), o Brasil participa de coalizões com outros Estados em desenvolvimento, como o G20 "agrícola"; por outro lado, na mesma OMC, como um grande exportador de produtos primários e agroindustriais, tem adotado posições favoráveis à liberalização do comércio destes.

Ainda sobre a incapacidade de se encontrar uma definição de Estado "em desenvolvimento", Pedro Infante Mota assevera que essa dificuldade na conceituação e a ausência de uma definição universalmente aceita de país em desenvolvimento levaram a que, na prática, se recorresse ao chamado critério da auto-eleição: para que uma parte contratante do sistema do GATT (*General Agreement on Tariffs and Trade*) pudesse beneficiar-se do tratamento diferenciado e mais favorável, bastava que se auto-elegesse país em desenvolvimento. A Rodada Uruguai do GATT (1986-1994), que viria a criar a OMC, apesar de não ter alterado significativamente a questão da identificação dos países em desenvolvimento no âmbito do sistema de comércio multilateral, introduz uma novidade importante, ao estabelecer em alguns acordos comerciais diferentes categorias de países menos desenvolvidos.[502]

O Fundo Monetário Internacional (FMI), em seus relatórios, considera 36 economias – países ou territórios – avançadas (*advanced economies*): Alemanha, Austrália, Áustria, Bélgica, Canadá, Chipre, Cingapura, Coreia do Sul, Dinamarca, Eslováquia, Eslovênia, Espanha, Estados Unidos, Estônia,

---

[501] UNITED NATIONS DEVELOPMENT PROGRAM. *International Human Development Indicators*. Disponível em: <http://hdr.undp.org/en/countries>. Acesso em: 8 de fevereiro de 2015.

[502] MOTA, Pedro Infante. *O sistema GATT/OMC: introdução histórica e princípios fundamentais*. Lisboa: Almedina, 2005, p. 462-463.

Finlândia, França, Grécia, Holanda, Hong Kong, Islândia, Irlanda, Israel, Itália, Japão, Letônia, Luxemburgo, Malta, Nova Zelândia, Noruega, Portugal, Reino Unido, República Tcheca, San Marino, Suécia, Suíça e Taiwan. O FMI inclui o Brasil entre os mercados emergentes e economias em desenvolvimento (*emerging markets and developing economies*), ao lado de outras 153 economias, com um PIB de US$ 2,2 trilhões – a sétima maior economia do mundo.[503]

Para o Banco Mundial, o nível de renda da população no País é qualificado como de renda média superior (*upper middle income*). Países como os 36 listados acima são considerados por essa instituição financeira como de renda alta (*high income*).[504]

Contudo, em ambas as instituições de Bretton Woods – FMI e Banco Mundial –, o País vem buscando uma reforma no sistema de cotas que confira uma maior representatividade para si, fruto de seu crescimento expressivo no cenário internacional nos últimos anos.

Portanto, em algumas das principais organizações internacionais – ONU, OMC, FMI e Banco Mundial –, o Brasil vem assumindo, ou, pelo menos, procurando assumir, um papel de maior representatividade e responsabilidade internacionais. Em alguns casos, como nas Nações Unidas, concordou até mesmo com a elevação de sua contribuição anual à organização. Uma vez ocorrendo a reforma no sistema de cotas das instituições de Bretton Woods, esta também trará considerável impacto econômico.

Dentro dessa discussão correspondente a se o Brasil é ou não um Estado em desenvolvimento, vale a pena refletir acerca de como os outros membros da comunidade internacional o consideram. Por exemplo, a União Europeia anunciou em 2011 que o Brasil seria excluído do Sistema Geral de Preferências (SGP) – mecanismo que dá isenções de impostos às importações dos países em desenvolvimento e menos desenvolvidos – a partir de janeiro de 2014. De acordo com o Comissário Europeu de Comércio, Karel de Gucht, apesar de o Brasil ter pessoas em situação de pobreza, o País não pode ser considerado pobre. Segundo De Gucht:

---

[503] Segundo dados do *World Economy Outlook 2014*, do Fundo Monetário Internacional. Disponível em: <http://www.imf.org/external/pubs/ft/weo/2014/02/weodata/index.aspx>. Acesso em: 8 de fevereiro de 2015.

[504] Disponível em: <http://data.worldbank.org/country/brazil>. Acesso em: 8 de fevereiro de 2015.

"O SGP foi feito para países pobres, vocês não são um país pobre [...] claramente o SGP não é feito para vocês". O SGP contemplava basicamente produtos manufaturados, e as exportações brasileiras à União Europeia contempladas pelo sistema alcançavam 12% total em um valor estimado em € 3,4 bilhões.[505]

Em razão do tamanho da sua economia e do crescente papel político exercido pelo país em fóruns internacionais, dificilmente o Brasil pode ser considerado um legítimo "Estado em desenvolvimento"; talvez um Estado em desenvolvimento com uma "posição especial". Por fim, é preciso, ainda, considerar a repercussão política no cenário internacional que teria uma eventual recusa por parte do Brasil em efetuar os pagamentos e contribuições previstos no artigo 82 da CNUDM, especialmente quando o País assume importante papel de liderança por mudanças na composição do Conselho de Segurança da ONU e no Fundo Monetário Internacional (FMI), e procura incrementar suas relações comerciais e políticas com países africanos e asiáticos, que serão os maiores beneficiários dos repasses dos pagamentos e contribuições dispostos no artigo 82.

Em termos econômicos – a partir dos números apresentados acima pelo FMI e Banco Mundial –, é muito possível defender a posição de que o Brasil é um legítimo Estado em desenvolvimento. Em termos políticos, apresentar as credenciais de Estado em desenvolvimento para eximir-se de eventuais pagamentos e contribuições do artigo 82 pode soar um contrassenso ou mesmo oportunista, quando, em contrapartida, o País aumenta suas contribuições em outras organizações internacionais e procura exercer um papel de maior liderança regional e global.

Em relação ao segundo questionamento, a saber, de o Brasil ser ou não um importador substancial de recursos minerais provenientes da plataforma continental, a CNUDM também é silente sobre como se faria essa adequação para cada país. Considerando que o Brasil explora essencialmente petróleo e gás natural de sua plataforma continental, alguns números podem ajudar para se tentar responder a essa pergunta.

---

[505] MELLO, Patrícia Campos. Brasil vai perder benefícios de suas exportações para a Europa. *Folha de S. Paulo*. Caderno Mercado. 19 de julho de 2011. Disponível em: <http://www1.folha.uol.com.br/fsp/mercado/me1907201110.htm>. Acesso em: 8 de fevereiro de 2015.

TABELA 3 – Importação e exportação de petróleo pelo Brasil (totalização anual/bep – barril equivalente de petróleo)

Ano	Importação	Exportação	Superávit
2000	141.737.315	7.190.692	–
2001	149.850.226	42.427.247	–
2002	138.359.041	89.817.091	–
2003	124.563.941	92.891.969	–
2004	167.965.689	88.686.960	–
2005	137.490.786	105.464.796	–
2006	130.490.786	141.408.071	10.917.285
2007	158.398.377	161.909.692	3.511.315
2008	148.053.454	166.433.920	18.380.466
2009	142.402.900	201.958.864	59.555.964
2010	122.691.880	242.625.890	119.934.010
2011	120.334.558	232.264.397	111.929.839
2012	113.066.150	211.084.473	98.018.323
2013	146.694.740	146.293.914	–
2014	143.217.763	199.372.475	56.154.712

Fonte: Elaborada pelo autor, com base em números da Secretaria de Comércio Exterior (SECEX) – Ministério do Desenvolvimento Industrial (MDIC), a partir de dados atualizados em 19 de janeiro de 2015.

Em termos financeiros, os números das exportações de petróleo podem ser assim convertidos: em 2000, a receita com a exportação de petróleo foi de pouco mais de US$ 158 milhões; em 2006, foi de US$ 6,8 bilhões; em 2011, atingiu o pico de mais de US$ 21 bilhões; nos anos seguintes, experimentou certa oscilação, mas ainda em um patamar muito elevado: US$ 20,3 bilhões (2012), US$ 12,9 bilhões (2013) e US$ 16,3 bilhões (2014)[506]. Além disso, é imperioso considerar que o Brasil tornou-se um exportador de petróleo, em alguns anos tendo mesmo um superávit superior a 100 milhões de barris.

De acordo com o *World Energy Outlook 2013*, da Agência Internacional de Energia (AIE), a produção de petróleo no Brasil vai triplicar em 2035, chegando a 6 milhões de barris por dia, o que corresponderia a um terço

---

[506] Fonte: Secretaria de Comércio Exterior (SECEX) – Ministério do Desenvolvimento, Indústria e Comércio. Nota: Preços FOB (*free on board*). Dados atualizados de 19 de janeiro de 2015.

do crescimento líquido previsto para a produção mundial de petróleo. Esse crescimento exponencial poderá alavancar o país à sexta posição entre os países produtores[507]. Esse cenário tão auspicioso para o Brasil, contudo, não foi replicado no relatório da AIE de 2014, em que o país é citado apenas uma vez, dentro de um cenário de preocupações de segurança energética.[508]

Em termos de derivados de petróleo, no entanto, o Brasil tem atualmente um expressivo déficit, como se vê na Tabela 4 abaixo:

TABELA 4 – Importação e exportação de derivados de petróleo pelo Brasil (totalização anual/bep – barril equivalente de petróleo)

Ano	Importação	Exportação	Déficit
2000	101.755.207	62.173.191	39.582.016
2001	104.475.833	101.948.245	2.527.588
2002	96.348.789	97.008.623	–
2003	75.365.609	98.061.792	–
2004	66.888.466	104.624.164	–
2005	62.569.336	103.809.354	–
2006	77.727.648	109.734.606	–
2007	92.842.569	114.020.223	–
2008	104.808.955	104.141.485	667.470
2009	109.530.376	85.969.267	23.561.109
2010	159.088.725	91.191.481	67.897.244
2011	176.181.782	89.728.362	86.453.420
2012	157.782.662	99.504.944	58.277.718
2013	177.564.482	92.887.376	84.677.106
2014	181.519.302	91.258.364	90.260.938

Fonte: Elaborada pelo autor, com base em números da Secretaria de Comércio Exterior (SECEX) – Ministério do Desenvolvimento Industrial (MDIC), a partir de dados atualizados em 19 de janeiro de 2015.

Em resumo, o Brasil detém a posição de um exportador de petróleo bruto, mas segue um importador de derivados do petróleo (gaso-

---

[507] INTERNATIONAL ENERGY AGENCY. *World Energy Outlook 2013: Executive Summary.* Paris: IEA Publications, 2013, p. 6.
[508] INTERNATIONAL ENERGY AGENCY. *World Energy Outlook 2014: Executive Summary.* Paris: IEA Publications, 2014, p. 2.

O BRASIL E O ARTIGO 82 DA CNUDM: PAGAMENTOS OU CONTRIBUIÇÕES EM ESPÉCIE

lina, nafta...). O dispêndio com a importação de derivados do petróleo é expressivo, saltando US$ 5,5 bilhões em 2009 para US$ 12,9 bilhões em 2010. Nos quatro anos seguintes, os números se estabilizaram, mas em um patamar elevado: 2011 – US$ 19,4 bilhões; 2012 – US$ 18,1 bilhões; 2013 – US$ 19,6 bilhões; 2014 – US$ 19,4 bilhões.[509]

No entanto, é importante destacar que o artigo 82, parágrafo 3º, fala em "recurso mineral", e não em derivados deste recurso mineral. Assim, a interpretação gramatical desse dispositivo legal da CNUDM permitiria concluir que para a Autoridade, como gerenciadora do artigo 82, o Brasil não é um "importador substancial", já que é hoje um exportador do recurso mineral extraído de sua plataforma continental, pelo menos em termos de petróleo.

Em termos de gás natural, contudo, os números ainda não são positivos para o Brasil, já que o país ainda é um importador substancial desses recursos. Grande parte das importações de gás natural vem da Bolívia (70,2% de um total de 16,5 bilhões de m³). Entretanto, é preciso considerar um importante fator: o Brasil produz cada vez mais gás natural. Nos últimos dez anos, a produção nacional apresentou crescimento médio de 5,8% ao ano; em termos totais (terra e mar), a produção de gás natural foi de 15,5 milhões de m³ (2002), 18,1 milhões de m³ (2007), 24 milhões de m³ (2011), 25,8 milhões de m³ (2012) e 28,1 milhões de m³ (2013): um aumento de 9,07% em relação ao ano anterior.[510]

Em outras palavras, também nesse setor a perspectiva brasileira é auspiciosa. Novamente citando o relatório de 2013 da Agência Internacional de Energia, a produção de gás natural deverá mais do que quintuplicar, possibilitando sanar todas as necessidades domésticas do País, em 2030, mesmo considerando o aumento significativo dessa necessidade. Por outro lado, a AIE lembra que o acréscimo na produção de petróleo e gás natural dependerá fortemente da exploração em águas profundas, considerado pela agência um processo complexo e que exigirá níveis de investimento

---

[509] Fonte: Secretaria de Comércio Exterior (SECEX) – Ministério do Desenvolvimento, Indústria e Comércio. Nota: Preços FOB (*free on board*). Dados atualizados em 19 de janeiro de 2015. Disponível em: <http://www.anp.gov.br/?pg=14685>. Acesso em: 8 de fevereiro de 2015.

[510] Como ocorre na produção de petróleo, grande parte da produção de gás natural é *offshore*, correspondendo a 19,7 milhões de m³, ou seja, 76,3% do gás natural produzido País. Em 2012, o Brasil se situou na 34ª posição no ranking mundial de produtores de gás natural. ANP (2014), *op. cit.*, p. 81.

considera velmente superiores aos requeridos no Oriente Médio ou na Federação Russa.[511]

É possível, então, que, em um primeiro momento, o Brasil tenha que efetuar os pagamentos e contribuições previstos no artigo 82 da CNUDM em relação somente ao petróleo. Contudo, é muito provável que posteriormente tenha que fazer também ao gás natural, à medida que novas descobertas forem realizadas na plataforma continental estendida e o volume importado da Bolívia também diminua.

Por tudo isso, hoje soa estranho o comentário do Embaixador Carlos Calero Rodrigues em sua exposição na Comissão de Relações Exteriores da Câmara dos Deputados, em 29 de maio de 1980, quando comentando a possibilidade de expansão da plataforma continental (artigo 76 da CNUDM) e sua contrapartida financeira (artigo 82 da CNUDM):

> Na Conferência encontramos certa oposição a este conceito amplo [de plataforma continental]. Alguns países diziam que 200 milhas devia ser o limite. Nós sustentávamos, nós e os outros países com plataforma larga que não era possível, que já tínhamos direitos adquiridos sobre essa plataforma e que não abriríamos mão deles. Chegamos, finalmente, depois de longas negociações, a um compromisso que me parece bastante aceitável: a plataforma não pára nas 200 milhas, ela vai até onde geográfica e geologicamente ela for, contanto que não exceda 350 milhas, o que é uma distância já bastante grande e que no caso específico do Brasil cobre perfeitamente os nossos interesses. Admitiu-se apenas que entre 200 e 350 milhas o Estado costeiro deverá fornecer certa percentagem dos seus lucros da exploração da plataforma à comunidade internacional. *Mas, ainda aí estamos isentos porque há um dispositivo que diz que o país em desenvolvimento que for importador da matéria que ele estiver produzindo na plataforma continental fica isento dessa contribuição. No caso do Brasil, então, poderemos ter, segundo a Convenção, o direito à nossa plataforma toda, até 350 milhas, o que nos atende totalmente. É possível que em algumas pequenas regiões haja ainda pequenas fontes, mas não é provável − e não temos nenhuma obrigação de contribuição.* Sobre esse particular apareceu ultimamente uma questão relativa à pesquisa científica. Os países de pesquisa insistiram terrivelmente, durante várias sessões, em que nessas zonas da plataforma, entre 200 e 350 milhas, deveria haver um regime mais liberal de pesquisa. Embora tivéssemos explicado que o regime

[511] INTERNATIONAL ENERGY AGENCY (2013), *op. cit.*, p. 6.

O BRASIL E O ARTIGO 82 DA CNUDM: PAGAMENTOS OU CONTRIBUIÇÕES EM ESPÉCIE

existente não era restritivo, insistiram e obtiveram o apoio de certos países, e chegamos também a uma forma de compromisso que é o seguinte: nas áreas entre 200 e 350 milhas não há necessidade de se dar o consentimento expresso. Há obrigação de apresentar todas as informações. Há obrigação de permitir ao Estado costeiro a participar, mas só existe direito para negar consentimento quando o Estado costeiro tenha determinado publicamente que ele próprio vai pesquisar ou vai explorar a área. É esta uma restrição que existe quanto à plataforma, quanto à pesquisa, entre 200 e 350 milhas. Mas é dito claramente que a determinação dessas áreas não está sujeita ao Estado costeiro, não está sujeita a uma solução judicial compulsória e não afeta, também – e dito expressamente – a natureza dos direitos do Estado costeiro sobre a plataforma. Quer dizer, a plataforma, antes ou depois das 200 milhas, está sujeita ao mesmo regime quanto aos direitos do Estado costeiro.[512]

Obviamente que o Embaixador Calero Rodrigues não poderia antever a descoberta de grandes jazidas de petróleo na bacia de Campos, muito menos de petróleo na camada pré-sal da plataforma continental brasileira. De certa forma, porém, o comentário espelha um pouco de quão limitadas eram as expectativas do Brasil no início da década de 1980, especialmente saindo dos dois choques do petróleo (1973 e 1979).

Enfim, a situação atual é completamente distinta, e, ao contrário do imaginado pelo Embaixador naquela oportunidade, o Brasil não estará isento e terá, sim, a obrigação de efetuar pagamentos ou contribuições em espécie por intermédio da Autoridade, nos termos no artigo 82 da CNUDM.

A questão passa a ser: como aplicar internamente esse artigo 82 da CNUDM?

6.4 O marco regulatório do setor do petróleo no Brasil e o artigo 82 da CNUDM

Considerando, então, que o país no futuro terá que encaminhar os percentuais previstos no artigo 82, parágrafo 2º, ou seja, 1% (a partir do sexto ano de produção comercial do sítio) em aumento escalonado até 7% (no décimo segundo ano e daí em diante se estabilizando neste

---

[512] *Apud* TRINDADE, *Repertório: 1961-1981*, p. 260-261 (grifos nossos).

patamar), é preciso responder ao próximo questionamento: quem vai pagar essa conta?

A resposta simplista, e mais provável, é que o encargo devido seja repassado à empresa petrolífera que atua na plataforma continental estendida (PCE). Esses percentuais terão que estar previstos quando da assinatura dos contratos de exploração e produção. Caso o percentual de 7% seja integralmente repassado à empresa petrolífera, é possível que o poço não seja tão economicamente rentável.

No entanto, é importante que fique claro que o responsável pelos pagamentos "por intermédio da Autoridade" é o Estado brasileiro, e não a empresa petrolífera. Em termos de Direito Internacional, o ônus recai sobre o Estado e não sobre a empresa que explora a região da plataforma continental estendida. Portanto, é obrigação do Estado brasileiro assegurar que os valores (ou volumes) do recurso mineral explorado na PCE sejam reservados e posteriormente repassados por intermédio da Autoridade.

Outro fator que também deve ser considerado é que o Brasil tampouco poderá deixar de fazer os pagamentos previstos no artigo 82 da CNUDM alegando seu direito interno, por exemplo, sustentar que não há previsão na legislação doméstica para fazê-lo ou, em um caso hipotético mais extremo, que a lei vedaria tais repasses por intermédio da Autoridade. Isto porque o artigo 27 da Convenção de Viena sobre o Direito dos Tratados, de 1969 (CVDT-1969) – tratado internacional de que o Brasil é parte desde 2009 – dispõe que "[u]ma parte não pode invocar as disposições do seu direito interno para justificar o incumprimento de um tratado". Além disso, o artigo 26 da CVDT-1969 consagra o princípio do *pacta sunt servanda*: "Todo tratado em vigor obriga as partes e deve ser por elas cumprido de boa-fé".

É importante considerar, também, que a própria CNUDM consagra essa ideia ao dispor no artigo 300: "Os Estados-partes devem cumprir de boa-fé as obrigações contraídas nos termos da presente Convenção e exercer os direitos, jurisdição e liberdades reconhecidos na presente Convenção de modo a não constituir abuso de direito".

Para o Estudo Técnico n. 4 da Autoridade, o disposto no artigo 300 é particularmente importante para os Estados com PCE já que estes "têm a responsabilidade de implementar a obrigação nos seus direitos internos. Embora tenham a escolha de como farão a implementação, os Estados devem fazê-lo dentro da letra e espírito do artigo 82 e da Convenção como um todo. A Autoridade também está em posição de invocar esse dispositivo *vis-à-vis* os Estados com PCE".[513]

Uma hipótese mais radical seria a de o Estado denunciar a CNUDM para tentar evitar a obrigação do artigo 82. No entanto, esta situação também foi prevista pela Convenção, que, no seu artigo 317.2, coloca que:

> Nenhum Estado fica dispensado, em virtude da denúncia, das obrigações financeiras e contratuais contraídas enquanto Parte na presente Convenção, nem a denúncia afeta nenhum direito, obrigação ou situação jurídica desse Estado decorrentes da aplicação da presente Convenção antes de esta deixar de vigorar em relação a esse Estado.

Dessa forma, os efeitos do artigo 82 quanto a efetuar pagamentos ou contribuições em espécie persistiriam mesmo após o Estado deixar de ser parte da CNUDM, bem como os limites exteriores da plataforma continental, fixados nos termos do artigo 76, seriam mantidos mesmo com a denúncia da Convenção.[514]

Cedo ou tarde, o Congresso Nacional terá que criar – ou adaptar – o marco regulatório para a exploração e produção de petróleo na plataforma continental estendida, cuja regulação deverá ser posteriormente estruturada pela ANP, por meio de contratos que possam vir a adotar o regime de concessão ou de partilha da produção.

Frise-se que se está falando de até 7% sobre a produção bruta em um determinado campo de petróleo na plataforma continental estendida brasileira, esteja este campo no pós ou no pré-sal. Como visto nos números expostos acima, 7% sobre centenas de milhões – ou mesmo bilhões – de barris de petróleo. E mais: até 7% – a partir do 12º ano de exploração comercial e, daí em diante, mantendo-se esse mesmo percentual até o encerramento das atividades neste campo – sobre o volume bruto da produção

---

[513] ISA, *Technical Study n. 4*, p. 24. Tradução do original: *"This provision is of particular significance for OCS States which, as will be seen later in the report, have a responsibility to implement the obligation within their municipal system. Although they have a choice as to modus of implementation, they must do so within the letter and spirit of Article 82 and the Convention as a whole. The Authority is also likely in a position to invoke this provision vis-à-vis OCS States".*

[514] ISA, *Technical Study n. 4*, p. 24-25.

(*well-head value*) e não sobre o rendimento líquido (*net revenue*), isto é, o rendimento do produto subtraído os custos de produção.[515]

No futuro, portanto, nem todo o petróleo será nosso.

Conclusão do capítulo

Nesta parte – o "espelho" do capítulo 3 – foi apresentado o modelo regulatório do setor do petróleo no Brasil, com especial ênfase na divisão interna dos *royalties*. Essa apresentação foi importante para contextualizar a futura aplicação do artigo 82 da CNUDM quando chegar o momento de o Brasil começar a explorar comercialmente sua plataforma continental estendida.

Como visto acima, o marco normativo inicial foi a Lei n. 2.004/53, que criou o monopólio para a exploração do petróleo, o qual perdurou até o advento da EC 9/95 e da Lei n. 9.478/97 (Lei do Petróleo). Esta lei alterou substancialmente as regras, quebrando o monopólio do petróleo e enfraquecendo a Petrobras, para alguns, ou apenas flexibilizando o monopólio e fortalecendo a estatal brasileira, para outros.

Como analisado supra, com base nos números da ANP, o Brasil não pode ser considerado – pelo menos em termos de petróleo – "um importador substancial de um recurso mineral extraído da sua plataforma continental...", o que seria um dos dois fatores para que fosse considerado isento das prescrições do artigo 82 da CNUDM. No entanto, quanto ao segundo fator – Estado em desenvolvimento – poderia surgir alguma controvérsia.

No entendimento exposto acima, o Brasil não é um típico Estado em desenvolvimento, mas um país que alcançou certo grau de desenvolvimento e que assume determinados compromissos políticos e econômicos que o colocam em certa "condição especial" e, consequentemente, na posição de efetuar os pagamentos ou contribuições em espécie previstos no aludido dispositivo.

Para tanto, o Estado brasileiro terá que se estruturar, em termos de legislação interna, no sentido de como fazer essa implementação prevista no artigo 82 da CNUDM. Protelar o debate ou buscar mecanismos internos para evitar a obrigação não ajudarão. Quanto mais cedo for enfrentada a questão, melhor para o Estado brasileiro e melhor para as empresas concessionárias de exploração na plataforma continental estendida, que disporão de maior segurança jurídica para efetuar seus investimentos no setor.

---

[515] CHIRCOP; MARCHAND, *op. cit.*, p. 297.

REFERÊNCIAS

ABREU, Guilherme Mattos de. A Amazônia Azul: o mar que nos pertence. Disponível em: <http://diariodopresal.wordpress.com/2010/02/01/a-amazonia-azul-o-mar-que-nos-pertence>. Acesso em: 8 de fevereiro de 2015.

AKASHI, Kinji. *Cornelius van Bynkershoek: his role in the history of international law*. The Hague: Kluwer Law International, 1998.

AMERASINGHE, Hamilton Shirley. The Third United Nations Conference on the Law of the Sea. In: NORDQUIST, Myron (ed.). *United Nations Convention on the Law of the Sea 1982: A Commentary*. Dordrecht: Martinus Nijhoff, 1985 vol. I, p. 1-10.

ANDRADE, Maria Inês Chaves de. *A plataforma continental brasileira*. Belo Horizonte: Del Rey, 1995.

ANP. *Anuário estatístico brasileiro do petróleo, gás natural e biocombustíveis 2013*. Rio de Janeiro: ANP, 2013.

—. *Anuário estatístico brasileiro do petróleo, gás natural e biocombustíveis 2014*. Rio de Janeiro: ANP, 2014.

—. Cálculo dos royalties. Disponível em: <http://www.anp.gov.br/?pg=66584&m=&t1=&t2=&t3=&t4=&ar=&ps=&cachebust=1372863208320>. Acesso em: 8 de fevereiro de 2015.

ARAÚJO CASTRO, Luiz Augusto de. *O Brasil e o novo direito do mar: mar territorial e zona econômica exclusiva*. Brasília: FUNAG, 1989.

ARRAIS, Raimundo Pereira Alencar. O nascimento de um arquipélago: São Pedro e São Paulo e a presença do Estado brasileiro no Oceano Atlântico. *Revista Porto*, n. 2, 2012, p. 42-69.

BARBERIS, Julio. *El territorio del Estado y la soberanía territorial*. Buenos Aires: Depalma, 1998.

BARRETO, Fernando de Mello. *A política externa após a redemocratização, tomo II: 2003-2010*. Brasília: FUNAG, 2012.

—. *Os sucessores do Barão: relações exteriores do Brasil, 1964-1985*. São Paulo: Paz e Terra, 2006.

BEVILÁQUA, Clóvis. *Direito Público Internacional: a synthese dos princípios e contribuição do Brazil*. Rio de Janeiro: Francisco Alves: 1910.

BUZAN, Barry. Negotiating by consensus: developments in technique at the United Nations Conference on the Law of the Sea. *The American Journal of International Law*, vol. 75, 1981, p. 324-348.

CAMINOS, Hugo; MOLITOR, Michael. Progressive development of International Law and the package deal. *The American Journal of International Law*, vol. 79, 1985, p. 871-890.

CARLETON, Chris. Article 76 of the UN Convention on the Law of the Sea – implementation problems from the technical perspective. *The International Journal of Marine and Coastal Law*, vol. 21, n. 3, 2006, p. 287-308.

CAROLI, Luiz Henrique. A importância estratégica do mar para o Brasil no século XXI. *Cadernos de Estudos Estratégicos*, vol. 9, 2010, p.117-157.

CARVALHO, Roberto de Guimarães. A outra Amazônia. Tendências/Debates. *Folha de S. Paulo*, 25 de fevereiro de 2004. Disponível: <http://www1.folha.uol.com.br/fsp/opiniao/fz2502200409.htm>. Acesso em: 8 de fevereiro de 2015.

CASTRO, Raymundo Nonnato Loyola de. Aspectos fundamentais da doutrina brasileira sobre plataforma continental. *Revista Brasileira de Política Internacional*, n. 47/48, set./dez. 1969, p. 19-41.

CAVNAR, Anna. Accountability and the Commission on the Limits of the Continental Shelf: deciding who owns the ocean floor. *Cornell International Law Journal*, vol. 42, 2009, p. 387-440.

CHIRCOP, Aldo. Operationalizing Article 82 of the United Nations Convention on the Law of the Sea: a new role for the International Seabed Authority. *Ocean Yearbook*, vol. 18, 2004, p. 395-412.

—. MARCHAND, Bruce. International Royalty and Continental Shelf Limits: emerging issues for the Canadian offshore. *Dalhousie Law Journal*, vol. 26, n. 2, Fall 2003, p. 273-302.

CHURCHILL, R. R.; LOWE, A. V. *The Law of the Sea*. 3. ed. Manchester: Manchester University Press, 1999.

COLSON, David A. The delimitation of the outer continental shelf between neighboring States. *The American Journal of International Law*, vol. 97, 2003, p. 91-107.

DRUEL, Elizabeth. Towards a Global Agreement on Environmental Impact Assessments in Areas Beyond National Jurisdiction. *IDDRI Policy Brief*, n. 1/13, p. 1-4.

DUPUY, René-Jean; VIGNES, Daniel. *A handbook on the new law of the sea*. Dordrecht: Martinus Nijhoff, 1991. 2 vols.

EGEDE, Edwin. Submission of Brazil and Article 76 of the Law of the Sea Convention (LOSC) 1982. *The International Journal of Marine and Coastal Law*, vol. 21, n. 1, 2006, p. 33-55.

ELFERINK, Alex G. Oude. Article 76 of the LOSC on the definition of the Continental Shelf: questions concerning its interpretation from a legal perspective. *The International Journal of Marine and Coastal Law*, vol. 21, n. 3, 2006, p. 269-285.

—. Environmental Impact Assessment in Areas beyond National Jurisdiction. *The International Journal of Marine and Coastal Law*, n. 27, 2012, p. 449–480.

—. Meeting of States Parties to the UN Law of the Sea Convention. *The International Journal of Marine and Coastal Law*, vol. 23, 2008, p. 769-778.

—. Outer Limits of the Continental Shelf and "Disputed Areas": State Practice concerning Article 76(10) of the LOS Convention. *The International Journal of Marine and Coastal Law*, vol. 21, n. 4, 2006, p. 461-487.

ERAZO, Jaime Lagos. *Los límites marítimos con el Perú*. Santiago: Editorial Andrés Bello, 2010.

EUSTIS III, Frederic A. Method and Basis of Seaward Delimitation of Continental Shelf Jurisdiction. *Virginia Journal of International Law*, vol. 17, 1976, p. 107-130.

FERNANDES, Camila Formozo. *A evolução da arrecadação de royalties petróleo no Brasil e seu impacto sobre o desenvolvimento econômico do estado do Rio de Janeiro*. Rio de Janeiro: Universidade Federal do Rio de Janeiro. Instituto de Economia (Monografia de Bacharelado), 2007.

FRANCIS, Noel Newton St. Claver. Commission on the Limits of the Continental Shelf. In: NORDQUIST, Myron H.; MOORE, John Norton. *Oceans Policy: new institutions, challenges and opportunities*. The Hague: Martinus Nijhoff, 1999, p. 141-145.

FREITAS, Paulo Springer de. Qual a diferença entre regime de partilha e regime de concessão na exploração do petróleo? Disponível em: <http://www.brasil-economia-governo.org.br/2011/03/14/qual-a-diferenca-entre-regime-de-partilha-e-regime-de-concessao-na-exploracao-do-petroleo>. Acesso em: 8 de fevereiro de 2015.

GARAICOA, Teodoro Alvarado. *El dominio del mar*. Guayaquil: Universidad de Guayaquil, 1968.

GARCÍA, Andelfo J. *La delimitación de espacios oceánicos: el caso colombo-venezolano*. Bogotá: Universidad Externado de Colombia, 1987.

GARCIA, Eugênio Vargas (org.). *Diplomacia brasileira e política externa: documentos históricos (1493-2008)*. Rio de Janeiro: Contraponto, 2008.

GARCIA-AMADOR, F. V. The Latin-American contribution to the development of the law of the sea. *The American Journal of International Law*, vol. 68, n. 1, 1974, p. 33-50.

GARCÍA-REVILLO, Miguel. *El Tribunal Internacional del Derecho del Mar: origen, organización y competencia*. Córdoba: Universidad de Córdoba, 2005.

GARMAN, Christopher; JOHNSTON, Robert. Petróleo: o Brasil no contexto de um panorama global em transformação. In: GIAMBIAGI, Fabio; LUCAS, Luiz Paulo Vellozo (orgs.). *Petróleo: reforma e contrarreforma do setor petrolífero brasileiro*. Rio de Janeiro: Elsevier, 2013, p. 261-281.

GAU, Michael Sheng-ti. The Commission on the Limits of the Continental Shelf as a Mechanism to Prevent Encroachment upon the Area. *Chinese Journal of International Law*, vol. 10, 2011, p. 3-33.

GOBETTI, Sérgio Wulff. Mitos e verdades sobre os royalties no contexto do debate sobre o pré-sal. In: PIQUET, Rosélia; CRUZ, José Luis Vianna da; VILANI, Rodrigo Machado (orgs.). *O desafio da abundância: 10 anos do Boletim Petróleo, Royalties e Região*. Rio de Janeiro: Garamond, 2013, p. 51-55.

GOSH, Sekhar. *Law of the Territorial Sea: evolution and development*. Calcuta: Naya Prokash, 1988.

GREWE, Wilhelm Georg. *The epochs of international law*. New York: Walter de Gruyter, 2000.

O BRASIL E O DIREITO INTERNACIONAL DO MAR CONTEMPORÂNEO

GROTIUS, Hugo. *The freedom of the seas or The right which belongs to the Dutch to take part in the East Indian Trade.* New York: Oxford University Press, 1916.

GUEDES, Armando Marques. *Direito do mar.* 2. ed. Coimbra: Coimbra Editora, 1998.

HATCH, Orrin; CORNYN, John. The Law of the Sea treaty will sink America's economy. Disponível em: <http://www.foxnews.com/opinion/2012/05/23/law-sea-treaty-will--sink-america-economy>. Acesso em: 8 de fevereiro de 2015.

HEDBERG, Hollis D. Relation of Political Boundaries on the Ocean Floor to the Continental Margin. *Virginia Journal of International Law*, vol. 17, n. 1, 1976, p. 57-75.

HJERTONSSON, Karin. *The New Law of the Sea: Influence of the Latin American States on Recent Development of the Law of the Sea.* Stockholm: Norstedt & Söners Förlag, 1973.

HODGSON, Robert D.; SMITH, Robert W. The Informal Single Negotiating Text (Committee II): A Geographical Perspective, *Ocean Development & International Law*, vol. 3, n. 3, 1976, p. 225-259.

HOMEM, António Pedro Barbas. *História das relações internacionais: o direito e as concepções políticas na Idade moderna.* Coimbra: Almedina, 2003.

INSTITUTO BRASILEIRO DE GEOGRAFIA E ESTATÍSTICA (IBGE). Diretoria de Geociências. Coordenação de Geodésia. A atuação do IBGE na questão dos royalties do petróleo. Novembro 2009. Disponível em: <http://www.ecg.tce.rj.gov.br/imagens/m_Rafael_March_-_Royalties_Apresentacao_TCE-RJ.pdf>. Acesso em: 2 de abril de 2014.

INTERNATIONAL ENERGY AGENCY. *World Energy Outlook 2013: Executive Summary.* Paris: IEA Publications, 2013.

—. *World Energy Outlook 2014: Executive Summary.* Paris: IEA Publications, 2014.

INTERNATIONAL SEABED AUTHORITY. *Handbook 2012.* Kingston: ISA, 2012.

—. *Implementation of Article 82 of the United Nations Convention on the Law of the Sea: Report of an International Workshop convened by the International Seabed Authority in collaboration with the China Institute for Marine Affairs in Beijing, the People's Republic of China, 26-30 November 2012 (ISA Technical Study n. 12).* Kingston: ISA, 2013.

—. *Issues associated with the implementation of Article 82 of the United Nations Convention on the Law of the Sea (ISA Technical Study n. 4).* Kingston: ISA, 2009.

—. *Non-living resources of the Continental Shelf beyond 200 nautical miles: speculations on the implementation of article 82 of the United Nations Convention on the Law of the Sea (ISA Technical Study n. 5).* Kingston: ISA, 2010.

JARES, Vladimir. The Continental Shelf beyond 200 nautical miles: the work of the Commission on the Limits of the Continental Shelf and the Artic. *Vanderbilt Journal of Transnational Law*, vol. 42, 2009, p. 1265-1306.

JIA, Bing Bing. The notion of natural prolongation in the current regime of the continental shelf: an afterlife?, *Chinese Journal of International Law*, vol. 12, 2013, p. 79-103.

KATIN, Ernest. *The legal status of the continental shelf as determined by the Conventions adopted at the 1958 United Nations Conference on the Law of the Sea: an analytical study of an instance of international law making.* University of Minnesota, 1962.

KISSINGER, Henry *et alii.* Time to Join the Law of the Sea Treaty. *The Wall Street Journal*, May 31, 2012, page A17 of U. S. edition. Disponível em: <http://www.wsj.com/articles/SB10001424052702303674004577434770851478912>. Acesso em: 8 de fevereiro de 2015.

KOH, Tommy T. B.; JAYAKUMAR, Shanmugam. The negotiating process of the Third United Nations Conference on the Law of the Sea. In: NORDQUIST, Myron (ed.). *United Nations Convention on the Law of the Sea 1982: A Commentary, vol. 1.* Dordrecht: Martinus Nijhoff, 1985, p. 29-134.

KUNOY, Bjorn. Disputed Areas and the 10-Year Time Frame: a Legal Lacuna? *Ocean Development & International Law*, vol. 41, 2010, p. 112-130.

—. The Admissibility of a Plea to an International Adjudicative Forum to Delimit the Outer Continental Shelf Prior to the Adoption of Final Recommendations by the Commission on the Limits of the Continental Shelf, *The International Journal of Marine and Coastal Law*, vol. 25, 2010, p. 237-270.

LEAL, José Agostinho; SERRA, Rodrigo. Petróleo, Royalties e Região. *Boletim Petróleo, Royalties e Região*, n. 1, setembro/2003, p. 2-3.

LESSA, Antonio Carlos, A Guerra da Lagosta e outras guerras: conflito e cooperação nas relações França-Brasil (1960-1964). *Cena Internacional*, ano 1, n. 1, 1999, p. 109-120.

LEVY, Jonh-Pierre. The United Nations Convention on the Law of the Sea. In: COOK, Peter J.; CARLETON, Chris M. *Continental Shelf Limits: the scientific and legal interface.* Oxford: Oxford University Press, 2000, p. 8-16.

LILJE-JENSEN, Jorgen; THAMSBORG, Milan. The role of natural prolongation in relation to shelf delimitation beyond 200 nautical miles. *Nordic Journal of International Law*, vol. 64, 1995, p. 619-645.

LIMA, Paulo Cesar Ribeiro. Os "royalties do petróleo", a Lei n. 12.734/2012 e ação a ser julgada pelo STF. Disponível em: <http://www.aslegis.org/2013/04/os-royalties-do-petroleo-lei-n.html>. Acesso em: 8 de fevereiro de 2015.

LODGE, Michael W. The International Seabed Authority and Article 82 of the UN Convention on the Law of the Sea. *The International Journal of Marine and Coastal Law*, vol. 21, n. 3, 2006, p. 323-333.

LOUREIRO, Gustavo Kaercher. *Participações governamentais na indústria do petróleo: evolução normativa.* Porto Alegre: Safe, 2012.

LOWE, A. Vaughan. Was it Worth the Effort? *The International Journal of Marine and Coastal Law*, vol. 27, 2012, p. 875-881.

MACNAB, Ron. The Case for Transparency in the Delimitation of the Outer Continental Shelf in Accordance with UNCLOS Article 76. *Ocean Development & International Law*, vol. 35, 2004, p. 1-17.

—. PARSON, Lindsay. Continental Shelf Submissions: the record to date. *The International Journal of Marine and Coastal Law*, vol. 21, n. 3, 2006, p. 309-322.

MARFFY-MANTUANO, Annick de. The Procedural Framework of the Agreement Implementing the 1982 United Nations Convention on the Law of the Sea. *The American Journal of International Law*, vol. 89, 1995, p. 814-824.

MCDORMAN, Ted L. The Continental Shelf Beyond 200 nm: Law and Politics in the Arctic Ocean. *Journal of Transnational Law & Policy*, vol. 18, n. 2, 2009, p. 155-194.

—. The Continental Shelf Regime in the Law of Sea Convention: A Reflection on the First Thirty Years. *The International Journal of Marine and Coastal Law*, vol. 27, 2012, p. 743-751.

—. The role of the Commission on the Limits of the Continental Shelf: a technical body in a political world. *The International Journal of Marine and Coastal Law*, vol. 17, n. 3, 2002, p. 301-324.

MELLO, Patrícia Campos. Brasil vai perder benefícios de suas exportações para a Europa. *Folha de S. Paulo*. Caderno Mercado. 19 de julho de 2011. Disponível em: <http://www1.folha.uol.com.br/fsp/mercado/me1907201110.htm>. Acesso em: 8 de fevereiro de 2015.

MINISTÉRIO DO MEIO AMBIENTE. Gerência de Biodiversidade Aquática e Recursos Pesqueiros. *Panorama da conservação dos ecossistemas costeiros e marinhos no Brasil*. Brasília: MMA/SBF/GBA, 2010.

MOLLER, Leon Edward. The Outstanding Namibian Boundaries with Angola and South Africa. *The International Journal of Marine and Coastal Law*, vol. 18, n. 2, 2003, p. 241-260.

MORELL, James B. *The law of the sea: the 1982 Treaty and its rejection by the United States*. Jefferson: McFarland, 1992.

MORRIS, Michael. *International Politics and the Sea: The Case of Brazil*. Boulder: Westview, 1979.

MOTA, Pedro Infante. *O sistema GATT/OMC: introdução histórica e princípios fundamentais*. Lisboa: Almedina, 2005.

MUNIZ, Túlio de Souza. *O ouro do mar: do surgimento da indústria da pesca da lagosta no Brasil à condição do pescador artesanal na História do tempo presente (1955-2000). Uma narrativa sócio-histórico marítima*. Fortaleza: Universidade Federal do Ceará Dissertação (Mestrado em História), 2005.

NANDAN, Satya N.; ROSENNE, Shabtai (vol. eds.). *United Nations Convention on the Law of the Sea 1982: A Commentary, vol. II*. Dordrecht: Martinus Nijhoff, 1993.

NORDQUIST, Myron (ed.). *United Nations Convention on the Law of the Sea 1982: A Commentary*. Dordrecht: Martinus Nijhoff, 1985-2011, 7 vols.

O'CONNELL, Daniel P. *The International Law of the Sea*. Oxford: Oxford University Press, 1982.

PETROBRAS. Nossa História. Disponível em: <http://www.petrobras.com.br/pt/quem-somos/nossa-historia>. Acesso em: 1º de julho de 2014.

PFIRTER, Frida M. Armas. The management of seabed living resources in "The Area" under UNCLOS. *Revista Electrónica de Estudios Internacionales*, n. 11, 2006, p. 1-29.

PLANO DE LEVANTAMENTO DA PLATAFORMA CONTINENTAL BRASILEIRA. Disponível em: <https://www.mar.mil.br/dhn/dhn/ass_leplac.html>. Acesso em: 8 de fevereiro de 2015.

PLATZÖDER, Renate (ed.). *Third United Nations Conference on the Law of the Sea: Documents*. Dobbs Ferry: Oceana Publications, 1982-1988, 17 vols.

PROGRAMA ARQUIPÉLAGO DE SÃO PEDRO E SÃO PAULO. Disponível em: <https://www.mar.mil.br/secirm/proarquipelago.html>. Acesso em: 8 de fevereiro de 2015.

RAJABOV, Matin. Melting the ice and heated conflicts: a multilateral treaty as a preferable settlement for the Arctic territorial dispute. *Southwestern Journal of International Law*, vol. 15, 2009, p. 419-447.

RANGEL, Vicente Marotta. Brazil. In: ZACKLIN, Ralph (ed.), *The changing law of the sea: Western hemisphere perspectives*. Leiden: Sijthoff, 1974, p. 135-148.

—. Le plateau continental dans la Convention de 1982 sur le droit de la mer. *Recueil de Cours*, vol. 194. Dordrecht: Martinus Nijhoff, 1985, p. 273-427.

REICHERT, Christian. Determination of the outer continental shelf limits and the role of the Commission of the limits of the continental shelf. *The International Journal of Marine and Coastal Law*, vol. 24, 2009, p. 387-399.

RODRIGUES, Carlos Calero. O problema do mar territorial. *Revista Brasileira de Política Internacional*. n. 49/50, 1970, p. 118-130.

ROSENNE, Shabtai (ed.). *League of Nations Committee of Experts for the Progressive Codification of International Law (1925-1928)*. Dobbs Ferry: Oceana, 1972, 2 vols.

— (ed.). *League of Nations Conference for the Codification of International Law*. Dobbs Ferry: Oceana, 1975, 4 vols.

ROTHWELL, Donald. The International Tribunal for the Law of the Sea and Marine Environmental Protection: Expanding the Horizons of International Oceans Governance. *Ocean Yearbook*, vol. 17, 2003, p. 26-55.

—. STEPHENS, Tim. *The International Law of the Sea*. Oxford: Hart, 2010.

SCHOFIELD, Clive. The Trouble with Islands: the Definition and Role of Islands and Rocks in Maritime Boundary Delimitation. In: In: HONG, Seoung-Yong; VAN DYKE, Jon M. *Maritime Boundary Disputes, Settlement Processes, and the Law of the Sea*. Leiden: Martinus Nijhoff, 2009, p. 19-37.

SCOTT, James Brown. Introductory note. In: GROTIUS, Hugo. *The freedom of the seas or The right which belongs to the Dutch to take part in the East Indian Trade*. New York: Oxford University Press, 1916, p. v-x.

SCOVAZZI, Tullio. The evolution of International Law of the Sea: new issues, new challenges. *Recueil de Cours*, vol. 286. Dordrecht: Martinus Nijhoff, 2000, p. 39-243.

SERDY, Andrew. The Commission on the Limits of the Continental Shelf and its disturbing propensity to legislate. *The International Journal of Marine and Coastal Law*, vol. 26, 2011, p. 355-383.

SILVA, Alexandre Pereira da. O artigo 76 da Convenção das Nações Unidas sobre o Direito do Mar (CNUDM) e o papel da Comissão de Limites da Plataforma Continental (CLPC). In: Wagner Menezes (org.). *Direito Internacional em expansão: anais do 10º Congresso Brasileiro de Direito Internacional*, vol. 1. Belo Horizonte: Arraes, 2012, p. 17-26.

—. O novo pleito brasileiro no mar: a plataforma continental estendida e o Projeto Amazônia Azul. *Revista Brasileira de Política Internacional*, vol. 56, n. 1, 2013, p. 104-121.

SILVA, Ricardo Mendez. *El mar patrimonial en América Latina*. México, D.F.: UNAM, 1974.

SMITH, Robert. The Continental Shelf Commission. In: NORDQUIST, Myron H.; MOORE, John Norton. *Oceans Policy: new institutions, challenges and opportunities*. The Hague: Martinus Nijhoff, 1999, p. 135-140.

—. TAFT, George. Legal Aspects of the Continental Shelf. In: COOK, Peter J.; CARLETON, Chris M. *Continental Shelf Limits: the scientific and legal interface*. Oxford: Oxford University Press, 2000, p. 17-24.

SONG, Yann-huei. Okinotorishima: A "Rock" or an "Island"? Recent Maritime Boundary Controversy between Japan and Taiwan/China. In: HONG, Seoung-Yong; VAN DYKE, Jon M. *Maritime Boundary Disputes, Settlement Processes, and the Law of the Sea*. Leiden: Martinus Nijhoff, 2009, p. 145-175.

STADTMÜLLER, Georg. *Historia del derecho internacional público*. Madrid: Aguilar, 1961.

STEVENSON, John; OXMAN, Bernard. The preparations for the Law of the Sea Conference. *The American Journal of International Law*, vol. 68, 1974, p. 1-31.

SUAREZ, Suzette V. *The outer limits of the continental shelf: legal aspects of their establishment*. Berlin: Springer, 2008.

SZÉKELY, Alberto. *Derecho del mar*. México, D.F: UNAM, 1991.

TAFT, George. The United Nations Convention on the Law of the Sea: The Commission on the Limits of the Continental Shelf – a Force for Enhancing Stability in the Oceans (or Not). *Ocean Yearbook*, vol. 24, 2010, p. 151-169.

TANAKA, Yoshifumi. *The international law of the sea*. Cambridge: Cambridge University Press, 2012.

TREVES, Tullio. Convenciones de Ginebra sobre el Derecho del Mar, de 1958. Disponível em: <http://legal.un.org/avl/pdf/ha/uncls/uncls_s.pdf>. Acesso em: 8 de fevereiro de 2015.

—. Drafting the LOS Convention. *Marine Policy*, vol. 5, n. 3, 1981, p. 273-276.

—. The General Assembly and the Meeting of States Parties in the Implementation of the LOS Convention. In: ELFERINK, Alex G. Oude (ed.). *Stability and Change in the Law of the Sea: the Role of the LOS Convention*. Leiden. Martinus Nijhoff, 2005, p. 55-74.

TRINDADE, Antonio Augusto Cançado (org.). *A nova dimensão do direito internacional público*. Brasília: Instituto Rio Branco, 2003.

— (org.). *Repertório da prática brasileira do direito internacional público: período 1899-1918*. 2. ed. Brasília: FUNAG, 2012.

— (org.). *Repertório da prática brasileira do direito internacional público: período 1919-1940*. 2. ed. Brasília: FUNAG, 2012.

— (org.). *Repertório da prática brasileira do direito internacional público: período 1941-1960*. 2. ed. Brasília: FUNAG, 2012.

— (org.). *Repertório da prática brasileira do direito internacional público: período 1961-1981*. 2. ed. Brasília: FUNAG, 2012.

TUERK, Helmut. The contribution of the International Tribunal for the Law of the Sea to International Law. In: HONG, Seoung-Yong; VAN DYKE, Jon M. *Maritime boundary disputes, settlement processes, and the law of the sea*. Leiden: Martinus Nijhoff, 2009, p. 253--275.

UNITED NATIONS. Division for Ocean Affairs and the Law of the Sea. *Definition of the Continental Shelf: an examination of the relevant provisions of the United Nations Convention on the Law of the Sea*. New York: United Nations, 1993.

—. Division for Ocean Affairs and the Law of the Sea, Office of Legal Affairs. *Training Manual for Delineation of the Outer Limits of the Continental Shelf beyond 200 nautical miles and for Preparation of Submissions to the Commission on the Limits of the Continental Shelf*. New York: United Nations, 2006.

URUGUAY. *América Latina y la extensión del mar territorial: régimen jurídico*. Montevideo: Oficina de Publicaciones, 1971.

VARELLA, Marcelo Dias. *Direito Internacional Econômico Ambiental*. Belo Horizonte: Del Rey, 2004.

VERDUZCO, Alonso Gómez-Robledo. *El nuevo derecho del mar: guía introductiva a la Convención de Montego Bay*. México, D.F: Porrúa, 1986.

REFERÊNCIAS

VIANA, Danielle de Lima *et. alii* (orgs.). *O Arquipélago de São Pedro e São Paulo: 10 anos de Estação Científica*. Brasília: SECIRM, 2009.

VIDIGAL, Armando Amorim *et alii*. *Amazônia Azul: o mar que nos pertence*. Rio de Janeiro: Record, 2006.

WALLACE, Michael (org.). *International boundary cases: the continental shelf*, vol. 1. Cambridge: Grotius Publications, 1992.

WATT NETO, Artur. *Petróleo, gás natural e biocombustíveis*. São Paulo: Saraiva, 2014.

WOOD, Michael C. The International Seabed Authority: the First Four Years. *The Max Planck UNYB*, vol. 3, 1999, p. 173-241.

DOCUMENTOS DO COMITÊ DOS FUNDOS MARINHOS

Report of the ad hoc Committee to Study the Peaceful Uses of the Sea-bed and the Ocean Floor Beyond the Limits of National Jurisdiction. New York: United Nations, 1968.

Report of the Committee on the Peaceful Uses of the Sea-bed and the Ocean Floor Beyond the Limits of National Jurisdiction. New York: United Nations, 1971.

Report of the Committee on the Peaceful Uses of the Sea-bed and the Ocean Floor Beyond the Limits of National Jurisdiction. New York: United Nations, 1972.

Report of the Committee on the Peaceful Uses of the Sea-bed and the Ocean Floor Beyond the Limits of National Jurisdiction, vol. III. New York: United Nations, 1973.

DOCUMENTOS DA COMISSÃO DE LIMITES DA PLATAFORMA CONTINENTAL

CLCS/11, 13 May 1999. *Scientific and Technical Guidelines of the Commission on the Limits of the Continental Shelf.*

CLCS/32, 12 April 2002. *Statement by the Chairman of the Commission on the Limits of the Continental Shelf on the progress of work in the Commission – Tenth session.*

CLCS/34, 1 July 2002. *Statement by the Chairman of the Commission on the Limits of the Continental Shelf on the progress of work in the Commission – Eleventh session.*

CLCS/40/Rev. 1, 17 April 2008. *Rules of Procedure of the Commission on the Limits of the Continental.*

CLCS/42, 14 September 2004. *Statement by the Chairman of the Commission on the Limits of the Continental Shelf on the progress of work in the Commission.*

CLCS/46, 7 September 2005. *Legal opinion on whether it is permissible, under the United Nations Convention on the Law of the Sea and the rules of procedure of the Commission, for a coastal State, which has made a submission to the Commission in accordance with article 76 of the Convention, to provide to the Commission in the course of the examination by it of the submission, additional material and information relating to the limits of its continental shelf or substantial part thereof, which constitute a significant departure from the original limits and formulae lines that were given due publicity by the Secretary-General of the United Nations in accordance with rule 50 of the rules of procedure of the Commission.*

CLCS/54, 27 April 2007. *Statement by the Chairman of the Commission on the Limits of the Continental Shelf on the progress of work in the Commission – Nineteenth Session.*

CLCS/60, 20 September 2008. *Statement by the Chairman of the Commission on the Limits of the Continental Shelf on the progress of work in the Commission – Twenty-second session.*

O BRASIL E O DIREITO INTERNACIONAL DO MAR CONTEMPORÂNEO

CLCS/66, 30 April 2010. *Statement by the Chairperson of the Commission on the Limits of the Continental Shelf on the progress of work in the Commission – Twenty-fifth session.*

CLCS/72, 16 September 2011. *Progress of work in the Commission on the Limits of the continental Shelf - Statement by the Chairperson – Twenty-eighth session.*

CLCS/74, 30 April 2012. *Progress of work in the Commission on the Limits of the continental Shelf - Statement by the Chairperson – Twenty-ninth session.*

CLCS/76, 5 September 2012. *Progress of work in the Commission on the Limits of the Continental Shelf – Statement by the Chairperson – Thirtieth Session.*

CLCS/80, 24 September 2013. *Progress of work in the Commission on the Limits of the Continental Shelf – Statement by the Chairperson – Thirty-second Session.*

CLCS/83, 31 March 2014. *Progress of work in the Commission on the Limits of the continental Shelf – Statement by the Chair – Thirty-fourth session.*

DOCUMENTOS DA AUTORIDADE INTERNACIONAL DOS FUNDOS MARINHOS

ISBA/19/C/4, de 20 de março de 2013. *Proposal for a Joint Venture with the Enterprise. Report by the Interim Director-General of the Enterprise.*

ISBA/19/C/6, de 4 de abril de 2013. *Considerations relating to a proposal by Nautilus Minerals Inc. for a joint venture operation with the Enterprise.*

ISBA/19/A/2, de 22 de maio de 2013. *Report of the Secretary-General of the International Seabed Authority under article 166, paragraph 4, of the United Nations Convention on the Law of the Sea.*

ISBA/19/C/18, 24 de julho de 2013. *Report of the Interim Director-General of the Enterprise.*

ISBA/19/A/14, de 31 de julho de 2013. *Statement by the President on the work of the Assembly of the International Seabed Authority at its nineteenth session.*

ISBA/20/A/2, de 4 de junho de 2014. *Report of the Secretary-General of the International Seabed Authority under article 166, paragraph 4, of the United Nations Convention on the Law of the Sea.*

ISBA/20/C/17, de 9 de julho de 2014. *Report and recommendations of the Legal and Technical Commission to the Council of the International Seabed Authority relating to an application for the approval of a plan of work for exploration for cobalt-rich ferromanganese crusts by Companhia de Pesquisa de Recursos Minerais.*

ISBA/20/C/30, de 21 de julho de 2014. *Decision of the Council relating to an application for the approval of a plan of work for exploration for cobalt-rich ferromanganese crusts by Companhia de Pesquisa de Recursos Minerais.*

DOCUMENTOS DAS CONFERÊNCIAS DAS NAÇÕES UNIDAS SOBRE O DIREITO DO MAR

I Conferência das Nações Unidas sobre o Direito do Mar – 1958

United Nations Conference on the Law of the Sea – Official Records, vol. I: preparatory documents. New York: United Nations, [s.d.].

United Nations Conference on the Law of the Sea – Official Records, vol. III: First Committee (Territorial Sea and Contiguous Zone). New York: United Nations, [s.d.].

United Nations Conference on the Law of the Sea – Official Records, vol. VI: Fourth Committee (Continental Shelf). New York: United Nations, [s.d.].

REFERÊNCIAS

II Conferência das Nações Unidas sobre o Direito do Mar – 1960
Second United Nations Conference on the Law of the Sea: Official Records, Summary Records of Plenary Meetings and Meetings of the Committee of the Whole. New York: United Nations, 1962.
Second United Nations Conference on the Law of the Sea: Official Records, Committee of the Whole – Verbatim Records of the General Debate (17 March-26 April 1960). New York: United Nations, 1962.

III Conferência das Nações Unidas sobre o Direito do Mar – 1973-1982
Third United Nations Conference on the Law of the Sea: Official Records, vol. I (First Session and Second Session, 1973-1974). New York: United Nations, 1975.
Third United Nations Conference on the Law of the Sea: Official Records, vol. II (Caracas, 20 June to 29 August 1974). New York: United Nations, 1975.
Third United Nations Conference: Official Records, vol. VII (New York, 23 May to 15 July 1977), New York: United Nations, 1978.
Third United Nations Conference on the Law of the Sea – Official Records, vol. IX: Seventh Session (Geneva, 28 March to 19 May 1978). New York: United Nations, 1980.
Third United Nations Conference on the Law of the Sea: Official Records, vol. XIII (Ninth Session: 3 March-4 April, 1980). New York: United Nations, 1981.
Third United Nations Conference on the Law of the Sea: Official Records, vol. XVII (Plenary Meetings, Summary Records and Verbatim Records, as well as Documents of the Conference, Resumed Eleventh Session and Final Part Eleventh Session and Conclusion). New York: United Nations, 1984.
Final Act of the Third United Nations Conference on the Law of the Sea. Annex II – Statement of Understanding concerning a specific method to be used in establishing the outer edge of the continental margin. Disponível em: <http://www.un.org/depts/los/clcs_new/documents/final_act_annex_two.htm>. Acesso em: 8 de fevereiro de 2015.

DOCUMENTOS DA REUNIÃO DOS ESTADOS-PARTES DA CNUDM
SPLOS/5, 22 February 1996. *Report of Third Meeting of State Parties.*
SPLOS/72, 29 May 2001. *Decision regarding the date of commencement of the ten-year period for making submissions to the Commission on the Limits of the Continental Shelf set out in article 4 of Annex II to the United Nations Convention on the Law of the Sea.*
SPLOS/73, 14 June 2001. *Report of the Eleventh Meeting of State Parties.*
SPLOS/183, 20 June 2008. *Decision regarding the workload of the Commission on the Limits of the Continental Shelf and the ability of States, particularly developing States, to fulfil the requirements of article 4 of annex II to the United Nations Convention on the Law of the Sea, as well as the decision contained in SPLOS/72, paragraph (a).*
SLOS/201, 26 June 2009. *Arrangement for the allocation of seats on the International Tribunal for the Law of the Sea and the Commission on the Limits of the Continental Shelf.*

RESOLUÇÕES DA AGNU
Resolução 798 (1953)
Resolução 899 (1954)

O BRASIL E O DIREITO INTERNACIONAL DO MAR CONTEMPORÂNEO

Resolução 1105 (1957)
Resolução 1307 (1958)
Resolução 2340 (1967)
Resolução 2467A (1968)
Resolução 2574 (1969)
Resolução 2749 (1970)
Resolução 2750 (1970)
Resolução 3067 (1973)
Resolução 48/263 (1994)
Resolução 68/70 (2013)
Resolução 69/245 (2014)

CASOS JULGADOS PELA CORTE INTERNACIONAL DE JUSTIÇA
North Sea Continental Shelf Cases (Federal Republic of Germany v. Denmark; Federal Republic of Germany v. The Netherlands) ICJ Report 1969. Judgment of 20 February 1969
Case Concerning the Continental Shelf (Libyan Arab Jamahiriya/Malta). ICJ Report 1985. Judgment of 3 June 1985.
Territorial and Maritime Dispute between Nicaragua and Honduras in the Caribbean Sea (Nicaragua v. Honduras). ICJ Report 2007. Judgment of 8 October 2007.

CASO JULGADO PELO TRIBUNAL INTERNACIONAL DO DIREITO DO MAR
Dispute Concerning Delimitation of the Maritime Boundary between Bangladesh and Myanmar in the Bay of Bengal (Bangladesh/Myanmar). ITLOS Case n. 16. Judgment of 14 March 2012.

DOCUMENTOS DA COMISSÃO INTERMINISTERIAL PARA OS RECURSOS DO MAR
CIRM. Secretaria da Comissão Interministerial para os Recursos do Mar. Resolução 1/2008, de 13 de maio de 2008. Disponível em: <https://www.mar.mil.br/secirm/document/ataseresolucoes/resolucao-1-2008.pdf>. Acesso em: 8 de fevereiro de 2015.
CIRM. Ata da 172ª Sessão Ordinária, 16 de setembro de 2009. Disponível em: <https://www.mar.mil.br/secirm/document/ataseresolucoes/ata172.pdf>. Acesso em: 8 de fevereiro de 2015.
CIRM. Comissão Interministerial para os Recursos do Mar. Ata da 186ª Sessão Ordinária, de 24 de abril de 2014. Disponível em: <https://www.mar.mil.br/secirm/document/ataseresolucoes/ata186.pdf>. Acesso em: 8 de fevereiro de 2015.

OUTROS DOCUMENTOS
BRASIL. Diário do Congresso Nacional, 9 de agosto de 1980. Seção I, p. 8112-8114.
CHINA, *Note Verbale*, n. CML/2/2009, 6 de fevereiro de 2009. enviada como resposta à submissão do Japão à CLPC. Disponível em: <http://www.un.org/Depts/los/clcs_new/submissions_files/jpn08/chn_6feb09_e.pdf>. Acesso em: 8 de fevereiro de 2015.
INTERNATIONAL LAW COMMISSION. Report of the International Law Commission on the Work of its Eighth Session, 23, 4 July 1956, Official Records of the General

REFERÊNCIAS

Assembly, Eleventh Session, Supplement N. 9 (A/3159). Disponível em: <http://legal.
un.org/ilc/documentation/english/a_cn4_104.pdf>. *Acesso em: 8 de fevereiro de 2015.*
—. Report of the International Law Commission covering the work of its eighth session
(A/3159). *Yearbook of the International Law Commission*, vol. II, 1956.
UNITED STATES OF AMERICA. *Department of State Bulletin*, vol. 13, n. 314-340, jul./
dez. 1945.
—. *Presidential Proclamation n. 2667, Concerning the Policy of the United States with Respect to the
Natural Resources of the Subsoil and Sea Bed of the Continental Shelf.* Adopted in Washington,
on 28 September 1945.

LEGISLAÇÃO
Decreto n. 23.672, de 2 de janeiro de 1934.
Decreto n. 28.840, de 8 de novembro de 1950.
Lei n. 2.004, de 3 de outubro de 1953.
Lei n. 3.257, de 2 de setembro de 1957.
Decreto-lei n. 44, de 18 de novembro de 1966.
Decreto n. 62.232, de 6 de fevereiro de 1968.
Decreto n. 62.837, de 6 de junho de 1968.
Decreto Legislativo n. 45, de 15 de outubro de 1968.
Decreto-lei n. 523, de 8 de abril de 1969.
Decreto-lei n. 553, de 25 de abril de 1969.
Decreto-lei n. 1.098, de 25 de março de 1970.
Decreto n. 66.682, de 10 de junho de 1970.
Decreto-lei n. 1.288, de 1º de novembro de 1973.
Decreto n. 74.557, de 12 de setembro de 1974.
Lei n. 7.453, de 27 de dezembro de 1985.
Lei n. 7.525, de 22 de julho de 1986.
Decreto n. 93.189, de 29 de agosto de 1986.
Decreto Legislativo n. 5, de 9 de novembro de 1987.
Decreto n. 98.145, de 15 de setembro de 1989.
Lei n. 7.990, de 22 de dezembro de 1989.
Decreto n. 99.165, de 12 de março de 1990.
Decreto n. 99.263, de 24 de maio de 1990.
Decreto n. 1, de 11 de janeiro de 1991.
Lei n. 8.617, de 4 de janeiro de 1993.
Decreto 1.290, de 21 de outubro de 1994.
Decreto n. 1.530, de 22 de junho de 1995.
Lei n. 9.478, de 6 de agosto de 1997.
Decreto n. 2.705, de 3 de agosto de 1998.
Decreto n. 4.361, de 5 de setembro de 2002.
Decreto n. 4.983, de 10 de fevereiro de 2004.
Lei n. 11.097, de 13 de janeiro de 2005.
Lei n. 11.921, de 13 de abril de 2009
Lei n. 12.276, de 30 de junho de 2010.

Lei n. 12.304, de 2 de agosto de 2010.
Lei n. 12.351, de 22 de dezembro de 2010.
Lei n. 12.734, de 30 de novembro de 2012.
Decreto n. 8.400, de 4 de fevereiro de 2015.

SUMÁRIO

Agradecimentos	7
Prefácio – Professor Aldo Chircop (tradução)	9
Introdução	13
Lista de siglas e abreviaturas	15

PARTE I

O DIREITO INTERNACIONAL DO MAR E OS ARTIGOS 76 E 82 DA CONVENÇÃO DAS NAÇÕES UNIDAS SOBRE O DIREITO DO MAR (CNUDM)

Capítulo 1 – **O Direito Internacional do Mar: das origens à Convenção das Nações Unidas sobre o Direito do Mar (CNUDM)**	23
1.1 As origens do Direito Internacional do Mar	23
1.2 Os primeiros esforços de codificação: a Liga das Nações e a Conferência de Haia (1930)	28
1.3 O pós-Segunda Guerra Mundial: as conferências de Genebra (1958 e 1960) e a polêmica sobre a largura do mar territorial	32
1.3.1 Os primeiros desdobramentos no período pós-Guerra	32
1.3.2 A I Conferência das Nações Unidas sobre o Direito do Mar (1958)	34
1.3.3 A II Conferência das Nações Unidas sobre o Direito do Mar (1960)	39
1.3.4 A controvérsia em torno do mar de 200 milhas marítimas	40
1.4 A III Conferência das Nações Unidas sobre o Direito do Mar (1973-1982)	45
1.4.1 Antecedentes: o período entre a II e a III Conferência: 1960-1973	46
1.4.2 Os preparativos para a III Conferência	51
1.4.3 O funcionamento da III Conferência	56
1.4.3.1 O sistema de grupos	56

O BRASIL E O DIREITO INTERNACIONAL DO MAR CONTEMPORÂNEO

1.4.3.2 As negociações oficiais	59
1.4.3.3 As negociações não oficiais	62
1.4.3.4 O processo de redação da CNUDM	63
1.5 A Convenção das Nações Unidas sobre o Direito do Mar (CNUDM) e sua entrada em vigor	66
1.5.1 A CNUDM e sua contribuição para o Direito Internacional	67
1.5.1.1 Os novos espaços marítimos	67
1.5.1.2 As instituições criadas pela CNUDM	73
1.5.1.3 Outros mecanismos de monitoramento	76
1.5.2 A Comissão Preparatória e os acordos firmados posteriormente à III Conferência	78
1.5.2.1 O Acordo de Implementação da Parte XI (1994)	79
1.5.2.2 O Acordo sobre Populações de Peixes Transzonais e Altamente Migratórios (1995)	81
1.5.2.3 Áreas além das jurisdições nacionais (ABNJ): novo acordo de implementação?	82
Conclusão do capítulo	85
CAPÍTULO 2 – **A plataforma continental e os desafios de sua extensão**	87
2.1 A Proclamação Truman (1945) e os primeiros trabalhos	87
2.2. A plataforma continental nas Conferências de Genebra (1958 e 1960)	92
2.3 A plataforma continental na jurisprudência da Corte Internacional de Justiça (CIJ) e nas resoluções da Assembleia Geral da ONU	94
2.4 A plataforma continental: entre o geológico e o jurídico	99
2.5 Os trabalhos preparatórios no Comitê dos Fundos Marinhos: debates em torno do novo conceito de plataforma continental	103
2.6 A plataforma continental na III Conferência: debates e trabalhos preparatórios	106
2.7 O regime jurídico da plataforma continental consolidado na Parte VI da CNUDM: artigos 76 a 85	115
2.7.1 Artigo 76: definição da plataforma continental	116
2.7.1.1 Definição de plataforma continental: parágrafos 1º a 3º	118
2.7.1.2 Os limites da plataforma continental: entre a fórmula de Gardiner e a fórmula de Hedberg: parágrafos 4º a 7º	122
2.7.1.3 Os parágrafos 8º a 10	125
2.7.2 Artigo 77: direitos do Estado costeiro sobre a plataforma continental	127
2.7.3 Artigo 78: regime jurídico das águas	128
2.7.4 Artigo 79: cabos e dutos submarinos na plataforma continental	129
2.7.5 Artigo 80: ilhas artificias na plataforma continental	132

SUMÁRIO

2.7.6 Artigo 81: perfurações na plataforma continental 132
2.7.7 Artigo 82: pagamentos e contribuições relativos ao aproveitamento
além das 200 milhas marítimas 133
2.7.8 Artigo 83: delimitação da plataforma continental entre Estados 134
2.7.9 Artigo 84: cartas e listas de coordenadas geográficas 136
2.7.10 Artigo 85: túneis 137
2.8 A plataforma continental das ilhas 137
2.9 A Comissão de Limites da Plataforma Continental (CLPC):
Anexo II da CNUDM 140
2.9.1 A CLPC: natureza, mandato e composição 140
2.9.2 O volume de trabalho da CLPC 146
2.9.3 As recomendações "definitivas e obrigatórias" da CLPC 149
Conclusão do capítulo 155

CAPÍTULO 3 – **A Autoridade Internacional dos Fundos Marinhos
e a implementação do artigo 82** 157
3.1 Os artigos 76 e 82 da CNUDM: estreitamente unidos 157
3.2 O artigo 82 da CNUDM: pagamentos e contribuições sobre a plataforma
continental estendida 159
3.3 Preparando o artigo 82: a adoção da fórmula de compromisso 164
3.4 Os desafios do artigo 82 da CNUDM 173
3.5 Colocando em funcionamento o artigo 82 da CNUDM 182
3.6 A Autoridade Internacional dos Fundos Marinhos (Autoridade) 186
3.6.1 A Autoridade e sua estrutura funcional 186
3.6.2 A Autoridade e o artigo 82 da CNUDM 195
3.7 Solução de controvérsias 203
Conclusão do capítulo 205

PARTE II

O BRASIL, O DIREITO DO MAR E OS ARTIGOS 76 E 82 DA CNUDM

CAPÍTULO 4 – **O Brasil e o direito do mar: principais temas e a participação
nas conferências internacionais** 209
4.1 A posição atlântica do Brasil 209
4.2 O episódio da "guerra da lagosta" 211
4.3 O mar territorial: das 3 às 200 milhas marítimas 214
4.4 A participação do Brasil nas conferências latino-americanas sobre
o direito do mar 222
4.5 A participação brasileira nas conferências internacionais sobre o direito
do mar 226

O BRASIL E O DIREITO INTERNACIONAL DO MAR CONTEMPORÂNEO

4.5.1 O Brasil na Conferência de Codificação de Haia (1930)	226
4.5.2 A participação brasileira na Comissão de Direito Internacional (1949-1956)	228
4.5.3 A I Conferência das Nações Unidas sobre o Direito do Mar (1958)	229
4.5.4 A II Conferência das Nações Unidas sobre o Direito do Mar (1960)	233
4.5.5 O Brasil nos trabalhos do Comitê dos Fundos Marinhos (1967-1973)	236
4.5.6 A III Conferência das Nações Unidas sobre o Direito do Mar (1973-1982): a plataforma continental	238
4.6 O processo de entrada em vigor da CNUDM no Brasil	242
Conclusão do capítulo	244

CAPÍTULO 5 – **A plataforma continental brasileira** 245

5.1 A história legislativa da plataforma continental: da profundidade de 200 metros à distância de 200 milhas marítimas	246
5.2 Os projetos LEPLAC e PROARQUIPELAGO e a "Amazônia Azul"	249
5.3 A proposta brasileira submetida à Comissão de Limites da Plataforma Continental	253
5.4 A nova submissão brasileira à CLPC: os ganhos e os riscos	264
Conclusão do capítulo	265

CAPÍTULO 6 – **O Brasil e o artigo 82 da CNUDM: pagamentos ou contribuições em espécie** 267

6.1 A criação da Petrobras e o marco regulatório do setor de petróleo e gás natural	267
6.2 Participações governamentais	272
6.2.1 A distribuição das participações governamentais	280
6.2.2 A polêmica atual em torno da distribuição e da destinação dos recursos oriundos do petróleo e gás natural	285
6.3 Os desafios do artigo 82 da CNUDM para o Brasil	291
6.4 O marco regulatório do setor do petróleo no Brasil e o artigo 82 da CNUDM	301
Conclusão do capítulo	304

REFERÊNCIAS 305